A FLORESTA
DE CRISTAL

ENSAIOS DE ANTROPOLOGIA

A FLORESTA DE CRISTAL
ENSAIOS DE ANTROPOLOGIA

Eduardo Viveiros de Castro

© Eduardo Viveiros de Castro, 2024
© n-1 edições, 2024
ISBN 978-65-6119-033-6

Embora adote a maioria dos usos editoriais do âmbito brasileiro, a n-1 edições não segue necessariamente as convenções das instituições normativas, pois considera a edição um trabalho de criação que deve interagir com a pluralidade de linguagens e a especificidade de cada obra publicada.

Coordenação editorial
Peter Pál Pelbart e Ricardo Muniz Fernandes

Gestão editorial
Gabriel de Godoy

Assistência editorial
Inês Mendonça

Preparação
Ana Godoy

Revisão
Fernanda Mello

Projeto gráfico
Danowski Design

A reprodução parcial deste livro sem fins lucrativos, para uso privado ou coletivo, em qualquer meio impresso ou eletrônico, está autorizada, desde que citada a fonte. Se for necessária a reprodução na íntegra, solicita-se entrar em contato com os editores.

1ª edição | 1ª reimpressão | fevereiro, 2025
n-1edicoes.org

REVIRAVOLTAS

A FLORESTA
DE CRISTAL

ENSAIOS DE ANTROPOLOGIA

Eduardo Viveiros de Castro

n-1
edições

Coleção Reviravoltas

Coordenação:
Eduardo Viveiros de Castro
e Déborah Danowski

Quando o mundo se torna a cada dia mais hostil, é preciso desviar a flecha do tempo, fazer com que ela chegue ao outro lado do futuro. Uma reforma agrária do pensamento: uma outra cartografia dos territórios existenciais, uma outra geologia do transcendental. Os textos da **Reviravoltas** — uma coleção que, como diria o filósofo, inclina, sem necessitar — convidam os leitores-viajantes a se juntar à tarefa que hoje se impõe a todos nós, a de despredizer a catástrofe e retomar o sentido da terra.

Sumário

Agradecimentos	9
Prólogo	11

PARTE 1

1 | O nativo relativo	19
2 | A antropologia perspectivista e o método da equivocação controlada	57
3 | Zenão e a arte da antropologia	81
4 | Sobre a noção de espécie	105
5 | Dualismo radical	115
6 | Metamorfoses da transformação	129
7 | Mitofísicas ontológicas	143

PARTE 2

8 | O dom e o dado	177
9 | Um corpo feito de olhares	215
10 | A floresta de cristal	257
11 | O medo dos outros	287
12 | Nenhum povo é uma ilha	311
13 | Os dois "índios"	327

Bibliografia	345

APÊNDICE

Jogando conversa fora: caderno de entrevistas	369

Para Peter Gow, *in memoriam*

Agradecimentos

De uma maneira ou outra, ou de várias maneiras ao mesmo tempo, muitas pessoas estão na origem, no meio, e às vezes no fim de todos os textos aqui publicados. Distinguir essas maneiras seria uma tarefa tão comprida como delicada. Prefiro apenas, então, dizer os nomes daqueles graças a quem, ou para quem, os textos aqui reunidos foram escritos: Bruce Albert, Mauro Almeida, Oiara Bonilla, Gabriel Catren, Flávia Cera, Rafael Damasceno, Déborah Danowski, Irene Danowski Viveiros de Castro, Marisol de la Cadena, Philippe Descola, Jean-Christophe Goddard, Marcio Goldman, Rondinelly Gomes Medeiros, Peter Gow, Ghassan Hage, Martin Holbraad, Michael Houseman, Stephen Hugh-Jones, Casper Jensen, José Antonio Kelly, Eduardo Kohn, Ailton Krenak, Mariana Lacerda, Bruno Latour, Luiz Costa Lima, Patrice Maniglier, Marcos de Almeida Matos, Alexandre Nodari, Peter Pál Pelbart, Morten Pedersen, Carlos Alberto Ricardo, Marshall Sahlins, Anthony Seeger, Peter Skafish, Eduardo Sterzi, Veronica Stigger, Tânia Stolze Lima, Marilyn Strathern, Renato Sztutman, Anne-Christine Taylor, Marco Antonio Valentim, Roy Wagner. Decerto terei esquecido alguém.

Rio de Janeiro, 8 de agosto de 2024

Prólogo

A floresta de cristal é o primeiro de dois volumes de uma coletânea de ensaios e outros textos escritos entre *A inconstância da alma selvagem* (2002), e o dia em que entro estas linhas no computador. A maioria dos textos já foi publicada em periódicos de circulação relativamente restrita, alguns apenas em outras línguas. A maioria, igualmente, foi modificada, para melhorar deficiências de estilo, corrigir ou disfarçar asneiras que me pareceram óbvias, e acrescentar referências novas ou originalmente omitidas. Dois dos artigos do presente volume são uma combinação de trabalhos que, por sua redundância, não justificavam republicação como capítulos autônomos. Há ainda uma quantidade de remissões entre os capítulos, para não falar nas inevitáveis repetições, bem como ao livro *Metafísicas canibais*, escrito em 2009, já que este aproveitava ideias (e trechos inteiros) de textos incluídos aqui. Juntar todos estes textos em dois livros foi o modo que encontrei para me livrar deles e poder passar a outras coisas. A segunda coletânea, *Os involuntários da pátria,* deve ser publicada em 2025.

Nos dois livros, os capítulos estão divididos em blocos temáticos, e, dentro de cada bloco, ordenados conforme o ano de redação de suas versões originais. *A floresta de cristal* traz um conjunto de artigos que tratam de problemas de teoria antropológica geral, e outro de questões mais diretamente relacionadas com a etnologia dos povos indígenas sul-americanos. (Há capítulos que poderiam estar em qualquer um dos dois conjuntos.) *Os involuntários da pátria* traz, em sua primeira parte, textos sobre temas cosmopolíticos suscitados pela conjuntura presente, e, na segunda parte, dois miniensaios sobre três pensadores brasileiros. O último capítulo de *Os involuntários* ("A vida é nunca e onde") é um exercício escolar escrito em eras remotas; ele foi incluído como um apêndice, apenas para fazer eco ao quinto capítulo do presente volume ("Dualismo radical"), este um mero *divertissement* pseudomatemático, quase uma conversa de bar — depois de algumas.

Sobre a linguagem dos textos, há duas decisões que devo tentar, ao menos, justificar. A primeira diz respeito ao gênero de personagens como "o antropólogo", "o nativo" etc. Não sei se já existe uma convenção estável para a neutralização da flexão de gênero no português. Assim, terminei por usar o gênero pelo qual sou identificado linguisticamente.

A segunda diz respeito ao substantivo comum que designa a população indígena do continente. Estes povos têm recusado a palavra "índio(s)", por eurocêntrica e racista, em favor de "povos indígenas", ou "povos originários". O termo "índio" era, até muito pouco tempo atrás, despido de conotações pejorativas, e usado por todos os autores que se distinguiram na defesa da causa desses povos — isso no português do Brasil, sublinhe-se. Em vários outros países da América Latina, "*índio*" é, há muito, considerado insultuoso, e em geral substituído por "*campesino*", "*indígena*", ou por vocábulos das línguas americanas. Já em francês — por exemplo — "*indigène*" tem fortes conotações colonialistas, e o gentílico "*amérindien*" é costumeiramente empregado para se referir aos povos indígenas do continente. Ele passou para o português, especialmente nos textos antropológicos: "ameríndio", palavra que não deixa de ser duplamente imprópria, já que tanto "índio" como "América" são significantes da invasão europeia do (verdadeiro) hemisfério ocidental.

O capítulo VIII da Constituição Federal de 1988, que marcou um avanço decisivo no reconhecimento dos direitos indígenas, intitula-se justamente "Dos Índios". Esta é uma, mas não a melhor, das razões por que continuo a usar a palavra "índio", sempre que possível entre aspas, sabendo que corro o risco de ser criticado por essa escolha. Outra razão se liga ao fato de que o português distingue sem qualquer ambiguidade, ao contrário do inglês ou do francês, "índio" de "indiano". Mas sobretudo, a noção de "indígena", sem maior precisão, é um conceito geográfica e historicamente subdeterminado: há povos indígenas no mundo todo. Assim, a distinção antropologicamente possível, mas talvez não mais politicamente possível, entre "índio" e "indígena", está no centro do capítulo "Os involuntários da pátria", e a palavra "índio" é usada por mim — malgrado meu — no capítulo "Os dois 'índios'".

Dois dos textos que existiam apenas em inglês (capítulos 2 e 3) foram traduzidos por Alexandre Nodari e revistos por mim, oportunidade que aproveitei para modificá-los. A versão francesa do capítulo 9 foi traduzida por Daniel Calazans Pierri. A versão inglesa do capítulo 11 foi traduzida por Beatriz Perrone-Moisés. Outros foram traduzidos (reescritos) por mim mesmo, ignorando traduções já existentes.

Para evitar, enfim, um prólogo ainda mais longo, que situasse os trabalhos aqui reunidos em seus muitos contextos, abundasse na sua suposta relevância, acrescentasse o que deveria ter sido acrescentado a tal ou tal capítulo e que não foi, os dois volumes da coletânea são acompanhados de um Apêndice ("Jogando conversa fora") com as conversas informais tidas com meu editor Peter Pál Pelbart, em julho de 2023 e julho de 2024, sobre o projeto da publicação, as circunstâncias da redação original dos textos, suas influências intelectuais e assuntos conexos.

Versões originais dos textos

Capítulo 1
Publicado em *Mana: Estudos de Antropologia Social*, v. 8, n. 1, 2002, pp. 113-148, com o mesmo título.

Capítulo 2
Tradução modificada de "Perspectival Anthropology and the Method of Controlled Equivocation", publicado em *Tipití – Journal of the Society for the Anthropology of Lowland South America*, v. 2, n. 1, 2004, pp. 3-22.

Capítulo 3
Tradução modificada de "Zeno and the Art of Anthropology: Of Lies, Beliefs, Paradoxes, and Other Truths", publicado em *Common Knowledge* (Symposium: Comparative Relativism), v. 17, n. 1, 2011, pp. 128-145.

Capítulo 4
Publicado originalmente no site do Hemisferic Institute (https://hemisphericinstitute.org/pt/emisferica-101/10-1-essays/e101essay-eduardo-viveiros-de-castro-some-reflections-on-the-notion-ofspecies.html).

Capítulo 5
Traduz um folheto publicado em inglês e alemão: *100 Notes – 100 Thoughts / 100 Notizen – 100 Gedanken n. 056: Eduardo Viveiros de Castro, Radical Dualism: a Meta-Fantasy on the Square Root of Dual Organizations, or a Savage Homage to Lévi-Strauss / Radikaler Dualismus. Eine Meta-Fantasie über die Quadratwurzel dualer Organisationen oder Eine wilde Hommage an Lévi-Strauss*. Kassel: Documenta e Museum Fridericianum, 2012.

Capítulo 6
Adaptação de parte do artigo "'Transformação' na antropologia, transformação da 'antropologia'", publicado em *Mana: Estudos de Antropologia Social*, v. 18, n. 1, 2012, pp. 151-171.

Capítulo 7
Adaptação de parte do artigo supracitado e de partes de mais dois outros: "Metaphysics as mythophysics, or, why I have always been an anthropologist", in Pierre Charbonnier, Gildas Salmon e Peter Skafish, orgs., *Comparative Metaphysics: Ontology after Anthropology* (Londres, New York: Rowman & Littlefield, 2017, pp. 249-273), e "Who Is Afraid of the Ontological Wolf? Some Comments on an Ongoing Anthropological Debate", *The Cambridge Journal of Anthropology*, v. 33, n. 1, 2015, pp. 2-17.

Capítulo 8
Tradução ligeiramente modificada de "The Gift and the Given: Three Nano-essays on Kinship and Magic", in Sandra Bamford e James Leach, orgs., *Kinship and Beyond: The Genealogical Method Reconsidered*. New York, Oxford: Berghhahn Books, 2009, pp. 237-268.

Capítulo 9
Originalmente publicado por Anne-Christine Taylor e Eduardo Viveiros de Castro, sob o título "Un corps fait de regards (Amazonie)", in Stéphane Breton et alii, *Qu'est-ce qu'un corps?*. Paris: Musée du Quai Branly / Flammarion, 2006, pp. 148-199. A tradução aqui reproduzida com ligeiras modificações apareceu na *Revista de Antropologia*, v. 60, n. 3, 2019, pp. 769-818.

Capítulo 10
Publicado originalmente como "The Crystal Forest: Notes on the Ontology of Amazonian Spirits", *Inner Asia* 9, 2007, pp. 13-33. Sua tradução em português foi publicada em *Cadernos de Campo*, 14/15, 2006, pp. 319-382.

Capítulo 11
Publicado originalmente na *Revista de Antropologia*, v. 54, n. 2, 2011, pp. 885-917.

Capítulo 12
Originalmente lido na aula magna do CTCH da PUC-Rio, em março de 2019. Uma versão em francês foi publicada como "Aucun peuple n'est une île", in Geremia Cometti, Pierre Le Roux, Tiziana Manicone e Nastassja Martin, orgs., *Au seuil de la forêt: hommage à Philippe Descola, l'anthropologue de la nature*. Mirebeau-sur-Bèze: Tautem, 2019, pp. 1063–1080.

Capítulo 13
Inédito. Seu contexto original de produção está indicado no inicio do texto.

Os capítulos 1, 2, 3, 8 e 11 foram republicados em inglês em Eduardo Viveiros de Castro, *The Relative Native: Essays on Indigenous Conceptual Worlds*. Chicago: Hau Books, 2015.

PARTE 1

1 |
O nativo relativo

As páginas a seguir foram adaptadas do arrazoado introdutório a um livro em preparação, onde desenvolvo análises etnográficas anteriormente esboçadas. A principal delas foi um artigo publicado em *Mana*, "Os pronomes cosmológicos e o perspectivismo ameríndio",[1] cujos pressupostos metateóricos, digamos assim, são agora explicitados. Embora o presente texto possa ser lido sem qualquer familiaridade prévia com o artigo de 1996, o leitor deve ter em mente que as referências a noções como "perspectiva" e "ponto de vista", bem como à ideia de um "pensamento indígena", remetem àquele trabalho.

As regras do jogo

O "antropólogo" é alguém que discorre sobre o discurso de um "nativo". O nativo não precisa ser especialmente selvagem, ou tradicionalista, tampouco natural do lugar onde o antropólogo o encontra; o antropólogo não carece ser excessivamente civilizado, ou modernista, sequer estrangeiro ao povo sobre o qual discorre. Os discursos, o do antropólogo e sobretudo o do nativo, não são forçosamente textos: são quaisquer práticas de sentido.[2] O essencial é que o discurso do antropólogo (o "observador") estabeleça uma certa relação com o discurso do nativo (o "observado"). Essa relação é uma relação de sentido, ou, como se diz quando o primeiro discurso pretende à Ciência, uma relação de conhecimento. Mas o conhecimento antropológico é imediatamente uma relação social, pois é o efeito das relações que constituem reciprocamente o sujeito que conhece e o sujeito que ele conhece, e a causa de

---

1   Eduardo Viveiros de Castro, "Os pronomes cosmológicos e o perspectivismo ameríndio", *Mana*, v. 2, n. 2, 1996, pp. 115-144. O tal "livro em preparação" nunca foi escrito; publiquei o *Metafísicas canibais* sete anos depois, mas ele não tinha nada de novo, etnograficamente.
2   O fato de o discurso do antropólogo consistir canônica e literalmente em um texto tem muitas implicações, que não cabe desenvolver aqui. Elas foram objeto de atenção exaustiva por parte de correntes recentes de reflexão auto-antropológica. O mesmo se diga do fato de o discurso do nativo não ser, geralmente, um texto, e do fato de que ele tenha sido frequentemente tratado como se o fosse.

uma transformação (toda relação é uma transformação) na constituição relacional de ambos.³

Essa (meta)relação não é de identidade: o antropólogo sempre diz, e portanto faz, outra coisa que o nativo, mesmo que pretenda não fazer mais que redizer "textualmente" o discurso deste, ou que tente dialogar — noção duvidosa — com ele. Tal diferença é o efeito de conhecimento do discurso do antropólogo, a relação entre o sentido de seu discurso e o sentido do discurso do nativo.⁴

A alteridade discursiva se apoia, está claro, em um pressuposto de semelhança. O antropólogo e o nativo são entidades de mesma espécie e condição: são ambos humanos, e estão ambos instalados em suas culturas respectivas, que podem, eventualmente, ser a mesma. Mas é aqui que o jogo começa a ficar interessante, ou melhor, estranho. Ainda quando o antropólogo e o nativo compartilham a mesma cultura, a relação de sentido entre os dois discursos diferencia tal comunidade: a relação do antropólogo com sua cultura e a do nativo com a dele não é exatamente a mesma. O que faz do nativo um nativo é a pressuposição, por parte do antropólogo, de que a relação do primeiro com sua cultura é natural, isto é, intrínseca e espontânea, e, se possível, não-reflexiva; melhor ainda se for inconsciente. O nativo exprime sua cultura em seu discurso; o antropólogo também, mas, se ele pretende ser outra coisa que um nativo, deve poder exprimir sua cultura culturalmente, isto é, reflexiva, condicional e conscientemente. Sua cultura se acha contida, nas duas acepções da palavra, na relação de sentido que seu discurso estabelece

---

3 "O conhecimento não é uma conexão entre uma substância-sujeito e uma substância-objeto, mas uma relação entre duas relações, das quais uma está no domínio do objeto, e a outra no domínio do sujeito; [...] a relação entre duas relações é ela própria uma relação" (Gilbert Simondon, *L'individu et sa genèse physico-biologique*. Paris: Jérôme Millon, 1995, p. 81, itálicos removidos). Traduzi por 'conexão' a palavra *rapport*, que Simondon distingue de *relation*, 'relação': "podemos chamar de relação a disposição dos elementos de um sistema que está além de uma simples visada arbitrária do espírito, e reservar o termo conexão para uma relação arbitrária e fortuita... a relação seria uma conexão tão real e importante como os próprios termos; poder-se-ia dizer, por conseguinte, que uma verdadeira relação entre dois termos equivale, de fato, a uma conexão entre três termos" (ibid., p. 66).

4 Veja-se Marilyn Strathern ("The Limits of Auto-anthropology", in A. Jackson (org.), *Anthropology at Home*. Londres: Tavistock, 1987) para uma análise dos pressupostos relacionais desse efeito de conhecimento. A autora argumenta que a relação do nativo com seu discurso não é, em princípio, a mesma que a do antropólogo com o seu, e que tal diferença ao mesmo tempo condiciona a relação entre os dois discursos e impõe limites a toda empresa de auto-antropologia.

com o discurso do nativo. Já o discurso do nativo, este está contido univocamente, encerrado em sua própria cultura. O antropólogo usa necessariamente sua cultura; o nativo é suficientemente usado pela sua.

Tal diferença, é ocioso lembrar, não reside na assim chamada natureza das coisas; ela é própria do jogo de linguagem que vamos descrevendo, e define as personagens designadas (arbitrariamente no masculino) como "o antropólogo" e "o nativo". Vejamos mais algumas regras desse jogo.

A ideia antropológica de cultura coloca o antropólogo em posição de igualdade com o nativo, ao implicar que todo conhecimento antropológico de outra cultura é culturalmente mediado. Tal igualdade é, porém, em primeira instância, simplesmente empírica ou de fato: ela diz respeito à condição cultural comum (no sentido de genérica) do antropólogo e do nativo. A relação diferencial do antropólogo e do nativo com suas culturas respectivas, e portanto com suas culturas recíprocas, é de tal ordem que a igualdade de fato não implica uma igualdade de direito — uma igualdade no plano do conhecimento. O antropólogo tem usualmente uma vantagem epistemológica sobre o nativo. O discurso do primeiro não se acha situado no mesmo plano que o discurso do segundo: o sentido que o antropólogo estabelece depende do sentido nativo, mas é ele quem detém o sentido desse sentido — ele quem explica e interpreta, traduz e introduz, textualiza e contextualiza, justifica e significa esse sentido. A matriz relacional do discurso antropológico é hilemórfica: o sentido do antropólogo é forma; o do nativo, matéria. O discurso do nativo não detém o sentido de seu próprio sentido. De fato, como diria Geertz, somos todos nativos; mas de direito, uns sempre são mais nativos que outros.

Este artigo propõe as perguntas seguintes. O que acontece se recusarmos ao discurso do antropólogo sua vantagem estratégica sobre o discurso do nativo? O que se passa quando o discurso do nativo funciona, dentro do discurso do antropólogo, de modo a produzir reciprocamente um efeito de conhecimento sobre este discurso? Quando a forma intrínseca à matéria do primeiro modifica a matéria implícita na forma do segundo? Tradutor, traidor, diz-se; mas o que acontece se o tradutor decidir trair sua própria língua? O que sucede se, insatisfeitos com a mera igualdade passiva, ou de fato, entre os sujeitos desses discursos, reivindicarmos uma igualdade ativa, ou de direito, entre os discursos eles mesmos? Se a disparidade entre os sentidos do antropólogo e do nativo, longe de neutralizada por tal equivalência, for internalizada, introduzida em ambos os discursos, e assim potencializada? Se, ao invés de admitir complacentemente que somos todos nativos, levarmos às últimas, ou devidas, consequências a aposta oposta — que somos todos antropólogos,[5] e não uns mais antropólogos que os outros, mas apenas cada um a seu modo, isto é, de modos muito diferentes? O que muda, em suma, quando a antropologia é tomada como uma prática de sentido em continuidade epistêmica com as práticas sobre as quais discorre, como equivalente a elas? Isto é, quando aplicamos a noção de "antropologia simétrica"[6] à antropologia ela própria, não para fulminá-la por ser colonialista, exorcizar seu exotismo, minar seu campo intelectual, mas para fazê-la dizer outra coisa? Outra coisa que não apenas o discurso do nativo, pois isso é o que a antropologia não pode deixar de fazer, mas outra que o discurso, em geral sussurrado, que o antropólogo enuncia sobre si mesmo, ao discorrer sobre o discurso do nativo?[7]

Se fizermos tudo isso, diria que estaremos fazendo o que sempre se chamou propriamente de antropologia, em vez de — por exemplo — sociologia ou psicologia. Digo apenas diria, porque muito do que se fez e faz sob esse nome supõe, ao contrário, que o antropólogo é aquele que detém a posse eminente das razões que a razão do nativo desconhece. Ele tem a ciência das doses precisas de universalidade e particularidade contida no nativo, e das ilusões que este entretém a respeito

---

5 Roy Wagner. *A invenção da cultura*, trad. Marcela Coelho de Souza e Alexandre Morales. São Paulo: Cosac Naify, 2010, p. 79.
6 Bruno Latour, *Jamais fomos modernos*, trad. Carlos Irineu da Costa. São Paulo: Ed. 34, 1991.
7 Somos todos nativos, mas *ninguém é nativo o tempo todo*. Como recorda Lambek ("Body and Mind in Mind, Body and Mind in Body: Some Anthropological Interventions in a Long Conversation", in Andrew Strathern e Michael Lambek (orgs.), *Bodies and Persons: Comparative Perspectives from Africa and Melanesia*. Cambridge: Cambridge University Press, 1988, p. 113) em um comentário à noção de habitus e congêneres, "as práticas encorporadas são realizadas por agentes capazes também de pensar contemplativamente: nada do que 'não é preciso dizer' [*goes without saying*] permanece não-dito para sempre". Pensar contemplativamente, sublinhe-se, não significa pensar como pensam os antropólogos: as técnicas de reflexão variam crucialmente. A antropologia reversa do nativo (o *cargo cult* melanésio, por exemplo; R. Wagner, op. cit., pp. 131-134) não é a auto-antropologia do antropólogo (M. Strathern, op. cit. pp. 130-131): uma antropologia simétrica feita do interior da tradição que gerou a antropologia não é simétrica a uma antropologia simétrica feita fora dela. A simetria não cancela a diferença, pois a reciprocidade virtual de perspectivas em que se pensa aqui não é uma "fusão de horizontes". Em suma, somos todos antropólogos, mas *ninguém é antropólogo do mesmo jeito*: "está muito bem que Giddens afirme que 'todos os atores sociais... são teóricos sociais', mas a frase é vazia se as técnicas de teorização têm pouca coisa em comum" (M. Strathern, loc. cit.).

de si próprio — ora manifestando sua cultura nativa acreditando manifestar a natureza humana (o nativo ideologiza sem saber), ora manifestando a natureza humana acreditando manifestar sua cultura nativa (ele cognitiza à revelia).[8] A relação de conhecimento é aqui concebida como unilateral, a alteridade entre o sentido dos discursos do antropólogo e do nativo se resolve em um englobamento. O antropólogo conhece *de jure* o nativo, ainda que possa desconhecê-lo *de facto*. Quando se vai do nativo ao antropólogo, dá-se o contrário: ainda que ele conheça *de facto* o antropólogo (frequentemente melhor do que este o conhece), não o conhece *de jure*, pois o nativo não é, justamente, antropólogo como o antropólogo. A ciência do antropólogo é de outra ordem que a ciência do nativo, e precisa sê-lo: a condição de possibilidade da primeira é a deslegitimação das pretensões da segunda, seu "epistemocídio", no forte dizer de Bob Scholte.[9] O conhecimento por parte do sujeito exige o desconhecimento por parte do objeto.

Mas não é realmente preciso fazer um drama a respeito disso. Como atesta a história da disciplina, esse jogo discursivo, com tais regras desiguais, disse muita coisa instrutiva sobre os nativos. A experiência proposta no presente artigo, entretanto, consiste precisamente em recusá-lo. Não porque tal jogo produza resultados objetivamente falsos, isto é, represente de modo errôneo a natureza do nativo; o conceito de verdade objetiva (como os de representação e de natureza) é parte das regras *desse* jogo, não do que se propõe aqui. De resto, uma vez dados os objetos que o jogo clássico se dá, seus resultados são frequentemente convincentes, ou pelo menos, como gostam de dizer os adeptos desse jogo, "plausíveis".[10] Recusar esse jogo significa apenas, portanto, dar-se outros objetos, compatíveis com as outras regras acima esboçadas.

---

8   Via de regra, supõe-se que o nativo faz, sem saber o que faz, as duas coisas — a raciocinação natural e a racionalização cultural —, em fases, registros ou situações diferentes de sua vida. As ilusões do nativo são, acrescente-se, tidas por necessárias, no duplo sentido de inevitáveis e úteis (são, dirão outros, evolucionariamente adaptativas). É tal necessidade que define o "nativo", e o distingue do "antropólogo": este pode errar, mas aquele precisa se iludir.
9   Bob Scholte, "Reason and Culture: The Universal and the Particular Revisited: *Rationality and Relativism*, by Martin Hollis, Steven Lukes", *American Anthropologist*, v. 86, n. 4, 1984, p. 964.
10 A "implausibilidade" é uma acusação frequentemente levantada pelos praticantes do jogo clássico contra os que preferem outras regras. Mas essa noção pertence às salas de interrogatório policial: é lá que devemos tomar o máximo cuidado para que nossas histórias sejam "plausíveis".

O que estou sugerindo, em poucas palavras, é a incompatibilidade entre duas concepções da antropologia, e a necessidade de escolher entre elas. De um lado, temos uma imagem do conhecimento antropológico como resultando da aplicação de conceitos extrínsecos ao objeto: sabemos de antemão o que são as relações sociais, ou a cognição, o parentesco, a religião, a política etc., e vamos ver como tais entidades se realizam neste ou naquele contexto etnográfico — como elas se realizam, é claro, pelas costas dos interessados. De outro lado (e este é o jogo aqui proposto), está uma ideia do conhecimento antropológico como envolvendo a pressuposição fundamental de que os procedimentos que caracterizam a investigação são *conceitualmente* de mesma ordem que os procedimentos investigados.[11] Tal equivalência no plano dos procedimentos, sublinhe-se, supõe e produz uma *não*-equivalência radical de tudo o mais. Pois, se a primeira concepção de antropologia imagina cada cultura ou sociedade como encarnando uma solução específica de um problema genérico — ou como preenchendo uma forma universal (o conceito antropológico) com um conteúdo particular —, a segunda, ao contrário, suspeita que os problemas eles mesmos são radicalmente diversos; sobretudo, ela parte do princípio de que o antropólogo não sabe de antemão quais são eles. O que a antropologia, nesse caso, põe em relação são problemas diferentes, não um problema único ("natural") e suas diferentes soluções ("culturais"). A arte da antropologia,[12] penso eu, é a arte de determinar os problemas postos por cada cultura, não a de achar soluções para os problemas postos pela nossa. E é exatamente por isso que o postulado da continuidade dos procedimentos é um imperativo epistemológico.[13]

Dos procedimentos, repito, não dos que os levam a cabo. Pois tampouco se trata de condenar o jogo clássico por produzir resultados subjetivamente falseados, ao não reconhecer ao nativo sua condição de

---

11 É assim que interpreto a declaração de Wagner (op. cit., p. 75): "Estudamos a cultura por meio da cultura, de modo que quaisquer operações que caracterizam nossa investigação também devem ser propriedades gerais da cultura."
12 Alfred Gell, *The Art of Anthropology: Essays and Diagrams*, org. Eric Hirsch. Londres: Athlone, 1999.
13 Ver, sobre isso, François Jullien, *Procès ou création: une introduction à la pensée chinoise*. Paris: Seuil, 1989, p. 312. Os problemas reais de outras culturas são problemas apenas possíveis para a nossa; o papel da antropologia é o de dar a essa possibilidade (lógica) o estatuto de virtualidade (ontológica), determinando — ou seja, construindo — sua operação latente em nossa própria cultura.

Sujeito: ao mirá-lo com um olhar distanciado e carente de empatia, construí-lo como um objeto exótico, diminuí-lo como um primitivo não coevo ao observador, negar-lhe o direito humano à interlocução — conhece-se a litania. Não é nada disso. Antes pelo contrário, penso. É justo porque o antropólogo toma o nativo muito facilmente por um outro *sujeito* que ele não consegue vê-lo como um sujeito *outro*, como uma figura de Outrem que, antes de ser sujeito ou objeto, é a expressão de um mundo possível. É por não aceitar a condição de *não sujeito* (no sentido de outro que o sujeito) do nativo que o antropólogo introduz, sob a capa de uma proclamada igualdade de fato com este, sua sorrateira vantagem de direito. Ele sabe demais sobre o nativo desde antes do início da partida; ele predefine e circunscreve os mundos possíveis expressos por esse outrem; a alteridade de outrem foi radicalmente separada de sua capacidade de alteração. O autêntico animista é o antropólogo, e a observação participante é a verdadeira (ou seja, falsa) participação primitiva.

§ Não se trata de propugnar uma forma de idealismo intersubjetivo, nem de fazer valer os direitos da razão comunicacional ou do consenso dialógico. Meu ponto de apoio aqui é o conceito acima evocado, o de Outrem como estrutura a priori. Ele está proposto no conhecido comentário de Gilles Deleuze ao *Vendredi* de Michel Tournier.[14] Lendo o livro de Tournier como a descrição ficcional de uma experiência metafísica — o que é um mundo sem outrem? —, Deleuze procede a uma indução dos efeitos da presença desse outrem a partir dos efeitos causados por sua ausência. Outrem aparece, assim, como a condição do campo perceptivo: o mundo fora do alcance da percepção atual tem sua possibilidade de existência garantida pela presença virtual de um outrem por quem ele é percebido; o invisível para mim subsiste como real por sua visibilidade para outrem.[15] A ausência de

---

14 Publicado em apêndice a *Lógica do sentido*, de Gilles Deleuze (trad. Luiz Roberto Salinas Fortes. São Paulo: Perspectiva, 1974, pp. 311-330; ver também do mesmo autor, *Diferença e repetição*, trad. Luiz Orlandi e Roberto Machado. 2ª ed. rev. e ampl. Rio de Janeiro: Graal, 2006, pp. 362-334, 389-330). O conceito é retomado, em termos praticamente idênticos, em seu quase-último texto (Gilles Deleuze e Félix Guattari, *O que é a filosofia?*, trad. Bento Prado Jr. e Alberto Alonso Muñoz. São Paulo; Ed. 34, 1992, pp. 45-66).

15 "[O]utrem para mim introduz o signo do não-percebido no que percebo, determinando-me a apreender o que não percebo como perceptível para outrem" (Gilles Deleuze,

outrem acarreta a desaparição da categoria do possível; caindo esta, desmorona o mundo, que se vê reduzido à pura superfície do imediato, e o sujeito se dissolve, passando a coincidir com as coisas-em-si (ao mesmo tempo em que estas se desdobram em duplos fantasmáticos). Outrem, porém, não é ninguém, nem sujeito nem objeto, mas uma estrutura ou relação, a relação absoluta que determina a ocupação das posições relativas de sujeito e de objeto por personagens concretos, bem como sua alternância: outrem designa a mim para o outro Eu e o outro eu para mim. Outrem não é um elemento do campo perceptivo; é o princípio que o constitui, a ele e a seus conteúdos. Outrem não é, portanto, um ponto de vista particular, relativo ao sujeito (o "ponto de vista do outro" em relação ao meu ponto de vista ou vice-versa), mas a possibilidade de que haja ponto de vista — ou seja, é o conceito de ponto de vista. Ele é o ponto de vista que permite que o Eu e o Outro acedam a um ponto de vista.[16]

O problema não está, portanto, em ver o nativo como objeto, e a solução não reside em pô-lo como sujeito. Que o nativo seja um sujeito, não há a menor dúvida; mas *o que pode ser* um sujeito, eis precisamente o que o nativo obriga o antropólogo a pôr em dúvida. Tal é a *cogitação* especificamente antropológica; só ela permite à antropologia assumir a presença virtual de Outrem que é sua condição — a condição de pas-

---

Lógica do sentido, op. cit., p. 315).
16 Deleuze prolonga aqui criticamente a famosa análise de Sartre sobre o "olhar", afirmando a existência de uma estrutura anterior à reciprocidade de perspectivas do *regard* sartriano. O que é essa estrutura? Ela é a estrutura do possível: Outrem é a expressão de um mundo possível. Um possível que existe realmente, mas que não existe atualmente fora de sua expressão em outrem. O possível exprimido está envolvido ou implicado no exprimente (que lhe permanece, entretanto, heterogêneo), e se acha efetuado na linguagem ou no signo, que é a realidade do possível como tal — o sentido. O Eu surge então como explicação desse implicado, atualização desse possível, ao tomar o lugar que lhe cabe (o de "eu") no jogo de linguagem. O sujeito é assim efeito, não causa; ele é o resultado da interiorização de uma relação que lhe é exterior — ou antes, de uma relação à qual ele é interior: as relações são originariamente exteriores aos termos, porque os termos são interiores às relações. "Há vários sujeitos porque há outrem, não o inverso". Esse "ele" que é Outrem não é uma *pessoa*, uma terceira pessoa diversa do eu e do tu, à espera de sua vez no diálogo, mas também não é uma *coisa*, um "isso" de que se fala. Outrem seria mais bem como a quarta pessoa do singular — situada, então, na terceira margem do rio —, anterior ao jogo perspectivo dos pronomes pessoais (Gilles Deleuze e Claire Parnet, *Diálogos*, trad. Eloisa Araújo Ribeiro. São Paulo: Escuta, 1988, p. 75).

sagem de um mundo possível a outro —, e que determina as posições derivadas e vicárias de sujeito e de objeto.

O físico interroga o neutrino, e não pode discordar dele; o antropólogo responde pelo nativo, que então só pode (de direito e, frequentemente, de fato) concordar com ele. O físico precisa se associar ao neutrino, pensar com seu recalcitrante objeto; o antropólogo associa o nativo a si mesmo, pensando que seu objeto faz as mesmas associações que ele — isto é, que o nativo pensa como ele. O problema é que o nativo certamente *pensa*, como o antropólogo; mas, muito provavelmente, ele não pensa *como* o antropólogo. O nativo é, sem dúvida, um objeto especial, um objeto pensante ou um sujeito. Mas se ele é objetivamente um sujeito, então o que ele pensa é um pensamento objetivo, a expressão de um mundo possível, ao mesmo título que o que pensa o antropólogo. Por isso, a diferença malinowskiana entre o que o nativo pensa (ou faz) e o que ele pensa que pensa (ou que faz) é uma diferença espúria. É justamente por ali, por essa *bifurcação da natureza* do outro, que pretende entrar o antropólogo (que faria o que pensa).[17] A boa diferença, ou diferença real, é entre o que pensa (ou faz) o nativo e o que o antropólogo pensa que (e faz com o que) o nativo pensa, e são esses dois pensamentos (ou fazeres) que se confrontam. Tal confronto não precisa se resumir a uma mesma equivocidade de parte a parte — o equívoco nunca é o mesmo, as partes não o sendo; e de resto, quem definiria a adequada univocidade? —, mas tampouco precisa se contentar em ser um diálogo edificante. O confronto deve poder produzir a mútua implicação, a

---

17 Que faria o que pensa porque a bifurcação de *sua* natureza, ainda que admitida por uma questão de princípio, distingue, na pessoa do antropólogo, o "antropólogo" do "nativo", e portanto vê-se expulsa de campo antes do jogo. A expressão 'bifurcação da natureza' é de Whitehead (*O conceito de natureza*, trad. Julio B. Fischer. São Paulo: Martins Fontes, 1993, cap. II); ela protesta contra a divisão do real em qualidades primárias, inerentes ao objeto, e qualidades secundárias, atribuídas ao objeto pelo sujeito. As primeiras são a meta própria da ciência, mas ao mesmo tempo seriam, em última instância, inacessíveis; as segundas são subjetivas e, em última instância, ilusórias. Isto produz duas naturezas, "das quais uma seria conjetura e a outra, sonho" (op. cit., p. 380; ver a citação e seu comentário em Bruno Latour, *Politiques de la nature: comment faire entrer les sciences en démocratie*. Paris: La Découverte, 1999, pp. 62-66, 315 notas 49 e 58). Tal bifurcação é a mesma presente na oposição antropológica entre natureza e cultura. E quando o objeto é ao mesmo tempo um sujeito, como no caso do nativo, a bifurcação de *sua* natureza se transforma na distinção entre a conjetura do antropólogo e o sonho do nativo: cognição *vs.* ideologia (Bloch), teoria primária *vs.* secundária (Horton), modelo inconsciente *vs.* consciente (Lévi-Strauss), representações proposicionais *vs.* semiproposicionais (Sperber), e assim por diante.

comum alteração dos discursos em jogo, pois não se trata de chegar ao consenso, mas ao conceito.

Evoquei a distinção criticista entre o *quid facti* e o *quid juris*. Ela me pareceu útil porque o primeiro problema a resolver consiste nessa avaliação da pretensão ao conhecimento implícita no discurso do antropólogo. Tal problema não é cognitivo, ou seja, psicológico; não concerne à possibilidade empírica do conhecimento de uma outra cultura.[18] Ele é epistemológico, isto é, político. Ele diz respeito à questão propriamente transcendental da legitimidade atribuída aos discursos que entram em relação de conhecimento, e, em particular, às relações de ordem que se decide estatuir entre estes discursos, que certamente não são inatas, como tampouco o são seus polos de enunciação. Ninguém nasce antropólogo, e menos ainda, por curioso que pareça, nativo.

No limite

Nos últimos tempos, os antropólogos temos mostrado grande inquietação a respeito da identidade e destino de nossa disciplina: o que ela é, se ela ainda é, o que ela deve ser, se ela tem o direito de ser, qual é seu objeto próprio, seu método, sua missão, e por aí afora (ver, por exemplo, Moore).[19] Fiquemos com a questão do objeto, que implica as demais. Seria ele a cultura, como na tradição disciplinar americana? A organização social, como na tradição britânica? A natureza humana, como na tradição francesa? O presente autor pensa que a resposta adequada é: todas as respostas anteriores, e nenhuma delas. Cultura, sociedade e natureza dão na mesma; tais noções não designam o objeto da antropologia, seu *assunto*, mas sim seu problema, aquilo que ela justamente

---

18 Ver Marilyn Strathern ("No limite de uma certa linguagem: entrevista com Marilyn Strathern", *Mana*, v. 5, n. 2, 1999, pp. 157-175), sobre os termos da relação possível de conhecimento entre, por exemplo, os antropólogos ocidentais e os melanésios: "Isto nada tem a ver com compreensão, ou com estruturas cognitivas; não se trata de saber se eu posso entender um melanésio, se posso interagir com ele, comportar-me adequadamente etc. Estas coisas não são problemáticas. O problema começa quando começamos a produzir descrições do mundo".

19 Henrietta Moore, "Anthropological Theory at the Turn of the Century", in H. Moore (org.), *Anthropological Theory Today*. Londres: Polity Press, 1999, pp. 1-23.

não pode *assumir*.[20] Pois há uma tradição a mais a levar em conta, aquela que conta mais: a tradição do nativo.

Admitamos, pois se há de começar por algum lugar, que a matéria privilegiada da antropologia seja a socialidade humana, isto é, o que vamos chamando de relações sociais; e aceitemos a ponderação de que a cultura, por exemplo, não tem existência independente de sua atualização nessas relações.[21] Resta, ponto importante, que tais relações variam no espaço e no tempo; e se a cultura não existe fora de sua expressão relacional, então a variação relacional também é variação cultural, ou, dito de outro modo, "cultura" é o nome que a antropologia dá à variação relacional.

Mas essa variação relacional — não obrigaria ela a supormos um sujeito, um substrato invariante do qual ela se predica? Questão sempre latente, e insistente em sua suposta evidência; questão, sobretudo, mal formulada. Pois o que varia crucialmente não é o conteúdo das relações, mas sua ideia mesma: o que conta como relação nesta ou naquela cultura. *Não são as relações que variam, são as variações que relacionam.* E se assim é, então o substrato imaginado das variações, a "natureza humana" — para passarmos ao conceito caro à terceira grande tradição antropológica —, mudaria completamente de função, ou melhor, deixaria de ser uma substância e se tornaria uma verdadeira função. A natureza deixaria de ser uma espécie de máximo *denominador* comum das culturas (máximo que é um mínimo, uma *humanitas minima*), uma sorte de fundo de semelhança obtido por cancelamento das diferenças entre elas a fim de constituir um sujeito constante, um emissor-referente estável dos significados culturais variáveis (como se as diferenças não fossem elas próprias igualmente naturais!). Ela passaria a ser algo como um mínimo *múltiplo* comum das diferenças — maior que as culturas, não menor que elas —, ou algo como a integral parcial das diferentes configurações relacionais que chamamos culturas.[22] O "mínimo" é, nesse caso, a multiplicidade

---

20 Bruno Latour, *Jamais fomos modernos*, op. cit., pp. 79-80 e 95.
21 A ponderação é de Alfred Gell (*Arte e agência: uma teoria antropológica*, trad. Jamille Pinheiro Dias. São Paulo: Ubu, 2018, p. 146); ela poderia, é claro, aplicar-se igualmente à 'natureza humana'.
22 Esse argumento é apenas aparentemente semelhante ao que Sperber (1982: cap. 2) avança contra o relativismo. Pois esse autor não crê que a diversidade cultural seja um problema político-epistemológico *irredutível*: para ele, as culturas são exemplares contingentes

comum ao humano — *humanitas multiplex*. A dita natureza deixaria assim de ser uma substância autossemelhante situada *em* algum lugar natural privilegiado (o cérebro, por exemplo), e assumiria ela própria o estatuto de uma relação diferencial, disposta *entre* os termos que ela "naturaliza": tornar-se-ia o conjunto de transformações requeridas para se descreverem as variações entre as diferentes configurações relacionais conhecidas. Ou, para usarmos ainda uma outra imagem, ela se tornaria aqui um puro *limite* — mas não no sentido geométrico de limitação, isto é, de perímetro ou termo que constrange e define uma forma substancial (recorde-se a ideia, tão presente no vocabulário antropológico, das *enceintes mentales*), e sim no sentido matemático de ponto para o qual tende uma série ou uma relação: *limite-tensão*, não *limite-contorno*.[23] A natureza humana, neste caso, seria uma operação teórica de passagem ao limite, que indica aquilo de que os seres humanos são virtualmente capazes, e não uma limitação que os determina atualmente a não ser outra coisa.[24] Se a cultura é um sistema de diferenças, como gostavam de dizer os estruturalistas, então a natureza também o é: diferenças de diferenças.

> § O motivo do limite-contorno, tão presente no imaginário da disciplina, é particularmente conspícuo quando o horizonte assim delimitado consiste na chamada natureza humana, caso das orientações natural-universalistas tais como a sociobiologia ou a psicologia evolucionária, e, em boa medida, o próprio estruturalismo. Mas ele está presente também nos discursos sobre as culturas humanas, onde dá testemunho das limitações — se posso me exprimir assim — da postura cultural-relativista clássica. Recorde-se o tema consagrado pela frase de Evans-Pritchard a respeito da bruxaria zande — "[o zande] não pode pensar que seu

---

de uma mesma natureza humana substantiva. O máximo de Sperber é um denominador comum, jamais um múltiplo. (Ver a crítica de Ingold [*The Perception of the Environment: Essays on Livelihood, Dwelling and Skill*. Londres: Routledge, 2000, p. 164] a Sperber, feita de outro ponto de vista, mas compatível com o aqui adotado).

23 Sobre essas duas ideias de limite, uma de origem platônica e euclidiana, a outra de origem arquimediana e estoica (que reaparece no cálculo infinitesimal do século XVII), ver Gilles Deleuze, *Sur Spinoza* (Cours Vincennes – St Denis), 17/02/81.

24 Ver, no mesmo sentido, a argumentação fenomenológica de Jadran Mimica, "The Incest Passions: An Outline of the Logic of the Iqwaye Social Organization (part 1)", *Oceania*, v. 62, n. 1, 1991, pp. 134-138.

pensamento está errado"²⁵ —; ou a imagem antropológica corrente da cultura como prótese ocular (ou crivo classificatório) que só permite "ver as coisas" de um certo modo (ou que oculta certos pedaços da realidade); ou ainda, para citarmos um exemplo mais recente, a metáfora do "bocal" (Paul Veyne) em que cada época histórica estaria encerrada.²⁶ Seja com respeito à natureza, seja às culturas, o motivo me parece igualmente, bem, limitado. Se quiséssemos ser perversos, diríamos que sua neutralidade estratégica, sua copresença nos campos inimigos do universalismo e do relativismo, é uma prova eloquente de que a noção de *enceinte mental* é uma das *enceintes mentales* características de nosso comum "bocal" histórico. De qualquer modo, ela mostra bem que a suposta oposição entre universalismo naturalista e relativismo culturalista é, no mínimo, muito relativa (e perfeitamente cultural), pois resume-se a uma questão de escolher as dimensões do bocal, o tamanho do cárcere onde jazemos prisioneiros: a cela incluiria catolicamente toda a espécie humana, ou seria feita sob medida para cada cultura? Haveria talvez uma só grande penitenciária natural, com diferentes alas culturais, umas com celas um pouco mais espaçosas que outras?²⁷

O objeto da antropologia, assim, seria a variação das relações sociais. Não das relações sociais tomadas como uma província ontológica distinta, mas de todos os fenômenos possíveis enquanto relações sociais, enquanto implicam relações sociais: de todas as relações como sociais. Mas isso de uma perspectiva que não seja totalmente dominada pela doutrina ocidental das relações sociais; uma perspectiva, portanto, pronta a admitir que o tratamento de todas as relações como sociais pode levar a uma reconceituação radical do que seja "o social". Digamos então que a antropologia se distinga dos outros discursos sobre a socia-

---

25 Edward Evans-Pritchard, *Bruxaria, oráculos e magia entre os Azande*, edição resumida por Eva Gillies, trad. Eduardo Viveiros de Castro. Rio de Janeiro: Jorge Zahar, 2005, p. 127.
26 Veyne parafraseia inadvertidamente Evans-Pritchard, ao escrever, sobre essa condição (universal) de prisioneiro de um bocal histórico (particular), que "quando não se vê *o que* não se vê, não se vê sequer *que* não se vê" (Paul Veyne, *Les Grecs ont-ils cru à leurs mythes?* Paris: Seuil, 1983, p. 127. Grifo meu, para maior clareza).
27 Estou aqui interpretando o ensaio de Paul Veyne com um tanto de má vontade. Ele é mais rico (porque mais ambíguo) do que isso, extravasando o bocal da infeliz imagem do "bocal".

lidade humana não por dispor de uma doutrina particularmente sólida sobre a natureza das relações sociais, mas, ao contrário, por ter apenas uma *vaga ideia inicial* do que seja uma relação. Pois seu problema característico consiste menos em determinar quais são as relações sociais que constituem seu objeto, e muito mais em se perguntar o que seu objeto constitui como relação social, o que é uma relação social nos termos de seu objeto, ou melhor, nos termos formuláveis pela relação (social, naturalmente, e constitutiva) entre o "antropólogo" e o "nativo".

Da concepção ao conceito

Isso tudo não quereria apenas dizer que o ponto de vista aqui defendido, e exemplificado em meu trabalho sobre o perspectivismo ameríndio,[28] é "o ponto de vista do nativo", como os antropólogos professam de longa data? De fato, não há nada de particularmente original no ponto de vista adotado; a originalidade que conta é a do ponto de vista indígena, não a de meu comentário. Mas, sobre a questão do objetivo ser o ponto de vista do nativo — a resposta é sim, e não. Sim, e mesmo mais, porque meu problema, no artigo citado, foi o de saber o que é um ponto de vista *para* o nativo, entenda-se, qual é o conceito de ponto de vista presente nas culturas amazônicas: qual o ponto de vista nativo sobre o ponto de vista. Não, por outro lado, porque o conceito nativo de ponto de vista não coincide com o conceito de ponto de vista do nativo; e porque meu ponto de vista não pode ser o do nativo, mas o de minha relação com o ponto de vista nativo. O que envolve uma dimensão essencial de *ficção*, pois trata-se de pôr em ressonância interna dois pontos de vista completamente heterogêneos.

O que fiz em meu artigo sobre o perspectivismo foi uma experiência de pensamento e um exercício de ficção antropológica. A expressão "experiência de pensamento" não tem aqui o sentido usual de entrada imaginária na experiência pelo (próprio) pensamento, mas o de entrada no (outro) pensamento pela experiência real: não se trata de imaginar uma experiência, mas de experimentar uma imaginação.[29] A experiência, no caso, é a minha própria, como etnógrafo e

---

28 E. Viveiros de Castro, "Os pronomes cosmológicos e o perspectivismo ameríndio", op. cit.
29 Essa leitura da noção de *Gedankenexperiment* é aplicada por Thierry Marchaisse à obra

como leitor da bibliografia etnológica sobre a Amazônia indígena, e o experimento, uma ficção controlada por essa experiência. Ou seja, a ficção é antropológica, mas sua antropologia não é fictícia.

Em que consiste tal ficção? Ela consiste em tomar as *ideias* indígenas como *conceitos*, e em extrair dessa decisão suas consequências: determinar o solo pré-conceitual ou o plano de imanência que tais conceitos pressupõem, os personagens conceituais que eles acionam, e a matéria do real que eles põem. Tratar essas ideias *como* conceitos não significa, note-se bem, que elas sejam objetivamente determinadas como outra coisa, outro tipo de objeto atual. Pois tratá-las como cognições individuais, representações coletivas, atitudes proposicionais, crenças cosmológicas, esquemas inconscientes, disposições encorporadas e assim por diante — estas seriam outras tantas ficções teóricas, que apenas escolhi não acolher.

Assim, o tipo de trabalho que advogo aqui não é nem um estudo de "mentalidade primitiva" (supondo que tal noção ainda tenha um sentido), nem uma análise dos "processos cognitivos" indígenas (supondo que estes sejam acessíveis, no presente estado do conhecimento psicológico e etnográfico). Meu objeto é menos o modo de pensar indígena que os objetos desse pensar, o mundo possível que seus conceitos projetam. Não se trata, tampouco, de reduzir a antropologia a uma série de ensaios etnossociológicos sobre *visões de mundo*. Primeiro, porque não há mundo pronto para ser visto, um mundo antes da visão, ou antes, da divisão entre o visível (ou pensável) e o invisível (ou pressuposto) que institui o horizonte de um pensamento. Segundo, porque tomar as ideias como conceitos é recusar sua explicação em termos da noção transcendente de *contexto* (ecológico, econômico, político etc.), em favor da noção imanente de *problema*, de campo problemático no qual as ideias estão implicadas. Não se trata, por fim, de propor uma *interpretação* do pensamento ameríndio, mas de realizar uma *experimentação* com ele, e portanto com o nosso. No inglês dificilmente traduzível de Roy Wagner: "*every understanding of another culture is an experiment with one's own.*"[30]

---

de François Jullien sobre o pensamento chinês (F. Jullien e T. Marchaisse, *Penser d'un dehors (la Chine). Entretiens d'extrême occident*. Paris: Seuil, 2000, p. 71). Ver também F. Jullien, *Procès ou création: une introduction à la pensée chinoise*. Paris: Seuil, 1998, pp. 311-312, sobre as 'ficções' comparativas.
30 R. Wagner, *The invention of culture*. 2ª ed. Chicago: University of Chicago Press, 1986, p. 12

Tomar as ideias indígenas como conceitos é afirmar uma intenção antipsicologista, pois o que se visa é uma imagem *de jure* do pensamento, irredutível à cognição empírica, ou à análise empírica da cognição feita em termos psicológicos. A jurisdição do conceito é extraterritorial às faculdades cognitivas e aos estados internos dos sujeitos: os conceitos são objetos ou eventos intelectuais, não estados ou atributos mentais. Eles certamente passam pela cabeça (ou, como se diz em inglês, cruzam a mente): mas eles não ficam lá, e sobretudo, não estão lá prontos — eles são inventados. Deixemos as coisas claras. Não acho que os indígenas americanos "cognizem" diferentemente de nós, isto é, que seus processos ou categorias "mentais" sejam diferentes dos de quaisquer outros humanos. Não é o caso de imaginar os indígenas como dotados de uma neurofisiologia peculiar, que processaria diversamente o diverso. No que me concerne, penso que eles pensam exatamente "como nós"; mas penso também que *o que* eles pensam, isto é, os conceitos que eles se dão, as *descrições* que eles produzem, são muito diferentes dos nossos — e portanto que o mundo descrito por esses conceitos é muito diverso do nosso.[31] No que concerne aos indígenas, penso — se minhas análises do perspectivismo estão corretas — que *eles* pensam que todos os humanos, e além destes, muitos outros sujeitos não humanos, pensam exatamente "como eles", mas que isso, longe de produzir (ou resultar de) uma convergência referencial universal, é exatamente a *razão* das divergências de perspectiva.

A noção de conceito supõe uma imagem do pensamento como atividade distinta da cognição, e como outra coisa que um sistema de repre-

---

[*A invenção da cultura*, op. cit., p. 41].

31 Respondendo aos críticos de sua análise da socialidade melanésia, que a acusam de negar a existência de uma "natureza humana" inclusiva dos povos daquela região, Marilyn Strathern ("No limite de uma certa linguagem: entrevista com Marilyn Strathern", op. cit., p. 172) esclareceu: "[A] diferença que existe está no fato de que os modos pelos quais os melanésios descrevem, dão conta da natureza humana, são radicalmente diferentes dos nossos — e o ponto é que só temos acesso a descrições e explicações, só podemos trabalhar com isso. Não há meio de eludir essa diferença. Então, não se pode dizer: muito bem, agora entendi, é só uma questão de descrições diferentes, então passemos aos pontos em comum entre nós e eles... pois a partir do momento em que entramos em comunicação, nós os fazemos através dessas autodescrições. É essencial dar-se conta disso". O ponto, com efeito, é essencial. Ver também o que diz Julien, sobre a diferença entre se afirmar a existência de diferentes "modos de orientação no pensamento" e se afirmar a operação de "outras lógicas" [Thierry Marchaisse e François Julien, *Penser d'un dehors (la Chine)*, op. cit., pp. 205-207].

sentações. O que me interessa no pensamento nativo americano, assim, não é nem o saber local e suas representações mais ou menos verdadeiras sobre o real — o *indigenous knowledge* hoje tão disputado no mercado global de representações —, nem a cognição indígena e suas categorias mentais, cuja maior ou menor representatividade, do ponto de vista das faculdades da espécie, as ciências do espírito pretendem explorar. Nem *representações*, individuais ou coletivas, racionais ou ("aparentemente") irracionais, que exprimiriam parcialmente estados de coisas anteriores e exteriores a elas; nem *categorias* e processos cognitivos, universais ou particulares, inatos ou adquiridos, que manifestariam propriedades de uma coisa do mundo, seja ela a mente ou a sociedade — meu objeto são os *conceitos* indígenas, os mundos que eles constituem (mundos que assim *os* exprimem), o fundo virtual de onde eles procedem e que eles pressupõem. Os conceitos, ou seja: as ideias e os problemas da "razão" indígena, não suas categorias do "entendimento".

Como terá ficado claro, a noção de conceito tem aqui um sentido bem determinado. Tomar as ideias indígenas como conceitos significa tomá-las como dotadas de uma significação propriamente filosófica, ou como potencialmente capazes de um *uso* filosófico.

Decisão irresponsável, dir-se-á, tanto mais que não são só os índios que não são filósofos, mas, sublinhe-se com força, tampouco o presente autor. Como aplicar, por exemplo, a noção de conceito a um pensamento que, aparentemente, nunca achou necessário debruçar-se sobre si mesmo, e que remeteria antes ao esquematismo fluente e variegado do símbolo, da figura e da representação coletiva que à arquitetura rigorosa da razão conceitual? Não existe um bem conhecido abismo histórico e psicológico, uma "ruptura decisiva" entre a imaginação mítica pan-humana e o universo da racionalidade helênico-ocidental?[32] Entre a bricolagem do signo e a engenharia do conceito?[33] Entre a transcendência paradigmática da Figura e a imanência sintagmática do Conceito?[34] Entre uma economia intelectual de tipo imagístico-mostrativa e outra de tipo doutrinal-demonstrativa?[35] Enfim — quanto a tudo isso, que é

---

32 Jean-Pierre Vernant, "Raisons d'hier et d'aujourd'hui", in *Entre mythe et politique*. Paris: Seuil, 1996, p. 229.
33 Claude Lévi-Strauss, *O pensamento selvagem*, trad. Tânia Pellegrini. Campinas, SP: Papirus, 1989.
34 Gilles Deleuze e Félix Guattari, *O que é a filosofia?*, op. cit.
35 Harvey Whitehouse, *Arguments and Icons: Divergent Modes of Religiosity*. Oxford:

caudatário mais ou menos direto de Hegel, tenho algumas dúvidas. E antes disso, tenho meus motivos para falar em conceito. Vou-me ater aqui apenas ao primeiro deles, que decorre da decisão de tomar as ideias nativas como situadas no mesmo plano que as ideias antropológicas.

A experiência proposta aqui, dizia eu acima, começa por afirmar a equivalência de direito entre os discursos do antropólogo e do nativo, bem como a condição mutuamente constituinte desses discursos, que só acedem *como tais* à existência ao entrarem em relação de conhecimento. Os conceitos antropológicos atualizam tal relação, e são por isso completamente relacionais, tanto em sua expressão como em seu conteúdo. Eles não são nem reflexos verídicos da cultura do nativo (o sonho positivista), nem projeções ilusórias da cultura do antropólogo (o pesadelo construcionista). O que eles refletem é uma certa relação de inteligibilidade *entre* as duas culturas, e o que eles projetam são as *duas* culturas como seus pressupostos imaginados. Eles operam, com isso, um duplo desenraizamento: são como vetores sempre a apontar para o outro lado, interfaces transcontextuais cuja função é representar, no sentido diplomático do termo, o outro no seio do mesmo, lá como cá.

Os conceitos antropológicos, em suma, são relativos porque são relacionais — e são relacionais porque são relatores. Tal origem e função costuma vir marcada na "assinatura" característica desses conceitos por uma palavra estranha: mana, totem, kula, potlatch, tabu, gumsa/gumlao... Outros conceitos, não menos autênticos, portam uma assinatura etimológica que evoca antes as analogias entre a tradição cultural de onde emergiu a disciplina e as tradições que são seu objeto: dom, sacrifício, parentesco, pessoa... Outros, enfim, igualmente legítimos, são invenções vocabulares que procuram generalizar dispositivos conceituais dos povos estudados — animismo, oposição segmentar, troca restrita, cismogênese... —, ou, inversamente, e mais problematicamente, desviam para o interior de uma economia teórica específica certas noções difusas de nossa tradição — proibição do incesto, gênero, símbolo, cultura... —, buscando universalizá-las.[36]

Vemos então que numerosos conceitos, problemas, entidades e agentes propostos pelas teorias antropológicas têm sua origem no

---

Oxford University Press, 2000.
36 Sobre a assinatura das ideias filosóficas e científicas e o batismo dos conceitos, ver G. Deleuze e F. Guattari, *O que é a filosofia?*, op. cit., pp. 16-17, 36-37.

esforço imaginativo das sociedades mesmas que elas pretendem explicar. Não estaria aí a *originalidade* da antropologia, nesta sinergia entre as concepções e práticas provenientes dos mundos do "sujeito" e do "objeto"? Reconhecer isso ajudaria, entre outras coisas, a mitigar nosso complexo de inferioridade perante as ciências "naturais". Como observa Latour:

> A descrição do *kula* se equipara à descrição dos buracos negros. Os complexos sistemas de aliança são tão imaginativos como os complexos cenários evolutivos propostos para os genes egoístas. Compreender a teologia dos aborígenes australianos é tão importante quanto cartografar as grandes falhas submarinas. O sistema de posse da terra nas Trobriand é um objetivo científico tão interessante como a sondagem do gelo das calotas polares. Se a questão é saber o que importa na definição de uma ciência — a capacidade de inovação no que diz respeito às agências que povoam nosso mundo —, então a antropologia estaria bem próxima do topo da hierarquia disciplinar....[37]

A analogia feita nessa passagem é entre as *concepções* indígenas e os *objetos* das ciências ditas naturais. Esta é uma perspectiva possível, e mesmo necessária: deve-se poder produzir uma descrição científica das ideias e práticas indígenas, como se fossem objetos do mundo, ou melhor, para que sejam objetos do mundo. (É preciso não esquecer que os objetos científicos de Latour são tudo menos entidades "objetivas" e indiferentes, pacientemente à espera de uma descrição.) Outra estratégia possível é a de comparar as *concepções* indígenas às *teorias* científicas, como o faz Horton, segundo sua tese da similaridade,[38] que antecipa alguns aspectos da antropologia simétrica de Latour. Outra ainda, todavia, é a estratégia aqui advogada. Cuido que a antropologia sempre andou demasiado obcecada com a Ciência, não só em relação a si mesma — se ela é ou não, pode ou não, deve ou não ser uma ciência —, como sobretudo, e este é o real problema, em relação às concepções

---

37 Bruno Latour, "Not the question", *Anthropology Newsletter*, v. 37, n. 3, 1996, p. 5. A citação, e o parágrafo que a precede, foram canibalizados de Viveiros de Castro, "Etnologia brasileira", in Sergio Miceli (org.), *O que ler na ciência social brasileira (1970-1995), Volume I: Antropologia*. São Paulo: Ed. Sumaré/Anpocs; Brasília: Capes, 1999, p. 153.
38 Robin Horton, *Patterns of Thought in Africa and the West. Essays on Magic, Religion and Science*. Cambridge: Cambridge University Press, 1993, pp. 348-354.

dos povos que estuda: seja para desqualificá-las como erro, sonho, ilusão, e em seguida explicar cientificamente como e por que os "outros" não conseguem (se) explicar cientificamente; seja para promovê-las como mais ou menos homogêneas à ciência, frutos de uma mesma vontade de saber consubstancial à humanidade: assim a similaridade de Horton, assim a ciência do concreto de Lévi-Strauss.[39] A imagem da ciência, essa espécie de padrão-ouro do pensamento, não é porém o único terreno, nem necessariamente o melhor, em que podemos nos relacionar com a atividade intelectual dos povos estrangeiros à tradição ocidental.

Imagine-se uma outra analogia que não a de Latour, ou uma outra similaridade que não a de Horton. Uma analogia na qual, em lugar de tomar as concepções indígenas como entidades semelhantes aos buracos negros ou às falhas tectônicas, tomemo-las como algo de mesma ordem que o *cogito* ou a mônada. Diríamos então, parafraseando a citação acima, que o conceito melanésio da pessoa como "divíduo"[40] é tão imaginativo como o individualismo possessivo de Locke; que compreender a "filosofia da chefia ameríndia"[41] é tão importante quanto comentar a doutrina hegeliana do Estado; que a cosmogonia maori se equipara aos paradoxos eleáticos e às antinomias kantianas;[42] que o perspectivismo amazônico é um objetivo filosófico tão interessante como compreender o sistema de Leibniz... E se a questão é saber o que importa na avaliação de uma filosofia — sua capacidade de criar novos conceitos —, então a antropologia, sem pretender substituir a filosofia, não deixa de ser um poderoso *instrumento* filosófico, capaz de ampliar um pouco os horizontes tão etnocêntricos de nossa filosofia, e de nos livrar, de passagem, da antropologia dita "filosófica". Na definição vigorosa de Tim Ingold[43] — que é melhor deixar no original —, "*anthropology is philosophy with the people in*". Por "*people*", Ingold entende aqui os "*ordinary people*", as pessoas comuns;[44] mas ele está também jogando

---

39 Bruno Latour, *Jamais fomos modernos*, op. cit., pp. 97-98.
40 Marilyn Strathern, *O gênero da dádiva: problemas com mulheres e problemas com a sociedade na Melanésia*, trad. André Villalobos. Campinas: Ed. da Unicamp, 2019.
41 Pierre Clastres, *A sociedade contra o Estado: pesquisas de antropologia política*, trad. Theo Santiago. São Paulo: Cosac Naify, 2003.
42 Gregory Schrempp, *Magical Arrows: The Maori, the Greeks, and the Folklore of the Universe*. Madison: University of Wisconsin Press, 1992.
43 Tim Ingold, "Editorial", *Man*, v. 27, n. 4, 1992, p. 696.
44 Id., loc. cit.

com o significado de *"people"* como "povo", e mais ainda, como "povos". Uma filosofia com outros povos dentro, então: a possibilidade de uma atividade filosófica que mantenha uma relação com a não-filosofia — a vida — de outros povos do planeta, além de com a nossa própria.⁴⁵ Não só as pessoas comuns, então, mas sobretudo os povos incomuns, aqueles que estão fora de nossa esfera de *comunicação*. Se a filosofia real abunda em selvagens imaginários, a geofilosofia visada pela antropologia faz uma filosofia imaginária com selvagens reais. *Real toads in imaginary gardens*, como dizia a poeta Marianne Moore.

Note-se, na paráfrase feita mais acima, o deslocamento que importa. Agora não se trataria mais, ou apenas, da descrição *antropológica* do kula (como forma melanésia de socialidade), mas do kula como descrição *melanésia* (da socialidade como forma antropológica); ou ainda, seria preciso continuar a compreender a teologia australiana, mas agora como constituindo ela própria um dispositivo de *compreensão*; do mesmo modo, os complexos sistemas de aliança ou de posse da terra deveriam ser vistos como imaginações sociológicas *indígenas*. É claro que será sempre necessário descrever o kula como uma descrição, compreender a religião aborígene como um compreender, e imaginar a imaginação indígena: é preciso saber transformar as concepções em conceitos, extraí-los delas e devolvê-los a elas. Um conceito é uma relação complexa entre concepções, um agenciamento de intuições pré-conceituais; no caso da antropologia, as concepções em relação incluem, antes de mais nada, as do antropólogo e as do nativo — relação de relações. Os conceitos nativos são os conceitos do antropólogo. Por hipótese.

---

45 Sobre a 'não-filosofia' — o plano de imanência ou a vida —, ver G. Deleuze e F. Guattari, *O que é a filosofia?*, op. cit., bem como o brilhante comentário de Bento Prado Jr., "A idéia de plano de imanência", in Éric Alliez (org.), *Gilles Deleuze: uma vida filosófica*, coord. da trad. Ana Lúcia de Oliveira. São Paulo: Ed. 34, 2000.

Não explicar, nem interpretar: multiplicar, e experimentar

Roy Wagner, desde seu *A invenção da cultura*, foi um dos primeiros antropólogos que soube radicalizar a constatação de uma equivalência entre o antropólogo e o nativo decorrente de sua comum condição cultural. Do fato de que a aproximação a uma outra cultura só pode se fazer nos termos daquela do antropólogo, Wagner conclui que o conhecimento antropológico se define por sua *"objetividade relativa"*.[46] Isso não significa uma objetividade deficiente, isto é, subjetiva ou parcial, mas uma objetividade intrinsecamente *relacional*, como se depreende do que segue:

> [A] ideia de cultura coloca o pesquisador em pé de igualdade com seus objetos de estudo: cada qual "pertence a uma cultura". Uma vez que toda cultura pode ser entendida como uma manifestação específica [...] do fenômeno humano, e uma vez que jamais se descobriu um método infalível para "classificar" culturas diferentes e ordená-las em seus tipos naturais, presumimos que cada cultura, como tal, é equivalente a qualquer outra. Essa pressuposição é denominada "relatividade cultural". A combinação dessas duas implicações da ideia de cultura — o fato de que nós mesmos pertencemos a uma cultura (objetividade relativa), e o de que devemos supor que todas as culturas são equivalentes (relatividade cultural) — leva a uma proposição geral concernente ao estudo da cultura. Como sugere a repetição da raiz "relativo", a compreensão de uma outra cultura envolve a relação entre duas variedades do fenômeno humano; ela visa a criação de uma relação intelectual entre elas, uma compreensão que inclua ambas. A ideia de "relação" é importante aqui, pois é mais apropriada à conciliação de duas entidades ou pontos de vista equivalentes do que noções como "análise" ou "exame", com suas pretensões de objetividade absoluta.[47]

Ou, como diria Deleuze: não se trata de afirmar a relatividade do verdadeiro, mas sim a verdade do relativo. É digno de nota que Wagner associe a noção de relação à de ponto de vista (os termos relacionados são pontos de vista), e que essa ideia de uma verdade do relativo defina

---

46 Roy Wagner, *A invenção da cultura*, op. cit., p. 28.
47 Ibid., pp. 28-29.

justamente o que Deleuze chama de "perspectivismo". Pois o perspectivismo — o de Leibniz e Nietzsche, bem como o dos Tukano ou Yudjá — não é um relativismo, isto é, a afirmação de uma relatividade do verdadeiro, mas um relacionalismo, pelo qual se afirma que *a verdade do relativo é a relação*.

Indaguei o que aconteceria se recusássemos a vantagem epistemológica do discurso do antropólogo sobre o do nativo; se entendêssemos a relação de conhecimento como suscitando uma modificação, necessariamente recíproca, nos termos por ela relacionados, isto é, atualizados. Isso é o mesmo que perguntar: o que acontece quando se leva o pensamento nativo a sério? Quando o propósito do antropólogo deixa de ser o de explicar, interpretar, contextualizar, racionalizar esse pensamento, e passa a ser o de o utilizar, tirar suas consequências, verificar os efeitos que ele pode produzir no nosso? O que é pensar o pensamento nativo? Pensar, digo, sem pensar se aquilo que pensamos (o outro pensamento) é "aparentemente irracional",[48] ou pior ainda, naturalmente racional,[49] mas pensá-lo como algo que não se pensa nos termos dessa alternativa, algo inteiramente alheio a esse jogo?

Levar a sério é, para começar, não neutralizar. É, por exemplo, pôr entre parênteses a questão de saber se e como tal pensamento ilustra universais cognitivos da espécie humana, explica-se por certos modos de transmissão social do conhecimento, exprime uma visão de mundo culturalmente particular, valida funcionalmente a distribuição do poder político, e outras tantas formas de neutralização do pensamento alheio. Suspender tal questão ou, pelo menos, evitar encerrar a antropologia nela; decidir, por exemplo, pensar o outro pensamento apenas (digamos assim) como uma atualização de virtualidades insuspeitas do pensar.

Levar a sério significaria, então, "acreditar" no que dizem os índios, tomar seu pensamento como exprimindo uma verdade sobre o mundo?

---

48 A expressão "aparentemente irracional" é um clichê secular da antropologia, de Andrew Lang em 1883 (cf. Marcel Detienne, *L'invention de la mythologie*. Paris: Gallimard, 1981, p. 128) a Dan Sperber em 1982.
49 Como professam as que poderíamos chamar "antropologias do bom senso", no duplo sentido do genitivo, como a de Obeyesekere contra Sahlins (*The Apotheosis of Captain Cook: European Mythmaking in the Pacific*. Princeton: Princeton University Press, 1992) e a de LiPuma contra Strathern ("Modernity and Forms of Personhood in Melanesia", in Andrew Strathern e Michael Lambek (orgs.), *Bodies and Persons: Comparative Perspectives from Africa and Melanesia*. Cambridge: Cambridge University Press, 1998).

De forma alguma; esta é outra questão mal colocada. Para crer ou não crer em um pensamento, é preciso primeiro imaginá-lo como um sistema de crenças. Os problemas autenticamente antropológicos, porém, não se põem jamais nos termos psicologistas da crença, nem nos termos logicistas do valor de verdade, pois não se trata de tomar o pensamento alheio como uma opinião, único objeto possível de crença ou descrença, ou como um conjunto de proposições, únicos objetos possíveis dos juízos de verdade. Sabe-se o estrago causado pela antropologia ao definir a relação dos nativos com seu discurso em termos de crença — a cultura vira uma espécie de teologia dogmática[50] —, ou ao tratar esse discurso como uma opinião ou como um conjunto de proposições — a cultura vira uma teratologia epistêmica: erro, ilusão, loucura, ideologia...[51] Como observa Latour, "a crença não é um estado mental, mas um efeito das relações entre os povos"[52] — e o tipo mesmo do efeito que *não* pretendo produzir.

O animismo, por exemplo, sobre o qual já escrevi antes.[53] O *Vocabulário* de Lalande, que não se mostra, quanto a isso, muito destoante em face dos estudos psicoantropológicos recentes sobre o tópico, define "animismo" nestes exatos termos: como um "estado mental". Mas o animismo ameríndio pode ser tudo, menos isso. Ele é uma *imagem do pensamento*, que reparte o fato e o direito, o que cabe de direito ao pensamento e o que remete contingentemente aos estados de coisas;

---

50 E. Viveiros de Castro, "O mármore e a murta: sobre a inconstância da alma selvagem", in *A inconstância da alma selvagem e outros ensaios de antropologia*. São Paulo: Ubu, 2017.
51 As observações de Wittgenstein sobre o *Golden Bough* permanecem, a esse título, completamente pertinentes. Entre outras: "Um símbolo religioso não se funda sobre nenhuma *opinião*. E é somente em relação à opinião que se pode falar em erro"; "Creio que o que caracteriza o homem primitivo é que ele não age a partir de *opiniões* (ao contrário, Frazer)"; "O absurdo consiste aqui no fato de que Frazer apresenta tais ideias [sobre os ritos da chuva etc.] como se esses povos tivessem uma representação completamente falsa (e mesmo insensata) do curso da natureza, quando eles têm apenas uma interpretação estranha dos fenômenos. Isto é, se eles pusessem por escrito seu conhecimento da natureza, ele não se distinguiria *fundamentalmente* do nosso. Apenas sua *magia* é outra" (Ludwig Wittgenstein, *Remarques sur le "Rameau d'Or" de Frazer* (Suivi de Jacques Bouveresse *L'Animal cérémoniel. Wittgenstein et l'Anthropologie*), trad. Jean Lacoste. Lausanne: L'Age d'Homme, 1982, pp. 15, 24, 27). Sua magia, ou, poderíamos dizer, seus conceitos.
52 Bruno Latour, *Reflexão sobre o culto moderno dos deuses fe(i)tiches*, trad. Sandra Moreira. São Paulo: Edusc, 2002, p. 15.
53 E. Viveiros de Castro, "Os pronomes cosmológicos e o perspectivismo ameríndio", op. cit.

é, mais especificamente, uma *convenção de interpretação*[54] que pressupõe a personitude formal do que há a conhecer, fazendo assim do pensamento uma atividade e um efeito da relação ("social") entre o pensador e o pensado. Seria apropriado dizer que, por exemplo, o positivismo ou o jusnaturalismo são estados mentais? O mesmo (não) se diga do animismo amazônico: ele não é um estado mental dos sujeitos individuais, mas um dispositivo intelectual transindividual, que toma, aliás, os "estados mentais" dos seres do mundo como um de seus objetos. Ele não é uma condição da mente *do* nativo, mas uma "teoria da mente" aplicada *pelo* nativo, um modo de resolver, aliás — ou melhor, de dissolver —, o problema eminentemente filosófico das "outras mentes".

Se não se trata de descrever o pensamento indígena americano em termos de crença, tampouco então é o caso de relacionar-se com ele sob o modo da crença — seja sugerindo com benevolência seu "fundo de verdade" alegórico (uma alegoria social, como para os durkheimianos, ou natural, como para os materialistas culturais), seja, pior ainda, imaginando que ele daria acesso à essência íntima e última das coisas, detentor que seria de uma ciência esotérica infusa. "Uma antropologia que [...] reduz o sentido [*meaning*] à crença, ao dogma e à certeza cai forçosamente na armadilha de ter de acreditar ou nos sentidos nativos, ou em nossos próprios".[55] Mas o plano do sentido não é povoado por crenças psicológicas ou proposições lógicas, e o fundo contém outra coisa que verdades. Nem uma forma da *doxa*, nem uma figura da lógica — nem opinião, nem proposição —, o pensamento nativo é aqui tomado como atividade de simbolização ou prática de sentido: como dispositivo autorreferencial ou tautegórico de produção de conceitos, isto é, de "símbolos que representam a si mesmos".[56]

Recusar-se a pôr a questão em termos de crença parece-me um traço crucial da decisão antropológica. Para marcá-lo, reevoquemos o Outrem deleuziano. Outrem é a expressão de um mundo possível; mas este mundo deve sempre, no curso usual das interações sociais, ser atualizado por um Eu: a implicação do possível em outrem é explicada por mim. Isto significa que o possível passa por um processo de *verifi-*

---

54 Marilyn Strathern, *Property, Substance and Effect: Anthropological Essays on Persons and Things*. Londres: Athlone, 1999, p. 239.
55 R. Wagner, *A invenção da cultura*, op. cit., pp. 65-66, tradução modificada.
56 R. Wagner, *Roy. Símbolos que representam a si mesmos*, trad. Priscila Santos da Costa. São Paulo: Ed. da Unesp, 2018.

cação, que dissipa entropicamente sua estrutura. Quando desenvolvo o mundo exprimido por outrem, é para validá-lo como real e ingressar nele, ou então para desmenti-lo como irreal: a "explicação" introduz, assim, o elemento da crença. Descrevendo tal processo, Deleuze indicava a condição-limite que lhe permitiu a determinação do conceito de Outrem:

> [E]ssas correlações de desenvolvimento, que formam tanto nossas comunidades com outrem quanto nossas contestações a ele, dissolvem sua estrutura e, num caso, o reduzem ao estado de objeto e, no outro, o levam ao estado de sujeito. Eis por que, para apreender outrem como tal, temos o direito de exigir condições de experiência especiais, por mais artificiais que sejam: o momento em que o expresso ainda não tem (para nós) existência fora daquilo que o exprime — *Outrem como expressão de um mundo possível*.[57]

E concluía recordando uma máxima fundamental de sua reflexão: "A regra que invocávamos anteriormente, isto é, não se explicar demais, significava antes de tudo não se explicar demais com outrem, não explicar outrem demais, manter seus valores implícitos, multiplicar nosso mundo, povoando-o com todos esses exprimidos que não existem fora de suas expressões".[58]

A lição pode ser aproveitada pela antropologia. Manter os valores de outrem implícitos não significa celebrar algum mistério numinoso que eles encerrem; significa a recusa em atualizar os possíveis expressos pelo pensamento indígena, a deliberação de guardá-los *indefinidamente* como possíveis — nem desrealizando-os como fantasias dos outros, nem fantasiando-os como reais para nós. A experiência antropológica, nesse caso, depende da interiorização formal das condições especiais e artificiais de que fala Deleuze: o momento em que o mundo de outrem não existe fora de sua expressão transforma-se em uma condição eterna, isto é, interna à relação antropológica, que realiza esse possível *como virtual*.[59] Se há algo que cabe de direito à antropologia

---

57 G. Deleuze, *Diferença e repetição*, op. cit., p. 364.
58 Ibid., tradução modificada.
59 A exteriorização dessa condição especial e artificial, isto é, sua generalização e naturalização, gera o equívoco clássico da antropologia: a eternidade formal do possível é fantasmada sob o modo de uma não-contemporaneidade histórica entre o antropólogo

não é certamente a tarefa de *explicar o mundo de outrem*, mas a de *multiplicar nosso mundo*, "povoando-o de todos esses exprimidos que não existem fora de suas expressões".

De porcos e corpos

Realizar os possíveis nativos como virtualidades é o mesmo que tratar as ideias nativas como conceitos. Dois exemplos.

1. Os porcos indígenas. É comum encontrar, na etnografia americana, a ideia de que, para os indígenas, os animais são humanos. Tal formulação condensa uma nebulosa de concepções sutilmente variadas, que não cabe aqui elaborar: não são todos os animais que são humanos, e não são só eles que o são; os animais não são humanos o tempo todo; eles foram humanos mas não o são mais; eles se tornam humanos quando se acham fora de nossas vistas; eles apenas pensam que são humanos; eles se veem como humanos; eles têm uma alma humana sob um corpo animal; eles são gente assim como os humanos, mas não são humanos exatamente como a gente; e assim por diante. Além disso, "animal" e "humano" são traduções equívocas de certas palavras indígenas — e não esqueçamos que estamos diante de *centenas* de línguas distintas, na maioria das quais, aliás, a cópula não costuma vir marcada por um verbo. Mas não importa, no momento. Suponhamos que enunciados como "os animais são humanos" ou "certos animais são gente" façam algum sentido, e um sentido que nada tenha de metafórico, para um dado grupo indígena. Tanto sentido, digamos (mas não exatamente o mesmo *tipo* de sentido), quanto o que a afirmação aparentemente inversa, e hoje tão pouco escandalosa — "os humanos são animais" —, faz para nós. Suponhamos, então, que o primeiro enunciado faça sentido, por exemplo, para os Ese Eja da Amazônia boliviana: "A afirmação, que eu frequentemente ouvi, de que 'todos os animais são Ese Eja'...".[60]

---

e o nativo — tem-se então a primitivização de Outrem, seu congelamento como objeto (do) passado absoluto.
60 Miguel Alexiades, *Ethnobotany of the Ese Eja: Plants, Health, and Change in an Amazonian Society*. New York: CUNY, 1999, p. 179. Tese de doutorado. Alexiades cita seu interlocutor em espanhol — "Todos los animales son Ese Eja". Note-se já aqui uma

Pois bem. Isabella Lepri, estudante de antropologia que trabalha, por coincidência, junto a esses mesmos Ese Eja, perguntou-me, penso que em maio de 1998, se eu acreditava que os porcos selvagens (especialmente o *Tayassu pecari*, o queixada ou pecari) são humanos, como dizem muitos povos amazônicos. Respondi que não — e o fiz porque suspeitei, sem nenhuma razão, que ela acreditava que, se os indígenas diziam tal coisa, então devia ser verdade. Acrescentei, perversa e algo mentirosamente, que só acreditava em átomos e genes, na teoria da relatividade e na evolução das espécies, na luta de classes e na lógica do capital, enfim, nesse tipo de coisa; mas que, como antropólogo, tomava perfeitamente a sério a ideia de que os queixadas são humanos. Ela me contestou: "Como você pode sustentar que leva o que os índios dizem a sério? Isso não é só um modo de ser polido com seus informantes? Como você pode levá-los a sério se só finge acreditar no que eles dizem?"

Essa intimação de hipocrisia obrigou-me, é claro, a refletir. Estou convencido de que a questão de Isabella é crucial, de que toda antropologia digna desse nome precisa respondê-la, e de que não é nada fácil respondê-la bem.

Uma resposta possível, naturalmente, é aquela contida em uma réplica cortante de Lévi-Strauss ao hermeneutismo mí(s)tico de Ricœur: "É preciso tomar partido: os mitos não dizem nada que nos instrua sobre a ordem do mundo, a natureza do real, a origem do homem ou seu destino".[61] Em troca, prossegue o autor, os mitos nos ensinam muito sobre as *sociedades* de onde provêm, e, sobretudo, sobre certos modos fundamentais (e universais) de operação da *mente humana*.[62] Opõe-se, assim, à vacuidade referencial do mito, sua plenitude diagnóstica: dizer que os queixadas são humanos não *nos* diz nada sobre os queixadas, mas muito sobre os humanos que o dizem. A solução nada tem de especificamente lévi-straussiana; ela é a postura canônica da antropologia, de Durkheim ou dos intelectualistas vitorianos aos dias de hoje. Muito da antropologia chamada cognitiva, por exemplo, pode ser vista como uma elaboração sistemática de tal atitude, que

---

torção: "todos" os animais (o etnógrafo mostra que há numerosas exceções) não são "humanos", e sim *"Ese Eja"*, etnônimo que pode ser traduzido como "pessoas humanas", em oposição a "espíritos" e a "estrangeiros".
61 Claude Lévi-Strauss, *O homem nu*, trad. Beatriz Perrone-Moisés. São Paulo: Cosac Naify, 2011, p. 616.
62 Id., loc. cit.

consiste em reduzir o discurso indígena a um conjunto de proposições, selecionar aquelas que são falsas (alternativamente, "vazias") e produzir uma *explicação* de por que os humanos acreditam nelas, *visto que* são falsas ou vazias. Uma explicação, também por exemplo, pode ser aquela que conclui que tais proposições são objeto de um embutimento ou aspeamento por parte de seus enunciadores;[63] elas remetem, portanto, não ao mundo, mas à relação dos enunciadores com seu próprio discurso. Tal relação é igualmente o tema privilegiado das antropologias ditas "simbolistas", de tipo semântico ou pragmático: enunciados como esse sobre os queixadas falam (ou fazem), "na verdade", algo sobre a sociedade, não sobre o que falam. Eles não ensinariam nada sobre a ordem do mundo e a natureza do real, portanto, nem para nós, *nem para os indígenas*. Levar a sério uma afirmação como "os queixadas são humanos", nesse caso, consistiria em mostrar como certos humanos podem levá-la a sério, e mesmo acreditar nela, sem que se mostrem, com isso, irracionais — e, naturalmente, sem que os queixadas se mostrem, por isso, humanos. Salva-se o mundo: salvam-se os queixadas, salvam-se os nativos, e salva-se, sobretudo, o antropólogo.

Essa solução não me satisfaz. Ela parece implicar que, para levar os indígenas a sério, quando afirmam coisas como "os queixadas são humanos", é preciso *não* acreditar no que eles dizem, visto que, se o fizéssemos, não estaríamos *nos* levando a sério. É preciso achar outra saída. Como não tenho espaço nem sobretudo competência para repassar a vasta literatura filosófica sobre a gramática da crença, a certeza, as atitudes proposicionais etc., apresento aqui apenas certas considerações suscitadas, intuitiva mais que reflexivamente, por minha experiência de etnógrafo.

Sou antropólogo, não suinólogo. Os queixadas (ou, como disse um outro antropólogo a propósito dos Nuer, as vacas) não me interessam enormemente, os humanos sim. Mas os queixadas interessam enormemente àqueles humanos que dizem que eles são humanos. Portanto, a ideia de que os queixadas são humanos me interessa, a mim também, porque diz algo sobre os humanos que dizem isso. Mas *não* porque ela diga algo que esses humanos não são capazes de dizer sozinhos, e sim porque, nela, esses humanos estão dizendo algo não só sobre os quei-

---

63 Dan Sperber, *Le symbolisme en général*. Paris: Hermann, 1974; *Le savoir des anthropologues*. Paris: Hermann, 1982.

xadas, mas também sobre o que é ser humano. (Por que os Nuer, ao contrário e por exemplo, não dizem que o gado é humano?) Um enunciado sobre a humanidade dos queixadas, se certamente *revela* — ao antropólogo — algo sobre o espírito humano, faz mais que isso — para os indígenas: ele *afirma* algo sobre o conceito de humano. Ele afirma, *inter alia*, que a noção de "mente humana" e o conceito indígena de socialidade incluem em sua extensão os queixadas — e isso modifica radicalmente a intensão destes conceitos relativamente aos nossos.

A crença do nativo ou a descrença do antropólogo não têm nada a fazer aqui. Perguntar(-se) se o antropólogo deve acreditar no nativo é um *category mistake* equivalente a indagar se o número dois é alto ou verde. Eis os primeiros elementos de minha resposta a Isabella. Quando um antropólogo ouve de um interlocutor indígena (ou lê na etnografia de um colega) algo como "os queixadas são humanos", a afirmação, sem dúvida, interessa-lhe porque ele "sabe" que os queixadas não são humanos. Mas esse saber — um saber essencialmente arbitrário, para não dizermos burro — deve parar aí: seu único interesse consiste em ter despertado o interesse do antropólogo. Não se deve pedir mais a ele. Não se pode, acima de tudo, incorporá-lo implicitamente na economia do comentário antropológico, como se fosse necessário explicar (como se o essencial fosse explicar) por que os índios *creem* que os queixadas são humanos quando *de fato* eles não o são. É inútil perguntar-se se os indígenas têm ou não razão a esse respeito: pois já não o "sabemos"? Mas o que é preciso saber é justamente o que *não* se sabe — a saber, *o que* eles estão dizendo quando dizem que os queixadas são humanos.

Uma ideia como essa está longe de ser evidente. O problema que ela coloca não reside na cópula da proposição, como se "queixada" e "humano" fossem noções universais compartilhadas pelo antropólogo e pelo nativo, e a única diferença residisse na equação bizarra entre os dois termos. É perfeitamente possível, diga-se de passagem, que o significado lexical ou a interpretação semântica de "queixada" e "humano" sejam mais ou menos os mesmos para os dois interlocutores; não se trata de um problema de tradução, ou de decidir se os povos indígenas e nós temos os mesmos *natural kinds* (talvez, talvez). O problema é que a ideia de que os queixadas são humanos é parte do sentido dos "conceitos" de queixada e de humano naquela cultura, ou melhor, é *essa* ideia que é o verdadeiro conceito em potência — o conceito que determina o modo como as ideias de queixada e de humano se relacionam. Pois não há "primeiro" os queixadas e os humanos, cada qual de seu lado, e "depois" sobrevém a ideia de que os queixadas são humanos: ao contrário, os queixadas, os humanos e sua relação são dados *simultaneamente*.[64]

A estreiteza intelectual que ronda a antropologia, em casos como esse, consiste na redução das noções de queixada e de humano exclusivamente a variáveis independentes de uma proposição, quando elas devem ser vistas — se queremos levar os indígenas a sério — como variações inseparáveis de um conceito. Dizer que os queixadas são humanos, como já observei, não é dizer algo apenas sobre os queixadas, como se "humano" fosse um predicado passivo e pacífico (por exemplo, o gênero em que se inclui a espécie queixada); tampouco é dar uma simples definição verbal de "queixada", do tipo ""surubim' é (o nome de) um peixe". Dizer que os queixadas são humanos é dizer algo sobre os queixadas *e sobre os humanos,* é dizer algo sobre o que pode ser o humano: se os queixadas têm a humanidade em potência, então os humanos teriam, talvez, uma potência-queixada? Com efeito, se os queixadas podem ser concebidos como humanos, então deve ser possível conceber os humanos como queixadas: o que é ser humano, quando se é queixada, e o que é ser queixada, quando se é humano? *Quais as consequências disto?* Que conceito se pode extrair de um enunciado como "os queixadas são humanos"? Como transformar a concepção expressa por uma proposição desse tipo em um conceito? Esta é a verdadeira questão.

Assim, quando seus interlocutores indígenas lhe dizem (sob condições, como sempre, que cabe especificar) que os queixadas são humanos, o que o antropólogo deve se perguntar não é se "acredita ou não" que os queixadas sejam humanos, mas o que uma ideia como essa lhe ensina sobre as noções indígenas de humanidade e de "pecaritude" ou

---

64 Não estou aqui me referindo ao problema da aquisição ontogenética de "conceitos" ou "categorias", no sentido que a psicologia cognitiva dá a estas palavras. A simultaneidade das ideias de queixada, humano e de sua identidade (condicional e contextual) é, do ponto de vista empírico, uma característica do pensamento dos adultos dessa cultura. Ainda que se admitisse que as crianças começam por adquirir ou manifestar os "conceitos" de queixada e de humano antes de serem ensinadas que "os queixadas são humanos", resta que os adultos, quando agem ou argumentam com base nesta ideia, não reencenam em suas mentes tal suposta sequência cronológica, primeiro pensando nos humanos e nos queixadas, depois em sua associação. Além disso e sobretudo, tal simultaneidade não é empírica, mas transcendental: ela significa que a humanidade dos queixadas é um componente *a priori* da ideia de queixada (e da ideia de humano).

"porcinidade". O que uma ideia como essa, note-se, ensina-lhe sobre essas noções e sobre outras coisas: sobre as relações entre ele e seu interlocutor, as situações em que tal enunciado é produzido "espontaneamente", os gêneros de fala e o jogo de linguagem em que ele cabe etc. Essas *outras coisas*, porém — e gostaria de insistir sobre o ponto — estão muito longe de esgotar o sentido do enunciado. Reduzi-lo a um discurso que fala apenas de seu enunciador é negar a este sua intencionalidade, e, de quebra, é obrigá-lo a trocar *seu* porco por *nosso* humano — o que é um péssimo negócio para o caçador do porco.

E nesses termos, é óbvio que o etnógrafo tem de acreditar (no sentido de confiar) em seu interlocutor: pois este não está a lhe dar uma opinião, mas a lhe ensinar o que são os queixadas e os humanos, a explicar como o humano está implicado no queixada... A pergunta, mais uma vez, deve ser: para que serve essa ideia? Em que agenciamentos ela pode entrar? Quais suas consequências? Por exemplo: o que se come, quando se come um queixada, se os queixadas são humanos?

E mais: carece ver se o conceito construível a partir de enunciados como esse exprime-se de modo realmente adequado pela forma "X é Y". Pois não se trata tanto de um problema de predicação ou atribuição, mas de definir um conjunto virtual de eventos e de séries em que entram os porcos selvagens de nosso exemplo: os queixadas andam em bando... têm um chefe... são barulhentos e agressivos... sua aparição é súbita e imprevisível... são maus cunhados... comem açaí... vivem sob a terra... são encarnações dos mortos... e assim por diante. Não se trata com isso de identificar os atributos dos queixadas a atributos dos humanos, mas de algo muito diferente. Os queixadas são queixadas *e* humanos, são humanos naquilo que os humanos *não são* queixadas; os queixadas implicam os humanos, como ideia, em sua *distância* mesma em face dos humanos. Assim, quando se diz que os queixadas são humanos, não é para identificá-los aos humanos, mas para diferenciá-los de si mesmos — e a nós de nós mesmos.

Disse acima que a ideia de que os queixadas são humanos está longe de ser evidente. Por certo: nenhuma ideia interessante é evidente. Esta, em particular, não é não-evidente porque seja falsa ou inverificável (os indígenas dispõem de vários modos de *verificá-la*), mas porque diz algo não evidente sobre o mundo. Os queixadas não são evidentemente humanos, eles o são não evidentemente. Isso quereria dizer que tal ideia é *simbólica*, no sentido que Sperber deu a este adjetivo? Entendo que não. Sperber concebe os conceitos indígenas como proposições, e pior, como proposições de segunda classe, "representações semiproposicionais" que prolongam o "saber enciclopédico" sob um modo não referencializável: confusão do autopositivo com o referencialmente vazio, do virtual com o fictício, da imanência com a clausura... Mas é possível ver o "simbolismo" de outro modo que esse de Sperber, que o toma como algo lógica e cronologicamente posterior à enciclopédia ou à semântica, algo que marca os limites do conhecimento verdadeiro ou verificável, o ponto onde ele se transforma em ilusão. Os conceitos indígenas podem ser ditos simbólicos, mas em sentido muito diferente; não são *sub*proposicionais, são *super*proposicionais, pois supõem as proposições enciclopédicas, mas definem sua significação vital, seu sentido ou valor. As proposições enciclopédicas é que são semiconceituais ou subsimbólicas, não o contrário. O simbólico não é o semiverdadeiro, mas o pré-verdadeiro, isto é, o importante ou relevante: ele diz respeito, não ao que é o caso, mas ao que importa no que é o caso, ao que interessa para a vida no que é o caso. O que vale um queixada? Essa é a questão, literalmente, *interessante*.[65]

"Profundo: outra palavra para semiproposicional", ironizou, certa vez, Sperber.[66] Mas então caberia replicar — banal: outra palavra para proposicional. Profundos, com efeito, os conceitos indígenas certamente o são, pois projetam um fundo, um plano de imanência povoado de intensidades, ou, se o leitor prefere a linguagem de Wittgenstein, um *Weltbild* quadrilhado por "pseudoproposições" de base que ignoram e precedem a partilha entre o verdadeiro e o falso, "armando uma rede que, lançada ao caos, pode dar-lhe consistência".[67] Esse fundo é a "base sem fundamento" que não é nem racional/razoável nem irracional/insensata, mas que "simplesmente está lá — como nossa vida".[68]

2. Os corpos indígenas. Meu colega Peter Gow narrou-me, certa feita, a seguinte cena, presenciada em uma de suas estadas entre os Piro da Amazônia peruana:

---

65 "As noções de importância, de necessidade, de interesse são mil vezes mais determinantes que a noção de verdade. *Não modo algum porque elas a substituam, mas porque medem a verdade do que digo.*" (Gilles Deleuze, *Conversações*, 1972-1990, trad. Peter Pál Pelbart. São Paulo: Ed. 34, 1992, p. 162. Grifo meu).
66 Dan Sperber, *Le savoir des anthropologues*, op. cit., p. 173.
67 Bento Prado Jr., "A idéia de plano de imanência", op. cit., p. 317.
68 Wittgenstein, *Sobre a certeza*, § 59, in Bento Prado Jr "A idéia de plano de imanência", op. cit., p. 319.

Uma professora da missão [na aldeia de] Santa Clara estava tentando convencer uma mulher piro a preparar a comida de seu filho pequeno com água fervida. A mulher replicou: "Se bebemos água fervida, contraímos diarreia". A professora, rindo com zombaria da resposta, explicou que a diarreia infantil comum é causada justamente pela ingestão de água não fervida. Sem se abalar, a mulher piro respondeu: "Talvez para o povo de Lima isso seja verdade. Mas para nós, gente nativa daqui, a água fervida dá diarreia. Nossos corpos são diferentes dos corpos de vocês".[69]

O que pode o antropólogo fazer com essa resposta da mulher índia? Várias coisas. Gow, por exemplo, teceu comentários argutos sobre a anedota, em um artigo em preparação:

Este enunciado simples ["nossos corpos são diferentes"] captura com elegância o que Viveiros de Castro [1996] chamou de perspectivismo cosmológico, ou multinaturalismo: o que distingue os diferentes tipos de gente são seus corpos, não suas culturas. Deve-se notar, entretanto, que esse exemplo de cosmologia perspectivista não foi obtido no curso de uma discussão esotérica sobre o mundo oculto dos espíritos, mas em uma conversação em torno de preocupações eminentemente práticas: o que causa a diarreia infantil? Seria tentador ver as posições da professora e da mulher piro como representando duas cosmologias distintas, o multiculturalismo e o multinaturalismo, e imaginar a conversa como um choque de cosmologias ou culturas. Isto seria, penso, um engano. As duas cosmologias/culturas, no caso, estão em contato já há muito tempo, sua imbricação precede de muito os processos ontogenéticos através dos quais a professora e essa mulher piro vieram a formulá-las como autoevidentes. Mas sobretudo, tal interpretação estaria traduzindo o diálogo nos termos gerais de uma de suas partes, a saber, o multiculturalismo. As coordenadas da posição da mulher piro estariam sendo sistematicamente violadas pela análise. Isso não quer dizer, é claro, que eu creia que as crianças devem beber água não-fervida. Mas isso *quer* dizer que a análise etnográfica não pode ir adiante se já se decidiu de antemão o sentido geral de um encontro como esse.[70]

---

69 Peter Gow, comunicação pessoal, 12 out 2000.
70 Peter Gow, loc. cit.

Concordo com muito do argumento acima. A anedota reportada por Gow é de fato uma esplêndida ilustração, especialmente por derivar de um incidente banalmente cotidiano, da divergência irredutível entre o que chamei de "multiculturalismo" e de "multinaturalismo". Mas a análise sugerida por ele não me parece a única possível. Assim, sobre a questão da tradução da conversa nos termos gerais de uma das partes — no caso, a professora: não seria igualmente possível, e sobretudo necessário, traduzi-la nos termos gerais da *outra* parte? Pois não há terceira posição, uma posição *absoluta* de sobrevoo que mostrasse o caráter *relativo* das duas outras. É preciso tomar partido.

Será que se poderia dizer, por exemplo, que cada mulher está "culturalizando" a outra nessa conversa, isto é, atribuindo a tolice da outra à cultura desta, ao passo que toma a sua própria posição como "natural"? Seria o caso de se dizer que o argumento sobre o "corpo" avançado pela mulher piro já é uma espécie de concessão aos pressupostos da professora? Talvez; mas não houve concessão recíproca. A mulher piro concordou em discordar, mas a professora, de modo algum. A primeira não contestou o fato de que as pessoas da cidade de Lima ("talvez") devam beber água fervida, ao passo que a segunda recusou peremptoriamente a ideia de que as pessoas da aldeia de Santa Clara não o devam.

O "relativismo" da mulher piro — um relativismo "natural", não "cultural", note-se — poderia ser interpretado segundo certas hipóteses a respeito da economia cognitiva das sociedades não modernas, ou sem escrita, ou tradicionais etc. Nos termos da teoria de Robin Horton,[71] por exemplo. Horton diagnostica o que chamou de "paroquialismo de visão de mundo" (*world-view parochialism*) como algo característico dessas sociedades: contrariamente à exigência implícita de universalização contida nas cosmologias racionalizadas da modernidade ocidental, as cosmologias dos povos tradicionais parecem marcadas por um espírito de grande tolerância, mas que é na verdade uma *indiferença* à concorrência de visões de mundo discrepantes. O relativismo aparente dos Piro não manifestaria, assim, sua largueza de vistas, mas, muito ao contrário, sua miopia: eles pouco se importam como as coisas são alhures.[72]

---

71 Robin Horton, *Patterns of Thought in Africa and the West*, op. cit., pp. 379 e ss.
72 E com efeito, a réplica da mulher piro é idêntica a uma observação dos Azande,

Há vários motivos para se recusar uma leitura como essa de Horton; entre outros, o de que o dito relativismo primitivo não é apenas intercultural, mas intracultural e "autocultural", e que ele não exprime nem uma tolerância, nem uma indiferença, mas sim uma exterioridade absoluta à concepção criptoteológica da Cultura como conjunto de crenças.[73] O motivo principal, entretanto, está perfeitamente prefigurado nos comentários de Gow, a saber, que a ideia de paroquialismo traduz o debate de Santa Clara nos termos da posição da professora, com seu universalismo natural e seu diferencialismo (mais ou menos tolerante) cultural. Há várias *visões* de mundo, mas há um só *mundo* — um mundo onde todas as crianças devem beber água fervida (se, é claro, encontrarem-se em uma parte do mesmo onde a diarreia infantil seja uma ameaça).

Em lugar dessa leitura, proponho uma outra. A anedota dos corpos diferentes convida a um esforço de determinação do mundo possível expresso no juízo da mulher piro. Um mundo *possível* no qual os corpos humanos sejam diferentes em Lima e em Santa Clara — no qual seja *necessário* que os corpos dos brancos e dos indígenas sejam diferentes. Ora, determinar esse mundo não é inventar um mundo imaginário, um mundo dotado, digamos, de outra física ou outra biologia, onde o universo não seria isotrópico e os corpos se comportariam segundo leis diferentes em lugares distintos. Isso seria (má) ficção científica. O que se trata é de encontrar o problema real que torna possível o mundo implicado na réplica da mulher piro. O argumento de que "nossos corpos são diferentes" não exprime uma teoria biológica alternativa, e, naturalmente, equivocada, ou uma biologia objetiva imaginariamente não *standard*.[74] O que o argumento piro manifesta é

---

consignada no livro que é a bíblia dos antropólogos da persuasão de Horton: "Certa vez, ouvi um deles dizer de nós: 'Talvez lá na terra deles as pessoas não sejam assassinadas por bruxos, mas aqui elas são'" (Evans-Pritchard, *Bruxaria, oráculos e magia entre os Azande*, op. cit., p. 1225). Agradeço a Ingrid Weber a lembrança.

73 Deborah Tooker, "Identity Systems of Highland Burma: 'Belief', Akha Zan, and a Critique of Interiorized Notions of Ethno-Religious Identity", *Man*, v. 27, n. 4, 1992, pp. 799-819; E. Viveiros de Castro, "O mármore e a murta: sobre a inconstância da alma selvagem", op. cit.

74 Como advertia A. Gell (*Arte e agência: uma teoria antropológica*, trad. Jamille Pinheiro Dias. São Paulo: Ubu, 2018, p.163) em um contexto semelhante, a magia não é uma física equivocada, mas uma "meta-física": "O engano de Frazer foi, por assim dizer, o de imaginar que os praticantes da magia dispunham de uma teoria física não-standard, quando, na verdade, 'magia' é aquilo que se tem quando se *dispensa* uma teoria física em vista de sua redundância, e quando se busca apoio na ideia, em si mesmo perfeitamente

uma ideia não biológica de corpo, ideia que faz com que questões como a diarreia infantil não sejam tratadas como objetos de uma teoria biológica. O argumento afirma que nossos "corpos" respectivos são diferentes, entenda-se, que os *conceitos* piro e ocidental de corpo são divergentes, não que nossas "biologias" são diversas. A anedota da água piro não reflete uma *outra* visão de um *mesmo* corpo, mas um outro conceito de corpo, cuja dissonância subjacente à sua "homonímia" com o nosso é, justamente, o *problema*. Assim, por exemplo, o conceito piro de corpo pode não estar, tal como o nosso, na alma, isto é, na "mente", sob o modo de uma representação de um corpo fora dela; ele pode estar, ao contrário, inscrito no próprio corpo como perspectiva.[75] Não, então, o conceito como representação de um corpo extraconceitual, mas o corpo como perspectiva interna do conceito: o corpo como implicado no conceito de perspectiva. E se, como dizia Espinosa, não sabemos o que pode um corpo, menos saberíamos o que pode *esse* corpo. Para não falar de sua alma.

---

praticável, de que a explicação de qualquer evento dado (...) é que ele é causado intencionalmente".

75 E. Viveiros de Castro, "Os pronomes cosmológicos e o perspectivismo ameríndio", op. cit.

2 |
A antropologia perspectivista
e o método da equivocação controlada

O americanismo tropical tem se mostrado uma das áreas mais dinâmicas e criativas da antropologia contemporânea. Contudo, apesar desse florescimento, e embora a obra fundamental de Lévi-Strauss, na qual o pensamento indígena das Américas ocupa uma posição eminente, esteja em circulação há mais de meio século, a profunda originalidade da contribuição dos povos do continente para a herança intelectual da humanidade ainda não foi plenamente absorvida por nossa disciplina. Em especial, algumas das implicações dessa contribuição para a própria teoria antropológica ainda não foram extraídas. Isto é o que pretendo começar a fazer aqui, propondo algumas reflexões adicionais sobre o "perspectivismo ameríndio", tema que me tem ocupado (outros diriam obcecado) nos últimos anos.[1]

Tradução

O título que escolhi para as reflexões a seguir alude a um artigo de Fred Eggan,[2] "A antropologia social e o método da comparação controlada", que fazia parte do instrumental metodológico do célebre (para nós do Museu Nacional) Projeto Harvard-Brasil Central, do qual sou um dos descendentes acadêmicos. A dupla diferença entre os títulos indica a direção geral de meu argumento, que na verdade tem muito pouco a ver com o de Eggan. A substituição de "social" por "perspectivista" indica, primeiro de tudo, que a "antropologia" a que me refiro é uma formação híbrida, resultado da imbricação recursiva entre os discursos antropológicos ocidentais (nossa própria etno-antropologia), enraizados na

---

1   Ver Viveiros de Castro "Os pronomes cosmológicos e o perspectivismo ameríndio", *Mana*, v. 2, n. 2, 1996, pp. 115-144; e "Perspectivismo e multinaturalismo na América indígena", in *A inconstância da alma selvagem e outros ensaios de antropologia*. São Paulo: Cosac Naify, 2002, pp. 345-400.
2   Fred Eggan, "Social Anthropology and the Method of Controlled Comparison", *American Anthropologist*, v. 56, n. 5, oct. 1954, pp. 743-763.

ontologia multiculturalista e mononaturalista moderna, e as imagens do "humano" projetadas pela cosmopraxis indígena sob a forma de uma teoria perspectivista da personitude transespecífica, que seria, por contraste, monocultural e multinatural.[3]

Em segundo lugar, a substituição exprime minha convicção de que a antropologia contemporânea só é social (ou cultural) na medida em que a primeira questão que se coloca para o antropólogo é a de descobrir o que faz as vezes — se algo o faz — do nosso conceito de "social" (ou "cultural") para os povos estudados. Ou por outra, a questão é como abordar estes povos como agentes teorizantes e não (ou não apenas) como pacientes teorizados. Argumentei, em um artigo recente, que o problema precípuo da antropologia consiste menos em determinar quais relações sociais constituem seu objeto de análise e muito mais em perguntar o que este objeto constitui como relação social — o que é uma relação social nos termos de seu objeto, ou melhor, nos termos que emergem da relação (social, naturalmente) entre o "antropólogo" e o "nativo".[4]

Em poucas palavras, fazer antropologia significa comparar antropologias. A comparação não é apenas nossa ferramenta analítica principal; ela é também nossa matéria-prima e resultado último, porque o que comparamos são sempre e necessariamente, de uma forma ou de outra, comparações. Se a "cultura", como disse Marilyn Strathern, "consiste na maneira pela qual as pessoas traçam analogias entre domínios diferentes de seus mundos",[5] então toda cultura é um processo multidimensional de comparação. E se a antropologia "estuda a cultura por meio da cultura", então "quaisquer operações que caracterizem nossa investigação também devem ser propriedades gerais da cultura".[6] O que implica que o antropólogo e o nativo estão engajados em "operações intelectuais diretamente comparáveis",[7] e que tais operações são essencialmente comparativas. Relações intraculturais, ou comparações internas (as "analogias entre domínios" de Strathern), e relações interculturais, ou

---

3 "Personitude" traduz o inglês *personhood*. Não achei solução menos feia.
4 Ver o capítulo 1 ("O nativo relativo"), neste volume.
5 Marilyn Strathern, *Reproducing the Future: Anthropology, Kinship, and the New Reproductive Technologies*. New York: Routledge, 1992, p. 47.
6 Roy Wagner, *A invenção da cultura*, trad. bras. Marcela Coelho de Souza e Alexandre Morales. São Paulo: Cosac Naify, 2010, p. 75.
7 Michael Herzfeld, "Orientações: antropologia como uma prática da teoria", *in Antropologia: prática teórica na cultura e na sociedade*. Trad. Noéli Correia de Melo Santos. Petrópolis: Vozes, 2016, p. 19.

comparações externas (a "invenção da cultura" de Wagner), são, assim, operações elas mesmas comparáveis, ou mais precisamente, conversíveis entre si por meio de transformações do tipo "dupla torção" da fórmula canônica do mito.[8]

Mas a comparabilidade direta não necessariamente significa a tradutibilidade imediata, assim como continuidade ontológica não implica transparência epistemológica. Como podemos reconstituir as analogias traçadas pelos povos amazônicos nos termos das nossas próprias analogias? O que acontece a nossas comparações quando as comparamos com comparações indígenas?

Proponho a noção de "*equivocação*" como um meio de reconceitualizar, com o auxílio da antropologia perspectivista indígena, este procedimento emblemático de nossa antropologia acadêmica, a comparação. Tenho em mente algo distinto da comparação de Eggan, que visava duas ou mais instâncias concretas de uma forma sociocultural dada. Do ponto de vista das "regras do método antropológico", esse tipo de comparação é apenas uma regra regulativa; existem outras formas de investigação antropológica. Ao contrário, a comparação a que me refiro é uma regra constitutiva da disciplina. Ela diz respeito ao processo envolvido na tradução dos conceitos prático-discursivos do "nativo" nos termos do aparato intelectual do "antropólogo".[9] Esta é a comparação, o mais das vezes implícita e automática (portanto não controlada), que inclui necessariamente o discurso do antropólogo como um de seus termos, e que começa a se processar já a partir do primeiro momento do trabalho de campo, se não bem antes. Controlar *esta* comparação tradutória entre antropologias é o que constitui, no meu entender, "a arte da antropologia".[10]

Hoje, é sem dúvida um lugar comum dizer que a tradução cultural é a tarefa distintiva da antropologia. Mas o problema está precisamente em saber o que é, pode ser, ou deveria ser uma tradução, e como levar a cabo tal operação. É aqui que as coisas começam a se complicar, como Talal Asad demonstrou em um artigo notável.[11] Eu adoto a posição radical, que

---

8   Claude Lévi-Strauss, "A estrutura dos mitos", in *Antropologia estrutural*, trad. bras. Beatriz Perrone-Moisés. São Paulo: Ubu, 2017, pp. 221-248; Pierre Maranda (org.), *The Double Twist: From Ethnography to Morphodynamics*. Toronto: University of Toronto Press, 2001.
9   O gênero dos dois personagens coincide com o do presente autor, mas leia-se sempre o/a.
10 *A arte da antropologia* é o título da coletânea póstuma de escritos de Alfred Gell (*The Art of Anthropology: Essays and Diagrams*, org. Eric Hirsch. Londres: Athlone, 1997).
11 Talal Asad, "O conceito de tradução cultural na antropologia social britânica", in James

creio ser a mesma de Asad, e que pode ser resumida da seguinte maneira: na antropologia, a comparação está a serviço da tradução e não o contrário. A antropologia compara para traduzir, e não para explicar, justificar, generalizar, interpretar, contextualizar, revelar o inconsciente, dizer o que é escusado dizer, e assim por diante. Traduzir, por certo, é sempre trair, como reza o dito italiano. Contudo, um bom tradutor — e aqui parafraseio Walter Benjamin (ou antes, Rudolf Pannwitz via Benjamin)[12] — é aquele que trai a língua de destino, não a língua de origem. A boa tradução é aquela que permite aos conceitos alheios deformarem e subverterem a "caixa de ferramentas" conceitual do tradutor, de modo a que a *intentio* da língua original possa ser expressa na nova língua.

Apresentarei um breve relato (uma tradução) da ideia de tradução implícita no perspectivismo ameríndio, para ver se podemos modificar nossas ideias sobre a operação de tradução — e, portanto, sobre a antropologia — e assim reconstituir a *intentio* da antropologia indígena na "língua" de nossa própria antropologia. Ao fazê-lo, argumentarei que o perspectivismo projeta uma imagem da tradução como um processo de equivocação controlada — "controlada" no sentido em que se pode dizer que andar é uma maneira controlada de cair. O perspectivismo indígena é uma teoria da equivocação, isto é, da alteridade referencial entre conceitos "homônimos". A equivocação aqui aparece como o modo de comunicação por excelência entre diferentes posições perspectivas — e, portanto, como ao mesmo tempo a condição de possibilidade e o limite do trabalho antropológico.

Perspectivismo

Adotei o termo "perspectivismo" como designação de um conjunto de ideias e/ou práticas encontradas em virtualmente toda a América indígena, e ao qual irei me referir, por uma questão de simplicidade, como se fosse uma "cosmologia". Essa cosmologia imagina um universo povoado por diferentes tipos de agências subjetivas, humanas assim como não

---

Clifford e George E. Marcus (orgs.), *A escrita da cultura: poética e política da etnografia*, trad. bras. Maria Claudia Coelho. Rio de Janeiro: Ed. da UERJ; Papéis selvagens, 2016, pp. 107-236.

12 Pannwitz *apud* Benjamin *in* Talal Asad, "O conceito de tradução cultural na antropologia social britânica", op. cit , p. 127.

humanas, cada uma dotada de um mesmo tipo genérico de "alma", isto é, um mesmo conjunto de capacidades cognitivas e volitivas. A posse de uma alma semelhante implica a posse de conceitos semelhantes, o que faz com que todos os sujeitos vejam (experimentem) as coisas da mesma maneira.[13] Em particular, indivíduos da mesma espécie veem um aos outros como os humanos veem a si mesmos, isto é, como seres dotados de aparência e hábitos humanos, vendo seus atributos corporais e comportamentais na forma da cultura humana. O que muda ao se passar de uma espécie de sujeito a outra é o referente desses conceitos: o que as onças veem como cauim (a bebida apropriada de gente, seja gente-jaguar ou outra), os humanos veem como sangue. Onde nós vemos um barreiro na beira do rio, as antas veem uma grande casa cerimonial, e assim por diante. Tal diferença de perspectiva — não uma pluralidade de visões de um único mundo, mas uma única visão de diferentes mundos — não pode derivar da alma, já que esta é o solo original comum a todos os seres. A perspectiva se localiza nas diferenças corporais entre as espécies, pois o corpo e suas afecções (no sentido de Espinosa: sua capacidade de afetar e ser afetado por outros corpos) é o lugar e instrumento da diferenciação interespecífica e da disjunção referencial.[14]

Assim, ali onde a nossa moderna ontologia antropológica multiculturalista se funda na mútua implicação entre a unidade da natureza e a pluralidade das culturas, a concepção ameríndia suporia uma unidade espiritual e uma diversidade corporal — ou, em outras palavras, uma "cultura" e múltiplas "naturezas". Nesse sentido, o perspectivismo não é o relativismo tal como o conhecemos — um relativismo cultural ou subjetivo —, mas um relativismo objetivo ou natural: um multinaturalismo. O relativismo cultural afirma uma diversidade de representações (culturas) subjetivas e parciais que se referem a uma natureza objetiva e universal, exterior à representação. O perspectivismo indígena, ao contrário, afirma uma unidade representativa ou fenomenológica, puramente *pronominal*, aplicada a uma radical diversidade real. (Qualquer espécie de

---

13 A referência metonímica à visão para caracterizar a experiência perceptiva geral é extremamente comum nas etnografias, seja na Amazônia ou na Sibéria, na Malásia ou na Nova Guiné.
14 Os mitos amazônicos lidam principalmente com as causas e consequências da especiação dos diferentes sujeitos pré-cosmológicos, todos originalmente semelhantes aos "espíritos" que frequentam o mundo atual: seres puramente intensivos em que aspectos humanos e não-humanos se alternam ou superpõem.

nominal, aplicada a uma radical diversidade real. (Qualquer espécie de sujeito percebe a si e a seu mundo da mesma maneira que percebemos a nós mesmos e a nosso mundo. "Cultura" é o que se vê de si mesmo quando se diz "Eu").

O problema para o perspectivismo indígena não é, portanto, o de descobrir o referente comum (digamos, o planeta Vênus do célebre exemplo de Frege) a duas representações diferentes (a "Estrela da Manhã" e a "Estrela da Tarde"). Ao contrário, o problema é o de tornar explícita a equivocação implicada ao se imaginar que, quando o jaguar diz (vê) "cauim", ele está se referindo à mesma coisa que nós (i.e., uma bebida gostosa, nutritiva e inebriante). Em outras palavras, o perspectivismo supõe uma epistemologia constante e ontologias variáveis, um único significado e múltiplos referentes.

Portanto, o objetivo da tradução perspectivista — e a tradução é uma das principais tarefas do xamanismo indígena[15] — não é encontrar um "sinônimo" (uma representação correferencial) em nossa língua conceitual humana para as representações que as outras espécies usam para falar sobre uma só mesma coisa. O objetivo é evitar "perder de vista" a diferença oculta nos "homônimos" equívocos entre a nossa língua e a da outra espécie, já que nós e eles nunca estamos falando sobre as mesmas coisas.

A ideia pode soar contraintuitiva à primeira vista, pois quando começamos a pensar nela, ela parece se transformar no seu oposto. Eis como Gerald Weiss, por exemplo, descreveu o mundo dos Campa (Ashaninka):

> Trata-se de um mundo de aparências relativas, em que diferentes tipos de seres veem as mesmas coisas de modo diferente; assim, os olhos humanos normalmente só podem ver os espíritos bons na forma de relâmpagos ou pássaros, enquanto eles veem a si mesmos em sua verdadeira forma humana; de modo semelhante, os seres humanos, aos olhos das onças, aparecem como pecaris a serem caçados.[16]

A maneira pela qual Weiss "vê as coisas" não é um erro, mas, precisamente, uma equivocação. O fato de que diferentes tipos de seres veem as

---

15 Manuela Carneiro da Cunha, "Pontos de vista sobre a floresta amazônica: xamanismo e tradução", *Mana*, v. 4, n. 1, 1998, pp. 7-22.
16 Gerald Weiss, "Campa Cosmology", *Ethnology*, v. 11, 1972, p. 170.

mesmas coisas de modo diferente é uma *consequência* do fato de que diferentes tipos de seres veem coisas diferentes da mesma maneira. O fantasma da coisa-em-si assombra a formulação de Weiss, que inverte os termos do esquema perspectivista, em uma inversão típica do perspectivismo "branco", multiculturalista.

O perspectivismo, sendo uma antropologia indígena, contém uma teoria de sua descrição pela antropologia ocidental. As ontologias ameríndias são inerentemente comparativas: elas pressupõem uma comparação entre as maneiras pelas quais diferentes tipos de corpos "naturalmente" experimentam o mundo como uma multiplicidade afectual. Elas são, assim, uma contra-antropologia, pois nossa antropologia opera por meio de uma comparação explícita entre as maneiras pelas quais diferentes tipos de "mentalidade" representam culturalmente o mundo, o qual é tomado como a origem unitária ou o foco virtual de suas diferentes versões conceituais. Uma abordagem culturalista do perspectivismo inverte a *antropologia inversa* que ele implica; essa abordagem deslegitima seu objeto, e o retroprojeta como um tipo de raciocínio primitivo, "fetichista".[17]

O que proponho aqui é a reinversão dessa inversão, começando pela pergunta: como seria uma abordagem perspectivista da comparação antropológica? Como não há espaço aqui para responder com resultados exemplares de "equivocação controlada", faço a seguir algumas considerações gerais, e comento três casos de equivocação *não* controlada.

Corpos e almas

Um dos pontos de partida da minha primeira análise do perspectivismo, publicada em 1996, foi uma anedota contada por Lévi-Strauss em *Raça e história*. Ela ilustra a tese pessimista segundo a qual um dos aspectos intrínsecos da natureza humana é a negação de sua própria universalidade. Uma avareza congênita, narcisista, que nega a atribuição dos predicados da natureza humana à espécie como um todo, parece ser parte

---

17 A "antropologia inversa" do perspectivismo seria, assim, uma variante — senão mesmo um tipo de pressuposto — da "antropologia reversa" que Wagner (*A invenção da cultura*) identifica nos *cargo cults* melanésios. Sobre a "retroprojeção" característica do conceito ocidental de fetichismo, ver Bruno Latour (*Reflexão sobre o culto moderno dos deuses fe(i)tiches*, trad. Sandra Moreira. São Paulo: Edusc, 2002).

desses predicados. Em suma, como o bom senso, o etnocentrismo (a tradução sociológica do bom senso), é a coisa mais bem distribuída do mundo. Lévi-Strauss ilustra a universalidade dessa atitude antiuniversalista com uma anedota baseada na *História* de Oviedo, que teria se passado em Porto Rico:

> Nas Antilhas, alguns anos após o descobrimento da América, enquanto os espanhóis despachavam comissões de inquérito para saber se os indígenas possuíam alma ou não, estes tratavam de submergir prisioneiros brancos, para verificar, com base numa longa e cuidadosa observação, se seus cadáveres apodreciam ou não.[18]

A lição da parábola segue um formato irônico familiar, mas não deixa de ser pungente. O favorecimento da própria humanidade às custas da humanidade de outrem manifesta uma semelhança com esse outro desprezado. E já que o Outro do Mesmo (do europeu) revela ser o mesmo que o Outro do Outro (do indígena), o Mesmo termina por se revelar inadvertidamente o mesmo que o Outro.

A anedota foi recontada pelo autor em *Tristes trópicos*. Ali, ela ilustra o choque cosmológico produzido na Europa do século XVI pelo descobrimento da América. A moral da estória continua a ser a mesma do livro anterior, a saber, a mútua incompreensão de indígenas e espanhóis, igualmente cegos à humanidade de seus outros imprevistos. Mas Lévi-Strauss introduz uma assimetria, observando que, em suas investigações sobre a humanidade do outro, os brancos invocavam as ciências sociais, enquanto os indígenas depositavam mais confiança nas ciências naturais. Os primeiros achavam que os indígenas podiam ser animais, enquanto os segundos se contentavam em suspeitar que os brancos fossem deuses. "Em nível idêntico de ignorância", conclui o autor, a segunda atitude era mais digna de seres humanos.[19]

Portanto, apesar de compartilharem uma ignorância igual a respeito do Outro, o Outro do Outro *não* era exatamente o mesmo que o Outro do Mesmo. Foi ponderando sobre essa diferença que comecei a formular a

---

18 Claude Lévi-Strauss, "Raça e história", in *Antropologia estrutural dois*, trad. bras. Beatriz Perrone-Moisés. São Paulo: Cosac Naify, 2013, p. 364.
19 Claude Lévi-Strauss, *Tristes Trópicos*, trad. bras. Rosa Freire Aguiar. São Paulo: Companhia das Letras, 2005, pp. 71-72.

hipótese de que o perspectivismo indígena situava as diferenças de perspectiva — a equivocidade referencial — no plano do corpo e não do espírito. Para os europeus, o diacrítico ontológico é a alma (os indígenas são humanos ou animais?). Para os indígenas, é o corpo (os europeus são humanos ou espíritos?). Os primeiros nunca duvidaram que os indígenas fossem de carne e osso; até os animais têm/são corpo. Por sua vez, os indígenas nunca duvidaram que os europeus tivessem/fossem almas. Animais e espíritos também as têm. Em suma, o etnocentrismo europeu consistia em duvidar que outros corpos tivessem as mesmas almas que as suas (hoje chamaríamos a alma de "mente", e o problema teológico do século XVI seria agora o problema filosófico das "outras mentes").[20] O etnocentrismo dos indígenas, ao contrário, consistia em duvidar que outras almas tivessem corpos como os seus.

Equivocando-se com as antropologias

A reflexão sobre essa anedota reportada por Lévi-Strauss foi decisiva para a determinação de uma das ideias importantes do complexo do perspectivismo, a saber, que a diferença está inscrita nos corpos, e que o corpo — o corpo individual, bem como o corpo característico de cada espécie — deve ser entendido como sistema de disposições e capacidades (será que os europeus apodrecem?): um corpo etológico antes que anatômico ou fisiológico. Contudo, só muito recentemente me ocorreu que a anedota não era apenas "sobre" o perspectivismo, mas era ela mesma perspectivista, instanciando a mesma armação ou estrutura manifestada nos mitos ameríndios que tematizam o perspectivismo interespecífico. Refiro-me ao tipo de mito em que, por exemplo, o protagonista humano se perde na floresta e chega em uma aldeia estrangeira, desconhecida.[21] Ali, os habitantes o convidam a beber uma cabaça refrescante de "cauim", o que ele aceita com entusiasmo. Para sua sur-

---

20 Que no pós-agora tornou-se o problema da alma das máquinas, a chamada "inteligência artificial". Ver Viveiros de Castro, *Metafísicas canibais: elementos para uma antropologia pós-estrutural*. São Paulo: Cosac Naify/n-1 edições, 2015, p. 37 (nota 6) e o capítulo "Máquinas sobrenaturais" no segundo volume desta coletânea.
21 Por exemplo, os mitos machiguenga resumidos e comentados em Françoise Renard-Casevitz, *Le banquet masqué. Une mythologie de l'étranger*. Paris: Lierre & Coudrier Éditeur, 1991.

presa e horror, o anfitrião coloca diante dele uma cabaça transbordando de sangue humano. O que o leva a concluir, após um diálogo tenso com os anfitriões, que, se aquilo é cauim para aquele povo, ele está em uma aldeia do povo-onça.

Tanto a anedota quanto o mito acionam um tipo de disjunção comunicativa em que os interlocutores acreditavam estar falando da mesma coisa. (No caso da anedota, o "diálogo" tem lugar no plano do raciocínio comparativo de Lévi-Strauss a respeito do etnocentrismo recíproco). Assim como onças e humanos usam o mesmo nome para duas coisas muito diferentes, tanto europeus como os indígenas "estavam falando" sobre a humanidade, isto é, estavam questionando a aplicabilidade ao Outro desse conceito autodescritivo. Entretanto, o que eles entendiam ser o critério definidor do conceito — mesma alma ou mesmo corpo? — era radicalmente diferente. Em suma, tanto a anedota de Lévi-Strauss quanto o mito põem em cena uma equivocação.

A anedota das Antilhas é semelhante a inúmeras outras que podemos encontrar na literatura antropológica, ou em nossas próprias lembranças do trabalho de campo. Na verdade, penso que ela exprime a quintessência da "situação etnográfica". É possível identificar, por exemplo, no célebre episódio da morte do Capitão Cook, tal como analisado por Marshall Sahlins,[22] uma transformação estrutural dos experimentos cruzados de Porto Rico. O tipo de mito acima evocado e esses dois "maus encontros" dos europeus com outros povos são versões do motivo antropológico arquetípico, a equivocidade intercultural. A vida, como sempre, imita a arte: os eventos mimetizam o mito, a história repete a estrutura.

Abaixo, proponho outros dois exemplos de equivocação inadvertida ou "descontrolada". Quero deixar claro, entretanto, que a equivocação não é apenas mais uma dentre outras possíveis patologias que ameaçam a comunicação entre o "antropólogo" e o "nativo" — tais como incompetência linguística, ignorância do contexto, falta de empatia pessoal, indiscrição, ingenuidade e literalismo, comercialização de informações, mentiras, manipulação, má-fé, problemas de memória, e tantas outras deformações ou defeitos que podem acometer a discursividade antropológica no nível empírico. Em contraste com essas patologias contingentes, a equivocação é uma categoria propriamente transcendental da antropologia, uma dimensão constitutiva do projeto de tradução cultu-

---

22 Marshall Sahlins, *Ilhas de história*, trad. Barbara Sette. Rio de Janeiro: Zahar, 1990.

ral. Ela expressa uma figura imanente à antropologia.²³ Não se trata de uma simples facticidade negativa, mas de uma condição de possibilidade do discurso antropológico — aquilo que justifica a existência da antropologia (*quid juris?*, como na questão kantiana). Traduzir é situar-se no espaço da equivocação e habitá-lo. Não é desfazer a equivocação (pois isso seria supor que ela nunca existiu realmente), mas o oposto. Traduzir é sublinhar ou potencializar a equivocação, ampliar o espaço entre as línguas conceituais em contato, aquele que a equivocação, precisamente, oculta. A equivocação não é o que impede a relação, mas o que a funda e impele: uma diferença de perspectiva. Traduzir é presumir que sempre existe uma equivocação; é comunicar pelas diferenças, ao invés de silenciar o outro presumindo uma univocalidade — uma semelhança essencial — entre o que o "Outro" e "Nós" estamos dizendo.

Michael Herzfeld observou recentemente que "a antropologia trata de mal-entendidos, incluindo os mal-entendidos [*misunderstandings*] do próprio antropólogo, pois esses geralmente são o resultado da mútua incomensurabilidade entre diferentes noções do senso comum — nosso objeto de estudo".²⁴ Concordo, e apenas insistiria que, se a antropologia existe (*de jure*), é apenas e justamente porque aquilo que Herzfeld chama de "senso comum" não é comum. Acrescentaria que a incomensurabilidade das "noções" em choque, longe de ser um impedimento para sua comparabilidade, é precisamente o que a possibilita e justifica, como defende Michael Lambek,²⁵ na medida em que só vale a pena comparar o incomensurável; comparar o comensurável é uma tarefa para contadores.

Por fim, eu acrescentaria que tomo a ideia de "mal-entendido" no sentido específico de equívoco. Uma equivocação não é apenas uma "falha em compreender",²⁶ mas uma falha em compreender que as compreensões não são necessariamente a mesma, e que elas não estão rela-

---

23 Essa ideia se inspira em uma bela página de Deleuze e Guattari em *O que é a filosofia?*, trad. Bento Prado Jr. e Alberto Alonso Muñoz. São Paulo; Ed. 34, 1992, pp. 59-71.
24 Michael Herzfeld, "Orientações: antropologia como uma prática da teoria", op. cit., p. 2.
25 Michael Lambek, "Body and Mind in Mind, Body and Mind in Body: Some Anthropological Interventions in a Long Conversation", in Andrew Strathern e Michael Lambek (orgs.), *Bodies and Persons: Comparative Perspectives from Africa and Melanesia*. Cambridge: Cambridge University Press, 1998, pp. 103-123. Ver também Marcel Detienne, *Comparer l'incomparable*. Paris: Seuil, 2000.
26 John Simpson e Edmund Weiner (orgs.), *Oxford English Dictionary*, 2ª ed. Oxford: Clarendon Press, 1989.

cionadas a maneiras imaginárias de "ver o mundo", mas a mundos realizados na visão. Nas cosmologias indígenas, o mundo das diferentes espécies depende de seus pontos de vista, já que o mundo "como um todo" — o hipermundo abstrato que conecta os muitos mundos concretos — consiste nas diferentes espécies elas mesmas: não visões de mundo, mas mundos de visão. O hipermundo é o espaço da divergência entre as espécies enquanto pontos de vista; não há pontos de vista sobre as coisas, as coisas e os seres são os próprios pontos de vista.[27] A questão indígena, assim, não é a de saber "como os macacos veem o mundo",[28] mas que mundo é expresso pelos macacos, ou de que mundo eles são o ponto de vista. Creio que essa seja uma lição a partir da qual nossa própria antropologia pode tirar proveito.

A antropologia, então, "é sobre" mal-entendidos; este é seu assunto. Mas é como disse Roy Wagner, a propósito de suas primeiras relações com os Daribi: "seus mal-entendidos a meu respeito não eram os mesmos que os meus mal-entendidos a respeito deles."[29] O ponto crucial aqui não é o fato empírico de que havia mal-entendidos, mas o fato transcendental de que não era o *mesmo* mal-entendido.

A questão não é descobrir quem "está errado", e muito menos quem está enganando quem. Uma equivocação não é um erro, um engano, ou uma fraude; é o fundamento mesmo da relação que ela implica, e que é sempre uma relação com a exterioridade. Um erro ou uma fraude só podem ser determinados como tais no interior de um jogo de linguagem dado, ao passo que uma equivocação é o que se desenrola no intervalo entre diferentes jogos de linguagem. Erros, propositais ou inadvertidos, supõem premissas já constituídas — e constituídas de forma homogênea —, enquanto uma equivocação não apenas supõe a heterogeneidade das premissas em jogo; ela as afirma como heterogêneas e as pressupõe como premissas. Uma equivocação determina as premissas ao invés de ser determinada por elas. Consequentemente, as equivocações não pertencem ao mundo da contradição, pois sua síntese é disjuntiva e infinita. Uma equivocação é indissolúvel, ou melhor, recursiva: tomá-la como um objeto determina outro equívoco "mais acima", e

---

27 Como diria Deleuze em *A dobra: Leibniz e o barroco*, trad. Luiz B. L. Orlandi. Campinas: Papirus, 1991, p.120.
28 Dorothy L. Cheney e Robert M. Seyfarth, *How Monkeys See the World: Inside the Mind of Another Species*. Chicago: University of Chicago Press, 1990
29 Roy Wagner, *A invenção da cultura*, op. cit., p. 53, tradução modificada por mim.

assim por diante.

A equivocação, em suma, não é uma falha subjetiva, mas um dispositivo de objetivação (ou objetificação; não há por que distinguir aqui). Ela não cabe nos termos moralizantes da reificação ou fetichização. Muito ao contrário, a equivocação é a condição-limite de toda relação social, uma condição que se torna ela mesma superobjetivada no caso extremo das assim chamadas relações interétnicas ou interculturais, onde os jogos de linguagem divergem ao máximo. Escusado dizer que essa divergência inclui a relação entre o discurso antropológico e o discurso do nativo. Assim, o conceito antropológico de cultura, por exemplo, como Wagner argumentou, é o equívoco que emerge como uma tentativa de resolver a equivocação intercultural, e ele é equívoco na medida em que deriva, entre outras coisas, do "paradoxo gerado pelo ato de imaginar uma cultura para gente que não a concebe para si mesma".[30] Por conseguinte, mesmo quando os mal-entendidos são transformados em entendimentos — quando o antropólogo transforma sua perplexidade inicial a respeito das maneiras nativas na "cultura deles", ou quando os nativos entendem, por exemplo, que aquilo que os brancos chamavam de "dádivas" eram na realidade "mercadorias" — mesmo aqui tais entendimentos continuam não sendo o mesmo. O Outro dos Outros é sempre outro. Se o equívoco não é um erro, uma ilusão ou uma mentira, mas a forma mesma da positividade da diferença, seu oposto não é a verdade, mas o *unívoco*, enquanto afirmação da existência de um sentido único e transcendente. O erro ou ilusão por excelência consistem, portanto, em imaginar que um unívoco exista sob o equívoco, e que o antropólogo seja o seu ventríloquo.

O que está lá fora

Uma equivocação, repito, não é um erro — os teólogos espanhóis e os indígenas de Porto Rico, os guerreiros havaianos e os marinheiros britânicos não poderiam estar todos (e inteiramente) errados. Apresento agora um exemplo de uma equivocação que tampouco pode ser considerada simplesmente como um erro, tomado de uma monografia etnográfica de grande qualidade — gostaria de enfatizar isto —, escrita

---

30   Roy Wagner, *A invenção da cultura*, op. cit., p. 62.

por um colega que admiro. Vejamos, então, este metacomentário de Greg Urban, em *Metaphysical Community,* sobre o discurso xokleng como criador/fundador do *socius* indígena. Ao explicar os poderes sociogênicos do discurso, o autor observa:

> Diferentemente da cadeia de montanhas da Serra Geral ou das onças e araucárias, a organização da sociedade não é algo que esteja lá fora, esperando ser compreendida. A organização deve ser criada, e é algo elusivo e intangível que responde por essa criação. Trata-se da cultura, aqui entendida como um discurso que circula.[31]

Urban está defendendo uma posição moderadamente construcionista. A sociedade, como a organização social dos Xokleng com seus grupos e emblemas, não é algo *dado*, como sustentaria um certo tradicionalismo sociológico; ela é algo *construído* por meio do discurso. Mas o poder do discurso tem limites: acidentes geográficos e essências biológicas estão "lá fora". Eles são, por assim dizer, *prêt-à-porter*, não são feitos em casa pelo discurso humano.

Convenhamos que não há nada chocante no comentário. Com efeito, ele soa muito razoável, e antropologicamente moderno. Além disso, está plenamente em acordo com o ensinamento de filósofos igualmente razoáveis sobre a estrutura da realidade. Com a doutrina de John Searle,[32] por exemplo, que defende haver dois e somente dois tipos de fatos: os "fatos brutos", como os morros, a chuva ou os bichos, e os "fatos institucionais", como o dinheiro, os automóveis ou o casamento. Estes últimos são fatos feitos, instituídos histórica e/ou performativamente, pois sua razão suficiente coincide com sua significação convencional.[33] Os primeiros, contudo, são fatos dados, já que sua pretensão à realidade é independente dos valores atribuídos a eles pelos seres humanos. Em suma: fatos naturais e fatos culturais.

Contudo, o que os Xokleng teriam a dizer a respeito? Ao fim da leitu-

---

31 Greg Urban, *Metaphysical Community: The Interplay of the Senses and the Intellect.* Austin: University of Texas Press, 1996, p. 65.
32 John Searle, *The Construction of Social Reality.* New York: Free Press, 1995.
33 Enquanto fatos brutos, "dinheiro" é só papel, "automóvel" é basicamente um monte de metal, e "casamento" não é nada em especial. Mas enquanto fatos institucionais, esses objetos ou relações fazem uma tremenda diferença.

ra de *Metaphysical Community*, é impossível não sentir um certo incômodo ao constatar que a partilha ontológica estabelecida por Urban — entre um mundo dado de onças e pinheiros, e um mundo construído de grupos e símbolos — não é a mesma que fazem os Xokleng. Na verdade, ela é virtualmente o inverso. Os mitos indígenas magistralmente analisados no livro contam, entre outras coisas, que os Xokleng originais, depois de esculpir as futuras onças e antas na madeira de araucária, deram a esses animais suas pelagens características, cobrindo-os com as marcas distintivas pertencentes aos grupos clânico-cerimoniais: pintas para a onça, listras para a anta.[34] Em outras palavras, para os Xokleng, é a organização social que estava "lá fora", e as onças e antas é que foram criadas, instituídas, pela sociedade. O fato institucional criou o fato bruto. A menos, é claro, que se aceite que o fato bruto é a morfologia social do povo indígena, e o fato institucional, os animais da mata de araucária. Para os Xokleng, com efeito, a cultura é o dado, e a natureza, o construído. Para eles, se *the cat is on the mat*, ou melhor, se a onça está na mata, é porque, como no proverbial jabuti arborícola, alguém pôs a onça lá.[35]

Uma equivocação efetivamente exemplar. A discordância na distribuição do dado e do construído, que opõe o discurso xokleng sobre a realidade ao discurso antropológico sobre o discurso xokleng e sobre a realidade, não é em momento algum reconhecida explicitamente em *Metaphysical Community*. A solução que Urban implicitamente oferece para o quiasma é a solução antropológica clássica. Ela consiste na neutralização epistêmica da distribuição indígena do mundo por meio da noção de metáfora: "A criação do mundo animal é uma metáfora para a criação da comunidade".[36] Que seria de nós, modernos e antropólogos, se não pudéssemos recorrer a essa distinção estatutária entre o literal e o metafórico, que bloqueia qualquer confrontação direta entre os discursos do antropólogo e do nativo, evitando assim maiores aborrecimentos? Urban considera que a criação da comunidade deve ser entendida literalmente, mas a das onças apenas metaforicamente; ou melhor, ou talvez, ele diria

---

34 Greg Urban, *Metaphysical Community*, op. cit., pp. 156-158.
35 *The cat is on the mat* ("o gato está [deitado] no capacho") é um exemplo de sentença declarativa que atesta um estado de coisas observável, muito usado pelos filósofos analíticos. Uma tradução possível é "o gato subiu no telhado", mas, em vista do contraste com a onça xokleng, o jabuti na árvore faz mais sentido.
36 Greg Urban, *Metaphysical Community*, op. cit., p. 158.

que a primeira é literalmente metafórica e a segunda, metaforicamente literal. Pois a criação da comunidade é literal, mas a comunidade assim criada é metafórica (não é "algo lá fora", algo extracultural). Já as onças, que ficarão felizes em sabê-lo, são literais, mas sua criação pela comunidade é, naturalmente, cultural, isto é, metafórica.

Não sei se os Xokleng concordariam com o antropólogo em considerar a criação de onças e antas uma metáfora para a criação da comunidade. Arriscaria o palpite de que provavelmente não. Por outro lado, Urban julga que os Xokleng concordam, sim, com ele sobre a natureza metafórica da comunidade criada por eles próprios, ou melhor (e literalmente), por seu discurso. Diferentemente de outros antropólogos ou outros povos dotados de uma mentalidade mais essencialista, os Xokleng estão cientes, pensa Urban, de que sua divisão em grupos nominalmente (mas não literalmente) exogâmicos não é um fato bruto, mas, ao contrário, uma representação metadiscursiva da comunidade, que emprega o idioma da afinidade e das alianças interfamiliares apenas de uma maneira "lúdica".[37] Assim, o antropólogo concorda com a construção xokleng sobre o caráter construído da comunidade, mas discorda da postulação indígena da natureza antropogênica das onças.

Mais adiante em seu livro, Urban interpreta as cerimônias xokleng como uma maneira de representar a comunidade na forma de relações intrafamiliares. A família, por sua vez, é descrita (embora não saibamos se pelo antropólogo ou pelos nativos) como uma unidade elementar fundada nas relações "psicologicamente primitivas" entre os sexos e entre as gerações.[38] A sociedade, metaforizada em suas divisões emblemáticas e seus rituais coletivos, é assim imaginada como o resultado de uma aliança entre famílias, ou então, em um nível mais profundo ("primitivo"), como uma família nuclear. Mas a família não parece ser, ao menos aos olhos de Urban, ela mesma uma metáfora *de* outra coisa — ela é literal. Ela é um dado que serve utilmente como uma metáfora *para* coisas menos literais. A família é uma imagem naturalmente apropriada, em razão de sua saliência cognitiva e sua pregnância afetiva.[39] Ela é, portanto, mais real que a comunidade. A sociedade é naturalmente metafórica, a família é socialmente literal. A família nuclear, os vínculos

---

37 Ibid., pp 168.
38 Greg Urban, *Metaphysical Community*, op. cit., pp. 188-193.
39 Ibid., pp. 192-193.

concretos de conjugalidade e filiação, são um fato, não uma fabricação. O parentesco — não o tipo de parentesco metafórico, interclânico, da comunidade, mas aquele literal e interindividual da família — é algo que está tão "lá fora" quanto os animais e as plantas. O parentesco é algo sem o qual, aliás, o discurso seria incapaz de construir a comunidade. Pensando bem, pode ser que ele esteja lá fora pelas mesmas razões que os animais e plantas — por ser um fenômeno "natural".

Urban sustenta que os antropólogos, em geral, "têm sido feitos de bobos" [*have been the dupes*] por aqueles povos que levaram "a sério demais" seu próprio metadiscurso sobre a organização social, e assim se revelaram superliteralistas, isto é — com perdão da palavra — essencialistas.[40] Bem, pode ser que a antropologia realmente tenha adotado uma atitude literalista perante a essência da "Sociedade". Mas em contrapartida, ao menos no que concerne aos discursos indígenas sobre a "Natureza", ela nunca se deixou enganar pelo nativo, e, sobretudo, a respeito do nativo. A assim chamada interpretação "simbolista"[41] das metafísicas extramodernas está em circulação discursiva desde, pelo menos, Durkheim. É esta mesma interpretação que Urban aplica ao discurso xokleng sobre as onças, cuja literalidade ele rejeita, mas em favor de uma interpretação completamente literalista do discurso ocidental sobre as "coisas lá fora". Em outras palavras, se os Xokleng concordam (por hipótese) com a ontologia antidurkheimiana do social defendida por Urban, este concorda com Durkheim sobre o sociomorfismo simbólico da natureza indígena. O que o autor advoga é simplesmente a extensão da atitude simbolista ao caso dos discursos sobre a sociedade, que deixa assim de ser o substrato referencial de proposições criptometafóricas sobre a natureza (como era em Durkheim). Agora a sociedade também é metafórica. A impressão que fica é que o construcionismo discursivo precisa reificar ("fetichizar") o discurso — e, pelo visto, a família nuclear — de modo a poder desreificar a sociedade.

Estaria Urban errado — estaria ele fazendo uma alegação *falsa* — ao declarar que as montanhas e espécies naturais estão "lá fora", enquanto a sociedade é um produto intradiscursivo? Acredito que não. Mas também não acho que ele esteja certo. Se há uma real questão antropológica em

---

40 Ibid., pp. 168-169.
41 John Skorupski, *Symbol and Theory: A Philosophical Study of Theories of Religion in Social Anthropology*. New York: Cambridge University Press, 1976.

jogo aqui, o interesse da análise de Urban reside no fato de que ela contrainventa, isto é, objetiva uma equivocação. A fé confessa de Urban na subsistência ontológica das montanhas e na demiurgia institucional do discurso é, em última análise, fundamental para que possamos avaliar a enormidade do hiato entre o discurso indígena e o discurso antropológico.

Entendo, porém, que eu tenha certo direito em chamar de erro ou engano a interpretação de Urban, já que estamos situados no mesmo jogo de linguagem — a antropologia. Posso, portanto, dizer (embora certamente possa estar errado) que Urban estava cometendo um erro antropológico ao não levar em conta a equivocação na qual ele estava implicado. A discordância na distribuição do dado e do construído entre Urban e os Xokleng não é uma divergência anódina, uma mera troca de sinais que deixaria intocados os termos do problema. Há "toda a diferença do mundo"[42] entre um mundo onde o primordial é concebido e vivido como uma transcendência nua, pura alteridade antiantrópica (o *não* construído, o *não* instituído, aquilo que é exterior ao costume e ao discurso) e um mundo da humanidade imanente, como diz Wagner, onde o primordial assume a forma humana — o que não faz dele algo tranquilizador, pois ali onde toda coisa é humana, o "humano" é toda uma outra coisa... Descrever esse mundo como se fosse uma versão ilusória do nosso é imaginar uma forma demasiadamente simples de relação entre eles. Tal facilidade explicativa termina por produzir toda sorte de complicações, já que a opção por um monismo ontológico costuma ser paga com a emissão inflacionária de dualismos epistemológicos — o êmico e o ético, o metafórico e o literal, o consciente e o inconsciente, a representação e a realidade, a ilusão e a verdade, e por aí afora.

"Perspectiva é a metáfora errada", fulminava Stephen Tyler em seu manifesto normativo em favor de uma etnografia pós-moderna.[43] A equivocação que articula o discurso Xokleng com o discurso de seu antropólogo me leva a concluir justo o contrário, que "metáfora talvez seja a perspectiva errada". Este certamente é o caso quando o antropólogo se encontra face a face com uma cosmologia que é ela mesma, literalmente, perspectivista.

Nem todos os homens

---

42 Roy Wagner, *A invenção da cultura*, op. cit., p. 95.
43 Stephen Tyler, "A etnografia pós-moderna: do documento do oculto ao documento oculto", in James Clifford e George Marcus (orgs.), *A escrita da cultura*, op. cit., p. 101.

Concluo narrando um pequeno equívoco tradutivo no qual me envolvi alguns anos atrás. Milton Nascimento, a maior e mais sublime voz da canção brasileira, fizera uma viagem ao Acre, guiado por alguns amigos meus de uma organização ambientalista (da qual, aliás, sou um dos fundadores). Um dos pontos altos da viagem fora uma estada de duas semanas entre os Huni Kuin e os Ashaninka. Milton ficou emocionado com a calorosa acolhida que recebera dos indígenas. De volta ao Sudeste, ele decidiu usar uma palavra indígena como título do álbum que estava gravando. A palavra escolhida foi *txai*, que os Huni Kuin (talvez os Ashaninka também?) empregavam ao se dirigirem a Milton e a outros membros da expedição.

Quando o álbum *Txai* estava para ser lançado, um de meus amigos pediu-me que escrevesse uma nota para o encarte. Eu deveria explicar aos fãs de Milton o que significava o título, dizendo algo sobre a solidariedade expressa pelo termo *txai*, visto seu significado de "irmão". Respondi que era impossível escrever a nota nesses termos, já que *txai* pode significar muita coisa, exceto, justamente, "irmão". Ponderei que *txai* é palavra usada por um homem para se dirigir a certos parentes, por exemplo, seus primos cruzados (filhos de irmãos de sexo oposto), seu avô materno, os filhos de sua filha, e, em geral, conforme o sistema huni kuin de "aliança prescritiva", para se dirigir a qualquer homem cuja irmã é tratada, pelo locutor, como um equivalente de sua esposa, e vice-versa, isto é, para seus cunhados.[44] Em suma, *txai* se refere aos cunhados atuais, potenciais ou virtuais, aos cunhados "reais" como aos "classificatórios", de um homem. Quando usado como um vocativo amigável para se dirigir a forâneos, a homens não Huni Kuin, a implicação é a de que estes são como afins, isto é, aliados por casamento. Além disso, não é necessário ser amigo para ser *txai*. Basta ser um estrangeiro ou mesmo — senão ainda melhor — um inimigo. Assim, por exemplo, os Incas na mitologia huni kuin são ao mesmo tempo canibais monstruosos e *txai* arquetípicos, com os quais, note-se de passagem, não se deve (ou, de fato, não se pode) casar: quanto mais "metafórico" um *txai*, mais *txai* ele parece ser.[45]

---

44 Kenneth Kensinger, *How Real People Ought to Live: The Cashinahua of Eastern Peru*. Prospect Heights: Waveland Press, 1995, pp. 157-174.
45 Sobre o Inka mitológico como *txai*, ver Cecilia McCallum, "Morte e pessoa entre os Kaxinawá". *Mana*, v. 2, n. 2, 1996, pp. 49-84.

Mas isso não vai funcionar, reclamou meu amigo. Milton pensa que *txai* significa "irmão", e, além disso, seria ridículo dar ao disco um título cuja tradução é "cunhado"... Talvez, admiti; mas não posso ignorar que *txai* significa "outro diferente de mim", nunca "outro igual a mim". O resultado da conversa foi que o álbum continuou a se chamar *Txai* e a nota do encarte foi escrita por outra pessoa.

O problema com esse equívoco sobre o *txai* não estava no fato de Milton Nascimento e meu amigo estarem errados a respeito do sentido da palavra na língua huni kuin. Ao contrário, o problema é que eles estavam certos — em certo sentido. Isto é, eles estavam, justamente, "equivocados". Os Huni Kuin, como muitos outros povos da Amazônia, usam termos cujas traduções mais diretas são "cunhado" ou "primo cruzado" em vários contextos nos quais os brasileiros e outros povos de tradição eurocristã esperariam, de fato, algo como "irmão". Nesse sentido, Milton estava certo. Caso eu tivesse lembrado, teria recordado ao meu interlocutor que a equivocação já havia sido antecipada por uma etnóloga dos Huni Kuin. Discorrendo sobre a diferença entre a filosofia social desse povo e a dos invasores brancos (e cristãos), Barbara Keifenheim conclui: "A mensagem 'todos os homens são irmãos' encontrou um mundo onde a expressão mais nobre das relações humanas é a relação entre cunhados...".[46] Exatamente, mas é por isso mesmo que "irmão" não é uma tradução adequada para *txai*. Se há alguém que um indígena relutaria em chamar de "*txai*", esse alguém seria seu irmão. *Txai* significa "afim", e não "consanguíneo", mesmo quando usado com propósitos semelhantes aos nossos quando nos dirigimos a um estranho como "irmão". Os propósitos podem ser semelhantes, mas as premissas, decididamente, não.

Esse incidente soará, sem dúvida, banal aos ouvidos dos etnólogos familiarizados com as ressonâncias simbólicas da relação de afinidade na Amazônia. O interesse da anedota no presente contexto, porém, é que ela me parece expressar dois modos inversos de conceber a comparação tradutória: o modo multiculturalista da antropologia ocidental e o modo multinaturalista do perspectivismo indígena.

As poderosas metáforas ocidentais da fraternidade privilegiam certas propriedades lógicas dessa relação. O que são os irmãos, em nossa cultura? São indivíduos identicamente relacionados a um terceiro termo,

---

46 Barbara Keifenheim, "Identité et alterité chez les indiens Pano". *Journal de la Société des Américanistes*, v. 78, n. 2, 1992, p. 91.

seus pais ou os análogos funcionais dos pais. A relação entre dois irmãos deriva de sua relação equivalente com uma origem que os engloba, e cuja identidade os identifica. Essa identidade comum implica que os irmãos ocupam (devem ocupar) o mesmo ponto de vista sobre o mundo. Ao derivar sua similitude de uma relação similar a uma mesma origem, os irmãos terão relações "paralelas" (para usarmos uma imagem antropológica) com todo o resto. Assim, quando pessoas não aparentadas são concebidas como relacionadas em um sentido genérico, elas o são sob a forma de uma humanidade comum, que faz de todos nós parentes, isto é, irmãos, ou, ao menos, para continuar com a imagem prévia, primos paralelos (filhos de irmãos de mesmo sexo), isto é, irmãos classificatórios: filhos de Adão, da Igreja, da Nação, do Genoma, ou de qualquer outra figura da transcendência. Todos os homens são irmãos em alguma medida, pois a fraternidade é a forma relacional genérica ou não marcada. Dois parceiros em qualquer relação são definidos como conectados na medida em que podem ser concebidos como tendo *algo em comum*, isto é, como estando na *mesma* relação com um terceiro termo. Relacionar, para nós, é assimilar, unificar e identificar. A identidade a si mesmo é a forma suprema e originária da relação.

A concepção amazônica não poderia ser mais diferente. "Diferente" é a palavra adequada, já que as ontologias amazônicas postulam, como princípio da relacionalidade, a diferença, não a identidade. E é justamente a diferença entre as duas concepções que fundamenta a relação que estou tentando estabelecer entre elas (e aqui já estamos usando o modo indígena de comparar e traduzir).

A palavra comum para relação, nos mundos amazônicos, é o termo comumente traduzido por "cunhado" ou "primo cruzado". Esse é o termo com o qual chamamos pessoas que não sabemos como chamar, aqueles com os quais desejamos estabelecer uma relação genérica. Em suma, "primo/cunhado" é o termo que cria uma relação onde ela não existia. É a forma pela qual o desconhecido se torna conhecido.

Quais são as propriedades lógicas da conexão de afinidade ressaltadas nesses usos indígenas? Como um modo geral de relação, a conexão entre cunhados é uma conexão cruzada com um termo mediador de sexo oposto ao deles, termo que é "visto" de maneiras diametralmente opostas pelos dois polos da relação: minha irmã é sua esposa e/ou vice-versa. Aqui, as partes envolvidas se encontram unidas pelo que as divide, ligadas pelo que as separa.⁴⁷ Minha relação com meu cunhado se baseia no fato de eu estar em um tipo de relação *outra* que a relação dele com minha irmã ou minha esposa.⁴⁸ A relação indígena é uma diferença de perspectiva. Enquanto nós tendemos a conceber a ação de relacionar como um descarte das diferenças em favor das semelhanças, o pensamento indígena vê o processo de um outro ângulo: o oposto da diferença não é a identidade, mas a *indiferença*. Por isso, estabelecer uma relação — como aquela dos Huni Kuin com Milton Nascimento — é diferenciar a indiferença, inventar uma diferença ali onde se presumia a indiferença. Não surpreende, assim, que os animais sejam frequentemente concebidos como relacionados por afinidade com os humanos na Amazônia. O sangue está para os humanos como o cauim está para as onças, do mesmo modo e pelas mesmas razões que uma irmã para mim é uma esposa para meu cunhado. Os muitos mitos ameríndios nos quais aparecem casamentos interespecíficos, e que discutem as difíceis relações entre o genro humano e seus sogros animais (via de regra, antropófagos), combinam as duas analogias em uma só.

As consequências dessas duas concepções ou "modelos" de relação social para uma teoria antropológica da tradução são evidentes. Tais consequências não são metafóricas. Na verdade, o oposto é o caso. Se o antropólogo parte do metaprincípio de que "todos os homens são irmãos",⁴⁹ ele está pressupondo que seu discurso e o do nativo manifestam uma relação de natureza, em última análise, fraterna. O que funda a relação de sentido entre os dois discursos — e, por conseguinte, justifica a operação de tradução — é seu *referente comum*, do qual ambos apresentam visões paralelas. A ideia de uma natureza "lá fora", lógica e cronologicamente anterior às culturas que a "representam" parcialmente, desempenha o papel dos pais que fundam a relação entre dois irmãos. Poderíamos imaginar, aliás, uma interpretação hierárquica desse paralelismo fraternal, com o antropólogo assumindo o papel de irmão mais velho, literal e racional, e o nativo, o de seu irmão mais novo, metafórico

---

47 Marilyn Strathern, *Reproducing the future*, op. cit., pp. 99-100.
48 Se um homem tende a chamar um estrangeiro com quem pretende (ou pressupõe) um laço amigável de "cunhado", ele tenderá a chamar uma mulher não aparentada ou por "esposa" (em caso de diferença de idade, de "sogra" ou "nora"), caso vise diretamente a relação com ela, ou por "irmã", caso vise essa mulher como termo mediador com outros homens estrangeiros, colocados assim em posição de devedores seus.
49 É favor sempre levar em conta a convenção de gênero gramatical utilizada neste texto (ver nota 4, *supra*). Como disse alguém (Groucho Marx, talvez), "todas as mulheres são iguais, e metade delas são homens".

e simbólico. Ou, ao contrário, poderíamos adotar uma interpretação radicalmente igualitária, vendo os dois personagens epistêmicos como gêmeos, e assim por diante. Qualquer que seja o caso, a tradução só é possível segundo essa concepção porque os discursos são "sinônimos" entre si. Eles expressam a mesma referência parental a alguma transcendência com a função de Natureza (*physis*, *socius*, gene, cognição, linguagem, desejo etc.). Aqui, traduzir é isolar o que os discursos têm em comum, algo que só está "dentro deles" porque está (e já estava antes deles) "lá fora". As diferenças entre os discursos são meramente o resíduo que impede uma tradução perfeita, isto é, uma sobreposição absoluta entre eles. Traduzir é presumir a redundância; é identificar identidades.

Contudo, se "todos os homens" forem cunhados ao invés de irmãos — isto é, se a imagem da relação não for a da partilha de algo em comum (o algo em comum que opera como fundamento), mas, ao contrário, a da diferença entre os termos, ou melhor, a diferença entre as diferenças que constituem os termos da relação, então só pode haver relação entre o que difere, e na medida em que difere. Nesse caso, a tradução se torna uma operação de diferenciação, conectando os dois discursos na exata medida em que eles *não* estão dizendo a mesma coisa, dado que apontam para exterioridades discordantes, para além dos homônimos equívocos entre eles: o "lá fora" depende de onde fica exatamente o "aqui dentro". A tradução cultural não é um processo de indução que visa encontrar os pontos comuns em detrimento das diferenças; muito menos é um processo de dedução, isto é, de aplicação *a priori* de um princípio de unificação natural à diversidade cultural, de modo a determinar (a decretar) seu sentido. Ela é um processo como aquele que Gilbert Simondon chamou de *transdução*:

> a transdução [...] opera a inversão do negativo em positivo: aquilo pelo qual os termos não são idênticos uns aos outros, aquilo pelo qual são díspares (no sentido que tem este termo na teoria da visão) é integrado ao sistema de resolução e se torna condição de significação; não há empobrecimento da informação contida nos termos; a transdução se caracteriza pelo fato de que o resultado dessa operação é um tecido concreto que compreende todos os termos iniciais [...].[50]

---

50 Gilbert Simondon, "A gênese do indivíduo", trad. Ivana Medeiros, *Cadernos de subjetividade*, v. 11, 2003, p. 114, tradução modificada.

Segundo essa concepção de tradução, que penso convergir com aquela presente no perspectivismo indígena, a diferença é condição de significação e não um impedimento. A identidade entre o cauim da onça e o cauim dos humanos é postulada apenas para melhor se ver a diferença entre onças e humanos. Como na visão estereoscópica, é preciso que os dois olhos não vejam a *mesma* coisa dada para que outra coisa (a coisa real no campo da visão) possa ser *vista*, isto é, construída ou contrainventada. Traduzir é presumir uma diferença. A diferença, por exemplo, entre os dois modos de tradução apresentados aqui. Mas talvez isso seja apenas mais um equívoco.

3 |
Zenão e a arte da antropologia: sobre crenças, paradoxos, mentiras e outras verdades

A natureza deliberadamente paradoxal do título deste simpósio, "Relativismo comparado" [*Comparative relativism*], exprime uma preocupação característica de alguns dos mais importantes esforços intelectuais contemporâneos.[1] Há apenas um destes que devo considerar como sendo de minha alçada, o esforço de buscar redefinir performativamente a antropologia social como (1) uma teoria da autodeterminação ontológica dos povos e (2) uma prática de descolonização permanente do pensamento. Estou ciente de que a própria palavra "antropologia" está em risco com essa redefinição, dado que o conceito que ela projeta faz parte das condições do atual impasse civilizatório (ou devo dizer, queda iminente), o qual tem uma relação nada fortuita com nossa determinação implacável para que o mundo continue a girar ao redor do Humano. Deveríamos, quem sabe, passar a chamar a disciplina de "geofilosofia de campo" ou (em referência aos nossos momentos de gabinete) de "ontografia especulativa", para nos livrarmos desse augusto personagem, que não deve ser confundido com os membros da espécie epônima e suas coletividades. Seja como for, a onomástica sugerida continuaria sendo grega — um detalhe que não é nem acidental nem inconsequente de um ponto de vista, como direi, antropológico.

A questão é como dar à expressão "relativismo comparado" um significado específico à disciplina da antropologia social. Muito de meu trabalho consistiu em tratar o tema do relativismo não como uma tese filosófica suspeita que deve ser arrastada à barra do tribunal da Razão (e invariavelmente condenada), mas como um tópico de pesquisa antropológica, passível de análise comparativa.[2] O conceito de "multinaturalismo

---

1 A lista das versões originais dos textos desta coletânea acha-se após o Prólogo.
2 A discussão de Lévi-Strauss sobre a mitologia indígena dos venenos de pesca e caça (*O cru e o cozido*, trad. Beatriz Perrone-Moisés. São Paulo: Cosac Naify, 2004, pp. 166-169) define estes como substâncias "cromáticas", indutoras de uma perigosa indiscernibilidade entre natureza e cultura, e como associadas simbolicamente à sedução erótica, isto é, a uma forma de intrusão violenta da natureza na cultura. O relativismo, em suas diversas variedades (moral, cultural, epistêmico etc.), é frequentemente qualificado de "venenoso" e de "sedutor", e acusado de tornar "tudo equivalente", isto é, de ser um operador cromá-

perspectivista", formulado a partir da etnografia amazônica,³ foi o resultado de uma tentativa de contrastar os modos antropológico e indígena de perceber analogias entre domínios, em outras palavras, de *comparar comparações*. Tratava-se de traçar uma linha de fuga para além das dicotomias infernais — unidade/multiplicidade, universalismo/relativismo, representação/realidade, natureza/cultura (para mencionar só algumas) — que formam as grades de nossa jaula metafísica, de modo a poder ver esta a partir de fora.

Neste simpósio, gostaria não tanto de esboçar uma antropologia *do* relativismo do que de propor uma ideia da antropologia *como* relativismo (comparado). Escolhi me acercar do tema por meio de quatro citações que ilustram, de ângulos diferentes, esta proposta. A inspiração foi um artigo de Gilles Deleuze, "Sobre quatro fórmulas poéticas que poderiam resumir a filosofia kantiana".⁴ Vou me limitar, igualmente, a quatro "fórmulas", apenas para manter uma simetria parafrástica. Que a antropologia talvez seja a mais kantiana de todas as ciências humanas, como afirmei certa vez, também é uma mera coincidência. Contudo, a decisão de abordar o tema através de citações não é contingente.⁵ O recurso a exemplos como uma tática de definição deixa patente a natureza de "ser-qualquer" (*qualunque, quodlibet*) das passagens escolhidas — são exemplos, não modelos.⁶ Elas são, além disso, indiretas, pois "exemplificam" a antropologia em termos, ao menos em parte, restritivos: uma das quatro citações equivale a uma negação abstrata da antropologia que a paralisaria, se acreditássemos nela; as outras sugerem negatividades "determinadas" (intrínsecas) que a potencializariam,

---

tico de indiscernibilidade, portanto de desordem. Mentes ainda imaturas parecem ser especialmente sensíveis aos encantos tóxicos do *phármakon* relativista. Recordemos que Sócrates foi acusado de corromper a juventude com proposições ateístas e relativistas, e condenado à morte por ingestão de veneno.

3   Ver "Perspectivismo e multinaturalismo na América indígena", em *A inconstância da alma selvagem e outros ensaios de antropologia*. São Paulo: Cosac Naify, 2002, pp. 345-399.
4   Gilles Deleuze, "Sobre quatro formulas poéticas que poderiam resumir a filosofia kantiana", in *Crítica e clínica*, trad. Peter Pál Pelbart (São Paulo: Editora 34, 1997, pp. 36-44).
5   Para um exemplo recente desse uso expositivo de citações, ver Émilie Hache e Bruno Latour, "Morality or Moralism? An Exercise in Sensitization," trad. Patrick Camiller, *Common Knowledge* v. 16, n. 2, 2010, pp. 311-330.
6   Sobre modelos e exemplos, ver o capítulo 4 no segundo volume desta coletânea. Sobre o ser-qualquer, ver Giorgio Agamben, *A comunidade que vem*, trad. Claudio Oliveira. Belo Horizonte: Autêntica, 2013, capítulo "Qualquer".

se as aceitássemos. Todas as quatro passagens evocam a ideia de *crença*, que, como se sabe, está profundamente implicada, em todos os sentidos possíveis (especialmente nos piores), na maioria dos argumentos que conectam as ideias de antropologia, comparação e relativismo.

Meu recurso a citações não reflete meramente um fraco pelo fragmento, que reconheço. Como um intelectual pós-moderno ou um indígena amazônico, penso que tudo já foi falado, o que não quer dizer que tudo já tenha sido dito. Mas não considero o presente esforço como apenas mais outra colagem; trata-se de um rearranjo — uma bricolagem — de coisas que já foram faladas, na esperança de que elas possam dizer algo relativamente (entenda-se, comparativamente) novo.

— I —

"Nós intelectuais liberais do Ocidente deveríamos aceitar o fato de que temos de partir de onde estamos, e isto significa dizer que há muitas visões que simplesmente não podemos levar a sério."

(Richard Rorty)

Se em algum momento já foi possível se solidarizar com o pragmatismo antifundacionalista de Rorty, a frase acima parece deixar claro que ele e os antropólogos nunca estivemos, objetivamente, do mesmo "lado".[7] Os argumentos de Geertz contra o que Rorty se orgulhava em chamar de seu "etnocentrismo" são bem conhecidos; não é preciso repeti-los aqui.[8]

---

7   Richard Rorty, "Solidarity or Objectivity?", in *Objectivity, Relativism, and Truth: Philosophical Papers*, vol. 1 (Cambridge: Cambridge University Press, 1991, pp. 21-34). A "solidariedade" de Rorty significa "cultura", e sua "objetividade" significa "natureza". Rorty está totalmente "do lado" da solidariedade, assim como os antropólogos somos conhecidos por sermos partidários da cultura, mas esta proximidade é um equívoco, como pretendo argumentar.

8   Clifford Geertz, "The Uses of Diversity", *Michigan Quarterly Review*, v. 25, 1986, pp. 105-123. O autor aproxima o etnocentrismo de Rorty de algumas posições defendidas por Lévi-Strauss em "Raça e cultura" (in *Antropologia estrutural dois*, trad. Beatriz Perrone-Moisés. São Paulo: Cosac Naify, 2013, pp. 350-391). Parece-me que Geertz não vê uma diferença crucial. Rorty exalta as virtudes do etnocentrismo do ponto de vista de uma civilização que se imagina como crescentemente dominante: "... a expansão gradual da imaginação daqueles que estão no poder, e sua disposição gradual de incluir sob o pronome 'nós' cada vez mais diferentes tipos de pessoas" (Richard Rorty, "On Ethnocentrism: A Reply to Clifford Geertz", in *Objectivity, Relativism, and Truth*, op. cit., p. 207). Lévi-Strauss, ao contrário, vê em certas atitudes etnocêntricas o reflexo defensivo

Minha intenção em destacar esta passagem é sobretudo heurística. Podemos aprender algo sobre a antropologia com ela?

Desconheço qualquer pronunciamento equivalente a esta citação na literatura antropológica. Talvez Ernest Gellner ou Adam Kuper tenham dito coisas parecidas. Mas ela me faz lembrar daquela observação lapidar de Evans-Pritchard sobre a bruxaria zande: "Bruxos, tal como os Azande os concebem, não podem existir".[9] A monografia de Evans-Pritchard foi escrita exatamente para resolver este problema: visto que bruxos ("tal como os Azande os concebem") não podem existir — o etnógrafo esqueceu de acrescentar: "tal como nós concebemos a possibilidade e a existência" —, como, então, pode o antropólogo levar a sério as concepções zande relativas à bruxaria? Como o antropólogo pode reconceber, isto é, reconceitualizar, os bruxos, de maneira que eles possam assumir um modo possível de existência — em outras palavras, um *interesse* — para nós? A solução de Evans-Pritchard não nos satisfaz mais hoje, porém ela tem o mérito de ter ao menos tentado nos afastar de "nós" e se aproximar dos Azande. Pode-se talvez ver na frase de Rorty o enfrentamento do mesmo tipo geral de problema; mas sua resposta é puramente negativa (e desdenhosa). Cada palavra de sua admoestação converge para uma antidefinição perfeita da antropologia.

Não é preciso que o antropólogo se considere um crítico pós-colonial para se sentir excluído do "nós, intelectuais liberais" de Rorty. Esse "nós", aliás, soa mais como uma imposição que como uma constatação. É verdade que Geertz se reconheceria de bom grado como um intelectual liberal do Ocidente (o que explica, para além da amizade de longa data, o tom "cá-entre-nós" de seus diálogos críticos com Rorty). Mas não vejo qualquer relação entre o ponto de vista antropológico e uma autodescrição desse tipo feita por um intelectual ocidental. Contudo, o problema não está só no sujeito da frase, mas em sua estrutura metapragmática um tanto narcisista. Rorty fala para seu público interno, sua "tribo" — suspeito que só existam "intelectuais liberais" nos Estados Unidos —,

---

de uma sociedade contra sua colonização material e espiritual por projetos civilizatórios hegemônicos, como aqueles de que Rorty escolheu, justamente, ser um porta-voz.

9 "Witches, as the Azande conceive them, cannot exist." (E.E. Evans-Pritchard, *Witchcraft, Oracles and Magic Among the Azande*, Oxford: Clarendon Press, 1976, p. 63. Na edição resumida desta obra por Eva Gillies (*Bruxaria, oráculos e magia entre os Azande*, trad. E. Viveiros de Castro. Rio de Janeiro: Jorge Zahar, 2005, p. 45), a frase recebeu um advérbio que não constava no livro original: "Da forma como os Azande os concebem, bruxos não podem evidentemente [*clearly*] existir"

aqueles que já estão onde ele está e que são, consequentemente, um "nós" muito diferente "deles", dos "outros". "Eles" são aqueles outros que não se veem como liberais, talvez nem mesmo como intelectuais, nem tampouco (já que Rorty é um autor lido em muitos países) como ocidentais. O problema é que "nós antropólogos" temos dificuldade em dizer "nós" com muita segurança, e menos ainda com orgulho. Essa dificuldade advém de nosso assunto e nossos destinatários: antropólogos, falávamos principalmente *sobre* "eles" — aqueles que, por muitas razões, poderiam dizer "nós não somos vocês" —, e agora falamos, cada vez mais, *para* "eles", e sobretudo *perante* "eles". Em todos estes casos, nossa tarefa é perguntar: *Quem* somos "nós"? Quem *diz* "nós" — e quando, e como? Nosso problema, em suma, é determinar as múltiplas condições, não necessariamente convergentes, que tornam possível um "nós", inclusivo ou exclusivo.[10] Rorty, com seu relativismo dos ricos e seu pragmatismo dos poderosos, não nos serve de muito aqui, a não ser como indicador do caminho a *não* seguir: nós não somos esse seu "nós".

Prossigamos: qual o significado da ideia que "nós" somos intimados a aceitar, a saber, que "temos de partir de onde estamos"? Sem dúvida (aceitemos provisoriamente esta inclusão no "nós" de Rorty), é daí que devemos partir, mas dizê-lo não nos informa nada sobre onde nós podemos, devemos ou queremos chegar. Sequer nos diz exatamente onde estamos. Quanto a isso, vejo mais semelhanças entre o "efeito etnográfico" descrito por Marilyn Strathern[11] e o problema pragmático formulado por J.M. Coetzee pouco antes de ele se transformar em Elizabeth Costello:

> Em primeiro lugar, temos o problema da abertura, ou seja, como nos levar de onde estamos, que é, por enquanto, lugar nenhum, para a margem de lá. [...] Problemas que as pessoas resolvem todo dia. Resolvem e, uma vez resolvidos, seguem em frente. [...] Vamos supor que, seja como for, a coisa esteja feita. [...] Deixamos para trás o território onde estávamos. Estamos do lado de lá, onde queremos estar.[12]

---

10   Esta é a questão posta, por exemplo, por Ailton Krenak: "somos mesmo uma humanidade?" (*Ideias para adiar o fim do mundo*. São Paulo: Companhia das Letras, 2019, p. 12).
11   Marilyn Strathern, "O efeito etnográfico. Parte I", in *O efeito etnográfico e outros ensaios*, trad. Iracema Dulley, Jamille Pinheiro e Luísa Valentini. São Paulo: Cosac Naify, 2014, pp. 345-369.
12   J. M. Coetzee, *Elizabeth Costello: oito palestras*, trad. José Rubens Siqueira. São Paulo: Companhia das Letras, 2004, p. 7.

Em outras palavras, devemos partir de onde estamos, porque aqui (do lado ocidental, digamos) *não é* onde queremos estar. Ao contrário, queremos que a antropologia alcance e permaneça na outra margem, em campo aberto e ao ar livre, longe dos gabinetes abafados do intelecto liberal, e, portanto, fiel ao projeto de exteriorização da razão — o projeto que, às vezes inadvertidamente, salva nossa disciplina da asfixia. A viabilidade de uma verdadeira endo- ou autoantropologia, aspiração que hoje se encontra na ordem do dia, por muitas razões — algumas delas razoáveis —, parece-me depender crucialmente do arejamento teórico que a exoantropologia sempre possibilitou, por ser uma ciência "de campo", no sentido que realmente importa, a saber, uma ciência que *trabalha fora*. Como dizia, aliás, o já citado Geertz, "se quiséssemos verdades caseiras, deveríamos ter ficado em casa."[13]

Continuemos com a antidefinição de Rorty: chamar o que não podemos levar a sério de "*muitas visões*" é uma pouco sutil petição de princípio. "Muitas visões" só podem sair de uma caixa de Pandora repleta de fantasias, ilusões, delírios, falsidades que sustentam mundos bizarros, dignos "*dos nazistas ou do amazônicos*".[14] Como sabemos, a mentira é múltipla, e o diabo é seu pai, mas a verdade é uma só. É verdade que o pragmatismo rortyano defende uma concepção intersubjetiva, consensual e "etnocêntrica" de verdade; mas a verdade do pragmatista ainda é Una — o que nos leva a concluir que o que está fora da esfera "conversacional" da comunidade pragmática de semelhantes é a essência da não verdade, em toda sua monstruosidade proteica. O quantificador "muitas" é, a esse respeito, mais importante que seu complemento, "visões". Se há *muitas* visões, segue-se que nós *simplesmente* não podemos levá-las a sério. Não há nada menos simples ou mais desdenhoso que esse advérbio, que pode ser tomado aqui em seus dois sentidos principais, o de facilidade (é fácil não levar a sério esse amontoado caótico de visões) e o de peremptoriedade (é imperativo não as levar a sério).

---

13 "If we wanted home truths, we should have stayed at home" (Clifford Geertz, *Available Light: Anthropological Reflections on Philosophical Topics*, Princeton, NJ: Princeton University Press, 2012, p. 96 [*Nova luz sobre a antropologia*, trad. Vera Ribeiro. Rio de Janeiro: Zahar, 2000, p. 67]). Geertz está jogando com (contra) o sentido usual da expressão "*home truths*", cujo sentido é o de "[dizer] umas boas verdades" – isto é, uma "verdade" básica, em geral desagradável ou incômoda, que se diz a alguém a seu respeito.

14 Richard Rorty, "Solidarity or Objectivity?", op. cit., p. 31.

Aqui chegamos ao cerne da antidefinição contida nesta passagem. O que Rorty declara impossível de ser levado a sério é o objeto mesmo da antropologia. Pois esta é um projeto intelectual (até há pouco, quase exclusivamente ocidental) que se dedica a levar a sério o que os intelectuais ocidentais "não podem" levar a sério. A disciplina leva igualmente muito a sério a questão de *como* levar a sério o que Rorty chama de "visões". O problema constitutivo da disciplina é como adquirir os instrumentos que permitam fazer isso. A tarefa é dupla: primeiro, é preciso construir uma noção de seriedade (uma maneira de levar as coisas a sério) que se mantenha longe do conceito de crença ou de quaisquer outras "atitudes proposicionais" que tenham "representações" como seus objetos.[15] A ideia de seriedade da antropologia não remete à hermenêutica dos significados alegóricos ou à ilusão da ecolalia discursiva. As "visões" que são seu objeto não são crenças, opiniões consensuais, mas mundos constituídos objetivamente: não são *"visões de mundo"*, mas *mundos de visão* — e não só de visão, pois são mundos perceptíveis por sentidos outros que a visão, além de espaços de navegação afetiva e cognitiva, estética e política. Em segundo lugar, e reciprocamente, a antropologia deve encontrar uma maneira de *não* levar a sério certas *outras* "visões". A reciprocidade é fundamental, pois ao mesmo tempo em que nos instrumentamos para levar a sério "visões" que estão longe, fora de nós, quase todas as "visões" que não devemos levar a sério estão perto ou mesmo dentro de nós. "O etnocentrismo [...] é essencial para um pensamento sério, não fantástico",[16] declara Rorty. Há sempre um momento em que o ironista começa a falar em seriedade — quando ele começa a se referir a si mesmo.[17] A distinção deleuziana entre humor e ironia, tão importante para a ecologia das práticas de Isabelle Stengers, é pertinente aqui. Levar a sério o que "não podemos" levar a sério exige tanto senso de humor quanto seu inverso, a saber, não levar a sério o que nós "simplesmente não podemos" *não* levar a sério. O relativismo é seriamente (e serenamente) humorístico, não autoindulgentemente irônico.

Uma última observação. "Os nazistas ou os amazônicos" são citados no texto de Rorty como exemplos gêmeos de distanciamento e estranheza, como gente que não compartilha qualquer "visão" relevante conosco.

---

15 "Atitudes proposicionais", cf. Dan Sperber, *Le symbolisme em général*. Paris: Hermann, 1974.
16 Richard Rorty, "Solidarity or Objectivity?", op. cit., p. 30, nota 12.
17 Ibid., p. 30.

O autor dá a impressão de que vê os nazistas e os amazônicos (estes também chamados de "tribos primitivas") como polos indiferentemente e, portanto, coincidentemente, antipodais à lucidez e civilidade distintivas do consenso liberal do Ocidente. Peço licença para discordar: do ponto de vista de uma "tribo amazônica", há muitíssimo mais coisas em comum entre os nazistas e os intelectuais ocidentais liberais do que entre os nazistas e os povos indígenas da Amazônia. Tal comunidade está particularmente evidente no momento em que reviso o presente texto, no mês de janeiro de 2024, quando assistimos perplexos ao genocídio do povo palestino com o beneplácito, a grana e as bombas do Ocidente liberal.

— II —

"Uma das fantasias fundamentais da antropologia é que em algum lugar deve haver uma vida que realmente valha a pena ser vivida."

(David Schneider)

Depois do tom altivo, para não dizer arrogante, da citação anterior, esta aqui soa quase "brega".[18] Ela mostraria o outro lado do pragmatismo estadunidense: o sentimentalismo sonhador, a disposição ingênua em acreditar em mundos impossíveis situados *"over the rainbow"*. Como sabemos, esse algum lugar era, no fim da estória, o lugar de onde havíamos partido (Oz = *us* = US). "Não há lugar como nosso lar" — de fato. Como é triste esta conclusão.

Penso, porém, que a afirmação de David Schneider pode ser lida de forma muito diferente. Parece-me que ela contém um pensamento absolutamente "não fantástico" sobre o projeto da antropologia. Seu uso da noção de "fantasia" é a chave para levarmos a afirmação a sério.

As citações de Rorty e Schneider podem ser opostas ponto a ponto. Primeiro, ao invés de um *"fato"* que nós "deveríamos aceitar", somos habitados por uma *"fantasia* fundamental". Uma fantasia não é algo que somos instados a aceitar ou rejeitar, mas algo que avaliamos quanto ao seu poder de nos fazer pensar de modo diferente, de levar-nos alhures para que possamos ter uma ideia mais precisa, por comparação, de nos-

---

18 David Schneider, "Foreword, in Roy Wagner, *The Curse of Souw: Principles of Daribi Clan Definition and Alliance*. Chicago: University of Chicago Press, 1967, pp. vii-viii.

sa situação atual. Segundo, ao invés de, como Rorty, exortar-nos a "partir *de onde* estamos", Schneider aponta *para onde* estamos indo. O caráter indeterminado do seu "algum lugar" é necessário, não acidental. Terceiro, o objeto da fantasia fundamental não são "*muitas visões*", mas "*uma vida*": uma diferença e tanto. E a questão levantada é a do valor real dessa vida; ao invés de muitas visões que *simplesmente* não podemos levar a sério, temos uma vida que *realmente* vale a pena ser vivida. Talvez haja vidas que não valham a pena ser vividas; mas como se poderia simplesmente não levar a sério *uma* vida, *qualquer* vida?[19]

Entre aquilo que pode ser considerado "fundamental" na fantasia fundamental da antropologia, está a necessidade de que ela deve *permanecer* uma fantasia. O projeto de conhecimento da antropologia acaba quando o pesquisador acredita que a fantasia se realizou e que ele "realmente" achou uma vida que vale a pena ser vivida.[20] Uma tal crença paralisaria toda a criação conceitual. O que não quer dizer que em *nenhum lugar* haja vidas que valham a pena ser vividas. Além de depressivamente niilista, tal afirmação seria irresponsavelmente definitiva, e igualmente imobilizadora. O que Schneider está descrevendo, em outras palavras, é um funcionamento estritamente regulativo de um motivo fundamental da antropologia. A questão da existência de uma vida que vale a pena ser vivida não é algo que possamos determinar objetivamente, mas, ao mesmo tempo, é algo que não podemos deixar de colocar. A construção "deve haver" (uma vida que valha etc.) se torna a forma do imperativo epistêmico-político próprio da antropologia.

Em resumo, a fórmula de Schneider elucida o quanto a antropologia é movida por uma ideia da Vida como valor cardinal — pela ideia de que há de direito, se não de fato, uma forma de vida genuína ou "autêntica". Rorty opõe sua procura pragmática de consenso a uma "busca de autenticidade" que ele insinua estar sempre prestes a descambar para a "fantasia" (como oposta à "conversação"). A noção de autenticidade tem

---

19 Ver a referência à cena do quase afogamento de Riderhood em *Our Mutual Friend* de Dickens, em Gilles Deleuze, "A imanência: uma vida...", in *Dois regimes de loucos: textos e entrevistas (1975-1995)*, org. David Lapoujade, trad. Guilherme Ivo (São Paulo: Ed. 34, 2016, pp. 407-413).
20 Não há nada mais vácuo que certas reconstruções etnográficas que nos apresentam ideais éticos ocidentais personificados por atores não-ocidentais. Tais descrições perdem inteiramente de vista a "contínua aventura de 'despredizer' o mundo" que Roy Wagner (*A invenção da cultura*, trad. Marcela Coelho de Souza e Alexandre Morales. São Paulo: Cosac Naify, 2010, pp. 144-145*)* vê na Melanésia ou na Amazônia indígenas.

cidadania antiga na antropologia — não precisamos bater cabeça para Heidegger aqui —, e não há razão para revogá-la. O artigo de Edward Sapir, "Culture, Genuine and Spurious", uma das reflexões mais profundas produzidas sobre a noção de cultura, é claro a respeito da diferença entre o que o autor chama de *maxima* e *minima* de cultura, isto é, entre formas de vida coletiva autênticas (ou genuínas) e inautênticas (ou espúrias).[21] Os máximos e mínimos de cultura não têm nada a ver com níveis de civilização, mas tudo a ver com a vida, no sentido que Roy Wagner dá a esta palavra na frase "a vida como uma sequência inventiva".[22] Wagner falava aqui de "uma certa qualidade de radiância" patente em culturas que ele classifica como inventivas ou diferenciantes, e que existem em quase toda parte do mundo. Note-se a vagueza proposital com que ele se refere aos portadores dessas culturas: "povos tribais, camponeses, e [...] 'classe baixa'."[23] Ou seja, é como se essas culturas genuínas pudessem ser encontradas em todo lugar, *exceto* justamente onde *nós* estamos — uma exceção requerida por razões metodológicas, se não por outras razões (que as há). "Algum lugar" é o nome dessa negatividade antropológica, esse estado de exceção negativo. A antropologia deve, portanto, "encontrar" — o que significa (re)inventar — uma vida que vale a pena ser vivida; e isso passa obrigatoriamente pela decisão de levar a sério as "muitas visões" contidas nessas *outras* vidas.

Mas o que significa levar a sério as vidas de outros? Seria *acreditar* no que os povos amazônicos, por exemplo, pensam e falam — tomar literalmente o que eles pensam como expressão de uma verdade sobre o mundo? A ideia de que "levar a sério" é sinônimo de "levar ao pé da letra", "tomar literalmente", e, mais ainda, que tomar literalmente significa "acreditar" me parece extremamente ingênua (ou o oposto, um caso de má-fé). É preciso ser muito literal para não conseguir entender que tomar qualquer coisa literalmente é um trabalho árduo, que demanda uma boa dose de competência simbólica, não uma credulidade simplória. Para crer ou descrer em um pensamento, é preciso antes imaginá-lo como parte de um sistema de crenças; mas os problemas que são autenticamente antropológicos nunca são colocados na linguagem

---

21 Em Edward Sapir, *Selected Writings in Language, Culture, and Personality*, org. David G. Mandelbaum, Berkeley: University of California Press, 1985, pp. 308-331)
22 Roy Wagner, *A invenção da cultura*, op. cit., p. 146.
23 Roy Wagner, *loc. cit.*

psicologista da crença ou naquela logicista do "valor de verdade". O pensamento de outros povos não pode ser reduzido a um amontoado de opiniões (único objeto passível de crença ou descrença) ou a um conjunto de proposições expressas por sentenças declarativas (único objeto legítimo de juízos de verdade). A antropologia já causou um grande estrago, nos maus velhos tempos, ao tomar a relação entre os povos indígenas e seu discurso como crença — o que reduz a cultura a uma espécie de teologia dogmática[24] — ou ao tratar esse discurso como uma opinião ou um conjunto de proposições, o que faz do estudo da cultura uma espécie de teratologia epistêmica, um manual de erros, ilusões, perversões e preconceitos. Nas palavras de Bruno Latour, "'crença' não é um estado mental, mas um efeito da relação entre os povos".[25] Nesse caso, se Rorty está certo — se "ser etnocêntrico é dividir a raça humana entre as pessoas [*people*] às quais se deve justificar a própria crença e os outros"[26] —, então ser antropólogo é dividir a raça humana entre aqueles povos [*people*] cujas crenças se pode legitimamente contestar e os outros. O problema é que cada um de nós é como um povo humano, em si mesmo e para si mesmo; ou mais, cada indivíduo é toda a espécie humana. (Borges já deve ter dito isso.) O que não deixa muito espaço para um desafio perfeitamente legítimo a quaisquer crenças, exceto as próprias — e olhe lá. Mas a "legitimidade" nunca é a única coisa a considerar, quando se trata de decidir o que fazer (ou no que acreditar!); assim como as crenças tampouco são o verdadeiro (isto é, o legítimo) objeto de qualquer comparação séria com o outro.

Como disse Wagner: "Uma antropologia [...] que reduz o significado [*meaning*] a crença, dogma e certeza, será levada à armadilha de ter de acreditar ou nos significados nativos ou nos nossos próprios."[27] E como observamos acima, a recusa em colocar as questões da antropologia em termos de crença é uma decisão consubstancial ao conceito de "serieda-

---

24 Recordando o célebre artigo de Clifford Geertz, "A religião como sistema cultural" (in *A interpretação das culturas*, trad. Fanny Wrobel. Rio de Janeiro: LTC, 2007, pp. 63-92*)*, caberia inverter os termos e sugerir que "a cultura como sistema religioso" seria uma boa tradução do modo como a ideia de cultura foi trabalhada pela antropologia. Sem falarmos em um igualmente imaginário "a cultura como sistema cultural" (um título alternativo possível para *A invenção da cultura* de Wagner)...
25 Bruno Latour, *Reflexão sobre o culto moderno dos deuses fe(i)tiches,* trad. Sandra Moreira. São Paulo: Edusc, 2002, p. 15.
26 Richard Rorty, "Solidarity or objectivity?", op. cit., p. 30.
27 Roy Wagner, *A invenção da cultura*, op. cit., pp. 35-66.

termos de crença é uma decisão consubstancial ao conceito de "seriedade" que buscamos definir. A antropologia não pretende nem *descrever* o pensamento amazônico (ou de qualquer outro povo) em termos de crença, nem se *relacionar* com este pensamento em busca de uma crença para consumo próprio, como se ele contivesse uma "verdade" anagógica ou alegórica (seja uma verdade social, como para os sociólogos durkheimianos, seja uma verdade natural, como para os materialistas culturais e os psicólogos evolucionários) ou imaginando que ele dá acesso à essência última das coisas, fazendo assim do pensamento indígena uma sabedoria esotérica.

O conceito deleuziano de *Autrui*, que já citei em trabalhos anteriores (os quais repito, a seguir, literalmente), parece-me útil para definir a atitude da antropologia perante os mundos alheios.[28] Deleuze define *autrui* — o outro, outrem — como a "expressão de um mundo possível". Mas o mundo expresso pelo outro precisa sempre ser atualizado por mim no curso normal da interação social. A implicação do possível no outro é explicada, desenvolvida, por mim, submetendo o possível a um processo de *verificação* que dissipa sua estrutura. Quando desenvolvo o mundo expresso pelo outro, faço-o ou para validá-lo como real e adentrá-lo, ou para negá-lo como real. Dessa forma, a explicação introduz o elemento da crença. Ao descrever o processo, Deleuze retoma as condições de contorno que possibilitaram sua definição do conceito. Ele escreve:

> essas correlações de desenvolvimento, que formam tanto nossas comunidades com outrem quanto nossas contestações a ele, dissolvem sua estrutura, e num caso, o reduzem ao estado de objeto e, no outro, o levam ao estado de sujeito. Eis por que, para apreender outrem como tal, temos o direito de exigir condições de experiência especiais, por mais artificiais que sejam: o momento em que o expresso ainda não tem (para nós) existência fora daquilo que o exprime. — Outrem como *expressão de um mundo possível*.[29]

O autor concluía recordando uma máxima fundamental às suas reflexões:

---

28 Ver o capítulo 1 ("O nativo relativo").
29 Gilles Deleuze, *Diferença e repetição*, op. cit., p. 364.

A regra que invocávamos anteriormente, isto é, não se explicar demais, significava antes de tudo não se explicar demais com outrem, não explicar outrem demais, manter seus valores implícitos, multiplicar nosso mundo, povoando-o com todos esses expressos que não existem fora de suas expressões.[30]

A antropologia faria bem em levar essa lição a sério. Manter os valores dos outros implícitos não significa celebrar algum mistério numinoso que eles encerram; significa abster-se de atualizar as expressões possíveis do pensamento alheio, decidindo mantê-los como possibilidades — nem os desrealizando como fantasias dos outros, nem os fantasiando como atuais para nós. A experiência antropológica depende, assim, da interiorização formal das "condições especiais e artificiais" às quais Deleuze se refere. O momento em que o mundo do outro não existe fora de sua expressão é transformado em uma condição "eterna" — isto é, uma condição *interna* à relação antropológica, que realiza essa possibilidade *como virtual*. Se à antropologia compete realizar algo, não se trata de explicar o mundo dos outros, mas antes multiplicar nosso mundo, povoando-o com todos "esses exprimidos que não existem fora de suas expressões".

— III —

"A flecha que uns não veem partir, outros veem chegar."
(Henri Hubert e Marcel Mauss)

"La flèche que les uns ne voient pas partir, les autres la voient arriver" — eis como Hubert e Mauss sintetizam suas reflexões sobre a "grave questão" da fraude e da simulação na magia.[31] É "impossível imaginar", insistem os autores na seção do ensaio intitulada "A crença", que os mágicos e feiticeiros realmente acreditem que façam o que dizem fazer. Eles não podem acreditar que removem o fígado de suas vítimas sem

---

30 Ibid.
31 Henri Hubert e Marcel Mauss, "Esboço de uma teoria geral da magia", in Marcel Mauss, *Sociologia e antropologia*, trad. Paulo Neves. São Paulo: Cosac Naify, 2003, p. 130. Tradução modificada.

matá-las no ato (ao invés de matando-as lentamente, como dizem), ou que possam causar dor lancinante ao corpo de uma pessoa manipulando sua efígie. Mas, mesmo que os mágicos não possam crer em sua própria magia, eles creem na magia enquanto tal: "O mínimo de sinceridade que se pode atribuir ao mágico é que ele ao menos acredita na magia dos outros."[32] Quando um feiticeiro adoece e recorre aos serviços de outro "curandeiro" [*homme-médecine*], a flecha que não via, quando era ele quem fingia extraí-la dos corpos de seus pacientes, ele agora vê sendo retirada de seu corpo. E é assim que a flecha que uns não veem partir, outros veem chegar.

O problema de Hubert e Mauss é esse misterioso emaranhamento de credulidade e ceticismo, desejo e percepção, perspectivas de primeira e terceira pessoa, que é característico da magia. A solução que eles encontram se apoia em uma definição das crenças mágicas como sendo a forma originária (social, portanto) do juízo sintético *a priori*, em que as forças coletivas forneceriam a forma pura e invariável da verdade — sua forma transcendental, anterior à experiência, a qual virá "mais tarde" preenchê-la com os conteúdos empíricos, sempre aproximativos.[33] Nos mundos arcaicos, que estariam sob a jurisdição integral de tais forças coletivas, a forma predominaria eminentemente sobre o conteúdo. A solução, como se vê, segue a ortodoxia da Escola Sociológica Francesa.

Mas a fórmula de Hubert-Mauss me parece estratégica, na medida em que, ao traçar o contorno do que poderíamos chamar de "forma transcendental da antropologia" — a magia da diferença, ou vice-versa —, ela permite ver que o método da antropologia é um caso particular de seu objeto, ou melhor, que seu objeto e seu método são versões um do outro. Nesse sentido, a fórmula é uma definição da antropologia — uma definição que se define a si mesma.[34] Para a Escola Sociológica Francesa,

---

32 Ibid.

33 Sublinhe-se a semelhança dessa ideia com o desajuste assintótico entre as séries do significante e do significado, que Lévi-Strauss, comentando justamente o "Esboço", propôs como a origem dos conceitos de tipo *mana*. (Claude Lévi-Strauss, "Introdução à obra de Marcel Mauss", in Marcel Mauss, *Sociologia e antropologia* op.cit., pp. 11-45). Ver adiante, mais um paralelo com o *mana* lévi-straussiano.

34 Sobre "definições inventivas" ou definições que se autodefinem, ver Martin Holbraad, "Expending Multiplicity: Money in Cuban Ifá Cults" (*Journal of the Royal Anthropological Institute*, v. 11, n. 2, 2005, pp. 231-254) e "The Power of Powder: Multiplicity and Motion in the Divinatory Cosmology of Cuba Ifá (or Mana Again)", in Amiria Henare, Martin Holbraad e Sari Wastel (orgs.), *Thinking Through Things: Theorising Artefacts Ethnographically* (Londres: Routledge, 2007, pp. 189-225).

a magia é o epítome da *doxa* (do senso comum como um precipitado de opiniões, isto é, de crenças), mas a frase de Hubert e Mauss nos apresenta um objeto diferente, o *paradoxo*, com o qual a antropologia e a magia têm uma relação muito mais íntima.

Como nas duas citações anteriores, nossa argumentação retorna à questão do *lugar*. Onde estamos nós, agora? — em *algum lugar* da trajetória percorrida por essa flecha paradoxal. Note-se que é a mesma pessoa que se desdobra em duas posições, a dos "uns" (*les uns*) que não a veem e a dos "outros" (*les autres*) que a veem. Na qualidade de agente, o feiticeiro não vê a flecha partir; na situação de paciente, ele a vê chegar. Mas o desdobramento mágico pode, é claro, afetar diferentes pessoas, que geralmente expressam suas diferenças (políticas) por meio dessa disjunção perspectiva — em regra, veem-se muito mais flechas no momento da chegada que no da partida. Não é preciso ver uma flecha partir de um outro lugar para vê-la chegar aonde estamos; é assim que a feitiçaria geralmente funciona.

Essa disjunção implica, de um modo especial, também os pontos de vista destes dois personagens epistêmicos, o "antropólogo" e o "nativo": os bruxos que Evans-Pritchard não conseguia ver *causando*, os Azande viam *efetuando*. Mas isso seria dizer que a relação do antropólogo com os fenômenos que ele estuda (as "crenças nativas") é análoga à relação do feiticeiro com seu feitiço? E, se assim for, em qual lado dessa dupla relação do mago com a magia estaria o antropólogo — o lado do agente ou do paciente? Sem dúvida, mais de um antropólogo seguiu o caminho de Quesalid; mas não é esta trajetória que tenho em mente.[35] O feiticeiro e o antropólogo compartilham (de maneiras diferentes) a mesma exigência: fazer a crença depender da seriedade e não o contrário. O "mínimo de sinceridade" é um máximo de seriedade — porque a magia é sempre do outro.

Tomada sem preconceito (isto é, levemente fora do contexto), a fórmula de Hubert e Mauss não permite que se diga de antemão quem está certo, e nem mesmo se é o caso de que alguém — seja aqueles que não viram a flecha partir, seja os que a viram chegar — esteja forçosamente errado. A única certeza, contudo, é a de que ambos os lados não podem, por princípio, estar corretos *ao mesmo tempo*, o que não nega que cada

---

35 Claude Lévi-Strauss, "O feiticeiro e sua magia", in *Antropologia estrutural*, trad. Beatriz Perrone Moisés. São Paulo: Cosac Naify, 2008, pp. 181-200.

um tenha boas razões para ver ou não a flecha mágica do lugar onde estão. O problema dos autores é um problema de observação, ou de medida: quem vê o que, de onde, e o que acontece quando, sendo o observador incapaz (ou não) de vê-lo, não se sabe como determinar o que exatamente o outro está (ou não) vendo. Recordemos a observação memorável de Wagner a respeito de suas relações iniciais com os Daribi, "seus mal-entendidos a meu respeito não eram os mesmos que os meus mal-entendidos a seu respeito."[36] É como se aqui estivéssemos lidando com mais uma versão do princípio da complementaridade de Niels Bohr, isto é, com a existência de descrições simultaneamente necessárias, mas mutuamente exclusivas do mesmo fenômeno. A flecha mágica pode ser vista como uma partícula quântica, em relação à qual só se pode determinar ou a posição ou o momento. Analogamente, que "uns" não vejam a flecha partir pressupõe reciprocamente que "outros" a veem chegar. É como se a flecha só pudesse chegar para uns se outros não a tivessem visto partir, e vice-versa.[37]

É aqui que objeto e método se encontram, pois esta é a situação antropológica por excelência: como ligar as duas flechas, a do antropólogo e a do nativo, de modo que se tornem, idealmente, uma só? Assim como era o mesmo indivíduo que não via a flecha partir, mas a via chegar, do mesmo modo é, em princípio, a mesma flecha que parte e que chega. A flecha do antropólogo deve ser a flecha do nativo e não qualquer outra; não pode ser uma flecha metafórica ao invés de uma flecha

---

36 Roy Wagner, *A invenção da cultura*, op. cit., p. 53, tradução modificada.
37 Lévi-Strauss gostava de citar uma observação do físico Niels Bohr sobre as maneiras mutuamente exclusivas pelas quais um experimento, na mecânica quântica, pode ser descrito; o antropólogo comparava isso com o modo, também mutuamente exclusivo, como as culturas humanas constroem o real. Lembro aqui também que o "perspectivismo multinaturalista" (a "dupla torção" que o tema do relativismo recebe ao ser devorado pelo pensamento indígena) pressupõe esta mesma relação de complementaridade dual. Os não-humanos veem a si mesmos como nós nos vemos, como humanos, mas não podemos ambos nos vermos como humanos ao mesmo tempo: a apercepção de um polo como humano faz o outro aparecer (ser percebido) automaticamente como não-humano. Essa alternância mutuamente exclusiva parece operar também entre os modos literal e figurado na semiótica de Wagner ("Scientific and Indigenous Papuan Conceptualizations of the Innate: A Semiotic Critique of the Ecological Perspective", in Tim P. Bayliss-Smith e Richard G. Feachem (orgs.), *Subsistence and Survival: Rural Ecology in the Pacific*. Londres: Academic Press, 1977, pp. 385-410), na teoria saussuriana do signo, e na antropologia de Lévi-Strauss (Patrice Maniglier, *A vida enigmática dos signos: Saussure e o nascimento do estruturalismo,* trad. Fábio R. Lucas e Fernando Scheibe. Florianópolis: Cultura e Barbárie, 2016).

mágica, por exemplo. No mínimo, é preciso fazer as duas flechas coincidirem — construir uma escada de flechas começando por essas duas, como fazem os heróis dos mitos ameríndios que, fixando uma sucessão de flechas umas às outras, estabelecem uma ligação contínua entre a terra e o céu (começando pelo fim!), cruzando, ao fazê-lo, o abismo que separa os polos opostos do cosmos. Como se diz em inglês: *how to make ends meet?* Esta é sempre a questão.[38]

Segue-se uma conjectura. É possível especular que a mistura desconcertante de espontaneidade e obrigação, gratuidade e interesse, generosidade e agressividade, que, de acordo com Mauss, caracteriza o complexo "arcaico" do dom, tem uma relação intrínseca com a ambiguidade da magia, no que concerne aos estados psicológicos de ceticismo e crença, charlatanismo e sinceridade, ilusão voluntária e alucinação perfeita que Mauss e Hubert apontaram no "Esboço", escrito cerca de trinta anos antes do *Ensaio sobre o dom*. Não estou me referindo à suposta incapacidade dos "primitivos" em distinguir entre pessoas e coisas, que seria como a causa negativa do dom e da magia.[39] Antes, estou me referindo a um efeito epistemológico do dom e da magia *sobre o observador*, derivado da ontologia complexa e sobredeterminada de ambas as instituições. O efeito se manifesta como essas duas misturas de sentimentos contrários, a natureza ambivalente das disposições intencionais (ceticismo e crença, generosidade e interesse), que envolvem, em ambos os casos, um tipo de metacálculo onde o ponto de vista do outro é incluído na construção do significado da ação do próprio agente, ou melhor, de ambos os agentes-pacientes: o doador e o receptor da dádiva-dívida (que muitas vezes fere como uma flecha), o curador e seu doente (que muitas vezes se torna um curador ao ser curado). Dom e magia, em suma, são multiplicidades intencionais, sínteses disjuntivas *in vivo*.[40] A teoria do valor condensada nessa flecha que liga o dom à magia parece-me mais certeira do que a famosa moeda falsa com a qual a sociedade pagaria a si mesma.[41]

---

38 A expressão (lit. "como fazer dois fins se encontrarem") corresponde ao nosso "como chegar ao fim do mês antes do fim do salário".
39 No dom, pessoas seriam tratadas como coisas (p.ex. o escambo de mulheres, segundo Frazer); na magia, coisas são tratadas como pessoas (p.ex. o animismo, segundo Tylor).
40 Ver o capítulo 8 deste volume ("O dom e o dado").
41 "Em última instância, é sempre a sociedade que se paga, ela própria, com a moeda falsa de seu sonho." (Henri Hubert e Marcel Mauss, "Esboço de uma teoria geral da magia", op. cit., p. 159). A frase serviu de subtítulo ao livro de David.Graeber, *Toward an Anthropological*

Foi só após ler e reler a fórmula de Hubert e Mauss sobre as duas faces da intencionalidade mágica que reparei na natureza do objeto em questão: uma flecha. Mediador arquetípico da ação à distância e uma das imagens mais ubíquas, no folclore dos povos, da intencionalidade letal, a flecha é um símbolo universal do índice (olhe para onde a flecha aponta e você chegará a algum lugar), assim como o vetor elementar da "pessoa distribuída" (olhe de onde a flecha veio e você achará alguém). Toda flecha é mágica: ainda que ela transforme paradoxalmente o distante (o alvo) em próximo e o próximo (o arqueiro) em distante — como o ceticismo se transforma em crença, e a agressividade em generosidade, e reciprocamente —, nenhuma flecha que vemos chegar é *exatamente* a que vimos partir.

Há *uma* flecha mágica, porém, cujo efeito se faz sentir a enormes distâncias, no espaço e no tempo. Ela foi atirada dois milênios e meio atrás, não parou de voar até hoje, e cruza, em sua trajetória, a flecha de Mauss e Hubert. Refiro-me à flecha de um dos quatro paradoxos do movimento de Zenão, a flecha em voo que está sempre em repouso, em um eterno *freeze frame*, nunca chegando ao seu alvo. A cada instante (indivisível, por definição), a flecha de Zenão ocupa uma porção do espaço igual a si mesma; se ela se movesse durante o instante, teria que ocupar um espaço maior que si mesma, pois do contrário não haveria espaço para ela se mover. Como disse Bertrand Russell, "ela nunca está se movendo, mas de alguma maneira milagrosa [mágica!] a mudança de posição tem de ocorrer *entre* os instantes, ou seja, em tempo nenhum".[42] Ele conclui: "Quanto mais refletimos sobre a dificuldade, mais real ela se torna."[43] O incômodo do paradoxo está em que a dificuldade real se resolve na realidade, pois a flecha — contra todas as probabilidades, por assim dizer — chega velozmente ao seu destino.

A flecha de Mauss é tal como a de Zenão: ela "nunca se move", visto que uma linha reta entre seus pontos de partida e de chegada não pode ser traçada, como se esses dois pontos pertencessem a dimensões heterogêneas, ou a séries distintas. Tal impossibilidade assimila ambos os projéteis a outro objeto da mesma família ilustre, o já citado *mana*, o

---

Theory of Value: The False Coin of Our Own Dreams (New York: Palgrave, 2021).
42 Bertrand Russell, "The Problem of Infinity Considered Historically" (1929), in Wesley C. Salmon (org.), *Zeno's Paradoxes*. Indianapolis: Hackett, 2001, p. 51.
43 Ibid.

"significante flutuante" de Lévi-Strauss:[44] o conceito de um desequilíbrio perpétuo entre duas séries que compõem as duas metades desiguais do símbolo — a série que contém uma casa vazia (a flecha que uns não viram partir) e a série que contém o elemento supranumerário (a flecha que outros veem chegar). Esse desajuste ou defasagem está na origem radical da semiose; é provável, então, que tenhamos chegado aqui ao lugar propício para que a antropologia erga sua torre de observação. Talvez não seja necessário recordar outra frase de Evans-Pritchard: "Só há um método na antropologia social, o método comparativo — e ele é impossível".[45]

Não posso concluir estas notas sobre a frase de Hubert e Mauss sem mencionar o magnífico livro de Gregory Schrempp, *Magical Arrows: The Maori, the Greeks, and the Folklore of the Universe*.[46] Schrempp explora a relação analógica, no sentido forte, entre a mitocosmologia dos Maori e as antinomias da "Dialética Transcendental" na primeira *Crítica* de Kant, bem como a doutrina de Lévi-Strauss sobre a passagem do contínuo ao discreto nos mitos sul-americanos sobre a origem dos clãs e das espécies naturais. Schrempp lê a interpretação lévi-straussiana, muito argutamente, como uma versão "eleática", evocativa dos paradoxos de Zenão, dos mitos indígenas. Ele conecta o mais famoso desses paradoxos, o "Aquiles", com as difundidas narrativas folclóricas sobre uma corrida disputada entre dois personagens animais, o que lhe sugere que o tema teria uma origem arcaica, possivelmente paleolítica. Como Schrempp afirma no começo do livro, "tais pequenas imagens familiares" (no caso, a corrida entre competidores desiguais culminando na vitória do mais fraco) "são, na filosofia e mitologia, dentro e fora da sabedoria ocidental, precisamente a matéria a partir da qual algumas das maiores criações espirituais viram a luz."[47] Esta é uma grande verdade; e sabemos disto, em grande medida, graças à antropologia, e especialmente a Lévi-Strauss. Também sabemos que os paradoxos de Zenão são um dos filosofemas constitutivos da metafísica ocidental; se, portanto, há um

---

44 Ver nota 33, *supra*.
45 A frase é citada por Joseph Needham, *apud* James Peacock, "Action Comparison: Efforts Towards a Global and Comparative and yet Local and Active Anthropology", in André Gingrich e Richard G. Fox (orgs.), *Anthropology, by Comparison* (Londres: Routledge, 2007, p. 44).
46 Gregory Schrempp, *Magical Arrows: The Maori, the Greeks, and the Folklore of the Universe*. Madison: University of Wisconsin Press, 1992.
47 Ibid., p. 10.

lugar do qual "nós intelectuais ocidentais" temos de partir — porque há milênios tentamos sair dele —, é desta "visão" da flecha imóvel de Zenão, flutuando em uma dimensão supranumerária, equidistante dos dois polos do sentido e do não-sentido, do sujeito e do objeto, da linguagem e do ser, do eu e do outro, dos lados de cá e de lá da experiência.

Uma pequena digressão, por fim. Schrempp chama a atenção do leitor para a ubiquidade do tema da flecha mágica; curiosamente, todavia, ele não menciona a frequência e centralidade do motivo nas *Mitológicas*, apesar de tomar *O cru e o cozido* como uma das principais referências para a comparação entre Zenão, Kant, e Lévi-Strauss.[48] Observo, de passagem, que os mitos indígenas mobilizam uma enorme diversidade de flechas e de arqueiros, e técnicas de disparo bastante incomuns. Há as flechas que se tornam mortalmente precisas só depois de quebradas em pedaços e reconstituídas por um animal sobrenatural; há flechas tão poderosas que precisam ser enfraquecidas por um unguento mágico, ou elas retornariam para matar aquele que as lançou; e há as flechas que só atingem seu alvo se o arqueiro olha na direção oposta enquanto dispara — isto é, que só chegam aonde se deseja se não são vistas partindo, como na fórmula maussiana. Poderíamos diz que esses três conjuntos de flechas ensinam, respectivamente, o cálculo integral e diferencial, os perigos da hiper-reflexividade, e a arte da indireção.[49] O antropólogo deve ter na aljava flechas com todas essas qualidades; mas, mais importante, ele deve ter aquelas que conectam mundos disjuntos como a terra e o céu, ou as duas margens distantes do turbulento rio do sentido. Flechas que sirvam para construir escadas, ou pontes, entre onde estamos agora e aonde queremos chegar. Seja lá onde for.

---

48 Gregory Schrempp, *Magical Arrows*. op. cit., pp. 188-91.
49 Elas também evocam certa outra flecha filosófica: "A natureza envia o filósofo à humanidade como uma flecha; ela não mira, mas espera que a flecha fique presa em algum lugar..." (Friedrich Nietzsche, "Considerações intempestivas: Schopenhauer educador", in *Escritos sobre educação*. Trad. Noéli Correia de Melo Sobrinho. São Paulo: Loyola, 2003, p. 201). E agradeço a Irene a indicação do delicioso comentário de Anne Carson sobre a flecha de Zenão e a *Recherche* de Proust, em *The Albertine Workout*. (New York: New Directions, 2014, p. 27).

— IV —

"Mesmo se for verdadeiro, é falso."
(Henri Michaux)

A quarta e última citação, *"Même si c'est vrai, c'est faux"*,[50] é a minha predileta. O discurso científico, tal como concebido classicamente, se baseia no princípio — chamá-lo de "crença" seria golpe baixo — de que é possível e necessário distinguir entre proposições verdadeiras e falsas, separando tudo o que se afirma entre verdades e falsidades (sejam elas, ambas, profundas ou banais). Ou melhor, a Ciência só pode existir onde é atualmente possível separar o verdadeiro do falso, e onde vigora a regra do terceiro excluído: *"se é verdadeiro, então não é falso"* e vice-versa. O máximo que se pode admitir — máximo que é uma máxima do bom senso e das "melhores práticas" científicas — é que condições *ceteris paribus* sempre se aplicam, e que um quadro de referência também deve ser especificado. Chamemos essa atitude de "relativismo sensível". A missão da antropologia, como *ciência* social, é descrever as formas e condições em que verdade e falsidade são articuladas de acordo com as diferentes ontologias pressupostas por cada cultura, — cada cultura sendo aqui análoga a uma teoria científica, na medida em que requer sua própria ontologia, isto é, seu próprio campo de objetos e processos, para que a ela se possam associar verdades relevantes.

De outro lado, a crença religiosa — ou o dogma teológico como a forma proposicional da crença — baseia-se no princípio de que a distinção entre verdade e falsidade está subordinada ao que chamaríamos de "absolutismo suprassensível". *Credo quia absurdum est*, creio porque é absurdo: nos termos da fórmula de Michaux, a máxima de Tertuliano é equivalente a afirmar: *"porque é falso, é verdadeiro"*. A máxima, que, como se sabe, não é uma citação verdadeira (exata), não reflete (exatamente) a verdade histórica ou teológica da fé cristã; mas expressa bastante bem a teoria da verdade da Escola Sociológica Francesa, mencionada no comentário à frase de Hubert e Mauss sobre a magia. É a Sociedade que separa o verdadeiro do falso, de maneira homóloga à autosseparação do social em relação ao individual, do suprassensível em relação ao sensível. A verdade é social porque a sociedade é a fonte e

---

50 Henri Michaux, *Face aux verrous*. Paris: Gallimard, 1992, p. 59.

a referência da verdade; o que é falso só pode nascer do indivíduo. Assim, aquilo que a sociedade *autoriza* é verdadeiro, mesmo que seja falso da perspectiva *a posteriori,* subordinada, do indivíduo. Pela famosa equação de Durkheim, Deus = Sociedade, o absolutismo teológico suprassensível se torna o relativismo sociocultural das "ciências do homem". A missão da antropologia, como ciência *social,* é determinar quais inverdades são consideradas a "voz de Deus" nesta ou naquela sociedade.

Entre a ciência e a religião, há, naturalmente, a opinião ou *doxa* — o vasto oceano de sentenças que não podem ser declaradas verdadeiras ou falsas, ou nem uma coisa nem outra, ou ambas. A forma caricatural, (auto)desconstrutiva da *doxa* é, precisamente, o paradoxo, que revela a impossibilidade de significados unívocos e a precariedade de toda identificação — um problema (ou uma potência) imanente à linguagem. O paradoxo de Epimênides, o cretense mentiroso, é o exemplo canônico: "*se é verdadeiro, então é falso e vice-versa.*" Aqui chegamos como que além do relativismo cultural, até à estrutura recursiva da semiose, humana ou outra. A antropologia, concebida como um ramo da semiologia, definir-se-ia então como o estudo dos processos pelos quais linguagem e ser, significante e significado, literal e figurado, sensível e inteligível, determinam-se reciprocamente. A base anagramática da significação, o corte entre Natureza e Cultura que não é, ele próprio, nem natural nem cultural, pois institui a distinção, tornam-se o objeto prototípico: donde o valor paradigmático da "proibição do incesto", sua condição de exceção semiótica. A *doxa* — as "noções [culturalmente] diferentes do senso comum" que são o "objeto de estudo" da disciplina[51] — deve ser entendida, nesse caso, como resultado de um decaimento (no sentido em que se fala de "decaimento radioativo") do paradoxo, o verdadeiro elemento genético do sentido.

Há, contudo, uma possibilidade adicional, resumida na máxima de Michaux, que nos introduz diretamente no mundo dos simulacros e nas potências do falso; um mundo que está não só além do relativismo, mas além do paradoxo. Na medida em que pode ser lida como uma inversão

---

51 Michael Herzfeld, "Orientações: antropologia como uma prática da teoria", in *Antropologia: prática teórica na cultura e na sociedade,* trad. Noéli Correia de Melo Santos. Petrópolis: Vozes, 2014, p. 19. Ver o capítulo 2 do presente volume ("O método da equivocação controlada").

da pseudofórmula de Tertuliano (assim como o paradoxo seria o inverso do princípio da univocidade da verdade), o aforismo de Michaux revela que o verdadeiro antagonista da "crença religiosa" não é a "verdade científica", mas tampouco é a indiscernibilidade paradoxal entre o verdadeiro e o falso. A afirmação "mesmo se for verdadeiro, é falso" não comporta recíproca. A fórmula de Michaux é, literalmente, uma *fórmula mágica*: ela permite que se avalie a amplitude do hiato que diferencia a magia da religião (*pace* Mauss), e, reciprocamente, que se constate a proximidade entre religião e ciência, discursos que se digladiam ferozmente na medida mesma em que têm uma causa comum, a da posse exclusiva da Causa — das verdadeiras causas das coisas. A magia, ao contrário, é uma doutrina dos efeitos; e todo efeito, de um ponto de vista dominado pela causa da causa (pela *res*, a "coisa", da causa), é sempre um artefato, um "efeito especial", uma *mentira*.[52] Aquele que diz, "mesmo se for verdadeiro, é falso", é alguém preocupado com os efeitos produzidos pelo que é dito — com sua *efetividade*, algo que não coincide necessariamente com sua verdade. Mesmo a verdade — especialmente a verdade, fica-se tentado a dizer — é capaz de produzir prodigiosos efeitos de inverdade e de falsidade. Como todos sabemos, a melhor maneira de contar uma mentira inteira é por meio de meias-verdades.[53] O aforismo de Michaux, aliás, está sujeito ao mesmo juízo autorreferencial do aforismo de Karl Kraus: "um aforismo nunca coincide com a verdade: ele é ou uma meia-verdade, ou uma verdade e meia".[54] A única *pragmática* possível da verdade se fia no axioma "mesmo se for verdadeiro, é falso"; ela não tem nada em comum com a hermenêutica da suspeita,

---

[52] A leitura da frase de Michaux tanto em termos de "verdade e mentira" como de "verdadeiro e falso" merece um comentário. Para mais de uma língua/cultura indígena, não há distinção epistêmica e ética entre uma informação "falsa" e uma informação "mentirosa". Agradeço a José Antonio Kelly pela observação, relativa aos Yanomami. Isto parece ser confirmado por um artigo recente que analisa a relutância dos Mopan (povo Maya de Belize e Guatemala) em atribuir intenções ao falante para além do conteúdo literal de uma comunicação: uma informação cujo emissor pensava ser verdadeira, mas que se revelou falsa, é considerada uma mentira (Eve Danziger, "The Thought that Counts: Interactional Consequences of Variation in Cultural Theories of Meaning", in Nicholas N. Enfield e Stephen C. Levinson, orgs., *Roots of Human Sociality: Culture, Cognition, and Human Interaction*. Londres: Routledge, 2006, pp. 259-278).

[53] Ou também, como no verso de William Blake, "*A truth that's told with bad intent / beats all the lies you can invent.*" (W. Blake, "Auguries of Innocence", in Alexander Gilchrist (org.), *Life of William Blake*. Londres: John Lane, The Bodley Head, 1907).

[54] Karl Kraus, *Half-Truths and One-and-a-Half Truths: Selected Aphorisms*, trad. e ed. Harry Zohn. Montreal: Engendra Press, 1976, p. 67.

típica da sociologia crítica, que revela a verdade — sempre sórdida — por trás das mentiras ditas pela sociedade. A verdade não é apenas um "caso particular", mas um "caso qualquer" da mentira. Essa intolerância imparcial (*even-handed intolerance*), para usarmos a vigorosa expressão de Barbara Herrnstein Smith,[55] projeta uma imagem da antropologia como um tipo de demonologia esclarecida, humorística, em vez da socioteologia sombria da Escola Sociológica Francesa e seus incontáveis descendentes, sugerindo um roteiro para libertar definitivamente nossa disciplina das problemáticas da crença e da descrença.

Ezra Pound definiu a literatura como "*news that stays news*", como um discurso capaz de mudar, de não ficar parado, de existir como um devir perpétuo, extra-histórico, sempre novo, *always new(s)*. No mesmo espírito, poderíamos dizer que a antropologia é a alteridade que permanece alteridade, ou melhor, que *se torna* alteridade, já que a antropologia é uma prática conceitual cujo objetivo é o de fazer a alteridade revelar suas potências de alteração — de "fazer valer" uma vida que vale a pena ser vivida. Cosmologia é fofoca; política é feitiçaria; e antropologia é alteridade que se torna alteridade. Esta quinta fórmula é minha, e sugere o modo próprio de levar a vida — tanta a nossa como qualquer outra — a sério.

---

[55] Barbara Herrnstein Smith, *Scandalous Knowledge: Science, Truth, and the Human*. Durham, NC: Duke University Press, 2006, p. 98.

4 |
Sobre a noção de espécie[1]

AFB: Para começar, gostaria que você falasse sobre a noção de espécie na história do pensamento antropológico e da filosofia ocidental, e que a contrastasse com a visão do perspectivismo amazônico desenvolvida em seu trabalho. No primeiro caso, a noção de espécie teve uma relação produtiva com a categoria de "humano" contraposto a "animal". O ser humano foi definido pela filosofia grega como um ser racional, em oposição ao animal supostamente irracional e, desde o evolucionismo, o animal tem funcionado não apenas como o "ancestral" do ser humano, mas "como um limite interno e um padrão de medida do grau de humanidade — ou desumanidade — arbitrariamente atribuído a tipologias antrópicas divididas e opostas de acordo com sua suposta qualidade racial".[2] Ou seja, certas raças foram pensadas como mais próximas do animal ou mesmo inferiores aos animais domésticos, de modo que a noção de espécie interveio em toda a "humanidade" para dividi-la e estabelecer tipologias, dentro das quais alguns gêneros estão até mesmo situados fora da própria espécie humana. Como opera o perspectivismo multinaturalista em relação à categoria das espécies? Devemos abandonar a "espécie" como conceito, dada sua história ligada ao reducionismo e ao racialismo ocidentais, que a utilizaram para estabelecer estruturas rígidas de conhecimento e, em última análise, incapazes de conhecer culturas sem submetê-las à violência epistemológica?

EVC: Não tenho competência para falar sobre a história da noção de espécie na filosofia ocidental. No caso da antropologia, a noção entra em jogo em dois contextos conceituais diferentes.

Em primeiro lugar, e de modo mais importante, pois envolve a definição mesma do objeto da disciplina, a antropologia desde muito cedo se apega ao postulado da "unidade psíquica da espécie", o que equivale

---

1 Entrevista concedida a Álvaro Fernández Bravo em outubro de 2012 — que terminou consistindo em uma longa resposta a uma única pergunta — e originalmente publicada em inglês na revista *E-misférica* (New York, v. 13, 2013, pp. 1-7).
2 Roberto Esposito, *Tercera persona: política de la vida y filosofía de lo impersonal*. Buenos Aires: Amorrortu, 2009, pp. 107-108.

a definir a espécie humana por suas capacidades "psíquicas" — entenda-se, no caso, essencialmente cognitivas. O que, por sua vez, pressupõe uma descontinuidade fundamental entre nossa espécie e todas as demais: tal "unidade psíquica" implica que nossa espécie contraunifica todas as demais em uma só província subpsíquica ou apsíquica, isto é, as outras espécies se veem exaustivamente determinadas por sua materialidade corporal, extrapsíquica. A ideia de espécie, neste caso, funciona de modo algo paradoxal, uma vez que para a antropologia só há, a rigor, *uma* espécie, a humana, que assume assim a natureza de um gênero ou domínio, pois as diferenças "ônticas" entre as inumeráveis espécies vivas são neutralizadas pela grande diferença "ontológica" entre esta espécie especial e as espécies ordinárias. A humanidade funciona aqui como um anjo coletivo, no sentido em que os anjos, segundo alguns pensadores medievais, eram indivíduos absolutos, que constituíam, cada um separadamente, sua própria e exclusiva espécie. A analogia com os anjos não é acidental, uma vez que a humanidade foi frequentemente pensada como uma forma de vida "entre as bestas e os deuses", ou "entre o macaco e o anjo". Não é preciso observar que o aspecto "macaco" é o corpo, e que o "anjo" é a alma ou a "unidade psíquica". A antropologia é congenitamente dualista, e por isso a ideia de espécie é menos um modo de situar o homem na multiplicidade natural do que de separá-lo radicalmente como unicamente dual e dualmente único.

Por outro lado, qualquer tentativa de introduzir descontinuidades antropologicamente (isto é, "psiquicamente") relevantes no domínio animal, entendido como o domínio residual do não humano, ameaça a homogeneidade e, portanto, a integridade da espécie humana. Como se houvesse um jogo de soma-zero entre unidade interna e contraunidade externa: toda diferenciação interna significativa do domínio exterior do não humano ameaça diferenciar internamente o domínio do humano, exteriorizando parte deste domínio como quase-humano ou sub-humano. Em outras palavras, tudo se passa como se o único modo de exorcizar o fantasma do racismo (ou especismo interno) fosse pelo endurecimento do especismo externo (a tese do excepcionalismo humano). Mas Lévi-Strauss, em sua célebre homenagem a Jean-Jacques Rousseau, já advertia que a relação entre racismo e especismo não é de descontinuidade, e sim de continuidade. O especismo antecipa e prepara o racismo:

Começou-se por cortar o homem da natureza e constituí-lo como um reino soberano. Supunha-se apagar desse modo seu caráter mais irrecusável, a saber, que ele é, primeiro, um ser vivo. E, permanecendo-se cego para esta propriedade comum, deixou-se o campo livre para todos os abusos. Nunca melhor que ao termo dos quatro últimos séculos de sua história, pôde o homem ocidental perceber tão claramente que, ao arrogar-se o direito de separar radicalmente a humanidade da animalidade, concedendo a uma tudo o que tirava da outra, ele abria um ciclo maldito. E que essa mesma fronteira, constantemente recuada, serviria para afastar os homens uns dos outros, e para reivindicar, em prol de minorias cada vez mais restritas, o privilégio de um humanismo corrompido de nascença por ter feito do amor-próprio seu princípio e noção.[3]

Em segundo lugar, o conceito de espécie foi mobilizado na antropologia para dar conta de um outro conceito cuja história é indissociável da história da própria disciplina, a saber, o chamado "totemismo" e dispositivos análogos de diferenciação interna de uma sociedade,[4] que lançam mão das diferenças sensíveis entre as espécies vivas — mais raramente, entre objetos técnicos, ou fenômenos naturais — para pensar a segmentação do *socius* em categorias articuladas horizontalmente, como em geral é o caso dos clãs, ou verticalmente, como é o caso das castas. A interpretação clássica, que remonta à antropologia vitoriana, dos fenômenos totêmicos os via como manifestações da crença primitiva em uma identidade originária entre os humanos e os animais e demais formas de vida. Lévi-Strauss, se não foi o primeiro, foi o antropólogo que modificou mais radicalmente os termos do problema, chamando atenção para o fato de que a identidade entre os dois "gêneros" diferentes (a saber, humanos e não humanos) era subordinada à homologia entre dois sistemas de diferenças, as diferenças entre as espécies "naturais", de um lado, e as diferenças entre as espécies "sociais" ou segmentos internos à sociedade humana, de outro lado. Notem que a explicação, embora enfatize as diferenças internas ao domínio não humano,

---

3 Claude Lévi-Strauss, "Jean-Jacques Rousseau, fundador das ciências do homem", in *Antropologia estrutural dois*, trad. (modificada por mim) Beatriz Perrone-Moisés. São Paulo: Cosac & Naify, 2013, pp. 45-55.
4 Dispositivos que frequentemente servem também para distingui-la de sociedades vizinhas, ou, ao contrário, para assemelhá-la a estas na qualidade de partes comuns de um mesmo conjunto mais amplo.

continua a pensar a série natural dos totens como globalmente descontínua em relação à série cultural dos segmentos sociais. O pai do estruturalismo, por fim, reservará à noção de espécie um papel central em sua imagem do "pensamento selvagem": a espécie aparece como o operador central de uma razão essencialmente classificatória, disposta como está a meio caminho entre o indivíduo e a categoria; acrescente-se que a espécie, para Lévi-Strauss, é o equivalente biológico do signo linguístico, a meio caminho, como este, entre a pura ostensão concreta (o indivíduo sensível) e a categoria abstrata (o conceito inteligível). A espécie, enquanto unidade de uma multiplicidade, aparece assim como a forma mesma do Objeto para o pensamento selvagem. Nesse sentido, o pensamento selvagem é aristotélico (e vice-versa), como argumentará, aliás, Scott Atran, um antropólogo de tendência cognitivista.[5]

Note-se ainda que o primeiro contexto de uso da noção de espécie é antropocêntrico: a espécie humana não é uma espécie como as outras, pois exprime determinações inexistentes nas demais espécies tomadas como um todo. Ela manifesta, na verdade, uma certa indeterminação essencial, uma irredutibilidade às determinações naturais que distinguem as espécies entre si. Como vimos, a espécie humana é dupla: ao mesmo tempo uma espécie e um domínio, um objeto empírico e um sujeito transcendental, sujeito este que conhece a sua própria condição empírica e nesta medida liberta-se dela. O segundo contexto de uso — os sistemas totêmicos — permanece até certo ponto antropocêntrico, uma vez que as espécies vivas são pensadas como estando em relação biunívoca com "subespécies" humanas (os segmentos clânicos). Cada espécie totêmica corresponde a um "tipo" de humano, a uma humanidade parcial; como se o universo inteiro, representado em miniatura pela multiplicidade finita das espécies totêmicas, estivesse em relação projetiva homológica com a sociedade. A relação entre a sociedade como microcosmos e o cosmos como macrossociedade estabelece, assim, uma identidade formal entre relações internas e relações externas.

A descoberta do "perspectivismo multinatural" como solo pressuposicional das cosmologias ameríndias — e em muitos casos como doutrina explicitamente elaborada no xamanismo e nas mitologias nativas — levou à posição conceitual de uma virtualidade não

---

5   Scott Atran, *Cognitive Foundations of Natural History: Towards an Anthropology of Science*. Cambridge: Cambridge University Press, 1993.

antropocêntrica da ideia de espécie. "Perspectivismo" é o nome que demos a uma elaboração culturalmente característica do chamado "animismo", rótulo clássico para a atitude cosmológica que consiste em recusar a descontinuidade psíquica entre os diferentes tipos de seres que povoam o cosmos, imaginando todas as diferenças interespecíficas como um prolongamento horizontal, analógico ou metonímico, das diferenças intraespecíficas (e não, como é o caso do totemismo, como sua repetição "vertical", homológica ou metafórica). A espécie humana deixa de ser um domínio separado e passa a definir o "universo de discurso": todas as diferentes espécies aparecem como modalidades ou modulações do humano. Isso faz com que a condição humana deixe de ser "especial", passando, ao contrário, a ser o modo não marcado (*default*) ou a condição genérica de qualquer espécie.[6] Desaparece, assim, o domínio da Natureza como província contraunificada pela unidade eminente do domínio "não natural" do humano. O animismo é "antropomórfico" na exata medida em que é antiantropocêntrico. A forma humana é, literalmente, a forma no interior da qual todas as espécies emergem e a partir da qual divergem: cada espécie é um modo finito de uma "humanidade" como substância primordial. Isso inclui a espécie humana (tal como a entendemos), que passa então a ser apenas uma espécie entre as demais. As diferenças entre as subespécies humanas (sejam povos diferentes, sejam os segmentos sociais de um mesmo povo) são da mesma natureza que as "superespécies" humanas, ou seja, o que nós chamamos de espécies naturais.

O perspectivismo é a pressuposição de que cada espécie viva é humana em seu próprio departamento, humana *para si*, ou antes, que todo *para si* é humano ou antropogenético. Esta ideia tem sua origem nas cosmogonias indígenas: "no princípio não havia nada", dizem alguns mitos amazônicos, "só havia pessoas".[7] Os diferentes tipos de

---

6 O conceito de polo não marcado de uma oposição significa, em linguística, o polo ou modo basal ou *default*. Por exemplo, no contraste de número entre singular e plural, o singular é o polo não marcado, aquele em que as palavras aparecem no dicionário (o plural leva uma 'marca', o -s); o masculino é o polo não marcado do gênero gramatical em português (um homem e uma mulher são "eles", só duas mulheres são "elas") e assim por diante.

7 Segundo alguns mitos, porém, "só havia pessoas – e jabutis", como na narrativa dos Aikewara citada no capítulo "Modelos e exemplos" do segundo volume desta coletânea para ilustrar o "princípio da exceção" característico de um estilo cognitivo recorrente no pensamento indígena.

seres e fenômenos que povoam e vagueiam pelo mundo são transformações desta proto-humanidade.

Tal condição originária persiste como uma espécie de "radiação antropomórfica de fundo", fazendo com que todas as espécies atuais percebam a si mesmas mais ou menos intensamente como humanas. Na medida em que elas não são percebidas pelas demais espécies como humanas, a distinção entre a perspectiva reflexiva ou interna e a perspectiva dita "de terceira pessoa" ou externa é crucial. A diferença entre as espécies deixa de ser apenas uma distinção externa, e passa a incorporar constitutivamente uma mudança de ponto de vista. O que define uma espécie é a diferença entre o ponto de vista desta espécie sobre si mesma e o das outras sobre ela. Assim, toda espécie passa a ser "dupla", consistindo em uma dimensão espiritual (a "pessoa" humana interior de cada espécie) e em uma dimensão corporal (a "roupa" ou equipamento corporal característico das capacidades de cada espécie). Ao se universalizar, o dualismo invisível/visível, interno/externo, primeira pessoa/terceira pessoa, deixa de singularizar uma espécie e passa a definir toda espécie como tal. Não há mais uma definição de espécie que possa ser feita de um ponto de vista independente de uma condição "específica". Toda espécie é um ponto de vista sobre as outras.

Na medida em que toda espécie é habitada por uma mesma oscilação perspectiva dentro/fora, alma/corpo, humano/não humano — pois toda espécie apreendida desde o ponto de vista de outra espécie não é apreendida como humana, o que inclui a nossa própria espécie quando considerada, por exemplo, do ponto de vista dos jaguares ou dos queixadas (para os quais somos, respectivamente, queixadas e jaguares, ou espíritos canibais) —, a passagem entre as espécies é muito mais fluida do que no caso de nossa vulgata cosmológica antropocêntrica e excepcionalista. As espécies são "fixas" para as cosmologias amazônicas, no sentido de que as transformações globais pertinentes se fizeram em geral de uma só vez no mundo pré-cosmológico do mito (os grandes mitos indígenas são essencialmente narrativas do processo de especiação) — não há um transformismo continuísta como na biologia evolucionista moderna.[8] Mas ao mesmo tempo os indivíduos de cada espécie

---

8   Ainda que, ressalte-se, algumas mitologias indígenas falem em um processo de transformação sucessiva de certas espécies animais em outras espécies, todas elas, porém, concebidas como formas *a priori* que sucedem (substituem) umas às outras mais do que evoluem umas a partir das outras.

podem "saltar" de uma espécie a outra com relativa facilidade, um processo que é esquematizado principalmente pela imagística da predação alimentar: a incorporação por outra espécie é frequentemente concebido como a transformação integral da presa em um membro da espécie do predador. O que parece dar razão à frase de Samuel Butler, quando este dizia que "não há maior perseguidor de um grão de milho que um outro grão de milho, quando este identificou-se completamente com uma galinha".[9] Outra forma de transformação interespécies é o xamanismo, que é a capacidade manifesta por certos indivíduos (de diferentes espécies) de alternar entre o ponto de vista de duas (ou mais) espécies, sendo capaz de ver os membros de ambas como estes veem a si mesmos, isto é, como humanos, e assim de comunicar os pontos de vista e tornar inteligível o que só para eles (os xamãs) é também sensível, a saber, o fato de que cada espécie aparece para outra de modo radicalmente diferente daquele que aparece para si mesma.

A diferença essencial deste "perspectivismo" para com o nosso "relativismo" e nosso "multiculturalismo" é que a variação de ponto de vista não afeta apenas o "modo de ver" um mundo que seria objetivamente exterior ao ponto de vista e maior que qualquer ponto de vista possível, um mundo ontológica ou epistemologicamente infinito. Em primeiro lugar, o "mundo" perspectivista é um mundo composto exaustivamente de pontos de vista: todos os seres e coisas do mundo são sujeitos em potencial, os seres que "vemos", portanto, são sempre seres que "veem" (mesmo quando não vemos que eles veem). Aquilo que experimentamos é sempre um sujeito de uma experiência possível: todo "objeto" é um tipo de "sujeito". Em segundo lugar, a diferença entre as espécies não é do tipo de uma diferença de "opinião" ou de "cultura", mas uma diferença de "natureza": é uma diferença no modo como cada espécie é experimentada pelas outras, ou seja, como corpo, conjunto de afecções sensíveis, capacidades de modificar e ser modificado por agentes de outra espécie. O mundo visto por outra espécie não é o mesmo mundo visto diferentemente, mas um "outro mundo" visto da mesma maneira. Cada espécie, ao se ver como humana, vê as demais, isto é, o mundo, como nós, aqueles que nos apreendemos como humanos, o vemos. Toda espécie vê o mundo do mesmo jeito. Só há um ponto de vista, o ponto de vista da "humanidade". O que muda é o ponto de vista deste ponto de

---

9   Samuel Butler, *Life and Habit*. Cambridge: Cambridge University Press, 2009, p. 137.

vista: que espécie está vendo o mundo, ao ver a si mesma como humana? Se é a espécie dos jaguares, estes verão os humanos (para nós) como se fossem queixadas, porque seres humanos comem queixadas (e não outros humanos). Todos os "humanos" compartilham da mesma cultura, a cultura humana, isto é, indígena. O que muda é a natureza do que percebem e experimentam, conforme o corpo que esses outros humanos (e que são, para nós, outros-que-humanos) possuem. O ponto de vista está no corpo. Desse modo, o perspectivismo não é uma teoria da representação (uma representação da natureza pelo espírito, a mente ou a cultura), mas uma pragmática dos afetos corporais. É a potência específica de cada corpo que determina o correlato objetivo das categorias culturais universais "aplicadas" por todas as espécies em seu momento humano. A espécie viva, a diferença entre as espécies, assim, é um conceito fundamental nos mundos perspectivistas. Mas a espécie ali não é tanto um princípio de distinção quanto um princípio de relação. A diferença entre as espécies não é, para começar, principalmente anatômica ou morfológica, como para nós, herdeiros de Lineu, mas comportamental ou etológica. O que distingue as espécies é muito mais seu etograma — o que comem, onde habitam, se são gregários ou solitários etc. — do que sua anatomia ou sua fisiologia. Nesta medida, as diferenças entre espécies não se deixam projetar sobre um plano ontológico homogêneo, exceto se definirmos a corporalidade como constituindo tal plano: mas esta corporalidade é um conjunto heterogêneo e relacional de afetos, antes que uma substância dotada de atributos. Diferenças entre hábitos alimentares de jaguares, queixadas e humanos, diferenças entre hábitos alimentares de grupos humanos, diferenças na etologia (o que inclui a aparência física, os "hábitos", também no sentido de roupas ou vestimentas) de animais diferentes e povos diversos — todas estas diferenças são igualmente tomadas como exprimindo afetos corporais diversos. Não é mais difícil, de direito, que um Araweté se transforme em um Kayapó do que em uma onça. Os processos de transformação envolverão apenas afetos qualitativamente distintos. Em segundo lugar, as diferenças interespecíficas são blocos de virtualidades relacionais, modos de posicionamento relativo das espécies entre si. A diferença entre as espécies não é um princípio de segregação, mas de alternação, pois o que define a diferença específica é que duas espécies (ao contrário de dois indivíduos quaisquer) não podem "ser" humanas ao mesmo tempo, isto é, ambas não podem se perceber mutuamente como humanas, ou deixariam de ser duas espécies diferentes.

Se projetarmos o perspectivismo sobre si mesmo, e sobre nosso multiculturalismo, seremos obrigados a concluir que não é possível ser ao mesmo tempo perspectivista e multiculturalista. Deveremos concluir que estas duas antropologias são intertradutíveis, porém incompatíveis. Falei em "antropologias" porque entendo que toda cosmologia é uma antropologia, não no sentido trivial de que os seres humanos só conseguem pensar segundo categorias humanas — os povos indígenas estariam de acordo com isto, mas não concordariam que só nossa espécie seja "humana" —, mas de que mesmo nosso antropocentrismo é inevitavelmente um antropomorfismo, e que toda tentativa de ir além da "correlação" entre humanidade e mundo é apenas um antropocentrismo negativo, ainda e sempre referido ao *anthropos*. Mas o antropomorfismo que ousa dizer o seu nome (por assim dizer), longe se ser um especismo, como o é o antropocentrismo ocidental, seja este cristão, kantiano, ou neoconstrutivista, exprime a "decisão" originária de pensar o humano dentro do mundo, não acima dele (mesmo que apenas por um lado de seu ser dual). Em um mundo onde toda coisa é humana, a humanidade é toda uma outra coisa.

5 |
Dualismo radical:
metafantasia sobre a raiz quadrada
das organizações dualistas

O nome de Claude Lévi-Strauss, falecido há exatos dois anos no dia em que escrevo estas notas (30/10/2011), veio a ser emblematicamente associado ao que alguns chamam, desdenhosamente, de "pensamento binário". A antropologia estrutural seria culpada de uma obsessão reacionária por oposições duais, simétricas, estáticas e reversíveis, e pelas analogias de proporcionalidade que se podem construir com elas, como, por exemplo, os sistemas totêmicos. O antropólogo francês seria assim uma espécie de operador-chefe da máquina binária (como diriam Deleuze e Guattari), julgada esta o esquematismo elementar da semiose humana e a redução última de todo sistema metafísico.

Essa imagem, contudo, corresponde antes a certas versões caricaturais do estruturalismo, comuns dentro e fora da antropologia, do que ao *modus operandi* de Lévi-Strauss ele próprio. Para este, bem ao contrário, uma oposição binária é tudo salvo um objeto simples, ou simplesmente duplo, ou sequer simplesmente um objeto; talvez não se trate sequer de uma oposição (mas aqui eu talvez exagere). É digno de nota que Lévi-Strauss encerre as duas fases de seu monumental estudo sobre a mitologia americana,[1] quando o estruturalismo havia atingido a plena maturidade teórica, com advertências sobre os limites do vocabulário da lógica extensional e da noção mesma de oposição binária para dar conta das relações multidimensionais que constituem a matéria mítica. Porém, desde os seus primeiros trabalhos, ele já insistia, por um lado, sobre certos aspectos não comutativos, assimétricos e irreversíveis das transformações míticas, e, por outro lado, sobre a natureza precária e quase sempre ilusória da exaustividade e da equipolência frequentemente atribuídas às dualidades simbólicas recorrentes nas culturas humanas.

---

1   O "Finale" de *O Homem Nu*, quarto volume da tetralogia *Mitológicas* [1964-1971], e a *História de Lince* [1991], seu último livro sobre os mitos indígenas americanos. Ver Claude Lévi-Strauss, *O homem nu*, trad. Beatriz Perrone-Moisés. São Paulo: Cosac Naify, 2011, pp. 612-613 e *História de Lince*, trad. Beatriz Perrone-Moisés. São Paulo: Companhia das Letras, 1993, pp. 171-173.

Esses dois eixos de problematização do dualismo estão claramente anunciados em dois artigos-chave, "A estrutura dos mitos" [1955], onde a enigmática fórmula canônica do mito é apresentada, e "As organizações dualistas existem?" [1956],[2] que problematiza a forma e o sentido de uma configuração muito difundida nas sociedades de tipo "tribal", nas quais a população humana (e, muitas vezes, a totalidade do universo) se acha dividida em duas classes ou "metades" opostas e complementares, frequentemente exogâmicas,[3] associadas com diferentes oposições sensíveis (dia/noite, céu/terra, verão/inverno, águia/urso etc.) e marcadas por obrigações rituais recíprocas. Decerto não é por acaso que os dois últimos livros de Lévi-Strauss sobre a mitologia americana se constituam em desenvolvimentos precisamente dessas duas figuras, onde o binarismo ao mesmo tempo se complica e se multiplica: *A oleira ciumenta* [1985] é uma ilustração sistemática da "fórmula canônica do mito",[4] ao passo que a *História de Lince* [1991] disserta sobre a instabilidade dinâmica ou o "desequilíbrio perpétuo" das dualidades sociocosmológicas ameríndias, o que aproxima estas dualidades do ternarismo e do cromatismo subjacentes a um dos dois tipos de organização dual, a saber, o "dualismo concêntrico".[5] Isso me leva a supor que estamos diante de uma única macroestrutura virtual, da qual a fórmula canônica — que pré-desconstrói o analogismo "totêmico" do tipo A:B :: C:D — e o dualismo dinâmico — que instabiliza a paridade estática das oposições binárias — seriam duas entre outras atualizações possíveis.

O foco da presente nota é a natureza das organizações dualistas; mas ela se apoia parcialmente em uma relação inesperada, no plano da imaginação geométrica de Lévi-Strauss, entre os esquemas morfológicos

---

2   As datas entre colchetes correspondem às dos originais. Os dois artigos foram republicados como os caps. XI e VIII, respectivamente, de *Anthropologie structurale* [1958] ("A estrutura dos mitos" e "As organizações dualistas existem?", in *Antropologia estrutural*, trad. Beatriz Perrone-Moisés. São Paulo:Cosac Naify, 2008, pp. 221-248 e pp. 147-178).
3   Isto é, os homens de cada "metade" (*moiety*) se casam-com as mulheres da outra, os filhos sendo classificados na metade do pai ou da mãe, conforme a regra de filiação em vigor seja patri- ou matrilinear.
4   Claude Lévi-Strauss, *A oleira ciumenta*, trad. Beatriz Perrone-Moisés. São Paulo: Brasiliense, 1987.
5   Eduardo Viveiros de Castro "GUT Feelings about Amazonia: Potential Affinity and the Construction of Sociality", in Laura Rival e Neil Whitehead (orgs.), *Beyond the Visible and the Material: the Amerindianization of Society in the Work of Peter Rivière*. Oxford: Oxford University Press, 2001, pp. 19-43; e *Metafísicas canibais: elementos para uma antropologia pós-estrutural*. São Paulo: Cosac Naify; n-1 edições, 2015.

duais analisados no artigo de 1956 e uma expressão específica da "fórmula canônica" discutida em um curto e tardio artigo do autor, publicado na coletânea *The Double Twist*, dedicada à exploração dessa figura singular do formalismo semiótico descoberta por Lévi-Strauss.[6]

~

Como se sabe, Lévi-Strauss identifica dois tipos de dualismo, a partir da morfologia espacial dos assentamentos de muitos povos indígenas, nas Américas e alhures. O primeiro é o dualismo *diametral*, no qual a aldeia, tipicamente circular, é dividida em duas metades segundo um eixo Leste-Oeste ou Norte-Sul, correspondendo às "*moieties*" exogâmicas cujas casas ocupam o círculo aldeão (às vezes acham-se diversos pares de metades em uma mesma sociedade, recrutados por critérios diferentes e operativos em ocasiões distintas, nem todos orientados pelos pontos cardeais). Esse dualismo é o que é ordinariamente chamado de "organização dualista" em antropologia. Mas Lévi-Strauss identificou um outro dualismo, que chamou *concêntrico*, no qual a aldeia é concebida em termos de um contraste entre um centro público, sagrado, em geral masculino, e uma periferia profana, doméstica e feminina. Essa morfologia espacial, e seus valores simbólicos, também era bem conhecida; a inovação de Lévi-Strauss foi definir essa segunda forma como um tipo de dualismo, e sobretudo colocá-la em uma relação transformacional específica com as divisões diametrais.

Um dos enigmas que o artigo de 1956 pretendia resolver era que os dualismos diametrais, apesar de sua forma recíproca e simétrica, muitas vezes atribuem qualidades assimétricas às metades, como forte/fraco, sênior/júnior, alto/baixo etc. Outro enigma consistia no fato de que o mesmo plano "objetivo" de uma aldeia podia, em alguns casos etnográficos, ser representado "subjetivamente", pelos indígenas, sob uma forma diametral ou sob uma forma concêntrica, conforme a metade a que pertencia o indivíduo. Por fim e importantemente, Lévi-Strauss sublinhava a presença mais ou menos latente de classificações *triádicas*,

---

6 Claude Lévi-Strauss, "Hourglass Configurations", in Pierre Maranda (org.), *The Double Twist: From Ethnography to Morphodynamics*. Toronto: University of Toronto Press, 2001, pp. 15-32.

sociais, cerimoniais ou cosmológicas, em coexistência complexa com as formas de organização dual.⁷

FIGURA 1

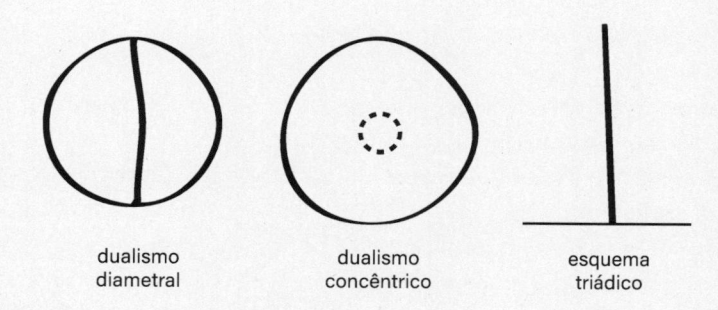

dualismo
diametral

dualismo
concêntrico

esquema
triádico

Para recapitular brevemente a análise de Lévi-Strauss, registremos que ele sublinha a qualidade estática do dualismo diametral puro, argumentando que a hierarquia e heterogeneidade frequentemente registrada entre os valores associados a cada uma das metades exprime a presença de formas concêntricas de classificação, subjacentes à diametralidade equistatutária aparente. O autor sugere, desse modo, que a verdadeira oposição é entre o dualismo diametral-simétrico e o triadismo assimétrico, e que ela é mediada pelo dualismo concêntrico. Este último é uma figura híbrida e transicional, pois é diádica como o dualismo diametral, mas assimétrica como a tríade. (A própria oposição binária entre binarismo e triadismo, assim, se desdobra internamente em um triadismo.) Fiel a um princípio que já utilizara em *As estruturas elementares do parentesco*, para a classificação das formas de troca matrimonial, Lévi-Strauss sustenta que todo esquema dual e simétrico é uma redução de um esquema ternário e assimétrico. Toda oposição binária, em suma, é a degeneração, no sentido matemático do termo, de uma estrutura ternária. O dois é um caso limite do três, ou, também poderíamos dizer, a

---

7   Note-se que há morfologias espaciais onde os dois dualismos coexistem explicitamente, como no caso dos Bororo, onde as casas das metades matrilineares exogâmicas ocupam os semicírculos Norte e Sul da aldeia, opondo-se, enquanto periferia, à casa dos homens situada na praça central.

dualidade é apenas a *multiplicidade mínima*, e não uma estrutura fundamental e autossubsistente, inerente ao real ou ao pensamento.

Um aspecto essencial do modelo concêntrico, segundo Lévi-Strauss, é sua abertura para o exterior. A oposição entre a zona pública central e a zona doméstica da periferia evoca necessariamente um terceiro termo, a zona selvagem ou exterior: "A natureza ternária do dualismo concêntrico também fica evidente quando se observa que é um sistema que não basta a si mesmo e que sempre tem de se referir ao meio circundante."[8] Já o dualismo diametral define um todo autocontido, separado do exterior por uma fronteira infranqueável: a circunferência do círculo esquerdo da *figura 1* é uma barreira dimensional heterogênea à linha meridiana interna. Ela pertence ao mundo do observador antes que do observado; recordemos que os esquemas diametrais podem bipartir todo o universo segundo as duas metades, atribuindo a cada uma diferentes corpos celestes, espécies vivas, substâncias naturais e qualidades sensíveis. A circunferência é invisível do interior do círculo, pois se a considerássemos, ao contrário, como dimensionalmente homogênea ao diâmetro, recairíamos em uma figura ternária, com um "fora" e dois "dentros".

No caso do dualismo concêntrico, ao contrário, o exterior é um elemento interno — isto é, intrínseco — a essa configuração; ele é definidor da estrutura como um todo, ou melhor, é o elemento que impede ativamente a estrutura de se tornar um todo. O exterior do esquema concêntrico é *relativo*, e isso faz o interior se tornar igualmente relativo. O dualismo concêntrico traz a indeterminação para o centro, em vez de expulsá-la para as trevas exteriores do não ser. Afinal de contas, do ponto de vista da geometria, o centro é apenas o limite inferior da infinidade de círculos que podem ser traçados à sua volta. O dualismo concêntrico é dinâmico, cromático e contínuo, antes que diatônico e discreto como o dualismo diametral.

---

8 Claude Lévi-Strauss, "As organizações dualistas existem?", in *Antropologia estrutural*, trad. Beatriz Perrone-Moisés. São Paulo: Cosac Naify, 2008, p. 167.

Talvez seja possível, porém, detectar o triadismo e a continuidade já no dualismo diametral em si mesmo, sem precisar recorrer à interveniência de um esquema nativo, mais ou menos consciente, de dualismo concêntrico. Se assim for, estaríamos voltando o foco menos para a abertura (virtual ou atual) ao exterior, contida em todo esquema dualista, que para sua *abertura ao interior*. Em outras palavras, o problema seria determinar conceitualmente o estatuto da linha meridiana divisória, estabelecer sua comensurabilidade com as entidades que ela distingue e conecta ao mesmo tempo, a saber, as metades elas próprias.

A (meta-)fantasia a seguir surgiu em uma troca de emails com José Antonio Kelly a respeito das três figuras do pseudobinarismo em Lévi-Strauss: a fórmula canônica do mito (do artigo de 1956) e os dualismos "concêntrico" (do artigo de 1956) e "em desequilíbrio perpétuo" (do livro de 1991).[9]

Considere-se, em primeiro lugar, os esquemas geométricos propostos por Lévi-Strauss para contrastar as estruturas diametral e concêntrica mediante sua projeção sobre uma reta.

FIGURA 2

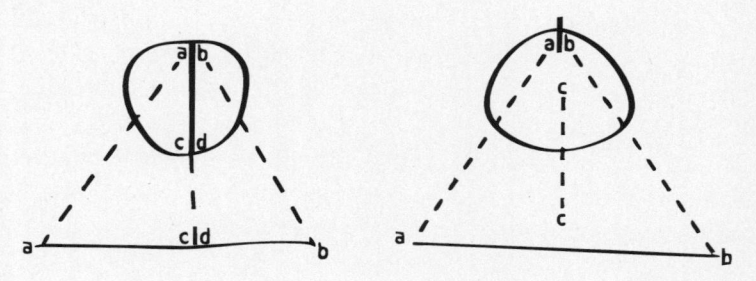

O dualismo diametral é representado como dois segmentos de reta (os semicírculos correspondentes às duas metades **ac** e **bd**) com uma extremidade comum, o ponto mediano **cd** que "condensa" a linha meridiana. O dualismo concêntrico será representado por um só segmento

---

9   Ver José Antonio Kelly, "Multinatural Perspectivism and Structural Transformation", in *Seminário Antropologia de Raposa: pensando com Roy Wagner*. Florianópolis, 2011.

de reta (**ab**) e por um ponto exterior a ele, a projeção do centro **c**. As duas figuras, note-se, associam graficamente um círculo e um triângulo (este último composto das linhas pontilhadas de projeção e da circunferência projetada em uma linha).

Agora considerem-se os três diagramas da *figura 3*, que também associam círculos ou semicírculos, bisecções diametrais, e triângulos. Eles foram copiados do artigo de Lévi-Strauss em *The Double Twist*, "Hourglass Configurations" [Configurações de ampulheta], que discute uma aplicação material da fórmula canônica do mito.[10] As figuras esquematizam, de modo a evidenciar sua transformabilidade recíproca (sob condições não idênticas), certas representações geométricas e arquitetônicas da estrutura do cosmos, encontráveis no Oriente, na Oceania e na Amazônia.

FIGURA 3

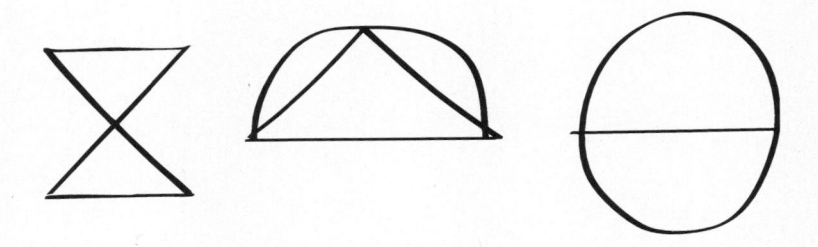

A primeira à esquerda (**3.1**) dá título ao artigo, e se refere a uma representação indiana de Meru, a montanha que é o *axis mundi*, como composta de dois cones ligados pelos vértices: o cone de baixo é o mundo terrestre, o de cima, o mundo dos deuses. Ela também se acha em diversos estilos arquitetônicos (templos ou casas) no Japão, Oceania, Sibéria e Amazônia. Nesta última região, a figura corresponde ainda a um artefato dos Desana do Vaupés, descrito por Reichel-Dolmatoff, entre outros:

---

10 Claude Lévi-Strauss, "Hourglass Configurations", op. cit.

FIGURA 4

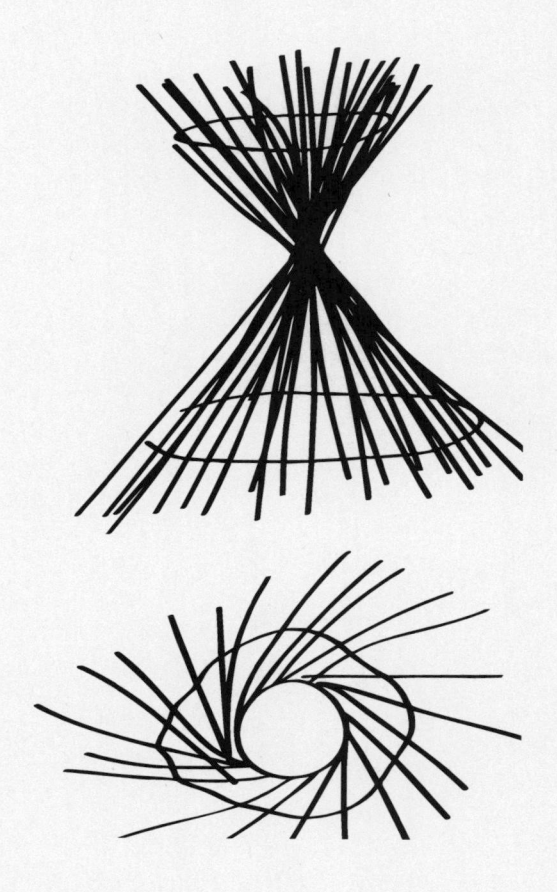

Nas palavras de Lévi-Strauss:

> [Os Desana] veem, em uma construção engenhosamente torcida de varetas ou ripas usada para apoiar potes de barro, um modelo cósmico dos mundos superior e inferior ao nosso, este sendo representado pela parte estreita. Visto de cima, o objeto tem a aparência de um vórtice oco. Este motivo evoca a ideia de transformação, que o pensamento indígena associa aos redemoinhos, ao nascimento, renascimento, e, mais geralmente, à fertilidade feminina.[11]

---

11   Claude Lévi-Strauss, "Hourglass Configurations", op. cit., p. 20.

O segundo diagrama da *figura 3* (**3.2**) corresponde à interpretação (por Paul Mus) da estrutura de Barabudur, um templo budista de Java, que representaria a arquitetura do cosmos: o domo circular é o céu, ocultando uma montanha piramidal, que seria, na verdade, o mesmo monte Meru representado na Índia pelos dois cones. O cone-pirâmide de cima se transformou em um círculo-domo, e inverteu sua posição. *Essa dupla transformação é descrita pela fórmula canônica.*[12]

O terceiro diagrama (**3.3**) representa a cosmografia dos Kogi da Colômbia,[13] segundo a qual o universo é composto de duas colmeias de abelha unidas pela base, em uma simples inversão simétrica — i.e., não "duplamente torcida" — do modelo da ampulheta. Já a relação entre a terceira figura e a segunda, Barabudur, é igualmente uma transformação canônica ou "*doubly twisted*".

Lévi-Strauss não associa seus desenhos de 2001, que esquematizam estruturas verticais e tridimensionais, com os diagramas de 1956, que descrevem projeções horizontais planas de morfologias aldeãs. De resto, não há triângulos "objetivos" nos materiais etnográficos discutidos no artigo de 1956.[14] Seria possível, entretanto, especular que há uma relação estrutural, isto é, transformacional, entre as representações diagramáticas de 1956 e 2001, assim como entre as formas lógicas em discussão, as saber, a relação dualismo-triadismo e a fórmula canônica do mito.

Como então reconstruir o dualismo diametral como uma forma triangular antes que diádica?

Imagine-se, assim, a figura constituída pelas duas metades A e B e pela linha divisória C como formando um triângulo retângulo. Cada metade, aqui, não seria um semicírculo, mas um segmento de reta de comprimento = x, e a linha divisória entre as metades, isto é, a linha abstrata que indica a diferença entre elas — essa linha não é necessariamente geométrica, ela é sobretudo conceitual (onomástica, simbólica, pragmática) — como um segmento de reta de comprimento igual à hipotenusa de um triângulo cujos catetos representariam as duas metades:

---

12 Ibid., p. 28.
13 No texto, Lévi-Strauss associa essa cosmografia aos Desana, em uma evidente confusão de nomes (loc. cit.).
14 O artigo de 1956 apresenta ainda três diagramas ternários (figs. 13 a 15 no cap. VIII de "As organizações dualistas existem?", in *Antropologia estrutural*, op. cit.), que não são pertinentes para meu argumento.

FIGURA 5

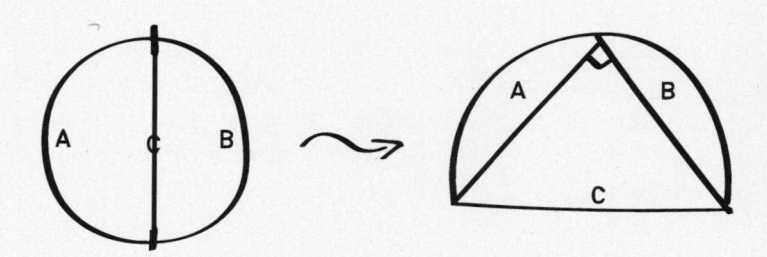

Se atribuirmos às linhas que representam as metades um comprimento = 1, simbolizando o fato de que as metades são unidades fundamentais das sociedades dualistas, às quais tudo é *comensurado* (todos os elementos do cosmos são frequentemente, como dissemos, repartidos entre as duas metades), teríamos que a linha que as divide, conforme um teorema milenar, teria o comprimento = $\sqrt{2}$, o número irracional arquetípico, aquele que não pode ser expresso por uma relação entre dois inteiros (ver *figura 6*). Imagine-se então que as duas metades (os dois catetos do triângulo) estão a uma distância = 0 na extremidade onde elas se encontram, o que simboliza sua interseção pelo intercasamento, a reciprocidade ritual etc. Este encontro das pernas (i.e. os catetos) do triângulo é como o "vórtice oco" do artefato desana: é o lugar da transformação. Na outra extremidade, as pernas do triângulo estão separadas pela hipotenusa c = $\sqrt{2}$: uma distância "infinita" ou "irracional" que é como o *conceito* da diferença entre as metades. A diferença entre o Eu e o Outro não é exprimível como uma relação entre eles na qualidade de "inteiros".

FIGURA 6

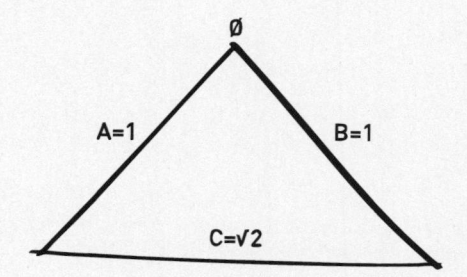

Note-se que a *figura 5* é o resultado da transformação do diagrama da direita da *figura 3*, o cosmograma dos Kogi (**3.3**) — que é uma estrutura diametral perfeita — no diagrama central da mesma figura, o modelo de Barabudur (**3.2**). Imagine-se alternativamente as duas metades desenhando um Z formado pelo deslizamento de um dos catetos do triângulo para o outro lado da hipotenusa; inscreva-se este Z em um círculo, imagine-se cada perna do Z como uma metade, e a diagonal mediana da letra como a linha diametral de separação:

FIGURA 7

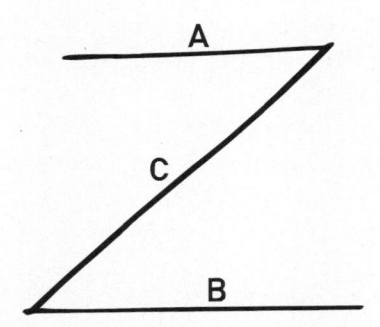

Isto sugere algo como uma versão incompleta do diagrama da esquerda da *figura 3*, o duplo triângulo ou duplo cone do monte Meru e do artefato dos Desana (**3.1**).

Sempre imaginamos o problema do dualismo em termos de uma alternativa.[15] Por um lado, tratar-se-ia de produzir uma dualidade a partir de uma unidade. Neste caso, é preciso criar duas metades complementares, em uma operação do tipo 1 = ½ + ½. Este é o esquema mítico, por exemplo, do incesto entre gêmeos de sexo oposto que dão origem à humanidade. Por outro lado, tratar-se-ia de produzir uma unidade a partir de uma dualidade, a qual se revela em última análise irredutível, pois colocada como fundamento da unidade. A operação, neste caso, é 1 + 1 = 2. Dois "uns" produzem um "um" superior que contém inevitavelmente um "dois" (um "não um") em seu interior. Este seria o caso do motivo

---

15 Claude Lévi-Strauss, *História de Lince*, trad. Beatriz Perrone-Moisés. São Paulo: Companhia das Letras, 1993, pp. 204-ss.

mítico da gemelaridade entre irmãos de mesmo sexo que se mostram sempre desiguais, destacado por Lévi-Strauss em *História de Lince*.

Na verdade, os dois motivos parecem estar presentes na mitologia ameríndia, e Lévi-Strauss mesmo dá algumas indicações cruciais para se deduzir que a diferença entre os gêmeos de mesmo sexo se encontra subterraneamente determinada por um esquema onde eles são de sexo oposto.[16] A oscilação entre os dois modos de pensar o dualismo se "resolve" se o concebermos como se a relação entre as duas metades — o Eu e o Outro em alternância perspectiva perpétua — fosse da mesma natureza que a raiz quadrada de 2. O dualismo se resolve em uma triangularidade em que os termos (os catetos) e a relação (a hipotenusa) são "incomensuráveis".

Como José Kelly me fez notar, a $\sqrt{2}$ é um número tal que seu inverso é igual à sua metade ($1/\sqrt{2} = \sqrt{2}/2$). O inverso da relação entre os termos é igual à metade da relação. Isto significaria — digamos assim... — que cada metade de uma organização dualista é o inverso da metade oposta, e não o seu "negativo". *Cada metade vê a outra como seu inverso, como a divisão do todo = 1 por si mesma.* O que faria da relação entre as metades não uma soma (do tipo ½ + ½ = 1), mas uma multiplicação, *uma repetição de si mesma pela outra*, o que torna cada metade uma *função* da outra.

Esta relação de equivalência entre a metade de um dualismo ternário e seu inverso tem, como notou Kelly, uma relação profunda com a fórmula canônica do mito.

Não esqueçamos, por fim, que $\sqrt{2} = 1,41421356...$ A raiz quadrada de 2 é um número com expansão decimal não periódica infinita, isto é, um número internamente "infinito" de modo infinitamente diferente:

---

16 Em uma passagem de *O homem nu* (trad. Beatriz Perrone-Moisés. São Paulo: Cosac Naify, 2011, pp. 207-209), Lévi-Strauss parece sugerir que os gêmeos de mesmo sexo da mitologia ameríndia são uma figura historicamente posterior aos gêmeos incestuosos de sexo oposto (que dão origem ao Sol e à Lua, em um célebre mito panamericano). De minha parte, sugiro, inspirado em Marilyn Strathern (*O gênero da dádiva: problemas com mulheres e problemas com a sociedade na Melanésia*, trad. André Villalobos. Campinas: Ed. da Unicamp, 2019), que a gemelaridade de mesmo sexo é necessariamente um caso-limite da gemelaridade de sexo oposto. Aquele mínimo irredutível de diferença que Lévi-Strauss vê como expresso nos gêmeos ameríndios de mesmo sexo (sempre cromaticamente desiguais) teria, assim, sua origem na diferença interna às relações de sexo oposto. Dito de outro modo, a diferença entre relações mesmo-sexo e relações sexo-oposto é do mesmo tipo que a diferença interna que define uma relação entre sexos opostos.

FIGURA 8

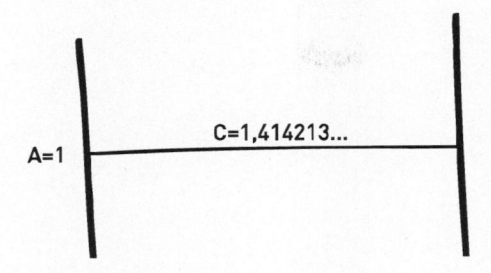

```
        |————————————————|
  A=1   |   C=1,414213... |
        |————————————————|
```

A relação entre as duas metades (tomadas como unidades) é uma entidade contínua e involutiva, crescendo para dentro, e propriamente interminável. A relação, em suma, é fractal. Se pudéssemos atribuir um número à dimensionalidade das organizações duais, este seria a dimensão fracionária = √2. Nem unidade, nem dualidade, mas algo quase exatamente no meio, a raiz quadrada de 2. Se, como lembrava Marx, ser radical é tomar as coisas pela raiz, então o "pensamento binário" do estruturalismo é realmente *radical*.

6
Metamorfoses da transformação

Perspectivismo cosmopolítico

O essencial de meu trabalho como antropólogo consistiu na elaboração, em parceria atual ou virtual com diversos colegas, de duas teorias etnográficas a respeito dos coletivos indígenas do "Novo Mundo", com maior foco nos povos da floresta tropical, do cerrado centro-brasileiro e do setentrião norte-americano.[1] A primeira é uma teoria sociológica, que estabelece o laço de afinidade no papel de esquema genérico da relação social nos mundos indígenas, validando assim o espírito, mais que a letra, da doutrina lévi-straussiana da aliança. Esta é a chamada "teoria da afinidade virtual", que traça as linhas gerais de uma sociologia indígena na qual a diferença, antes que a semelhança, é o operador relacional fundamental.[2] A segunda é uma (meta)teoria cosmológica, que propõe uma redistribuição dos valores atribuídos pela antropologia ocidental às categorias da Natureza e da Cultura. Esta é a tese do perspectivismo ameríndio, ou "perspectivismo multinatural", cuja pretensão é traduzir uma teoria-prática nativa, segundo a qual a *reciprocidade de perspectivas* é o fundamento da relação (isto é, da comunicação) entre as espécies.[3] As duas teorias estão intimamente ligadas, pois exprimem dimensões complementares do "modo de troca" próprio das sociedades

---

1   As partes que me cabem dessas duas teorias etnográficas foram essencialmente uma extrapolação, no limite do verossímil, do trabalho de outros pesquisadores, entre os quais caberia destacar, mesmo com o risco de graves omissões, os nomes de Anthony Seeger, Patrick Menget, Joanna Overing, Peter Rivière, Bruce Albert, Tânia Stolze Lima, Peter Gow, Kaj Århem, Philippe Descola, Anne-Christine Taylor.
2   Inicialmente, a afinidade virtual foi chamada por mim de afinidade "potencial", em um malapropismo modal apontado por Anne-Christine Taylor, a quem agradeço. O adjetivo "potencial" definiria a *outra* afinidade não atual, a afinidade terminológica, diacrônica e cognática, e que chamei, invertendo a adjetivação, de "afinidade virtual". Para a distinção entre os três modos da afinidade na Amazônia (atual, potencial, virtual), ver Eduardo Viveiros de Castro, "O problema da afinidade na Amazônia", in *A inconstância da alma selvagem e outros ensaios de antropologia*. São Paulo: Ubu 2017, p. 110.
3   "Assim, a reciprocidade de perspectivas em que vi o caráter próprio do pensamento mítico, pode reivindicar um domínio de aplicação muito mais vasto [...]" (Lévi-Strauss, *A oleira ciumenta*, trad. Beatriz Perrone-Moisés. São Paulo: Brasiliense, 1987, p. 253).

ameríndias em foco.[4] Nas páginas seguintes, evoco apenas a segunda, à guisa de introdução ao tema da transformação (da transformação).

Os conceitos de "perspectivismo" e de "multinaturalismo" buscam caracterizar uma cosmopolítica indígena do equívoco ou da homonímia, por oposição à problemática da sinonímia que subjaz à imagem corrente da comparação (isto é, da comunicação) antropológica.[5] Essa cosmopolítica da equivocidade se apoia em uma economia *sui generis* dos componentes somático e semiótico (o "corpo" e a "alma") dos existentes.

O objeto da teoria do perspectivismo ameríndio é uma entidade de dimensões continentais, ainda que seu modo de existência seja antes intensional que extensional. Ou muito mais que um objeto: o que a teoria define para si é um interlocutor, um (co)respondente dialógico que tem o aspecto disso que chamei de uma "*cosmopolítica*", valendo-me da ambivalência do significado conceitual atribuído a esta palavra: seja, em um sentido mais próximo do que ela tem em Latour, a saber, o de uma "política cósmica" — uma mitocosmologia xamânica bem mais inclusiva que nossos cosmopolitanismos filosóficos[6] —, seja aquele, mais próximo do proposto por Stengers, o de uma "questão cosmopolítica", pois o perspectivismo *indígena* é uma contra-antropologia, cuja descrição pela teoria *etnográfica* de mesmo nome demonstra (ou implica, conclui) que a teoria *antropológica* "branca" sobre o pensamento indígena — mais geralmente, humano — é virtualmente contestada pelo pensamento indígena sobre a teoria branca.[7]

---

4   Sobre o abandono do conceito de "modo de produção" em favor do de "modo de troca", com implicações importantes para a teoria marxista, ver Kojin Karatani, *The Structure of World History: From Modes of Production to Modes of Exchange,* trad. Michael Bourdaghs (Durham: Duke University Press, 2014). Os paralelos, precursores e elaborações independentes desse conceito se acham em toda a história da antropologia, de Marcel Mauss a Marshall Sahlins, de Claude Lévi-Strauss a Marilyn Strathern.
5   Ver o capítulo 2 (O método da equivocação controlada") deste volume.
6   Eduardo Viveiros de Castro, "Indigenous Multinaturalism from a Cosmopolitical Point of View", in Dipesh Chakrabarty (org.), *The Oxford Handbook of Cosmopolitanism* (Oxford: Oxford University Press, 2025, no prelo).
7   Antes de encontrar a palavra "cosmopolítica" nos trabalhos seminais de Isabelle Stengers, falei em uma "política cósmica" do multinaturalismo indígena por oposição ao multiculturalismo neoliberal, uma "política pública". Ver Eduardo Viveiros de Castro, "Os pronomes cosmológicos e o perspectivismo ameríndio", *Mana,* v. 2, n. 2, 1996, pp. 115-144. Para uma elucidação da diferença entre os sentidos latouriano e stengersiano de "cosmopolítica", ver Marcio Goldman, "Dois ou três platôs de uma antropologia de esquerda", *Cosmos & Contexto,* 2014, online.

Poderíamos chamar essa cosmopolítica simplesmente de um pensamento, ou de uma tradição intelectual: a tradição-tradução especificamente americana do pensamento selvagem.[8] Para chamá-la "pensamento", porém, é preciso que sejamos capazes de, simulando ao nosso modo os modos de pensar indígenas, pensar o pensamento como algo que, se passa pela cabeça, não nasce nem fica lá; ao contrário, investe e exprime o corpo dos pés à cabeça, e se exterioriza como afeto incorporante: captura metafísica, canibalismo epistêmico, antropofagia política, pulsão de transformação do e no outro. Interlocutor dialógico, mas também contrário alterlógico,[9] o pensamento ameríndio está em relação de tensão constitutiva com sua descrição pela antropologia branca, descrição que é forçosamente uma comparação. A tensão existe na medida em que essa cosmopolítica indígena, ao se tornar visível para nós graças a a uma técnica de "coloração contrastiva" dos termos em comparação, projeta um campo de pressupostos conceituais diverso daquele no qual se inscreve nossa disciplina, herdeira legítima, ainda que eventualmente a contragosto, da "grande tradição" filosófica da modernidade. O pensamento ameríndio é (entre outras coisas!) uma ontologia política do sensível, que se manifesta sob a forma de um perspectivismo imanente e multidimensional, em contraste com o "perspectivismo linear" dominante em nossa tradição. Esse pensamento pensa um universo denso, saturado de intencionalidades ávidas de diferença, que se sustentam de suas respectivas distâncias perspectivas; onde todas as relações são concebidas como "sociais", determinando idealmente todos os termos como centros de percepção-ação dotados de um ponto de vista e figurados por

---

8   Americana ou paleoasiática, se seguirmos Carlo Ginzburg, *História noturna: decifrando o sabá*, trad. Nilson Moulin Louzada. São Paulo: Companhia das Letras, 2012.

9   Falo em "alterlógico" pensando nas seguintes passagens de Lévi-Strauss: "Teria sido preciso alargar os quadros de nossa lógica para incluir operações mentais que, aparentemente diferentes das nossas, são intelectuais ao mesmo título" (Claude Lévi-Strauss, "A estrutura dos mitos", in *Antropologia estrutural*, trad. Beatriz Perrone-Moisés. São Paulo: Cosac Naify, 2008, pp. 221-248); "...o pensamento ocidental foi por muito tempo dominado por uma lógica demasiado estreita" (id., "Linguística e antropologia", in *Antropologia estrutural dois*, trad. Beatriz Perrone-Moisés. São Paulo: Cosac Naify, 2013, p. 81). Ou em Jean-Pierre Vernant pedindo aos matemáticos e congêneres que fornecessem aos mitólogos "o modelo estrutural de uma lógica que não seria a binária, a do sim ou não, mas uma outra, diferente da lógica lo *logos* ("Razões do mito", in *Mito e sociedade na Grécia Antiga*, trad. Myriam Campello. Rio de Janeiro: José Olympio, 1999, p. 221). Ambos os autores estavam provavelmente pensando nas lógicas não clássicas (paraconsistentes, intuicionistas etc.).

uma imagística oral-canibal, uma tópica trófica que declina todos os casos e vozes concebíveis do verbo comer: dize-me *como* comes, *com quem* comes, *o que* comes — e o que comem *os que comes*, e *por quem* és comido, e *a quem* dás comida, e por quem *não* comes[10] — e te direi quem és. É pela boca que se predica.

Esses sujeitos, então, que compõem o mundo — é importante sublinhar que eles não *estão* no mundo como se estivessem dentro de um quadro neutro, anterior aos pontos de vista; eles *são* o mundo, formando seu tecido perspectivo último[11] — esses sujeitos se acham dispostos ao longo de um contínuo somático-semiótico, que vai da predação à comunicação e vice-versa. Um mundo que muitos chamariam antropomórfico, mas que não se poderia chamar antropocêntrico, pois ali o humano é a *desmedida* de todas as coisas, ao mesmo tempo em que é medido e mediado por elas todas.

Em outras palavras, essa cosmopolítica, ou ontologia política da diferença sensível universal, atualiza um outro universo que não o nosso — um multiverso, para falarmos como William James, uma multiplicidade de províncias e agências intersecantes em relação de "desarmonia preestabelecida". Esse pensamento, enfim, reconhece outros modos de existência que não o nosso; justifica uma outra prática da vida, e um outro modelo do laço social; distribui diferentemente as potências e as competências do corpo e da alma, do humano e do extra-humano, do geral e do particular, do ordinário e do singular, do fato e do feito; mobiliza, em suma, uma outra imagem do pensamento. Diferença ou alteridade radicais, como dirão Ghassan Hage ou Marisol de la Cadena.[12] Alteridade que se altera com o ponto de vista, que se torna, "ela própria",

---

10 A abstinência alimentar em benefício de outrem (um parente enfermo, uma parturiente etc.) é uma prática distintiva do parentesco indígena, cujos pressupostos éticos, como observou Lévi-Strauss, são o exato contrário do egocentrismo ocidental. Cf. "A moral dos mitos", in *A origem dos modos à mesa*, trad. Beatriz Perrone-Moisés. São Paulo: Cosac Naify, 2006, pp. 449-460.

11 A alternativa, portanto, é mais rica que aquela, repisada pelos antropólogos de persuasão fenomenológica, entre a noção transcendente de uma "visão *de* mundo" e a noção imanente de uma "visão *no* mundo". O perspectivismo ameríndio postula uma visão *do* mundo, o mundo *como* visão — mundo vidente e ávido, onde tudo que há é olho que vê e boca que come. (Ver, neste volume, o capítulo 11 "O medo dos outros").

12 Ghassan Hage, "Critical Anthropological Thought and the Radical Political Imaginary Today", (*Critique of Anthropology*, v. 32, n. 3, 2012, pp. 285-308); Marisol de la Cadena, *Seres-terra: cosmopolíticas no mundo andino*, trad. Caroline Nogueira e Fernando Silva e Silva (Rio de Janeiro: Bazar do Tempo, 2024).

outra, conforme se a tome por um lado ou pelo outro da fronteira epistêmica. Para que os lados comuniquem, é preciso atravessar a membrana que separa o "lado de dentro" (o discurso antropológico) e o "lado de fora" (o discurso do nativo) da relação de conhecimento, torcer a membrana bifacial em uma banda de Moebius, operação que equivale, nas palavras de Mauro Almeida, a *desorientar um juízo*.[13] Maravilhosa definição esta da missão epistemológica própria da antropologia: desorientar o juízo, relativizar a razão, criar uma continuidade através de uma dupla descontinuidade, transformar a verdade demonstrando a verdade da transformação — da transformação de ponto de vista.

Em suma, é como explicou um homem kadiwéu a Mônica Pechincha: "O índio é parecido, mas o pensamento dele é muito diferente".[14] Aforismo exemplarmente contra-antropológico, visto que alguém de nosso ofício diria, antes, algo como: "o 'índio' parece diferente, mas seu pensamento é, no fundo, muito semelhante". Eis que o "selvagem", então, parece pensar diferentemente sobre o pensamento selvagem.

Fases da metamorfose

A antropologia do antropólogo está em relação de dupla torção transformacional com a contra-antropologia de seu interlocutor: uma obvia a outra, como diria Roy Wagner. E como demonstrou Lévi-Strauss, a transformação (outro nome para tradução) é o princípio genético e dinâmico do mito. O privilégio que, para além daquele concedido por seu maior especialista, as culturas ameríndias concedem elas próprias à ideia de transformação — à noção de que toda forma é o resultado de uma metamorfose, toda "propriedade" um roubo, a interiorização de uma captura, uma *receptação*, uma possessão do impróprio —, esse privilégio oferece uma oportunidade valiosa para a validação reflexiva do projeto comparativo da antropologia, que exprime, em sua negatividade afirmativa, um desejo, incessantemente autocontrariado, mas insistentemente reiterado, de transformação descentrante de seu próprio enunciador: "o anti-

---

13 Mauro Almeida, "A fórmula canônica do mito", in *Caipora e outros conflitos ontológicos*. São Paulo: Ubu, 2021, pp. 259-290.
14 Mônica T. S. Pechincha, *Histórias de admirar: mito, rito e história kadiwéu*. Brasília: UnB, 1994, p. 140. Dissertação de mestrado.

-Narciso", como chamei, certa feita, este projeto. É pela transformação — porém, como veremos, a transformação à indígena — que se abre um portal dimensional capaz de nos libertar de nossa própria clausura cosmológica com suas paredes decoradas de formas substanciais e de essências incorruptíveis, onde ecoa há séculos a "filosofia messiânica" da produção hominizante, versão laica da teologia monárquica da criação — se é que há algo de realmente laico na antropotecnia espectral do Ocidente cristão.[15]

∾

A palavra e a ideia de transformação gozam, sem dúvida, de grande popularidade na antropologia, proporcional à sua vagueza e à convicção difusa, na sensibilidade moderna e contemporânea, de que ela nomearia uma propriedade fundamental da realidade. É menos certo que essa popularidade esteja inteiramente divorciada do profundo apelo, em nossa tradição, de uma visão escatológica ou, para falarmos como no parágrafo anterior, messiânica de progresso ascensional em direção à forma perfeita: a transformação é signo da condição transitória do existente. Transformar é preciso.

Não posso, aqui, mais que esboçar as linhas gerais de uma decomposição dessa ideia igualmente geral de transformação. Interessa-me seu funcionamento dentro da antropologia "clássica", aquela que estuda processos e estruturas característicos de coletivos em posição de alteridade variamente especificável em relação ao ponto de enunciação do discurso do analista, seu "ponto de vista".[16] O propósito é indicar como as transformações do conceito de transformação em antropologia foram transformando o conceito de antropologia.

Pode-se dizer que, historicamente, a disciplina tem enfatizado dois esquemas actanciais básicos (no sentido greimassiano) da noção de

---

15 Ver Fabián Ludueña Romandini, *A comunidade dos espectros. I. Antropotecnia*, trad. Alexandre Nodari e Leonardo D'Ávila de Oliveira (Desterro, Florianópolis): Cultura e Barbárie, 2012, que interpreto muito livremente aqui.
16 Ponto de vista ou "ponto de estância", *Standpunkt, standpoint*. Na noção de ponto de vista, o "ponto", o lugar onde se está, é tão importante quanto a "vista". Todo ponto, enquanto ponto de vista, é um ponto singular, isto é, *local*. Transformar o ponto de vista é se deslocar, transportar, atravessar.

transformação. Ambos se referem a processos que incidem focalmente sobre os coletivos estudados, ou, para ser mais claro, que não registram nenhum efeito direto significativo sobre o discurso analítico a respeito desses mesmos processos.

O primeiro esquema é aquele subjacente às diversas doutrinas estrutural-funcionalistas da *mudança*, que se interessam tipicamente pelo impacto da "modernidade" — as sociedades europeias, as formações coloniais e os Estados nacionais — sobre os coletivos não modernos: as sociedades indígenas das Américas, por exemplo. Esse esquema concebe a transformação como um processo no qual os coletivos-alvo são antes de tudo objeto e paciente, ainda quando possam ser, contingentemente (e inconscientemente), mediadores ou facilitadores do processo. Este é o esquema básico das teorias da aculturação e do contato interétnico.[17] Poderíamos chamá-lo de esquema "nominativo-acusativo": o coletivo-sujeito A faz o coletivo-objeto B passar de seu estado inicial (frequentemente concebido como um estado primigênio) a um estado B', que contém dentro de si "partes" ativas de A (efeitos ou índices de A). O coletivo-ativo A normalmente termina por absorver o coletivo-passivo B como um estado A' de si mesmo (de A), ou seja, como uma transformação duplamente "parcial" de A, uma variante empobrecida do coletivo-sujeito, incluída como parte deste: as partes que A inoculou em B terminam por fazer de B uma parte menor de A. Tem-se então: A muda B; B é mudado por A; B vira A. Tudo isso segundo uma concepção de sociedade, de história e de mudança definida nos termos em vigor no coletivo A. No mais das vezes, essa concepção, mais que apenas descritiva, é crítico-normativa; ela lamenta a transformação de B, e se faz acompanhar de um generoso desejo de *emancipação* de B em face de A. Tudo isso de acordo com as normas teóricas do discurso de A, entre as quais está a definição de A do que seja "emancipação".

O paradigma estrutural-funcionalista da mudança continua em vigor, tendo sofrido uma renovação recente com a problemática neodifusionista da globalização e do Sistema Mundial. Mas ele está em competição, já há algum tempo, com a teoria "estrutural-culturalista" da transformação, emblematicamente ligada ao nome de Marshall Sahlins. O interesse

---

17 Mas ele se aplica igualmente aos estudos de "história" pré-colombiana, até porque é esta mesma concepção substancialista que preside aos vários determinismos ambientais ou tecnológicos da escola da ecologia cultural, cujo papel na etnologia e na arqueologia sul-americanas teve (tem?) a importância que se sabe.

deste último paradigma se volta para as transformações que a "ordem simbólica" indígena — instância definida segundo critérios não necessariamente indígenas — imprime às transformações suscitadas pelo ambiente histórico que envolve os coletivos-alvo. O processo desencadeado aqui tem, portanto, os coletivos indígenas como seu sujeito, ainda que eles sejam, inevitavelmente (e, de modo geral, evidente para eles mesmos), também seu objeto paciente — um modelo "quase ergativo" da gramática da transformação.[18] A mudança histórica é, na caracterização precisa de Sahlins, "induzida por forças externas, mas orquestrada de modo nativo".[19] Note-se que Sahlins fala em indução, não em causação; e em orquestração, o que sugere menos uma criação original que um arranjo, uma interpretação, uma transposição: a música não é nativa, mas os nativos a dançam conforme o ritmo (e os instrumentos, e o que mais for) que impuseram a ela. Há arranjos que mudam completamente uma peça musical; a causalidade histórica é subdeterminante.

O objeto da descrição antropológica passa a ser, no paradigma estrutural-culturalista, o processo necessário (universal) de refração simbólica do evento — até mesmo o que conta como evento é, ao menos em parte, dependente desse índice de refração: o evento pode não penetrar na cultura, se o meio de refração for muito elevado para aquele comprimento de onda histórico. O fenômeno típico passa a ser agora o processo recursivo, mais complexo que a vetorização unidirecional do esquema anterior: a transformação da transformação. E a palavra de ordem epistemopolítica passa a ser a "agência histórica" dos coletivos em transformação, com o surgimento da tese contra-hegemônica da "indigenização da modernidade": uma emancipação de direito ou *a priori*, por assim dizer, antes que a emancipação *a posteriori* ou de fato visada pela primeira doutrina da transformação. O esquema actancial da transformação, neste segundo caso, é algo como: **B** se transforma em **B'** por ocasião

---

18 No texto original onde consta esse parágrafo (uma aula pública para o concurso de professor-titular no Museu Nacional), havia uma alusão jocosa dirigida a minha querida colega Bruna Franchetto, onde se lia: "um modelo que poderíamos rotular de 'quase ergativo' (ou quem sabe de 'ergatividade cindida', se eu soubesse o que é isso...)". A alusão passou por cima da cabeça de uma crítica furiosa de meu trabalho, que citou essa "ergatividade cindida" como mais uma prova de minhas extravagâncias escandalosas (Alcida Ramos, "The Politics of Perspectivism", *Annual Review of Anthropology*, v. 41, 2012, pp. 481-494). Era uma piscadela inocente aos linguistas, professora. O céu não iria cair por causa disso...

19 Marshall Sahlins, *Ilha de histórias*, trad. Barbara Sette. Rio de Janeiro: Zahar, 1990, p. 9.

e intermédio da entrada de A em seu "horizonte de eventos". No decorrer do processo, B-B' contratransforma A em A', na medida mesma de sua participação em A (que pode, aliás, ser muito pequena — ou não). Isso transforma o sistema formado por A, B e outras "letras" em um superobjeto C.[20]

Note-se que a transformação aqui não é hierárquica nem finalizada, no sentido de que os diferenciais de poder entre os coletivos não estão ordenados segundo um princípio transcendente de valor (a história mundial, a evolução do capitalismo, a subsunção real etc.). Isto não significa necessariamente que seja como no ditado popular francês, *plus ça change, plus c'est la même chose*: quanto mais a "coisa" muda, mais é "sempre a mesma coisa". Tal é, de fato, a regra ou a expectativa metodológica inicial do esquema; mas é óbvio que, muitas vezes, quando a coisa muda, então não é mais de jeito nenhum a mesma coisa.

Essa segunda leitura do conceito de transformação tem muito a recomendá-la, a começar pela desvitimização moral, descolonização teórica ou liberação espiritual (releve-se-nos o adjetivo) dos coletivos indígenas, afastando assim um pesado ônus inerente ao esquema estrutural-funcionalista,[21] sem que ela desemboque necessariamente em algum elogio "romântico" da resistência ou, inversamente, em uma celebração "pós-modernista" da hibridação criativa. (Os adjetivos aspeados são insultos muito em voga, que me sinto cada vez menos inclinado a repetir.) Não há dúvida de que ela pode induzir um otimismo excessivo quanto à capacidade de resistência dos povos invadidos pelas potências imperialistas, e dar margem a mal-entendidos como aquele que opôs, nas páginas da revista *L'Homme*, poucos anos atrás, Lévi-Strauss aos editores do volume sobre a América do Sul da *Cambridge History of the Native Peoples of America*. Mas ela contém duas possibilidades de desenvolvimento muito fecundas, e que as décadas seguintes aos trabalhos fundadores de Sahlins vieram atualizar.

Em primeiro lugar, a ideia de uma necessária refração simbólica do evento traz embutida a possibilidade de uma interpretação maximalista que dissolva a dualidade estrutura/evento, ainda demasiado próxima do

---

20 "C" é uma boa letra para nos lembrar do que a China está se mostrando capaz de fazer, em matéria de transformação da transformação.
21 Eduardo Viveiros de Castro, "Etnologia brasileira", in Sérgio Miceli (org.), *O que ler na ciência social brasileira (1970-1995), Volume.1: Antropologia*. São Paulo: Sumaré/Anpocs; Brasília: Capes,1999, pp. 164-168.

esquematismo clássico que postula um objeto pré-constituído a sofrer uma ação reconstituinte ou desconstituinte por parte de um outro objeto igualmente pré-constituído. A interpretação maximalista — radicalmente estruturalista, na verdade — parte do princípio de que *o objeto de toda transformação é sempre uma outra transformação*, e não uma substância sociocultural preexistente. O mote da "transformação da transformação" passa, com isso, a descrever a totalidade do fenômeno, e não uma ação reflexa de um objeto que transforma ou "orquestra" uma transformação "induzida". É sempre uma transformação que transforma outra transformação. Em outras palavras, quanto mais é sempre a mesma coisa, mais as coisas mudam:[22] a "coisa" é sempre uma variação. As transformações podem ser comparadas e ponderadas, mas não podem ser mais vistas como modificações de substâncias tais como culturas, essências, sujeitos pré-relacionais. Em outras palavras, as transformações históricas estão em continuidade com as transformações estruturais, as sociedades em "contato" são forçosamente transformações *umas das outras*. A dialética entre estrutura e evento é interior à estrutura, que é ela própria um evento para outra estrutura e assim por diante.

Essa interpretação permite que se cruze a fronteira entre o paradigma estrutural-culturalista de Sahlins e a teoria estruturalista (ou pós-) da transformação, tal como exposta e sobretudo como exemplificada nas *Mitológicas* de Lévi-Strauss, obra que, como Peter Gow provocativamente qualificou, é a primeira obra de história indígena das Américas. Não esqueçamos que, começando com *O pensamento selvagem* e culminando nas *Mitológicas*, o estruturalismo sofre uma transformação importante, aquela que substitui o conceito de *sistema* pelo conceito de *transformação* como seu operador teórico. Uma estrutura é um certo arranjo, ou orquestração, de transformações. Não esqueçamos, ao mesmo tempo, que a *definição* de transformação estrutural, a única, salvo engano, jamais oferecida por Lévi-Strauss, foi avançada muito cedo em sua obra, em 1955 para sermos exatos: trata-se da "famigerada" fórmula canônica do mito, que, como mostrou Mauro Almeida em artigo já citado aqui, é um operador *ontológico* que descreve a transposição de fronteiras semânticas e históricas, ou melhor, que descreve a transposição da fronteira entre a semântica e a história abrindo-se à invenção do novo. A

---

22 A *boutade* é de Jean Pouillon: "*Plus c'est la même chose, plus ça change*". Ela caracteriza muito bem a relação com a temporalidade dos povos optantes pela "história fria".

"fórmula canônica do mito" é a primeira formulação e formalização da "invenção da cultura". Mas ela é, também, um esquema da "transformação da transformação", uma estenografia das teorias-práticas indígenas de transformação. Em outras palavras, *a ordem simbólica nativa que refrata o evento deve ser, ela própria, pensada (refletida) nos termos da ordem simbólica nativa,*[23] o que cria forçosamente uma tensão heurística com o discurso antropológico da transformação e da história.

A segunda e decisiva possibilidade que essa indigenização da transformação veio atualizar, então, consiste na inclusão da teoria antropológica, ela própria, no escopo daquilo que é transformado pelas transformações indígenas. Surge assim o tema das *transformações indígenas da antropologia,* que seriam o inverso e o correlato das transformações "antropológicas" dos indígenas. Por "transformações indígenas da antropologia" entendo as transformações da estrutura conceitual do discurso antropológico suscitadas por seu alinhamento em simetria com as pragmáticas reflexivas indígenas, aquelas etnoantropologias alheias que descrevem nossa própria etnoantropologia precisamente ao e por divergirem dela.[24] Nesta terceira configuração actancial, então, os estilos de pensamento dos coletivos "antropológicos" (aqueles povos estudados pela disciplina ocidental do *ánthropos*) são o sujeito, e a disciplina antropológica é o objeto da transformação. Note-se que, aqui, já não se trata mais de "*emancipar o nativo*", de direito ou de fato, mas de emancipar a antropologia de sua própria história. Vacina antropofágica: é o "índio" que virá (que eu vi) nos emancipar de nós mesmos. Antes de sairmos a emancipar os outros de nós mesmos, emancipemo-nos nós mesmos, com a indispensável ajuda dos outros.

As concepções nativas da transformação incluem as concepções nativas do que se transforma, e estes conjuntos de concepções impõem

---

23 Esse é um tema fundamental das antropologias de Roy Wagner e Marilyn Strathern. Ele tem sido variamente enfatizado por autores como Annelise Riles, Joel Robbins, Tony Crook, Rupert Stasch e Justin Shaffner (entre outros).
24 Mas entendo também, por essa expressão, a incorporação indígena de conceitos emblemáticos da etnoantropologia dominante (a nossa), com significados e objetivos próprios. O exemplo mais conhecido desse fenômeno é a "cultura entre aspas" de Manuela Carneiro da Cunha: a apropriação pelas culturas nativas do conceito antropológico de cultura ("'Cultura' e cultura: conhecimentos tradicionais e direitos intelectuais", in *Cultura com aspas e outros ensaios.* São Paulo: Cosac Naify, 2009, pp. 311-373). Teríamos, neste caso, uma transimetrização, ou transfusão recíproca de equivocidades homonímicas, entre os dois lados da interface antropológica.

uma transformação das concepções antropológicas sobre a transformação. As transformações indígenas da antropologia são, assim, o objeto de um esforço de "repensar a antropologia" em outro (mas não contraditório) sentido que o famosamente proposto por Leach.[25] Um sentido em que isso signifique um "reantropologizar o pensamento": o pensamento antropológico e, por via dele, a tradição intelectual na qual ele se banha. Em suma, pensar a antropologia ocidental por via das antropologias indígenas antes que o contrário. É assim que entendo a ideia latouriana de uma "antropologia simétrica": não como uma tentativa de descobrir igualdades, semelhanças ou identidades entre antropólogos e nativos, teorias científicas e cosmologias indígenas, e assim por diante.[26] A simetrização é uma operação descritiva que consiste em tornar contínuas — isto é, absolutamente contíguas — as diferenças entre todos os termos analíticos. A diferença entre a "cultura" (ou "teoria") do antropólogo e a "cultura" (ou "vida") do nativo, em especial, não é possuidora de qualquer privilégio ontológico ou epistemológico sobre as diferenças "internas" a cada uma dessas "culturas"; ela não é mais nem menos condicionante que as diferenças de ambos os lados da fronteira discursiva. *O que não é a mesma coisa que dizer que não há diferenças essenciais entre nós e eles.* Pois não se trata de argumentar, como Richard Rorty,[27] que a distinção antropológica entre o intercultural e o intracultural é falaciosa, já que a diferença entre culturas não difere em natureza da distinção entre teorias encontráveis dentro de uma mesma cultura. Lévi-Strauss já observava, anos atrás, que uma "cultura" é a designação de um conjunto de afastamentos diferenciais, e que, como tal, seus limites são função das questões que o antropólogo se coloca: a objeção de Rorty pressupõe ilegitimamente o que quer desprovar.[28] E segundo, quando nos damos conta de que é possível percorrer, por transformações topológicas contínuas, todos os diferentes esquemas conceituais, estilos de pensamento e formas de vida de que é capaz a espécie humana (e de

---

25 Edmund Leach, "Repensando a antropologia", in *Repensando a antropologia*, trad. José Luís dos Santos. São Paulo: Perspectiva, 2010 pp. 13-51.
26 Eduardo Viveiros de Castro, Marcio Goldman e Mauro Almeida. *'Etnologia indígena' e 'Antropologia das sociedades complexas': um experimento de ontografia comparativa.* Rio de Janeiro: Projeto Pronex/CNPq, 2006.
27 Richard Rorty, "Solidarity or objectivity", in *Objectivity, Relativism, and Truth*. Cambridge: Cambridge University Press, 1991, pp. 26-28.
28 Claude Lévi-Strauss, "A noção de estrutura em etnologia", in *Antropologia estrutural*, trad. Beatriz Perrone-Moisés. São Paulo: Cosac e Naify, 2008, pp. 320-321.

passar dela a outras espécies pela mesma via), os quais — estilos, esquemas, formas — não são mais que pontos de cristalização historicamente transitórios e contingentes desse fluxo transformacional.

O postulado da continuidade possui, assim, algumas implicações. A primeira delas é que as transformações "socioculturais" de que a antropologia tradicionalmente se ocupa não são incomensuráveis com as transformações intrassemióticas que ocorrem entre "discursos", como o da antropologia ocidental e as práticas de sentido indígenas (que se dão sob a forma de pragmáticas rituais, interacionais e corporais, tanto quanto sob a forma de textos míticos, especulativos ou exegéticos dotados de semantismo propriamente linguístico). As transformações indígenas da antropologia e as transformações antropológicas dos indígenas são processos mutuamente conversíveis do ponto de vista de sua inteligibilidade, ainda que não sejam de forma alguma o mesmo processo. Um conceito (pós-)estruturalista de transformação recusa a estanqueidade entre processos que se passam no plano do signo e processos que ocorrem no plano do referente, uma vez que tal distinção é tão relativa e contextual como aquela (trata-se, a rigor, da mesma distinção) entre sentido literal e sentido figurado, que Lévi-Strauss, certa feita, comparou ao sexo dos caramujos.[29] A segunda implicação é que o postulado da continuidade bloqueia o automatismo conceitual "unilateralista" que engloba hierarquicamente o discurso do observado pelo discurso do observador,[30] uma vez que, como vimos, cada um dos discursos passa a ser visto estritamente como uma versão — uma transformação — do outro, estando ambos em relação de pressuposição recíproca. A terceira e última implicação, e aqui repito algo que disse há pouco, é que a distinção entre processos intraculturais e processos interculturais é igualmente uma distinção relativa e relacional, não possuindo nenhuma substância, exceto a que lhe foi emprestada pelo recorte analítico requerido para a boa posição de um problema, com o importantíssimo adendo de que esse recorte analítico não se faz no papel, mas na interação concreta e vivida do "momento etnográfico": as culturas se inventam ao se encontrarem, e encontros diferentes inventam culturas diferentes, não apenas "em teoria", mas na prática real e política da interação entre antropólogo e nativo. A lição geral é que a descontinuidade ou o estabelecimento de "afastamentos

---

29 Id., *A oleira ciumenta*, trad. Beatriz Perrone-Moisés. São Paulo: Brasiliense, 1986, p. 239.
30 Ver o capítulo 1 ("O nativo relativo").

diferenciais" entre termos em transformação comparativa — e a comparação é um caso particular da transformação — não exclui, ao contrário supõe, a continuidade entre as diferenças.

Demonstrar a possibilidade das cosmopolíticas indígenas entrarem em transformação, ou seja, em situação de diferença inteligível com as correntes conceituais que atravessam nossa própria tradição é a missão que se impõe à antropologia. Em primeira instância, esse pensamento outro não pode deixar de se apresentar para nós como ecoando estranhamente o outro lado de nosso pensamento, aquilo que nosso pensamento vê como seu lado menor, marginal, excêntrico: o lado dos perdedores da história intelectual do Ocidente moderno. Não é assim de se espantar que a etnografia ameríndia, por exemplo, mostre convergências com "a outra metafísica",[31] aquela corrente submersa de pensamento, alheia ou antagônica à revolução kantiana que gerou os gêmeos inimigos, mas profundamente solidários da filosofia contemporânea, a saber, a filosofia analítica anglo-saxã e a fenomenologia continental, ambas tributárias da "virada linguística". Não é de se espantar, por exemplo, que as descrições das cosmologias amazônicas se deixem traduzir — com a devida equivocidade — nos termos do panpsiquismo de Gabriel Tarde, seu perspectivismo "canibal" de mônadas ávidas constituídas pelas forças elementares da crença e do desejo (como se por pequenos espíritos xamânicos), sua ideia da diferença como "fundo substancial das coisas" —, com a ideia, enfim, de que a identidade é um caso particular e, dizia ele, "raríssimo", da diferença. Quando Tarde encontra, inesperadamente, Lévi-Strauss, que repete várias vezes em sua obra que "a semelhança não existe em si, mas é apenas um caso particular da diferença", um caso em que esta "tende a zero, sem jamais se anular completamente"[32] — quando autores que não podiam ser mais... diferentes tornam-se casos particulares de uma mesma ontologia da diferença —, então algo nos faz pensar que a *outra metafísica* tem muito a conversar, senão mesmo a aprender, com a *metafísica dos outros*.

---

31 Pierre Montebello, *L'autre métaphysique: essai sur Ravaisson, Tarde, Nietzsche et Bergson*. Paris: Desclée de Brouwer, 2003.
32 Claude Lévi-Strauss, *O homem nu*, trad. Beatriz Perrone-Moisés. São Paulo: Cosac Naify, 2011, p. 35, tradução modificada.

7 |
Mitofísicas ontológicas

Eu tenho uma ontologia, por que não?
— como todo mundo tem uma, ingênua ou elaborada.

Jacques Lacan[1]

O modo como pensamos, agora

Mais uma vez: o que aconteceria com a disciplina da antropologia social — com ela e com tudo que a condiciona e legitima, a saber, a "máquina antropológica" da metafísica ocidental[2] —, o que aconteceria se o "ponto de vista do nativo" de que falava Malinowski fosse aplicado ao ponto de vista do antropólogo? O que acontece com a ideia mesma de ponto de vista, quando ela é refratada, transformada, redefinida pelo ponto de vista do "nativo"? O que muda, se este se torna o problema fundamental? O que *precisa* mudar?

Suponhamos que o melhor que se pode fazer neste caso é, para citar Clifford Geertz, mudar "o modo como pensamos, agora".[3] Ainda que "agora", nos dias que correm, pareça ter perdido qualquer referência definida, diferentemente, talvez, do agora de então. A palavra soa cada vez mais como um *"no-when"*, um presente sem passado nem futuro, um antitempo extra-histórico.[4] É como não houvesse mais quando, agora. A outra palavra complicada no título de Geertz é o primeiro dêitico, o "nós" que pensa "agora". Discorrer sobre o modo como pensamos — para mudá-lo — implica decidir, antes de mais nada, a quem se refere este nós, e quando é este agora.[5] *Quem* e *quando*, assim como *onde*, são

---

[1] Citado por Vladimir Safatle em "A teoria das pulsões como ontologia negativa" (*Revista Discurso*, n. 36, 2007, pp. 151-192), citado, por sua vez, por Pedro Magalhães Lopes, a quem agradeço a citação.
[2] Giorgio Agamben, *O aberto: o homem e o animal*, trad. Pedro Mendes. Rio de Janeiro: Civilização Brasileira, 2017.
[3] Clifford Geertz, "The Way We Think Now: Toward an Ethnography of Modern Thought. *Bulletin of the American Academy of Arts and Sciences*, v. 35, n. 5, 1982, pp. 14–34.
[4] Como argumenta Dipesh Chakrabarty em "O clima da história: quatro teses", *Sopro*, n. 91, 2013, pp. 3-22.
[5] Geertz fundiu o quem e o quando no adjetivo "moderno" do subtítulo do artigo,

questões antropológicas por excelência, que convidam a uma abertura das questões mais classicamente filosóficas relativas aos modos de pensar.[6] Nosso problema, portanto, diz respeito às relações entre antropologia e filosofia como disciplinas acadêmicas, com suas próprias cartas de princípios, linguagens técnicas, figuras totêmicas e tradições conceituais. Quais são as consequências possíveis, do "ponto de vista" da filosofia (da metafísica, em particular), do modo de pensar da antropologia — desta prática de conhecimento que tem como objeto, método e limite a tradução comparativa entre modos de pensar heterogêneos, defrontando-se, por construção e princípio, com regimes de signos, agenciamentos existenciais e territórios transcendentais outros que os pressupostos pelo sujeito da Ciência, isto é, pelo discurso antropológico?

Comecemos pela questão do *nós*, a que respondo com esta "definição" sumária: toda vez que um branco fala sobre os modos de pensar e viver dos povos indígenas ou extramodernos, esse branco está fazendo o que chamarei de *"antropologia"*.[7] Toda vez que uma pessoa indígena fala sobre os modos de vida e pensamento brancos, ela está igualmente (ou melhor, outramente) fazendo antropologia. Já quando um branco fala sobre os modos brancos — em geral presumindo que seu discurso se refere à "espécie humana", à "humanidade", ou ao "Ser", a "Natureza", o "Real"... — ele está fazendo o que chamarei de *"filosofia"*.[8] Reciprocamente, quando uma pessoa indígena fala dos modos indígenas, ela também está fazendo filosofia — os brancos costumam chamar esse discurso alterfilosófico de "mito". Nestes termos, filosofia e antropologia

---

distinguindo conjuntamente um povo e uma época: nós, os modernos... Ver, no capítulo 3 deste volume ("Zenão e a arte da antropologia"), a referência ao debate entre Geertz e Rorty sobre a noção de etnocentrismo.

6   Alfred North Whitehead, *Modes of Thought*. New York: The Free Press, 1968.
7   Esse "branco" é uma posição epistêmica (e masculina), e uma categoria etnopolítica. A palavra é uma das sinédoques mais comuns utilizadas pelos povos indígenas para se referirem globalmente aos não-indígenas. Nisto eles coincidem com o modo pelo qual a sociedade dos colonizadores metonimiza a si mesma, a saber, como estruturalmente "branca".
8   Os brancos podem, é claro, falar sobre os brancos no registro antropológico, mas então um dos dois polos (o "falante" ou o "falado") assume a posição do indígena, e o mesmo se aplica se etc. (ver "O nativo relativo", capítulo 1 deste volume). Para exemplos paradigmáticos de antropologia dos "brancos" (ou "modernos"), veja-se Bruno Latour, *Investigação sobre os modos de existência: uma antropologia dos modernos*, trad. Alexandre A. Fernandez (Petrópolis: Vozes, 2019), e a análise do parentesco inglês por Marilyn Strathern, *After Nature: English Kinship in the Late Twentieth Century* (Manchester: Manchester University Press, 1992).

se revelam constitutivamente inseparáveis, em pressuposição recíproca, mesmo que (justo porque) a condição histórica de possibilidade da "filosofia" branca tenha sido (seja) o silenciamento da "filosofia" indígena como tal, reduzindo-a, no melhor dos casos, a uma curiosidade "etnológica".[9]

Quais, então, as relações entre filosofia e antropologia, discurso sobre si e discurso sobre outrem, introspecção e extrospecção? É possível fazer a primeira perspectiva depender da segunda, ser um caso particular dela, uma variante? Não no sentido de se tomar a segunda como um ponto de vista fixo, da qual a primeira seria "apenas" uma versão, mas sim de considerar a extrospecção como o próprio movimento interperspectivo a partir do qual qualquer construto especulativo elaborado pelos povos que chamamos humanos se torna comparável a qualquer outro, ou melhor, revela-se como momento (atual) de uma comparação (virtual) com todos os outros, como surgindo desta comparabilidade imanente. Poderíamos "nós", portanto, deixar nossa "antropologia filosófica" e acolher filosofias outramente antropológicas? Uma filosofia que aceite que o sujeito de todo discurso humano é *antropolimórfico*? De tal modo que esta palavra inevitável, "humano", denote o único conceito para o qual a distinção analítica entre uso e menção se torna o que sempre — ainda mais *agora* — esteve em jogo?

Se interrogar o pensamento em um modo especulativo pode ser considerado uma tarefa propriamente filosófica, então os antropólogos somos filósofos "amadores", pensadores interessados (assombrados) pelo pensamento selvagem — da matemática do parentesco australiano às técnicas do êxtase dos xamãs siberianos, da metafísica de Jane Roberts à cosmopolítica de Davi Kopenawa[10] —, na medida em que tentamos pensar *a partir* desse pensamento e desses pensadores, *perante* eles, e não simplesmente *sobre* eles. Os antropólogos (alguns de nós, pelo menos) convidamos, assim, os filósofos "profissionais" a não apenas prestar ouvidos ao que pensam esses pensadores, mas a *pensar com eles*. O que não significa *pensar como eles*, pois isto é impossível

---

9 Pierre Clastres, "Entre silence et dialogue", in Raymond Bellour e Catherine Clément (orgs.), *Claude Lévi-Strauss*, Paris: Gallimard, 1968, pp. 33-38.
10 Peter Skafish, *Rough Metaphysics: The Speculative Thought and Mediumship of Jane Roberts*. Minneapolis: University of Minnesota Press, 2023); Davi Kopenawa e Bruce Albert, *A queda do céu: palavras de um xamã yanomami*, trad. Beatriz Perrone-Moisés (São Paulo: Companhia das Letras, 2015).

(para nós) e desnecessário (para eles). Nem "sobre", nem "como", então, apenas "com"; uma interlocução que se aprofunda em intercogitação. Uma especulação que atravessa o espelho:

> [Alice] começou então a olhar em volta, e notou que *tudo que podia ser visto da lá velha sala era muito comum e sem interesse, mas que o resto era o mais diferente possível.* Por exemplo, os quadros na parede perto do fogo pareciam ser todos vivos e o próprio relógio da lareira (vocês sabem: do outro lado do espelho só se podia ver as costas dele) tinha a cara de um homenzinho com um arreganho sorridente. "Esta sala não está tão bem arrumada como a outra", pensou Alice...[11]

A reflexão aliciana se insere em uma autêntica pesquisa de campo. E uma das conclusões preliminares (e como sabemos, também definitiva) da sua pesquisa é que o diferente é outra coisa que o simples inverso do mesmo. O que não se vê *de* nossa própria sala — e *da* nossa própria sala — é onde começa "o mais diferente possível", as diferenças que desarrumam nossa ordem doméstica e nossas verdades caseiras. Isto é algo que nos ensinou Marilyn Strathern, a/o antropóloga/o que encarna mais perfeitamente o destemor epistemológico da segunda *Alice* de Carroll, esta que atravessou o espelho *sem quebrá-lo*. Pois é importante que o espelho permaneça "ali", enviando imagens parciais de uma sala para outra. Imagens que se trocam onde se tocam, pois, ao mesmo tempo que se refletem, elas convidam para que saiamos (que entremos) a ver o que ainda não tem imagem nem reflexo, o que está fora do quadro.[12]

☙

Isso tudo pode soar como se "nós", os antropólogos, estivéssemos unanimemente a pleitear o título de *prima philosophia*, ou algo assim. Nem de longe. Alguns antropólogos contemporâneos, ao contrário, tendem a evitar falar de filosofia, como se fazê-lo implicasse uma traição ao emblema e orgulho de sua profissão, a prática enográfica baseada em

---

11 Lewis Carroll, *Aventuras de Alice no País das Maravilhas; Através do Espelho e o que Alice Encontrou Lá (e outros textos)*, trad. e org. de Sebastião Uchoa Leite. Rio de Janeiro: Fontana/Summus, 1977, p. 143, grifo meu.
12 Marilyn Strathern, *O gênero da dádiva: problemas com as mulheres e problemas com a sociedade na Melanésia*, trad. André Villalobos. Campinas: Ed. da Unicamp, 2019.

uma imersão empática nas realidades vividas dos outros povos. Mas nem por isso eles estão "livres" daquilo sobre o que não falam. Uma acusação que ora e vez se me faz, de importar filosofemas brancos para traduzir o discurso indígena, só aparece quando não é a filosofia de preferência do acusador. O problema não parece ser tanto a intrusão de filosofês nos textos antropológicos, mas o recurso aos autores errados. Certos de meus confrades não se pejam de abundar em Kant, Marx, Husserl, Peirce, Heidegger, Wittgenstein, Merleau-Ponty, Quine, Davidson... usando-os explicitamente ou, como é mais comum, implícita e inadvertidamente. Como acreditam não usar a filosofia, são usados por ela.[13] Mas, por favor, evitemos trabalhos antropológicos que remetam muito claramente ao "sessenta-e-oitismo" ou ao "pós-estruturalismo"![14] Mesmo Lévi-Strauss, que foi tudo menos um entusiasta de '68, e que frequentemente associava sua antropologia estrutural a um certo cientificismo antimetafísico, é visto com suspeita pela academia anglo-saxã. Afinal, ele era excessivamente francês, não era marxista (na verdade, era um grande admirador de Marx, mas quem não é?), e era um hiper-racionalista. Lévi-Strauss não poupava sarcasmos contra a filosofia, especialmente "aquela do seu tempo", como dizia — de Bergson a Sartre, com Derrida na prorrogação — sem que se privasse, por isso, de fazer uma leitura eruditamente filosófica das mitologias indígenas, reconhecendo, por exemplo, Kant na lógica ou Rousseau na moral e na estética do pensamento selvagem.[15] Mas enfim... Considerando-se tudo o que os filósofos dizem de mal da "antropologia", é justo que os antropólogos insistamos sobre o fato (antropológico) de que os limites do discurso

---

13 Em geral (há exceções), nenhum dos filósofos acima, quando explicitamente citado, é posto em diálogo *com* o povo estudado; eles são uma *propriedade* do discurso do antropólogo *sobre* o pensamento alheio.

14 Ver, um exemplo entre muitos, a crítica (com uma discreta autocrítica entre parênteses) de Jadran Mimica — até então um aplicado aplicador de Husserl, Heidegger, Jung e outros a realidades melanésias — em "Un/knowing and the Practice of Ethnography: A Reflection on Some Western Cosmo-ontological Notions and Their Anthropological Aplication" (*Anthropological Theory*, v. 10, n. 3, 2010, pp. 203 e 228).

15 O "kantismo sem sujeito transcendental" de Lévi-Strauss é exaustivamente citado pelos comentadores. Mais interessante, parece-me, é a proximidade desse kantismo estruturalista com certas figuras cosmológicas indígenas — polinésias, no caso —, apontada por Gregory Schrempp em *Magical Arrows: The Maori, the Greeks, and the Folklore of the Universe* (Madison: University of Wisconsin Press, 1992). Sobre Rousseau e Lévi-Strauss, são fundamentais os textos de Bento Prado Jr. reunidos em *A retórica de Rousseau e outros ensaios* (São Paulo: Cosac Naify, 2008).

filosófico são os limites da mitocosmologia dos povos ocidentais — do Mediterrâneo à Germânia e aos seus departamentos de ultramar —, e de que ele não tem qualquer jurisdição sobre o pensamento dos povos de outras terras e outros mares. O que não impede, bem ao contrário, toda sorte de intercurso, intercogitação, intertradução, de inter(re)ferência entre esse discurso e esse pensamento, a farmácia de Platão e a farmácia da terra-floresta.[16] A alternativa a isso são as versões objetivistas ou subjetivistas da colonialidade teórica, como o psicologismo naturalista, o sociologismo antropocêntrico ou o ventriloquismo paternalista.

Metafísica

Alguns anos atrás, topei com a seguinte reflexão, em forma de desabafo, de Isabelle Stengers. Ao lê-la, pensei: "somos dois". É esta:

> Quando lemos os filósofos pensando no que isso [o que eles escrevem] implica para os africanos, os amazônicos... há poucas coisas que escapam. Deus sabe que adoro Deleuze, mas às vezes mesmo a gente pode se sentir incomodada ao ler *O que é a filosofia?*. Ai, ai... [*Oh là*...].[17]

Sim: e se ouvíssemos o que dizem "os africanos" ou "os amazônicos" pensando no que isso implica para a filosofia? Como isso poderia *implicar* a filosofia, a "nossa" filosofia? Haveria algo de novo, de metafisicamente positivo, ou pelo menos de desafiador para a metafísica, clássica ou renovada, descritiva ou reformista, que os povos extramodernos podem aportar?[18] Ou devemos partir do princípio (pois se trata de uma posição de princípio, ou melhor, de uma pressuposição de princípio, a "antropologia espontânea dos filósofos"[19]) segundo o qual o que esses povos têm a dizer é redutível a alguma versão arcaica de nossas doutrinas, algo que a filosofia já pensou, porque ela já sabe o que é o *"Dasein*

---

16 Jacques Derrida, *A farmácia de Platão*, trad. Rogério da Costa (São Paulo: Iluminuras, 2005); Davi Kopenawa e Bruce Albert, *A queda do céu*, op. cit.
17 Isabelle Stengers, "SF antiviral ou comment spéculer sur ce qui n'est pas là", *Cahiers d'enquêtes politiques* (publicação do "Collectif d'enquêtes politiques", Bélgica), 2014, p.114.
18 Falo de uma possível positividade metafísica trazida pela antropologia no sentido bergsoniano de "metafísica positiva": não a busca de verdades eternas, mas um exercício de modificação de nossas pressuposições mais fundamentais, toda vez que somos confrontados com a novidade radical.
19 Parafraseando Althusser e sua crítica (filosófica) à "ideologia espontânea dos cientistas".

mítico", porque já franqueou o abismo que separa o animismo ingênuo "das crianças e de alguns povos do mundo" das versões "críticas" ou "racionais" dos animismos de Leibniz ou Spinoza,[20] ou porque Nietzsche ou Tarde defendem um "antropomorfismo superior"?[21] Porque, em suma, só nossa filosofia tem o endereço e o telefone do Ser Enquanto Tal, alguém que mora muito longe das florestas extramodernas, e que nunca (nem a passeio) cruzou a linha do equador?

Há certas doutrinas filosóficas que sugerem um ar de família com o pensamento "selvagem". Elas recebem vários nomes, a maioria deles pejorativos; todos pertencem a uma linhagem cujo ancestral seria o famoso narcisismo primitivo, a atitude psicológica da humanidade antes que ela entrasse de posse do princípio de realidade e reconhecesse a resistência do mundo ao pensamento: animismo, espiritualismo, vitalismo, antropomorfismo, realismo das ideias, panpsiquismo, panexperiencialismo, idealismo subjetivo, relativismo, culturalismo, subjetalismo, socioconstrucionismo... Há, sem dúvida, ressonâncias interessantes, do ponto de vista da história da filosofia moderna (para não falarmos dos pré-socráticos ou dos neoplatônicos), com certas ideias de Leibniz, ou Schelling, ou Butler, Tarde, James, Bergson, Whitehead, Deleuze. Mas traduzir as ideias amazônicas (por exemplo) em termos filosóficos é ao mesmo tempo demasiado fácil e muito exposto ao equívoco, tanto mais que as metafísicas amazônicas elas próprias giram em torno da tradução e do equívoco. Assim, se recorrêssemos à tipificação dessas metafísicas como vitalistas, caberia acrescentar que se trata de um vitalismo mais-que-biológico, que inclui mortos, montanhas, rios, astros e artefatos. Se animismo ou panpsiquismo, seria preciso determinar etnograficamente o modo de existência (no sentido de Souriau ou Latour) do que se entende por "alma", "espírito" ou por "psiquismo", e portanto o modo de existência do "corpo" e da "matéria", que são os correlatos do "espírito" em *nossa* metafísica. Se um platonismo selvagem, haveria que se imaginar um outro tipo de "inversão do platonismo", onde a Ideia é uma versão excessiva e monstruosa da cópia.[22] Se "subjetalismo", haveria que saber o que significa um sujeito para esse pensa-

---

20 Renée Bouveresse, *Leibniz et Spinoza, l'idée d'animisme universel*. Paris: Vrin, 1992, p. 10.
21 Pierre Montebello, *Métaphysiques cosmomorphes. La fin du monde humain*. Dijon: Les Presses du réel, 2015, p. 88.
22 Eduardo Viveiros de Castro, "Esboço de cosmologia yawalapíti", in *A inconstância da alma selvagem*. São Paulo: Ubu, 2017, pp. 23-74.

mento — e o que significa pensamento.²³ E se "antropomorfismo", enfim, seria preciso começar por admitir que as variantes europeias, amazônicas ou melanésias do *Homo sapiens* não têm o mesmo conceito de *ánthrōpos*, nem como espécie natural, nem como condição sobrenatural. Como já escrevi mais de uma vez a propósito do perspectivismo indígena, ali onde toda coisa pode ser concebida como humana, o "humano" é outra coisa. Uma coisa completamente outra.

...e mitofísica

Segundo o célebre relato de Borges, "Os metafísicos de Tlön não buscam a verdade nem sequer a verossimilhança: buscam o assombro. Julgam que a metafísica é um ramo da literatura fantástica."²⁴ Mas esse metajuízo irônico não deixa de ter algo de reflexivo; afinal, grande parte da obra de Borges, como autor e antologista, é dedicada à literatura fantástica, a começar pelo conto de onde provém essa citação. Quem eram os metafísicos de Tlön, senão Borges e Bioy Casares? É a literatura fantástica que deveria ser tomada como um ramo da metafísica, sua declinação mitofísica. E como propôs outro grande escritor argentino, Juan José Saer, a literatura em geral, a ficção literária, é uma antropologia especulativa.²⁵ Seja como for, ainda que nossa metafísica não termine no assombro (mas como não...), é por ele que ela começa, ou assim disse Aristóteles.

Se a filosofia branca tem por hábito considerar o pensamento indígena como pertencente ao universo do discurso "mítico" ou "mitológico", o procedimento comparativo da antropologia implica tomar a filo-

---

23 Quentin Meillassoux chama de subjetalismo o que entende como sendo uma versão extrema do "correlacionismo" denunciado em *Após a finitude: ensaio sobre a necessidade da contingência* (trad. Lucas Lazzaretti. Rio de Janeiro: 7Letras, 2022). O termo "subjetalismo" aparece, por exemplo, em "Iteration, Reiteration, Repetition: a Speculative Analysis of the Meaningless Sign", trad. Robin Mackay e Moritz Gansen, in Armen Avanessian e Suhail Malik (orgs.), *Genealogies of Speculation: Materialism and Subjectivity since Structuralism*. London: Bloomsbury, 2016, pp. 117-197.
24 Jorge Luis Borges, "Tlön, Uqbar, Orbis Tertius", in *Ficções*, trad. Davi Arrigucci Jr. São Paulo: Cia das Letras, 2007, p. 12.
25 Juan José Saer, "O conceito de ficção", trad. Luís Eduardo Wexell Machado, *Revista Fronteira*, São Paulo, n. 8, julho de 2012, pp. 1-6. Ver sobretudo Alexandre Nodari, *A literatura como antropologia especulativa* (Desterro [Florianópolis]: Cultura e Barbárie, 2024), que desenvolve magistralmente a tese de Saer.

sofia como a "mitologia branca", e analisar as relações de transformação estrutural que a liga às mitologias indígenas.[26] Trata-se menos de tomar o pensamento indígena como prefigurando os grandes filosofemas da tradição europeia que de situar esta tradição na série de variações estruturais da mitopoiese inerente ao humano (e provavelmente ao vivente, quiçá ao existente). Menos ainda se trata de "rebaixar" a filosofia ao mito (ou de "promover" este àquela), mas de situar a reflexão filosófica *sincronicamente* em relação ao discurso mítico, como uma transformação interna ao regime mitopoiético característico da área mediterrânea. Outros regimes, outras transformações, outras mutações: assim, a China, a Índia, ou os grandes sistemas cosmoteológicos de algumas culturas das Américas. Uma "mitologia" realmente mundial deve incluir a filosofia como uma de suas variantes — uma variante algo delicada de se analisar antropologicamente, porque é a mitologia da própria antropologia como disciplina. Não por acaso, Lévi-Strauss escolheu como tema de seu estudo monumental sobre os mitos americanos justamente aquele que é o problema — mitológico e metafísico — central da antropologia, a saber, a "passagem" entre Natureza e Cultura.[27] Se os mitos "se pensam entre si", como disse Lévi-Strauss, e se os mitos "pensam primeiro a sociedade, são um discurso da sociedade primitiva sobre si mesma", como disse Pierre Clastres, então *as sociedades se pensam entre si por via de seus mitos*.[28] É isto que justifica,

---

26 "Mitologia branca" vai aqui em sentido próximo, mas não idêntico, ao de Jacques Derrida em "A mitologia branca", in *Margens da filosofia*, trad. Joaquim Torres Costa e António M. Magalhães. Campinas: Papirus, 1991, pp. 249-313) Recorde-se sempre que "mito" é um dos conceitos inaugurais da filosofia, o diacrítico que a define como o discurso anti-mitológico por excelência. Assim, na noção equívoca de "mitologia" (originalmente "discurso *sobre* o mito", e por catacrese posterior, "discurso *do* mito") o *logos* está em tensão dialética com o *mythos*.

27 Seu curso no Collège de France que deu origem às *Mitológicas* se intitulava "Representações míticas da passagem da natureza à cultura". Ao relativizar a interpretação ontológica da distinção Natureza/Cultura, que comandava *As estruturas elementares do parentesco* [1949]) em favor de seu valor "principalmente metodológico" n'*O pensamento selvagem* [1962]) e, nas grandes e pequenas *Mitológicas* [1964-1991]), de seu valor essencialmente etnográfico, Lévi-Strauss realizou uma operação de *delegação* que outros viriam a repetir, décadas mais tarde (ver adiante).

28 Claude Lévi-Strauss, *O cru e o cozido*, trad. Beatriz Perrone-Moisés. (São Paulo: Cosac Naify, 2004, p. 31); Pierre Clastres, "Infortúnio do guerreiro selvagem", in *Arqueologia da violência: pesquisas de antropologia política*, trad. Paulo Neves. (São Paulo: Cosac Naify, 2004, p. 293).

melhor, que define a antropologia como uma ciência política.[29] Pois nenhuma sociedade, primitiva ou outra, pensa sobre si mesma sem imaginar como ela poderia ser outra, isto é, sem pensar (em) outras sociedades. Tal é a tarefa dos mitos, que, como sabemos, não são jamais de uma sociedade, pois viajam entre sociedades e línguas, e são uma perspectiva sobre sociedades e línguas outras.[30] Outros diriam: os mitos estabelecem (e exprimem) conexões parciais *através* das diversas superfícies especulares (e especulativas) de contato, direto ou indireto, que ligam (e separam) todos os coletivos do planeta.[31]

As transformações que permitem "passar" de um sistema filosófico a outros são exatamente como as transformações que permitem passar de um mito a outros — e assim também do mitema ao filosofema, da "figura" ao "conceito" e vice-versa. Não é só Bergson que pensa como os Sioux;[32] é todo sistema filosófico que pode ser situado dentro de um grupo de transformações que abarca toda a extensão do campo transcendental. O conceito é uma forma da figura porque toda ideia emite uma figura — e a história da filosofia não abolirá o acaso. Penso ter sido isso que motivou o desabafo de Stengers acima citado: ela certamente se referia ao capítulo "Geofilosofia" do livro de Deleuze e Guattari, no contraste ali desenvolvido entre o conceito imanente, inventado na Grécia, e a figura transcendente com que pensam — alguns diriam, com que se contentam? — os povos que têm, literalmente, *outras ideias*. Esse contraste, nos termos em que é formulado, colide com o espírito do capítulo. A questão não é a de saber se as ideias dos outros "são" conceitos, mas sim se elas podem mudar "o modo como pensamos, agora",

---

29 Este é o argumento de Ghassan Hage em defesa da antropologia dos povos extramodernos ("Critical Anthropological Thought and the Radical Political Imaginary Today", *Critique of Anthropology*, v. 32, n. 3, 2012, pp. 285-308.) Ver o capítulo "O mal-estar na natureza" do segundo volume desta coletânea.

30 "Encarado de um ponto de vista empírico, todo mito é a um tempo primitivo em relação a si mesmo e derivado em relação a outros mitos; não se situa em uma língua e em uma cultura ou subcultura, mas no ponto de articulação destas com outras línguas e outras culturas. De modo que o mito nunca é *de sua língua*, é perspectiva sobre uma *língua outra*..." (Claude Lévi-Strauss, O homem nu, trad. Beatriz Perrone-Moisés. São Paulo: Cosac Naify, 2011, p. 622, itálicos no original).

31 Marilyn Strathern, *Partial Connections* (Walnut Creek CA: Altamira Press, 2004); Marisol de la Cadena, *Seres-terra: cosmopolíticas em mundos andinos*, trad. Caroline Nogueira e Fernando Silva e Silva (Rio de Janeiro: Bazar do Tempo, 2024).

32 Claude Lévi-Strauss, *Totemismo hoje*, trad. Malcolm Bruce Corrie. Petrópolis: Vozes, 1975, p. 102.

transformando nossos conceitos, e criando, de passagem, outros conceitos de conceito. O onirismo extrospectivo da figura xamânica desterritorializa o onanismo introspectivo do conceito filosófico. O primeiro — uma rigorosa disciplina do sonho, um atletismo da imaginação — se instala de saída no *Great Outside*, o "Grande Fora", o exterior *do* pensamento (que os realistas especulativos preferem pensar como sendo exterior *ao* pensamento); o segundo precisa pensar um bocado para chegar até lá. E a questão essencialmente geofilosófica — logo, necessariamente etnográfica — que resta é a de saber o que e quem habita o exterior, o "lado de fora" metafísico dos povos que são exteriores *ao* nosso modo de pensar, povos que o colonialismo incluiu no exterior *do* nosso modo de pensar. Povos, enfim, que vivem exilados no interior de nosso exterior, gente do fora, forasteiros que não se consideram concidadãos dos santos e familiares de Deus.[33]

᳐

Escrevi, anos atrás, que há uma longa tradição na história da filosofia em que selvagens imaginários foram usados para fazer filosofia "real", e que, por reciprocidade, a antropologia se sente no direito de convocar "selvagens" reais para ajudá-la a fazer um pouco de filosofia imaginária.[34] A ênfase aqui está tanto no "imaginária" quanto na "filosofia", pois cada vez mais se torna premente a necessidade de imaginarmos, em outras palavras, de sonharmos, no sentido xamânico, uma transmetafísica, uma mitofísica capaz de pensar, com os instrumentos matemágicos combinados do mito e da física, o pesadelo planetário em curso, em toda a sua dimensão de fato existencial total. Trata-se, em suma, de pensar a metafísica como investigação intrinsecamente comparativa e variacional, como defende Patrice Maniglier, dotada de uma mobilidade "transumwéltica", como formula Gabriel Catren, e atenta à natureza termodinâmica, entropológica, do espírito do capitalismo, como propõe Marco Antônio Valentim.[35] Aceitar jogar bola no campo

---

33 Efésios, 2:19.
34 Ver o capítulo 1 ("O nativo relativo"), neste volume.
35 Gabriel Catren, *Pleromatic, or Elsinore's trance*, trad. Thomas Murphy (Falmouth UK: Urbanomic, 2023); Patrice Maniglier, "Anthropological Meditations: Discourse on Comparative Method" (in Pierre Charbonnier, Gildas Salmon e Peter Skafish, orgs.,

dos filósofos, ao mesmo tempo trazendo-os para o "nosso" campo, o de uma alterantropologia ontologicamente anarquista, isto é, contraontológica, posição de princípio da prática da antropologia como descolonização permanente do pensamento. Geofilosofia, mas agora no pleno sentido da expressão: uma filosofia capaz de intercogitar-se com as cosmopolíticas dos povos da terra, os "indígenas" — aqueles povos que são o corpo da Terra em forma humana.

A "virada ontológica"

No volume coletivo *Thinking Through Things*,[36] graças ao qual a expressão "virada ontológica" adquiriu sua controversa popularidade na antropologia, os organizadores falavam de uma "revolução silenciosa" que seria liderada por autores como Wagner, Latour, Gell, Strathern e eu mesmo.[37] Raras vezes o adjetivo "silencioso" conseguiu provocar tanto barulho. No que consistia essa revolução? Ela seria uma "mudança de foco, que se deslocou de questões epistemológicas para questões de ontologia".[38] A mudança é mencionada, nestes termos, nas páginas finais das conferências que apresentei em Cambridge, em 1998, sobre o "perspectivismo" amazônico.[39] Anos depois, fui me dar conta de que

---

Comparative Metaphysics: Ontology after Anthropology. Lanham: Rowman & Littlefield International, 2017, pp. 109-131); Marco Antonio Valentim, *Antropoceno e termodinâmica do pensamento: introdução à entropologia* (Desterro [Florianópolis]: Cultura e Barbárie, 2024).

36 Amiria Henare, Martin Holbraad e Sari Wastell, *Thinking Through Things: Theorising Artefacts Ethnographically*. Londres: Routledge, 2007.

37 O tema da "virada ontológica" foi desenvolvido, dez anos depois, no livro de Martin Holbraad e Morten Pedersen, *The Ontological Turn: An Anthropological Exposition* (Cambridge: Cambridge Univserity Press, 2017), onde os autores expõem lucidamente suas diferenças e concordâncias face a meu trabalho, inclusive ao artigo que é uma das fontes do presente texto ("Who is Afraid of the Ontological Wolf", *Cambridge Anthropology*, v. 33, n. 1, 2015, pp. 2-17).

38 Amiria Henare, Martin Holbraad e Sari Wastell. *Thinking Through Things*, op. cit. p. 8.

39 "Cosmological Perspectivism in Amazonia and Elsewhere", incluído em Eduardo Viveiros de Castro, *The Relative Native: Essays on Indigenous Conceptual Worlds* (Chicago: Hau Books, 2015, pp. 191-294). Cinco anos depois, Holbraad e Pedersen me convidaram a redigir com eles o *position paper* de uma mesa-redonda sobre a "virada ontológica" na reunião anual da Associação Americana de Antropologia, em 2013. As comunicações à mesa e o debate posterior podem ser consultados na página https://culanth.org/fieldsights/series/the-politics-of-ontology.

outros, muito mais competentes que eu, haviam caracterizado a mutação filosófica que marcou a Era Moderna pelo deslocamento inverso, a saber, da "ontologia" à "epistemologia" (no sentido geral de gnoseologia), que passava a ser o domínio privilegiado da filosofia crítica e mais tarde das ciências humanas, à medida que as questões sobre a constituição última da realidade iam sendo entregues à jurisdição das ciências físicas. O argumento daquelas páginas finais era de que estava na hora de admitir a exaustão da episteme moderna (e de sua versão pós-), o que implicava reavaliar as consequências do deslocamento inaugural. Eu observava, em particular, o enfeudamento da antropologia social ao paradigma crítico kantiano, e sugeria a oportunidade de uma retomada do interesse especulativo por questões e temas pré-modernos, suscitado por nossos materiais etnográficos. Lembro que o "realismo especulativo" e sua guerra ao "correlacionismo" ainda não existiam, ao menos publicamente, em 1998.

A convocação à *irredução*[40] do real alheio feita nas conferências de Cambridge, em parte inspirada por Latour (e outros), pretendia superar a "crise da representação" que havia jogado a antropologia, a partir dos anos 1970, nos braços da impossibilidade, quando não da imoralidade — o tema pós-modernista de *A escrita da cultura*[41] —, mas ao mesmo tempo se recusava a identificar a disciplina a uma empresa de naturalização positivista da epistemologia, como propugnavam as tendências cognitivistas da época. O apelo à "ontologia" não questionava, como o fazia a crítica pós-modernista, a legitimidade das credenciais do *sujeito* epistêmico, com suas reivindicações de transparência representativa e sua elocução monológica. Ele visava, ao contrário, o estatuto do *objeto* etnográfico, a saber, o discurso do outro, tradicionalmente reduzido ao estatuto de "representação coletiva", de tela que vela a verdade do real acessível ao antropólogo (e à cultura científica de que ele, justamente, é o *representante*). A essas concepções correntes da antropologia como decifração de significados mais ou menos alegóricos, ou exibição de ilusões mais ou menos necessárias, contrapus a sugestão de que deveríamos passar de uma crítica epistemológica da *autoridade* etnográfica

---

40 Bruno Latour, "Irréductions", in *Pasteur: guerre et paix des microbes (suivi de Irréductions)*. Paris: La Découverte, 2011.
41 James Clifford e George E. Marcus (orgs.), *A escrita da cultura: poética e política da etnografia*, trad. Maria Claudia Coelho. Rio de Janeiro: Ed. da UERJ; Papéis Selvagens Edições, 2016.

para a determinação ontológica da *alteridade* etnográfica.

Já contei essa história muitas vezes. Acrescentaria apenas que a "virada" respondia a dois estímulos.

O primeiro foi a mencionada crise da representação, que desestabilizou a cisão sujeito/objeto e complexificou dois outros dualismos, que, assim como este primeiro, são versões do fundamento convencionalizante da etnoantropologia ocidental, a distinção Cultura/Natureza: a *summa divisio* entre pessoas e coisas (ou entre humanos e não humanos), de um lado, e o hiato entre sentido e referência (ou entre conceitos e objetos), de outro. Sabemos como *O gênero da dádiva*, aprofundando a lição de Mauss, decompôs o quadro pressupositivo pessoas/coisas.[42] Ao fazer com que as formas melanésias de socialidade, tais como manifestas em suas práticas de conhecimento, contra-analisassem ativamente nossos próprios pressupostos ontológicos, ao invés de serem passivamente analisadas por estes, *O gênero da dádiva* nos confrontou com uma perspectiva inteiramente nova sobre alguns dos princípios mais caros de nossa economia (cosmo)política, no que concerne à produção, ao gênero, ao trabalho e à propriedade — para não falarmos na "sociedade" e no "indivíduo". Quanto ao "salto mortal" entre sentido e referência (ou linguagem e mundo), reportemo-nos à semiótica visionária de Roy Wagner, que sutura o abismo entre o signo e o referente e o determina como processo de coprodução recíproca, em que os particulares concretos (a "realidade realmente existente") são reconceitualizados como "símbolos que representam a si mesmos".[43] A semiótica de Wagner também pode ser vista como antecipatória do conceito de "conceito material" desenvolvido por Holbraad e os demais autores de *Thinking Through Things*, por intermédio do qual os conceitos-como-representações são redeterminados pela figura bifronte dos conceitos-como-coisas (dotados de eficácia material) e das coisas-como-conceitos (dotadas de capacidades semióticas).

O segundo estímulo foi a emergência dos *Science and Technology Studies*, os Estudos de Ciência e Tecnologia. A descrição etnográfica das ciências — tanto da prática efetiva das ciências quanto dos usos epistemopolíticos da palavra "ciência" no singular, e com inicial maiús-

---

42 Marilyn Strathern, *O gênero da dádiva*, op. cit.
43 Roy Wagner, *Symbols that Stand for Themselves* (Chicago: The University of Chicago Press, 1986) — título que poderíamos traduzir como "Símbolos que estão em seu próprio lugar".

cula — teve consequências profundas para a antropologia. Isso por uma razão simples, mas de longo alcance: a oposição intramoderna entre ciência e não ciência é um modelo[44] da divisória mais ampla que separa a modernidade ocidental dos pré-modernos, os bárbaros, os primitivos, os indígenas. Este é o gesto fundador da "nossa" era: a identidade do "Ocidente moderno" repousa sobre essa duplicação segmentar da exterioridade. Por esse motivo, toda tentativa de investigar empiricamente como a ciência estabelece sua diferença absoluta para com a política (e a opinião, a religião, a ideologia) ameaça a outra grande divisão, aquela entre Nós e Eles, modernos e não modernos, e por vezes "até mesmo" aquela entre humanos e não humanos.[45] É deste modo que a epistemologia se converte, silenciosamente, em ontologia. A antropologia das ciências não aboliu a distinção entre ciência e não ciência (sob o pretexto da distinção ser, digamos, não científica); ao contrário, ela multiplicou e diferenciou essa distinção massiva em uma nuvem de práticas com demandas e obrigações específicas: multiplicaram-se as transições, observaram-se as continuidades, perceberam-se os compromissos; simetrias foram proclamadas. Esse novo estado das coisas tornou todas as fronteiras, tanto internas quanto externas, muito mais permeáveis. A alteridade foi deslocalizada. O "outro" ocidental deixou de ser ao mesmo tempo mera cultura e pura natureza: deixou de ser o portador de uma cultura rudimentar, que representava distorcidamente a Natureza "lá fora" (o Grande Fora cósmico); e deixou de ser uma manifestação imediata da natureza da Espécie (o Grande Dentro psíquico), cuja estrutura evolutiva seria, assim imaginava a Ciência, mais facilmente acessível por meio do exame dos modos de vida de povos iletrados.

❦

Em um balanço da discussão sobre a virada ontológica, Morten Pedersen observou a "incredulidade e espanto" com que muitos prati-

---

44 Ao mesmo tempo um "modelo de" e um "modelo para". Essa distinção de Geertz é utilizada no capítulo 5 ("Modelos e exemplos") do segundo volume desta coletânea.
45 O encadeamento de exclusões que desenham em espaço negativo o rosto do Homem Ocidental Moderno é condenado no conhecido parágrafo de Lévi-Strauss sobre o "ciclo maldito" ("Jean-Jacques Rousseau, fundador das ciências do homem", in *Antropologia estrutural dois*, trad. Beatriz Perrone-Moisés. São Paulo: Cosac Naify, 2013, p. 53).

cantes de nossa disciplina receberam a introdução do termo ontologia no discurso antropológico contemporâneo, dada a sua "conotação metafísica, essencialista e absolutista" (ele estava parafraseando um artigo de Webb Keane, mas o sentimento de indignação é bem mais geral).[46]

"Ontologia" não é a única palavra saturada de filosofia em uso pelos antropólogos. Não só o próprio nome de nossa disciplina é uma combinação de *dois* conceitos metafísicos, essencialistas etc., como falamos tranquilamente de "política", "economia" ou "mito" sem sentir ou provocar arrepios.

Seja como for, a palavra e o conceito de ontologia não chegaram ontem na prosa antropológica: basta recordar o conhecidíssimo artigo de Irving Hallowell, publicado há várias décadas.[47] Tampouco foi uma criação exclusiva de uma certa "panelinha de Cambridge", como um crítico anônimo apelidou os autores de *Thinking Through Things* e a mim (com a sombra maligna de Marilyn Strathern por trás de tudo, de algum modo). "Ontologia", em seus diferentes, mas conexos sentidos, passou a frequentar, mais ou menos ao mesmo tempo, os Estudos de Ciência e Tecnologia,[48] os trabalhos de filósofos e historiadores das ciências,[49] e a ocorrer na pena de antropólogos de muito diversa orientação.[50] Note-se, por fim, que as correntes cognitivistas de minha disciplina parecem sentir-se perfeitamente à vontade com o conceito — por elas utilizado, escusado dizer, em seu sentido "metafísico, essencialista e absolutista".

A palavra "ontologia" pode ser encontrada hoje em revistas de ciência política, no jargão da programação de computadores, no campo da Inteligência Artificial. Seu significado nessas outras áreas varia muito, obviamente, mas para além de tal diversidade, a popularidade atual do conceito reflete duas mudanças profundas no espírito da época: primei-

---

46 Morten Pedersen, "Common Nonsense: A Review of Certain Recent Reviews of the 'Ontological Turn'" (*Anthropology of this Century*, v. 5, 2012); Webb Keane, "On Multiple Ontologies and the Temporality of Things", *Material World blog*, 7 July 2009.
47 Irving Hallowell, "Ojibwa Ontology, Behavior and World View", in Stanley Diamond (org.), *Culture in History: Essays in Honor of Paul Radin*. New York: Columbia University Press, 1960, pp. 49-82.
48 Annemarie Mol, John Law, Bruno Latour, Andrew Pickering, Casper Jensen...
49 G.R. Lloyd, Ian Hacking, Peter Galison...
50 Philippe Descola, Michel-Rolph Trouillot, Michael Scott, Mauro Almeida, Ghassan Hage, Elizabeth Povinelli, Marisol de la Cadena, Mario Blaser, Naoki Kasuga...

ro, o já referido exaurimento do *nomos* criticista; segundo, o enfraquecimento da hierarquia entre ciências naturais e ciências humanas. Ela expressa, talvez acima de tudo, o sentimento crescente de que nossa própria ontologia oficial, aquela estabelecida pela "revolução científica" do século XVII, não somente se tornou obsoleta com as sucessivas reviravoltas científicas e artísticas do começo do século XX, como revelou sua afinidade cúmplice com o dispositivo sociotécnico capitalista em suas "implicações" imperialistas e colonialistas, etnocidas e ecocidas. Talvez o conceito de ontologia tenha se tornado novamente interessante neste momento em que começam a desabar as fundações materiais e espirituais da matriz antropológica ocidental. Isso tem levado, aliás, a uma tendência a se aceitar a inflexão plural da palavra e da "coisa", seja adjetivamente (a defesa de uma ontologia *pluralista*), seja substantivamente (o conceito de um *pluralismo* ontológico), como tem levado a uma abertura pós-plural em direção à "anarquia ontológica", tema que tomei emprestado de Hakim Bey,[51] mas que se pode reconhecer em filósofos como Reiner Schürmann, Foucault, Derrida ou Agamben.

Como observou Catherine Malabou, ao comentar a obra dos filósofos supracitados, nem toda posição ontologicamente anárquica implica uma defesa do anarquismo político — ponto muito importante.[52] Mas tampouco é incomum que o anarquismo político pretenda se fundar em um monarquismo ontológico (chamado eufemisticamente de "realismo" ou coisa parecida): nem todos os anarquistas, no sentido político, estão preparados para aceitar a ideia de que o único sentido viável da ideia de ontologia, "agora", depende de uma compreensão da alteridade e da equivocação como insubsumíveis a qualquer ponto de vista transcendente. (A própria ideia de um ponto de vista transcendente é um oxímoro, fora da teologia.) A afirmação da alteridade, do "ser-enquanto-outro" como *condição* do "ser-enquanto-ser", e da equivocação, ou passagem da variação *da* verdade à variação *como* verdade, não é necessariamente equivalente à postulação de *uma* ontologia, mesmo que pluralista, nem de *muitas* ontologias mais ou menos monistas. Ela implica a redefinição de questões e conflitos ontológicos como ques-

---

51 Hakim Bey (Peter Lamborn Wilson), *TAZ: The Temporary Autonomous Zone. Ontological Anarchy, Poetic Terrorism*. New York: Autonomedia, 1991. A noção de anarquia ontológica é retomada no capítulo 5 do segundo volume desta coletânea.
52 Catherine.Malabou, *Au voleur! Anarchisme et philosophie*. Paris: PUF, 2022.

tões políticas, na medida em que o "plano" ou o "elemento" da ontologia só emerge em contextos de fricção e divergência entre conceitos, práticas e experiências coletivas, dada a ausência absoluta de qualquer árbitro exterior e superior. As diferenças ontológicas, para irmos ao finalmente, são diferenças políticas porque implicam uma situação de conflito ou "guerra" — não uma guerra de palavras, como parecia sê-lo nos tempos da virada linguística, mas uma guerra de mundos. Daí a súbita e premente insistência no teor ontológico de nossas descrições etnográficas, num contexto em que o mundo criado pela máquina capitalista, e violentamente imposto aos outros mundos de povos outros, está à beira de um lento, doloroso e sórdido fim de partida.[53]

~

O programa "ontológico" tinha uma ideia razoavelmente clara das mudanças que pretendia produzir em resposta aos estímulos mencionados páginas atrás. Ele agora dispõe de uma abundância de resultados, tanto etnográficos como teóricos, para apresentar como evidência de que foram respondidos à altura. Há um terceiro "estímulo", contudo, que se encontra ainda à nossa frente, um desafio formidável, melhor dizendo: uma ameaça cosmopolítica que problematiza a própria ideia de antropologia, e isso de um modo totalmente inédito. Refiro-me, obviamente, ao sentimento de que há *agora*[54] um problema novo, grande, global, maior, que confronta todos nós; mais que isso, que conjura e ao mesmo tempo problematiza radicalmente o referente desse "todos nós". Há, hoje, um consenso virtualmente universal entre os climatólogos e demais especialistas no chamado "sistema Terra" que a Revolução

---

53 Ver os artigos de Mauro Almeida, "Caipora e outros conflitos ontológicos" e "Anarquismo ontológico e verdade no Antropoceno", incluídos em seu *Caipora e outros conflitos ontológicos* (São Paulo: Ubu, 2021) e os não menos importantes de Casper Jensen ("Practical Ontologies Redux", *Berliner Blätter*, v. 84, 2021, pp. 93-104), Mario Blaser ("Ontological Conflicts and the Stories of Peoples in Spite of Europe: Towards a Conversation on Political Ontology", *Current Anthropology* v. 54, n. 5, 2013, pp. 547-568), e o debate Blaser-Jensen ("Political Ontology and Practical Ontology. Continuing a Debate", *Berliner Blätter*, v. 84, Supplement, 2023, pp. S1-S12).

54 Este parágrafo foi escrito em 2014, quando ainda parecia necessário sublinhar que "havia um problema". Ver Déborah Danowski e Eduardo Viveiros de Castro, *Há mundo por vir? Ensaio sobre os medos e os fins*. Desterro;/São Paulo: Cultura e Barbárie; Instituto Socioambiental, 2014.

Industrial e a demanda exponencial de matéria e energia modificou o comportamento termodinâmico do planeta, que se manteve estável durante todo o Holoceno. Isso tornou dramaticamente real a transcendência negativa do "mundo" em relação à "humanidade", justo porque esta deixou de ser um agente biológico dentre outros e se tornou uma força geofísica de grande magnitude.[55] A metafísica começou a disputar terreno com a física quando a "cultura" e a "natureza" trocaram seus lugares tradicionais de, respectivamente, figura e fundo. A difusão dessa tomada de consciência reforçou a insatisfação, que vem crescendo desde a virada do século, com a metafísica construtivista moderna, com suas implicações antropocêntricas e ecotóxicas, e ajudou a lançar a versão propriamente filosófica da virada ontológica, também chamada de virada especulativa ou realismo especulativo, a que me referi acima.

Deixarei o comentário sobre a relação entre a virada ontológica e a preocupação ecológica para outra oportunidade; observo apenas que estou convencido de que nas sombrias décadas por vir, o fim do mundo tal como o conhecemos — *as we know it*, como eles dizem na anglosfera — é uma possibilidade cada vez mais provável. "Sombras chegando, prenunciando sombras ainda mais sombrias por chegar".[56] E quando esse tempo chegar (suspeito que já chegou), teremos muito a aprender com aqueles povos cujo mundo terminou muito tempo atrás. Pense-se nos povos indígenas das Américas, cujo mundo acabou cinco séculos atrás. Sua população se reduziu, em um século e meio, a algo perto de 5% daquela de 1491. Ainda assim, eles aprenderam a viver em um mundo que não é mais o mundo "tal como o conheciam". Não sei se "nós" saberemos. Mas talvez seja como profetizava Russell Means, o líder rebelde Lakota:

> [Q]uando a catástrofe terminar, nós, os povos indígenas americanos, ainda estaremos aqui para habitar o hemisfério. Mesmo que seja apenas um punhado de pessoas vermelhas vivendo no alto dos Andes, o povo indígena americano sobreviverá e a harmonia será restabelecida. *Isso* é revolução.[57]

---

55 Dipesh Chakrabarty, "O clima da história: quatro teses", op. cit.
56 "*Shadows coming, foreshadowing deeper shadows to come*" (Herman Melville, *Benito Cereno*.)
57 Russell Means, "The Same Old Song", in Ward Churchill (org.), *Marxism and Native*

Enfrentemos a questão de saber se "há" uma só ou várias ontologias. É como em *Mil platôs*: um só, ou vários lobos?[58] Em princípio, diferentes teorias antropológicas podem ter pressupostos ontológicos específicos — os processos, relações e objetos que cada teoria postula como constituindo seu campo de realidade —, em sentido análogo ao que se diz que cada teoria física está associada a uma ontologia específica.[59] Do ponto de vista descritivo ou interpretativo, há tantas ontologias quantas "culturas" se queira, isto é, que o antropólogo defina como sua unidade pertinente de análise. Não porque "ontologia é só mais uma palavra para cultura",[60] mas porque "cultura" talvez sempre tenha sido apenas mais uma palavra para "ontologia" — uma ontologia da qual se amputou a natureza. Cultura, em seu sentido antropológico informal, é a ontologia dos pobres, dos sem-natureza, aqueles povos ou classes sem acesso à verdade da natureza, ao contrário de "nós", os concidadãos e familiares da Ciência. A única noção autenticamente ontológica de cultura que conheço é a de Roy Wagner, porque ela compreende a variação de naturezas em paralelo à de culturas.[61] O conceito de "ontologia", tal como o emprego, é uma máquina de guerra antiepistemológica *e* contracultural, nos *dois* sentidos desta última palavra. Se ela fosse "apenas mais uma palavra" para qualquer coisa, sugeriria que o fosse para "natureza", um vocábulo cuja pluralização gramatical frequentemente provoca o mesmo desconforto que no caso de "ontologia(s)". Daí minha proposta de um "multinaturalismo" como o correlato do perspectivismo indígena. O multinaturalismo é uma defesa etnograficamente fun-

---

Americans. Boston: South End Press, 1983, pp. 19-33.

58 Gilles Deleuze e Félix Guattari, "1914 – Um só ou vários lobos?", in *Mil platôs. Capitalismo e esquizofrenia*, vol.1), trad. Aurélio Guerra e Celia Pinto Costa. São Paulo: Ed. 34, 1995, pp. 37-50.

59 Assim, por exemplo, a noção equívoca de "relação" tem interpretações ontológicas bastante diferentes — ela denota "coisas" distintas — nas antropologias de Radcliffe-Brown, de Lévi-Strauss e de Strathern.

60 Michael Carrithers et al., "Ontology is just another word for culture". *Critique of Anthropology*, v. 30, n. 2, 2010, pp. 150-201.

61 Roy Wagner, *A invenção da cultura*, trad. Marcela Coelho de Souza e Alexandre Morales. São Paulo: Cosac Naify, 2010.

damentada do argumento segundo o qual, se os antropólogos parecem confortáveis com um "universo inchado" (*a bloated universe*) quando se trata de culturas,[62] em nome do quê exatamente se os proibiria de admitir um universo natural também "inchado"? E que tal chamá-lo, ao invés, de "um universo não anoréxico", e assim, como propõem Stengers e Debaise, inspirados em W. James, "resistir ao emagrecimento do mundo"?[63]

Mas a questão, de alguma maneira, persiste. Qual o número gramatical de "ontologia"? Trata-se de um nome contável, ou de algum tipo de nome de massa? Ele aceita um plural indefinido, ou deve ser flexionado no dual (como na distinção que faço, com Sahlins, entre animismo e naturalismo)?[64] Ele aceita um plural paucal, trial, ou talvez quadral, como na taxonomia quadripartite de Descola?[65] Isso para não falar da já mencionada ontologia pós-plural, interdiscursiva, fractal, independente de escala, em perpétuo deslocamento, desenvolvida pela antropologia d'*O gênero da dádiva* ou de *Partial Connections*. A ontologia funciona melhor como adjetivo (ontológica/o) do que como substantivo? As ontologias se comportariam como sólidos impenetráveis, solipsisticamente recolhidos em sua própria incomensurabilidade? Ou, como Jensen e Morita sugerem, falando da versão japonesa da "virada", exibiriam elas "interações complexas por meio das quais diferentes ontologias estão constantemente *interferindo de modo ativo umas nas outras,* [...] as ontologias nunca são hermeticamente fechadas, mas sempre parte de engajamentos múltiplos"?[66] Simpatizo muito com esta última formulação; acrescentaria apenas que, por vezes, pode ser

---

62 Refiro-me aqui a uma expressão de Quine que Paolo Heywood utiliza contra a "virada" em "Anthropology and What There Is: Reflections on 'Ontology'", *Cambridge Anthropology*, v. 30, n. 1, 2012, pp. 143--51).
63 Isabelle Stengers e Didier Debaise, "Résister à l'amincissement du monde". *Multitudes* 85. Hiver 2021 (https://www.multitudes.net/resister-a-lamincissement-du-monde/). É como advertia Whitehead: "A filosofia não pode negligenciar a multivariedade do mundo — as fadas dançam, e Cristo está pregado na cruz." (*Process and Reality: An Essay in Cosmology*. New York: The Free Press, 1978, p. 338).
64 Ver aqui o capítulo 1 ("O nativo relativo"), e Marshall Sahlins, "On the Ontological Scheme of *Beyond Nature and Culture*." Hau: *Journal of Ethnographic Theory*, v. 4, n. 1, 2014, pp. 281-290.
65 Philippe Descola, *Para além de natureza e cultura*, trad. Andrea Daher e Luiz César de Sá. Niterói: Eduff, 2023.
66 Casper Bruun Jensen e Atsuro Morita, "Anthropology as Critique of Reality: A Japanese Turn". *Hau: Journal of Ethnographic Theory*, v. 2, n. 2, 2012, p. 366, itálicos no original).

pragmaticamente, ou seja, politicamente importante descrever "ontologias" como blocos de pressuposições em contradição agressiva com blocos análogos, ou ainda como nebulosas que passam uma através da outra no pré-espaço do caos sem qualquer interferência mútua, como o terrano e o marciano no episódio "Encontro Noturno" d'*As crônicas marcianas*.[67]

Em um texto que coassino com Holbraad e Pedersen, escrevemos: "A antropologia *da* ontologia é antropologia *como* ontologia; não a comparação *de* ontologias, mas a comparação *como* ontologia".[68] Essa formulação adversativa procurava afastar ao máximo qualquer sinonímia entre "ontologia(s)" e "cultura(s)", bem como marcar uma diferença em face da tipologia de Descola.[69] Parafraseando Lévi-Strauss, pode-se dizer que a noção de ontologia é tomada aqui em um sentido "principalmente metodológico"...

Não posso deixar de fazer uma ressalva a essa ressalva. Conforme argumentei em outro lugar, *o que a antropologia compara são comparações*; a comparação antropológica e as comparações intra e interssocietárias em que consiste a "cultura" ou a "mitologia" são operações de mesma natureza.[70] A comparação "*como* ontologia" que definiria a antropologia é indissociável da comparação antropológica "*de* ontologias", porque "toda antropologia é uma transformação das antropologias que são seu objeto, situadas todas 'no ponto de articulação de uma cultura com outras culturas'".[71]

Patrice Maniglier, após observar que a expressão "metafísica comparada" deve ser interpretada como pleonástica, fez a ousada sugestão de que a antropologia está fadada a ocupar em nosso século o mesmo papel, como ciência modelo e paradigma epistêmico, exercido pela físi-

---

67 Ray Bradbury, *As crônicas marcianas*, trad. Ana Ban e Érico Assis. São Paulo: Francisco Alves, 1980. Sobre o "Encontro noturno", ver o capítulo "Transformações perceptivas e afetivas na Idade da Terra" de Déborah Danowski, em *A chuva desmancha todos os fatos: ensaios de filosofia*. São Paulo: n-1 edições, 2024.
68 Martin Holbraad, Morten Pedersen e Eduardo Viveiros de Castro, "The Politics of Ontology: Anthropological Positions", *Society for Cultural Anthropology*, online, 13 jan. 2014.
69 E perante outros usos do conceito, como a *ontologia política* de Mario Blaser e Marisol de la Cadena, autores de quem, sublinho, me sinto muito próximo.
70 Ver o capítulo 2 ("A equivocação controlada") neste volume.
71 Eduardo Viveiros de Castro, *Metafísicas canibais: elementos para uma antropologia pós--estrutural*. (São Paulo: Cosac Naify; n-1 Edições, 2015, p. 244). A passagem aspeada dentro desta autocitação é de Lévi-Strauss (a mesma citada na nota 31, *supra*).

ca durante o período moderno.⁷² Ela estaria em condições de oferecer uma nova metafísica ao Antropoceno, a época em que a humanidade se tornou ao mesmo tempo uma multiplicidade molecular e um agente molar. Comentando o projeto latouriano de proceder a um inventário dos diferentes modos de existência vigentes na ontologia dos modernos, Maniglier escreve:

> A diferença entre Latour e seus predecessores [os filósofos da primeira modernidade e os pós-modernos] não está em seu conteúdo metafísico, mas no modo em que ele é tematizado: diplomaticamente. Ele é mobilizado para negociar encontros e entrelaçamentos de ontologias, no plural. Essa metafísica é, assim, plenamente antropológica, se definirmos a antropologia como a ciência [*savoir*] que faz uso apenas dos embates vivenciados entre nossas crenças mais profundamente arraigadas, não para produzir um corpo de conhecimentos [*un savoir*] sobre alguma coisa, e sim uma redescrição de nós mesmos à luz da alteridade.⁷³

Na frase lapidar de Wagner: "Toda experiência de compreensão de uma outra cultura é um experimento com a nossa própria". Quando ontologia é só um "outro nome" para cultura, cultura é o nome de toda uma outra coisa.

Delegação

Gildas Salmon, em trabalho apresentado no colóquio "Comparative Metaphysics" (realizado em Cerisy, em 2013), esboçou as linhas gerais de uma história do comparativismo na antropologia, de modo a situar o "programa ontológico" que estava no centro da discussão.⁷⁴ Observando que seria insuficiente definir tal programa como um simples caso de substituição da linguagem da cultura pela linguagem da ontologia, ele o interpretava como sendo uma resposta à crise da pre-

---

72 Patrice Maniglier, "Anthropological meditations: discourse on comparative method", op. cit.
73 Id., "A Metaphysical Turn? Bruno Latour's *An Inquiry Into Modes of Existence*". *Radical Philosophy*, n. 187, 2014, pp. 37-44.
74 Gildas Salmon, "On Ontological Delegation: The Birth of Neoclassical Anthropology", trad. Nicolas Carter, in Pierre Charbonnier, Gildas Salmon e Peter Skafish (orgs.), *Comparative Metaphysics: Ontology after Anthropology*, op. cit., pp. 41-60.

tensão da antropologia ao conhecimento, que teria se iniciado com a já mencionada crítica pós-moderna. Salmon via a crise como relacionada com a *economia da pessoa* ("pessoa" no sentido de sujeito epistêmico) vigente no discurso antropológico — uma crise, isto é, da economia enunciativa da representação etnográfica. A resposta consistiria em uma operação de *"delegação ontológica"*.

O autor explicava a noção de delegação nos seguintes termos. Quando uma operação analítica se torna política ou epistemologicamente muito custosa para ser levada a cabo de modo soberano pelo sociólogo ou antropólogo, este a transfere para os próprios atores. Isso produz uma "reinicialização" completa do procedimento investigativo, forçando o analista a encarar as forças especulativas que provêm dos atores, que se revelam muito mais filosoficamente inclinados (em um sentido amplo) do que usualmente se imagina. A noção de delegação *ontológica* significa que o antropólogo é forçado a tirar do cofre suas pressuposições fundamentais sobre a constituição da realidade, e a testar suas robustez e transportabilidade submetendo-as à análise pelas "práticas de conhecimento" indígenas.[75] Para dizermos de outro modo, ele redefine o seu objeto de estudo (seja ele qual for) como implicando uma contra-antropologia, com seus próprios requisitos e postulados. A antropologia se torna metafísica comparativa, assim como a metafísica se torna etnografia comparada. O desmonte da metafísica da representação se dá de modo muito mais eficaz através da descrição etnográfica de uma altermetafísica do que pela desmistificação, essa operação favorita da crítica pós-moderna.

---

75 Uma observação. Entendo que a noção de "prática de conhecimento", recorrente na antropologia stratherniana (e a comparar, diga-se de passagem, com a "prática teórica" de Althusser e as "práticas discursivas" de Foucault), é um exemplo de delegação ontológica. Em Strathern, ela se realiza sob a forma de uma dissolução da dicotomia entre "teoria" e "prática", em que o conhecimento teórico é subsumido por um conceito geral de prática, ao mesmo tempo que o conhecimento é tomado como um caso analiticamente privilegiado da (noção de) prática. Destaco, por exemplo, o papel desempenhado pela identificação entre "ação (social)" e "análise (social)" em *O gênero da dádiva,* bem como outras subsunções invertidas realizadas nesse livro, como a determinação da produção enquanto modo da troca (a comparar com Kojin Karatani, *The Structure of World History: From Modes of Production to Modes of Exchange,* trad. Michael Bourdaghs [Durham: Duke University Press, 2014]; ou a conceitualização da troca ela mesma como alternação de perspectivas antes que (apenas) como transação material; ou, enfim, a subordinação da oposição "feminino/masculino" ao contraste dialético entre relações cujos termos (pessoas, ações etc.) são de mesmo sexo e relações em que eles são de sexo oposto.

Marilyn Strathern definiu o problema do antropólogo como sendo aquele de "criar uma consciência [*awareness*] de diferentes mundos sociais quando tudo que ele tem à disposição são os termos que pertencem ao seu próprio mundo".[76] Leio isso como o equivalente ao paradoxo contido no propósito de "descrever" — isto é, *criar* na dimensão do conceito — "as condições de autodeterminação ontológica" dos outros povos, quando tudo que temos à nossa disposição são nossos próprios pressupostos ontológicos.[77] Extraio desse paradoxo constitutivo da antropologia um princípio do que poderia se chamar a ética epistemológica da disciplina: *sempre deixe aberta uma saída para o povo que você está descrevendo.*

~

Em uma passagem do capítulo III de *Mil platôs*, os autores evocam o sonho de infância do "homem dos lobos", observando que, embora seu paciente mencionasse a alcateia de lobos que aparecia em seus sonhos, Freud só conseguia ver um único lobo — o Lobo em geral, o lobo como um conceito estático e não como um devir dinâmico:

> Os lobos não tinham qualquer chance de se salvar, de salvar sua matilha: decidiu-se desde o início que os animais podiam servir apenas para representar um coito entre pais, ou, ao contrário, para serem representados por um tal coito. Manifestamente, Freud ignora tudo sobre a fascinação exercida pelos lobos, do que significa o apelo mudo dos lobos, o apelo por devir-lobo. Lobos observam e fixam a criança que sonha; é tão mais tranqüilizador dizer que o sonho produziu uma inversão e que a criança é quem olha cães ou pais fazendo amor. Freud conhece somente o lobo ou o cão edipianizado, o lobo-papai castrado castrador, o cão de casinha, o au-au do psicanalista.[78]

Disciplina da suspeita, como toda ciência social nascida no fim do século XIX, a antropologia conhece esse problema. Quando um xamã

---

76 Marilyn Strathern, "Out of Context: The Persuasive Fictions of Anthropology", *Current Anthropology*, v. 28, n. 3, 1987, pp. 251-281.
77 Eduardo Viveiros de Castro, *Metafísicas canibais*, op. cit., p. 25.
78 Deleuze e Guattari, *Mil platôs*, vol. 1, op. cit., p. 54.

lhe mostra uma flecha mágica que extraiu de um paciente, quando um médium é possuído por um deus, um feiticeiro constrói o boneco de um inimigo, o antropólogo tende a enxergar somente a Sociedade: a "crença", o "fetichismo", o "poder". Como se os brancos só vissem o que conseguem ver de si mesmos — até mesmo quando sonham.[79]

Gostaria de ilustrar essa dificuldade própria de nossa etnoantropologia com um exemplo contemporâneo. Consideremos a seguinte passagem de um artigo de David Graeber, antropólogo que admiro, sobretudo por seu engajamento político. No artigo "Fetishism as Social Creativity" [Fetichismo como criatividade social], Graeber observa, a respeito do poder de certos ídolos dos Merina de Madagascar:

> *É claro* que seria *ir longe demais* dizer que esta visão fetichista é *simplesmente verdadeira*: Lukanka não pode *realmente* atar nós com os intestinos de alguém; Ravololona não pode *realmente* evitar que o granizo caia na plantação de alguém. Como apontei em outro lugar[80], no fim das contas provavelmente estamos aqui *apenas* lidando com o paradoxo do poder, *o poder sendo algo que existe somente se outras pessoas pensam que existe*; um paradoxo que argumentei estar também no coração da magia, a qual sempre parece envolvida por uma aura de fraude, exibicionismo e charlatanice. Mas se poderia argumentar que não se trata apenas do paradoxo do poder. Trata-se também do paradoxo da criatividade.[81]

"Decidiu-se desde o início" que os fetiches podem servir apenas para encarnar as ilusões suscitadas pela vida em sociedade. Marcio Goldman, em um artigo do qual roubei essa passagem de Graeber, bem como o espírito geral do comentário a respeito, observa que o esforço do autor em salvar a noção marxista de "fetichismo" — a saber, que os fetiches são "objetos que parecem assumir qualidades humanas, mas que, em última instância, derivam de fato dos próprios atores"[82] — está um pouco fora do lugar. Graeber tenta reconciliar os

---

79 Davi Kopenawa e Bruce Albert, *A queda do céu*, op. cit., p. 390.
80 David.Graeber, *Toward an Anthropological Theory of Value: The False Coin of Our Own Dreams.* New York: Palgrave, 2001.
81 David Graeber, "Fetishism as Social Creativity: Or, Fetishes Are Gods in the Process of Construction". *Anthropological Theory*, v. 5, n. 4, 2005, p. 430, grifos meus.
82 Marcio Goldman, "Histórias, devires e fetiches das religiões afro-brasileiras: ensaio de simetrização antropológica", *Análise Social*, v. XLIV, n. 190, 2009, pp. 105-37.

Merina com Marx, argumentando que os fetiches só se tornam "perigosos" quando o "fetichismo dá lugar à teologia, à certeza absoluta de que os deuses são reais" (reais como as mercadorias, digamos). O problema, diz Goldman, é que esse esforço para livrar a cara dos nativos se dá pelas costas deles. Pois caberia perguntar, antes de mais nada, se essa conversão do fetichismo em uma "vontade de crer" que estaria na raiz do poder (real, social) seria aceita pelos Merina. Em seguida, se tal redução — uma tentativa de reconciliação entre uma ontologia ocidental explícita (a saber, uma certa interpretação "básica" do marxismo) e uma ontologia merina implícita —, antes que um esforço de problematizar *nossos* pressupostos, não termina por reforçar nossa própria moldura ontológica. Parafraseando a conclusão de Evans-Pritchard sobre a bruxaria dos Azande: os poderes mágicos, tais como os Merina os concebem, "não podem existir."

A virada ontológica não é nada mais que uma mudança nas regras do jogo de linguagem da disciplina, que proíbe, declarando-a um "lance ilegal", tal facilidade analítica da parte do antropólogo. Contra as adversativas de Graeber acima — "simplesmente verdadeira", "não realmente" —, oponho esta outra citação de Isabelle Stengers:

> Compreendi que o tipo de filosofia que eu praticava implicava o desafio de uma descolonização do pensamento. Não somente uma crítica da colonização — já as há o bastante —, mas a recusa de tudo que possa rimar com a objeção "mas a Deusa não existe verdadeiramente".[83]

Muito do desconforto com a "virada" vem dessa restrição da soberania epistêmica do analista: sua decisão de ficar onde está, de não se mover, de se satisfazer com o truque vagamente kantiano de fazer o observado girar ao redor do observador. Tal restrição é o que eu tinha em mente com a máxima "sempre deixar uma saída aberta para o povo que se está descrevendo". Não se trata apenas de uma posição anti-holística, nem de uma recusa bem-pensante da onisciência etnográfica, em nome de alguma tolerância hipócrita. Trata-se do que eu chamaria de *"uma descrição suficientemente boa"*, fórmula que se inspira na brilhante conexão feita por Graeber, na passagem acima citada, entre o

---

83 Isabelle Stengers, op. cit., p. 114.

paradoxo do poder e o paradoxo da criatividade. A expressão "paradoxo da criatividade" nos leva a Donald Winnicott, com seu conceito de espaço transicional, aquela área entre as experiências puramente subjetivas-internas e as puramente objetivas-externas do infante, da qual, diz o autor, brota toda arte, toda criatividade e toda cultura.[84] Essa área contém um paradoxo, constrói-se sobre um paradoxo — pois é uma zona em que não se pode discernir o que provém do interior do sujeito, o que do exterior; o que é "sujeito", o que é "objeto" —, *mas é um paradoxo que devemos nos recusar a explicar.* Esse paradoxo é "o que nos torna humanos", se bem entendo Winnicott, embora eu não veja motivo para insistir em uma exclusividade humana (veja-se Bateson e a metamensagem *"this is play"*: "isso é brincadeira/jogo"). Seja como for, Winnicott é também o inventor do conceito da "mãe boa o bastante", a mãe que não está sempre lá, que não é perfeita em todos os aspectos, que deixa sempre algo insatisfeito quanto ao desejo do bebê, e com isso termina criando — por assim dizer naturalmente — uma criança normal.[85] Uma mãe mais que suficientemente boa criaria uma criança menos que normal o bastante.

Uma boa descrição etnográfica seria algo como isso, então: uma descrição boa o bastante. Não reduza os paradoxos; não imagine que você compreendeu tudo. O fato de que você chegou, com muito esforço, a saber *do que* o outro está falando não significa que você sabe *o que* ele está falando.[86] A expressão "despedaçar uma borboleta na roda",[87] que um crítico azedo usou para adoçar um pouco sua crítica ao meu trabalho, acusado de "estranhamente des-historicizado",[88] poderia ser melhor aplicada — não fosse a condescendência da expressão — ao que a antropologia frequentemente termina fazendo, ao reduzir a sofisticação intelectual dos povos que estudamos a determinações "históricas", a universais "cognitivos", e a outras causalidades eminentes que permanecem totalmente insuspeitas dos interessados. Os antropólogos

---

84 Donald Winnicott, "Transitional Objects and Transitional Phenomena: a Study of the First Not-Me Possession", *International Journal of Psychoanalysis*, v. 34, 1953, pp. 89–97.
85 Ver, por exemplo, Donald Winnicott, *The Child, the Family, and the Outside World*. Middlesex: Pelican, 1964.
86 Como adverte repetida e oportunamente Marisol de la Cadena em *Seres-terra*, op. cit.
87 "*[B]reaking a butterfly on a wheel*". Trata-se da "roda de Santa Catarina", um instrumento de tortura.
88 Orin Starn, "Here Come the Anthros (Again): The Strange Marriage of Anthropology and Native America. *Cultural Anthropology*, v. 26, n. 2, 2011, pp. 179–204.

são colecionadores de borboletas, *data venia* Leach. Estamos lidando sempre com borboletas, somente com borboletas; requer-se delicadeza, e elegância. Há historicizações bem pouco elegantes, e estranhamente desinteressantes.

Para não deixar de fazer referência a outra de minhas advertências bombásticas, permito-me redizer algo sobre a ideia de "levar a sério" as coisas que os povos que estudamos nos dizem. Meu caro colega e mestre etnógrafo Rane Willerslev escreveu um artigo intitulado "Levar o animismo a sério, mas talvez nem tanto assim?", em que ele faz ressalvas a essa advertência, observando que, entre os Yukaghir siberianos, ridicularizar os espíritos dos animais é parte essencial da experiência da caça; os indígenas sabem que os espíritos são uma ilusão, mas eles ironicamente continuam jogando o jogo de supor sua existência. Não devemos tomar o animismo indígena tão a sério, conclui.[89]

Apenas repetirei que "levar a sério" não significa acreditar.[90] Willerslev parece acreditar seriamente que os Yukaghirs *não* acreditam seriamente em seus espíritos. Levar a sério não significa deixar-se mesmerizar pelo que os "nativos" lhe contam, tomá-los "literalmente" quando eles não pretendem que você o faça,[91] adentrar arcanos teológicos ou qualquer coisa do gênero. Levar a sério significa aprender *a ser capaz de falar bem* ao povo que você estuda, para usar um conceito e preocupação centrais de Bruno Latour. Falar bem a eles significa falar sobre eles, para eles, de um modo que não considerem ofensivo ou ridículo. Eles não precisam concordar com o etnógrafo completamente; de qualquer modo, jamais o farão. Tudo o que precisamos, e isso já é pedir muito, é que eles considerem nossa descrição suficientemente boa. Isso não é nada fácil, e nem sempre se consegue. Nossa descrição sempre vai exagerar alguns traços, suavizar outros, omitir outros ainda, e assim por diante. Etnógrafos não são fotógrafos, são pintores retratistas. Todo retrato é uma forma de *caricatura* — uma transformação do objeto —, sem que vá nenhuma conotação pejorativa nesta palavra.

---

89 Rane.Willerslev, "Taking Animism Seriously, but Perhaps not too Seriously?". *Religion and Society*: v. 4, n. 1, 2013, pp. 41-57.
90 Ver, neste volume, o capítulo 1 ("O nativo relativo").
91 Falar em "literalmente", no caso de sociedades de tradição oral, não deixa de ser uma metáfora. De resto, a distinção entre o literal e o metafórico não é nada fácil de fazer, fora de um contexto (meta)pragmático familiar. É arriscado usar indiscriminadamente essa arma grega de desconstrução retórica, como argumentou Geoffrey Lloyd contra Dan Sperber (*Demystifying Mentalities*. Cambridge: Cambridge University Press, 1990, pp. 19-20).

Mas enfim: aqueles povos que chamamos de animistas (por exemplo) podem tomar seja lá o que postulem (seus espíritos animais, por exemplo) ora a sério, ora não. Estou certo de que o contexto é um fator extremamente importante aqui. Duvido que os Yukaghir não levem os espíritos a sério quando se trata de explicar a fome, a doença ou a morte. De qualquer forma, primeiro eles precisaram ter o trabalho de inventar ou descobrir esses espíritos. Cabe perguntar se foi apenas para ter algo com que se divertir.[92]

Afinal, rir e ter medo das mesmas coisas nunca se excluíram: onças, brancos, espíritos...[93] E antes de aprender a não levar tão a sério o que nos dizem os povos que estudamos, precisamos aprender a não *nos* levar tão a sério, porque, quando a coisa aperta, a antropologia é sempre um jogo de croqué com flamingos, para terminar com outra citação das *Alices*:

> A principal dificuldade de Alice, desde o início, foi manobrar o seu flamingo; podia segurá-lo confortavelmente sob o braço, com os pés pendurados, mas em geral, exatamente quando conseguia esticar-lhe bem o pescoço para fazê-lo golpear o ouriço com a cabeça, o flamingo virava-se e olhava-a com ar tão perplexo que Alice estourava de rir; e, quando o fazia baixar a cabeça e ia tentar de novo, era irritante ver que o ouriço tinha se desenroscado e já se arrastava lá adiante. Além disso, havia quase sempre uma saliência ou um buraco no caminho por onde pretendia fazer passar o ouriço, e, como os soldados-arcos estavam sempre se levantando e mudando de lugar, Alice chegou logo à conclusão de que, de fato, o jogo era bastante difícil.[94]

---

[92] O etnógrafo de outro povo siberiano, os Eveny, diria que não: "Nesse mundo perigoso, como se vai saber, como fazer a coisa certa em todos os momentos? O relacionamento das pessoas com o meio ambiente era estranhamente parecido com o relacionamento de qualquer cidadão soviético com o Estado. Assim como um cidadão pode ter que infringir a lei para aguentar o dia-a-dia, até mesmo experientes pastores e caçadores nunca podem ter certeza se ofenderam um espírito ou quebraram um tabu" (Piers Vitebsky, *Reindeer People: Living With Animals and Spirits in Siberia*. New York: Houghton Mifflin, 2005, p. 297).
[93] Ver o capítulo 11 ("O medo dos outros"), neste volume.
[94] Lewis Carrol, *Alice no país das maravilhas...*, op. cit., p. 98.

O problema, infelizmente, é que muitas vezes nossas cabeças são arrancadas durante o jogo. Mas é justamente por isso que jogamos: fazer antropologia sempre foi um esticar o pescoço através do espelho das diferenças.

PARTE 2

8 |
O dom e o dado:
três microensaios sobre parentesco e magia

Este artigo encadeia três comentários sobre o que a teoria antropológica costuma, ou talvez costumasse, chamar de "parentesco". Eles procuram contornar nossa cosmologia totalizante da Natureza-e-Cultura por meio de uma reflexão sobre esse domínio da experiência humana em que tal dualismo, em última instância, está assentado. Na tradição ocidental moderna, como sabemos, o parentesco é a arena primordial do confronto entre *nature* e *nurture* (herança genética e formatação cultural), entre instintos animais e instituições humanas, substâncias corporais e relações espirituais, fatos empíricos e ficções jurídicas, e assim por diante. Teria sido assim desde que os humanos se tornaram o que são, pois essa cisão ou fratura seria precisamente o que torna os humanos no que são: o *Homo sapiens* de Lineu é o *Homo duplex* de Durkheim. Não seria por acaso, então, que a mais importante reflexão antropológica sobre as relações entre natureza e cultura tenha tomado o parentesco como tema,[1] ou que as descrições etnográficas dessa dualidade em contextos euroamericanos modernos tenham focalizado o mesmo objeto.[2] Tampouco é coincidência que muitas, talvez todas, as dicotomias fundacionais da antropologia do parentesco sejam refrações do grande esquema "Natureza-e-Cultura": matriarcado e patriarcado, afeto e direito, doméstico e público, filiação e descendência, consanguinidade e aliança, genealogia e categoria, terminologia descritiva e classificatória, entre outros. Por isso mesmo, as reviravoltas recentes na autorreflexão ocidental em torno desse esquema cosmológico tiveram repercussões profundas sobre a antropologia do parentesco.[3] Na medida em que nossa disciplina

---

1   Claude Lévi-Strauss, *As estruturas elementares do parentesco*, trad. Mariano Ferreira. Petrópolis: Vozes, 1982.
2   David Schneider, *American Kinship: A Cultural Account*. Englewood Cliffs, New Jersey: Prentice Hall, 1968; Marilyn Strathern, *After Nature: English Kinship in the Late Twentieth Century*. Cambridge: Cambridge University Press, 1992.
3   Ver, por exemplo, Marilyn Strathern, *Reproducing the Future: Anthropology, Kinship, and the New Reproductive Technologies*. Nova York: Routledge, 1992; Sarah Franklin e Helena Ragoné (orgs.), *Reproducing Reproduction: Kinship, Power, and Technological Innovation*. Philadelphia: University of Pennsylvania Press, 1998. Para dois ensaios

permanece essencialmente uma investigação sobre o cosmograma (o hieróglifo) "Natureza-e-Cultura", ficaríamos tentados em dizer que ela se vê forçada a escolher entre estudar parentesco e não estudar nada.[4]

Dos três comentários ou microensaios a seguir, o primeiro diz respeito à possibilidade de imaginarmos uma relação entre parentesco e corporalidade irredutível a categorias "biológicas", mesmo a seus análogos "etnobiológicos" encontrados em outras tradições intelectuais. O segundo enfrenta o problema complementar de como elaborar uma concepção não jural da relação de parentesco.[5] Combinados, os dois argumentos são uma solução do tipo *"no nature, no culture"*: no caso, "nem biologia, nem direito".[6] Por fim, e inversamente, o terceiro microensaio advoga em favor do acolhimento parcial da utilidade do cosmograma, por motivos heurísticos e comparativos, sem recusar, ressalvo, a pertinência da grande maioria das críticas etnográficas e filosóficas de que ele tem sido objeto nas últimas décadas.

Corpos estranhos

Alguns anos atrás, recebi um e-mail de Peter Gow relatando um incidente que ele testemunhara durante uma visita recente aos Piro, povo aruaque da Amazônia peruana:

---

    importantes sobre a cosmologia da Natureza-e-Cultura, ver Michel Serres, *O contrato natural*, trad. Beatriz Sidoux. Rio de Janeiro: Nova Fronteira, 1991; e Bruno Latour, *Jamais fomos modernos*, trad. Carlos Irineu da Costa. São Paulo: Ed. 34, 2009.

4 Na expressão hifenizada *"Natureza-e-Cultura"*, uso as iniciais maiúsculas para indicar o caráter de "nomes próprios" que essas palavras assumem ao designarem dois personagens conceituais, dois gêmeos metafísicos desiguais como aqueles que povoam a mitologia indígena das Américas (Claude Lévi-Strauss, *História de Lince*, trad. Beatriz Perrone-Moisés. São Paulo: Companhia das Letras, 1993). O conectivo "-e-" cobre todas as fórmulas que se podem encontrar na literatura que comenta a dualidade: "natureza-cultura"; "naturezacultura"; "'natureza' é cultura"; "natureza ou cultura?".

5 O anglicismo "jural" é um termo técnico da prosa antropológica. Ele denota relações de "tipo" jurídico, i.e. que envolvem direitos, deveres e sanções vigentes em sociedades onde não existem codificações normativas análogas às ocidentais (em particular, códigos escritos). Boa parte da escola britânica de antropologia, dita "estrutural-funcionalista", dedicou-se à análise dessas "relações jurais" em sociedades extramodernas.

6 Marilyn Strathern, "No Nature, No Culture: The Hagen case", in Carol MacCormack e Marilyn Strathern (orgs.), *Nature, Culture, and Gender*. Cambridge: Cambridge University Press, 1980, pp. 174-222.

Uma professora missionária em Santa Clara tentava convencer uma mulher Piro a preparar a comida de seu jovem filho com água fervida. A mulher respondeu, "Se bebermos água fervida, ficamos com diarreia". A professora zombou, e disse que a diarreia infantil comum era causada por beber água não fervida. Impassível, a mulher Piro respondeu, "Talvez para as pessoas de Lima isso seja verdade. Mas para nós nativos daqui, a água fervida nos dá diarreia. Nossos corpos são diferentes dos corpos de vocês."[7]

Gow me enviou essa anedota como uma evidência a favor da minha caracterização "perspectivista" das metafísicas indígenas,[8] segundo a qual o amiúde observado relativismo indígena seria muito mais um relativismo "natural" ou ontológico do que "cultural" ou epistemológico: tipos diferentes de pessoas, humanas assim como não humanas, se distinguem por seus corpos ou "naturezas", e não por seu espírito ou "cultura", que é a mesma por todo o cosmos. Um multinaturalismo, portanto, ao invés do multiculturalismo proposto na modernidade ocidental.

Entretanto, antes que manifestando uma concepção peculiarmente ameríndia, a resposta da mulher piro poderia ser interpretada como uma ilustração da tese de Robin Horton sobre o estilo cognitivo das sociedades tradicionais, segundo a qual tais povos são portadores de uma "visão de mundo paroquial".[9] Estranhos ao imperativo da universalização, próprio das cosmologias racionalizadas da modernidade, as visões de mundo tradicionais pareceriam manifestar um espírito de tolerância generalizada, mas que na verdade não seria nada mais que uma profunda indiferença diante de visões discrepantes. O "relativismo" dos Piro sugeriria apenas, então, que eles não estão nem aí para como as coisas são alhures. A mulher da anedota amazônica teria sua alma gêmea na pessoa daquele certo homem zande do Sudão, cujo comentário a respeito dos europeus foi destacado por Evans-Pritchard: "Talvez lá na terra deles as pessoas não sejam assassinadas por bruxos, mas aqui elas são."[10]

---

7   Peter Gow, comunicação pessoal.
8   Eduardo Viveiros de Castro, "Os pronomes cosmológicos e o perspectivismo ameríndio". *Mana*, v. 2, n. 2, 1996, pp. 115-144.
9   Robin Horton, *Patterns of Thought in Africa and the West: Essays on Magic, Religion and Science*. Cambridge: Cambridge University Press, 1993, pp. 379 e ss.
10 Edward Evans-Pritchard, *Bruxaria, oráculos e magia entre os Azande*, trad. Eduardo Viveiros de Castro. Rio de Janeiro: Jorge Zahar, 2005, p. 225.

Bem, "talvez" eles sejam — quero dizer, talvez a mulher piro e o homem zande estivessem expressando o mesmo provincianismo. Talvez não. Penso que há razões convincentes para rejeitarmos uma teoria como a de Horton: por exemplo, o fato de que um certo *ethos* cético e relativista de muitas sociedades tradicionais — e este é o caso, com certeza, na Amazônia indígena — não é meramente intercultural, como ele sugere, mas também intracultural, reflexivo e frequentemente autoirônico. Talvez não se trate de uma alternativa entre a indiferença da mãe piro e a intolerância da professora da missão. Estou convencido de que as ideias ameríndias são refratárias a sua subsunção a qualquer conceito de "cultura" enquanto sistema de "crenças" — a cultura como um sistema religioso, digamos[11] — e, desse modo, não podem ser descritas com o uso de conceitos teológico-políticos.

Dito isto, o principal motivo para rejeitar uma interpretação hortoniana do diálogo piro não é tanto a noção um pouco etnocêntrica de "paroquialismo", mas a muito etnocêntrica de "visão-de-mundo". Pois tal noção pressupõe uma ontologia de "uma natureza e muitas culturas" — um multiculturalismo — que calha de ser a mesmíssima ontologia implicada na posição da professora. E assim o debate já terminou antes mesmo de começar. Como Gow observou no mesmo e-mail:

> Seria tentador ver as posições da professora e da mulher Piro como representantes de duas cosmologias distintas, respectivamente um multiculturalismo e um multinaturalismo, e imaginar a conversa como um choque de cosmologias ou culturas. Isso seria, penso eu, um erro [...] porque essa formulação traduziria a conversa nos termos gerais de uma das partes, o multiculturalismo. As coordenadas da posição multinaturalista da mulher Piro são sistematicamente violadas por essa análise. Isso não quer dizer, claro, que eu acredito que as crianças devam ser alimentadas com água não fervida. Mas quer dizer, sim, que a análise etnográfica não pode prosseguir se já se decidiu de antemão qual poderia ser o

---

11 Ver Eduardo Viveiros de Castro, "O mármore e a murta: sobre a inconstância da alma selvagem", in *A inconstância da alma selvagem*. São Paulo: Ubu, 2017, pp. 157-228. A alusão é ao artigo de Clifford Geertz, "A religião como sistema cultural" (in *A interpretação das Culturas,* trad. Fanny Wrobel. Rio de Janeiro: LTC, 1986, pp. 130-175). Ver também Deborah Tooker, "Identity Systems of Highland Burma: 'Belief', Akha Zan, and a Critique of Interiorized Notions of Ethno-Religious Identity", *Man*, v. 27, n. 4, 1992, pp. 799-819.

sentido geral do encontro.

Como a professora, nós (Pete Gow eu mesmo, e muito provavelmente os leitores) não acreditamos que as crianças dos Piro precisem beber água não fervida para evitar a diarreia. Nós *sabemos* que os seres humanos são feitos da mesma matéria, por cima (ou por baixo) das diferenças culturais; pouco importa quantas visões de mundo há no mundo, pois justamente só há *este* mundo, o mundo visto diferentemente por essas muitas visões. Um mundo, enfim, onde todas as crianças devem beber água fervida, caso vivam em um lugar onde a diarreia infantil é uma ameaça sanitária. Os Piro podem talvez negar esse fato, mas sua "visão" cultural não pode mudar um pingo como as coisas são.

Bem, talvez saibamos que é isso mesmo. O que *não* sabemos, porém, como Gow aponta, são os pressupostos metafísicos da resposta da mãe piro. Este seria mais um exemplo do paradoxo de Wagner:[12] como imaginar uma cultura para um povo que não a imagina para si mesmo. Seja como for, certamente é o caso, para continuarmos com Wagner,[13] de que o equívoco da professora em relação à mãe piro não era o mesmo equívoco da mãe piro em relação à professora.

Proponho outra leitura desse incidente. O argumento da diferença corporal nos convida a determinar o mundo possível expresso na resposta da mulher piro. Para determinar esse mundo possível, não é preciso inventar um universo de ficção científica, dotado de uma outra física e uma outra biologia. Em vez disso, o que devemos localizar é o problema real que torna possível o mundo implicado na réplica da mulher piro. Pois, sem sombra de dúvida, *há* um problema; mas esse problema não tem nada a ver com a qualidade do suprimento de água de Santa Clara, e tudo a ver com a relação, tanto corporal quanto política, entre a mãe, a professora e a criança.

A certa altura de *Arte e agência*, Alfred Gell observa que a teoria da magia de Frazer está errada não porque invoca a noção de causalidade, mas, antes, por "impor uma noção pseudocientífica de causa e efeito [...] a práticas que dependem de intencionalidade e propósito, que é precisamente o que falta no determinismo científico".[14] Ele conclui afir-

---

12 Roy Wagner, *A invenção da cultura*, trad. Marcela Coelho de Souza e Alexandre Morales. Cosac Naify, 2010, p. 62.
13 Ibid. p. 53.
14 Alfred Gell, *Arte e agência: uma teoria antropológica*, trad. Jamille Pinheiro Dias. São Paulo: Ubu, 2018 p. 162.

mando que:

> O equívoco de Frazer foi, por assim dizer, imaginar que os praticantes da magia tinham uma teoria física não convencional, ao passo que a verdade é que a magia constitui o que temos quando *prescindimos* da teoria física, devido a sua redundância, apoiando-nos na ideia... de que a explicação para qualquer evento... é que ele é causado intencionalmente.[15]

O argumento de Gell pode ser transposto analogicamente para o parentesco. Em outras palavras, podemos dizer que o problema com o parentesco é como o problema com a magia: as interpretações antropológicas clássicas de formas não ocidentais de parentesco estão erradas não porque invocam a noção causal de reprodução, mas porque pressupõem uma noção pseudocientífica de causalidade biológica. O erro que devemos evitar aqui é o de imaginar que os povos amazônicos (por exemplo) adotam uma teoria biológica não convencional, algo semelhante, digamos, à herança lamarckiana ou ao preformismo homuncular, quando a verdade é que as ideias amazônicas do parentesco equivalem a uma teoria não biológica da vida. O parentesco aqui é "o que temos" quando não se precisa de uma teoria biológica da relacionalidade.

Voltando ao argumento piro de que seus corpos são diferentes, podemos então observar que ele não deve ser tomado como expressão de uma visão biológica exótica (uma "etnobiologia"); e tampouco — eu deveria dizer "mas é claro"? — como uma descrição correta de um fato objetivo, a saber, a configuração biologicamente anômala dos corpos indígenas. O que o argumento expressa é *outro* fato objetivo: o fato de que os conceitos piro e ocidental de "corpo" são diferentes, não as respectivas "biologias". A posição piro não deriva de uma "visão" discrepante de um mesmo corpo humano, mas de *conceitos* de corporalidade e humanidade que diferem dos nossos, e cuja divergência, tanto em extensão quanto em compreensão, de suas contrapartes "homônimas" em nossa linguagem conceitual é justamente o problema. Pois o problema não é que povos amazônicos e euro-americanos deem nomes diferentes para (tenham representações diferentes das) mesmas coisas; o problema é que nós e eles não estamos falando das mesmas coisas. O que eles chamam de "corpo" não é o que nós chamamos de "corpo". As palavras podem ser traduzidas facilmente — talvez —, mas os conceitos

---

15 Ibid., p. 162, tradução modificada.

que elas exprimem, não. Assim, para dar um exemplo recursivo, o conceito piro de corpo, diferentemente do nosso, provavelmente não se encontra na "mente" como uma representação de um corpo material fora da mente; pelo contrário, ele pode estar inscrito no próprio corpo como uma perspectiva mundificante, assim como qualquer outro conceito ameríndio.[16]

Gow viu na anedota uma ilustração da hipótese de que a corporalidade é a dimensão que os povos amazônicos privilegiam ao explicar as diferenças entre tipos de pessoas, sejam aquelas que distinguem as espécies vivas (animais e plantas são pessoas em seu próprio domínio), ou as que separam os "grupos étnicos" humanos entre si, ou as que distinguem os corpos de parentes dentro de um corpo social mais amplo.[17] Se esta hipótese estiver correta, então a resposta da mãe indígena, ao invés de expressar alguma teoria biológica esquisita, contém uma teoria do parentesco bastante característica dos povos amazônicos. Invocando a etnografia de meu interlocutor[18] como apoio, podemos interpretar a resposta da mulher piro do seguinte modo: *nossos corpos são diferentes dos seus porque vocês não são nossos parentes* — então não se meta com nossos filhos! Como vocês não são nossos parentes, vocês não são humanos. "Talvez" vocês sejam humanos para si mesmos, quando estão, digamos, lá em Lima, assim como nós somos humanos para nós mesmos aqui; mas está claro que não somos humanos uns para os outros, como atesta nossa divergência sobre os corpos dos bebês. *Por outro lado,* se vocês se tornarem nossos parentes, vocês se tornarão humanos, pois a diferença entre nossos corpos não é uma diferença ("biológica") que impediria ou desaconselharia que nos tornássemos parentes — muito pelo contrário: diferenças corporais são necessárias para a criação de parentesco, e a criação de parentesco é a criação da diferença corporal.

---

16 Eduardo Viveiros de Castro, "Os pronomes cosmológicos e o perspectivismo ameríndio", op. cit.
17 Não há intenção metafórica nas expressões "corpos de parentes" e "corpo social", que tomo literalmente como remetendo, ambas, à inscrição radicalmente material, orgânica e metonímica, do *socius* indígena, fundado como este é em uma co-habitação conspiratória (no sentido etimológico) dos corpos: corresidência, comensalidade, comunicação de fluidos corporais. Ver Eduardo Viveiros de Castro, "Os pronomes cosmológicos e o perspectivismo ameríndio", op. cit.
18 Peter Gow, *Of Mixed Blood: Kinship and History in Peruvian Amazonia.* Oxford: Clarendon Press, 1991.

Como Gow argumenta, para os Piro, ser humano e ser parente é a mesma coisa; ser uma pessoa é ser um parente e vice-versa.[19] Mas não se trata de uma equação simples: a produção de parentes (consanguíneos) requer a intervenção de "não parentes" (afins potenciais), e isso implica necessariamente a contrainvenção de alguns parentes como não parentes — cortando, assim, o fluxo da relacionalidade ilimitada imanente.[20] A contrainvenção de parentes como não parentes, portanto, é sua (contra)posição como não humanos até certo ponto crítico, pois o que distingue consanguíneos de afins são suas diferenças corporais. Se o corpo é o lugar da diferença, então é necessária uma diferença para fazer corpos por meio de outros corpos. Daí que o parentesco amazônico não seja uma maneira de falar "sobre" a corporalidade, isto é, sobre a biologia ("etno"-biologia ou "nossa"-biologia), mas o inverso: o corpo é uma maneira de falar sobre o parentesco. Talvez a biologia seja "o que temos" quando começamos a acreditar demais em nossas próprias maneiras de falar.[21]

Note-se que a mulher Piro não disse que seu povo e o povo de Lima tinham "visões" opostas sobre um mesmo corpo humano; ela recorreu às naturezas específicas de seus respectivos corpos, não a representações diferentes situadas em suas almas (ou mentes, na linguagem moderna). A linguagem da alma não pode ser usada na Amazônia para exprimir diferenças ou reconhecer contrastes. O ambiente é povoado (a rigor, constituído) por diversos tipos de agências subjetivas, humanas e não humanas, todas dotadas do mesmo tipo geral de "alma", isto é, do mesmo conjunto de capacidades cognitivas e volitivas. A posse de uma alma semelhante implica a posse de conceitos semelhantes (isto é, uma "cultura" semelhante), e isso faz com que todos os sujeitos vejam as coisas da mesma maneira, i.e., experienciem os mesmos perceptos básicos. O que muda, conforme cada espécie de sujeito, é o correlato objetivo, a referência desses conceitos: o que as onças veem como "cauim" (a bebi-

---

19 Peter Gow, "O parentesco como consciência humana: o caso dos Piro", *Mana*, v. 3, n. 2, out. 1997, pp. 39–65.
20 Roy Wagner, "Analogic Kinship: A Daribi Example", *American Ethnologist*, v. 4, n. 4, nov. 1977, pp. 623-642.
21 Ver David Schneider, *American Kinship: A Cultural Account*, op. cit., p. 115; Roy Wagner, "Incest and Identity: A Critique and Theory on the Subject of Exogamy and Incest Prohibition", *Man*, v. 7, n. 4, dez. 1972, pp. 607-608.

da apropriada de gente, seja gente-onça ou qualquer outro tipo de gente), os humanos veem como "sangue"; onde nós vemos um barreiro na floresta, as antas veem uma grande casa cerimonial, e daí por diante. Tal diferença de perspectiva — não uma pluralidade de visões de um único mundo, frise-se, mas uma única "visão" de diferentes "mundos"— se localiza no corpo, pois o corpo é o lugar e o instrumento da diferenciação ontológica. Por isso mesmo, os grandes mitos amazônicos lidam principalmente com as causas e consequências da especiação corporal de diferentes sujeitos pré-cosmológicos, todos concebidos como originalmente semelhantes a "espíritos", seres puramente intensivos nos quais aspectos humanos e não humanos estão misturados de forma indiscernível.[22]

A significação do parentesco deriva dessa mesma economia do corpo-e-alma. A alma é a condição universal contra a qual os humanos devem trabalhar para produzir tanto sua própria identidade de espécie quanto suas diversas identidades de parentesco intraespecíficas. O corpo de uma pessoa indexa sua relação constitutiva com corpos semelhantes aos dela e diferentes de outros tipos de corpos, enquanto sua alma é um símbolo (psíquico) da comunalidade (pneumática) última de todos os seres, humanos e não humanos: o fluxo analógico primordial de relacionalidade[23] é um fluxo do espírito. Isso implica dizer que o corpo deve ser produzido a partir da alma, para fora dela, o que significa também contra ela, e é disso que trata o parentesco amazônico: tornar-se um corpo humano por meio do engajamento corporal de e/ou com outros corpos, tanto humanos quanto não-humanos.

Isso não quer dizer, contudo, que a alma só tenha determinações negativas de parentesco. Uma reflexão sobre os inúmeros conceitos etnográficos de "alma" nos traz de volta à magia. As observações de Gell sobre a intencionalidade mágica sugerem que podemos fazer mais do que transpor analogicamente os problemas da antropologia *com* a magia para seus problemas *com* o parentesco. Talvez o problema *da* magia seja o problema *do* parentesco; talvez ambos sejam soluções para o mesmo problema: o problema da intencionalidade e da influência, a misteriosa eficácia do fato relacional. Com efeito, caberia perguntar se a magia e o parentesco não possuiriam uma conexão mais profunda do que geral-

---

22 Ver o capítulo 10 ("A floresta de cristal").
23 Roy Wagner, "Analogic Kinship: A Daribi Example", op. cit.

mente se reconhece na teoria antropológica contemporânea. Isso ajudaria a explicar por que são precisamente esses dois temas que estão na raiz da árvore genealógica da disciplina: o "animismo" e a "magia" de Tylor e Frazer, de um lado, o "parentesco classificatório" e a "exogamia" de Morgan e Rivers, de outro.[24] Recordemos a hipótese avançada por Edmund Leach em *Repensando a antropologia*, segundo a qual

> [...] em qualquer sistema de parentesco e casamento, há uma oposição ideológica fundamental entre as relações que dotam um indivíduo da pertença a algum tipo de "nosso grupo" (relações de incorporação) e aquelas outras relações que ligam esse "nosso grupo" a outros grupos semelhantes (relações de aliança) [...] nessa dicotomia, as relações de incorporação são marcadas simbolicamente como sendo de substância comum, enquanto as relações de aliança são consideradas como de influência metafísica.[25]

Em suma: consanguinidade e física de um lado, afinidade e metafísica de outro.[26] Note-se que o que Leach chama de influência metafísica não exclui vínculos de "substância"; ao contrário, ela pode se exercer justamente por meio de tais ligações (a carne-e-sangue maternalmente transmitida nos Kachin, por exemplo). Ou veja-se a famosa análise de Wagner sobre o parentesco entre os Daribi: é *porque* o irmão da mãe e o filho da irmã compartilham a mesma substância corporal que o primeiro exerce uma influência permanente de natureza "mística" sobre o segundo.[27] A hipótese de Leach não é invalidada pelos Daribi; de acordo com estes, pais e filhos também compartilham a substância corporal, mas isso não envolve qualquer poder espiritual dos primeiros sobre os segundos. Assim, a correlação entre vínculos de aliança e influência

---

24 Meyer Fortes, *Kinship and the Social Order: The Legacy of Lewis Henry Morgan*. Londres: Routledge/Kegan Paul, 1969, pp. 10-ss.
25 Edmund Leach, "Repensando a antropologia", in *Repensando a antropologia*, trad. José Luís dos Santos. São Paulo: Perspectiva, 2006, p. 42, tradução modificada. "Nosso grupo" é o "*we-group*" do original em inglês, isto é, o grupo de pertença de um indivíduo.
26 Estou desconsiderando aqui a distinção ulterior de Leach entre "influência mística não-controlada" e "ataque sobrenatural controlado".
27 Ver Roy Wagner, *The Curse of Souw: Principles of Daribi Clan Definition and Alliance* (Chicago: University of Chicago Press, 1967, pp. 63-66). O autor define a influência como "qualquer relação de dominância ou controle entre almas" (ibid., pp. 46-47), mas observa (ibid., p. 61) que a noção recobre agências "naturais", "sociais" e "sobrenaturais". E ainda: "a noção de 'influência' é aplicável tanto à estrutura social quanto à religião" (ibid., p. 218).

mágica parece prevalecer entre os Daribi, dado que o irmão da mãe é consubstancial ao filho de sua irmã, mas é também um afim do pai deste, pai que precisa pagar regularmente ao irmão da sua esposa para se contrapor à influência desse cunhado sobre seu filho.

Assim, não é tanto a "substância corporal" e a "influência espiritual" como tais que parecem se opor, mas o que Leach definiu como "relações de incorporação" e "relações de aliança", ou, como prefiro concebê-las, relações baseadas na similaridade e relações baseadas na diferença.[28] Na maioria dos sistemas de parentesco amazônico, as relações de similaridade definem uma qualidade que eu chamaria, com intuito comparativo, de "consanguinidade", e as de diferença, a qualidade da "afinidade". Penso também que a correlação de Leach é perfeitamente válida para a Amazônia, desde que se a entenda como significando que o corpo é o componente consanguíneo da pessoa e a alma o componente marcado pela afinidade. O que temos, então, não é tanto uma situação em que os afins de uma pessoa exerceriam uma influência espiritual sobre ela, mas, antes, uma situação em que a dimensão espiritual da pessoa possui ela mesma conotações de afinidade — sendo, e não apenas sofrendo, essa influência espiritual. Isso não é a mesma coisa que dizer que a consanguinidade amazônica envolveria uma "substância física" compartilhada, e a afinidade, algum outro tipo de substância — uma substância espiri-

---

28 Na Amazônia, não é possível opor relações de incorporação ao grupo (*relations of group incorporation*) ou "definição de unidade" (*unit definition*, nos termos de Wagner), a relações de aliança inter-grupo ou "relação entre unidades" (*unit relation*, idem), já que na região abundam coletivos fundados na aliança matrimonial, nos quais a definição das "unidades" do grupo se baseia nas relações de aliança *internas* a essas unidades. Como Joanna Overing Kaplan (*The Piaroa: A People of the Orinoco Basin*. Oxford: Clarendon, 1975) demonstrou para os Piaroa da Venezuela, a endogamia do grupo local não é de modo algum incompatível com terminologias de duas seções, aliança prescritiva e outros traços típicos das "estruturas elementares". Além disso, é crucial distinguir, na Amazônia e em contextos semelhantes, entre a consanguinidade enquanto uma condição substancial (o fato de se ser parente cognato através de vínculos mediados por eventos de procriação) e consanguinidade enquanto uma determinação relacional (o fato de se ser um parente terminologicamente paralelo ou não-afim). Em todos os sistemas endogâmicos, elementares ou não, casa-se com "consanguíneos", i.e. *cognatos* (a filha do irmão da mãe, p.ex.); em nenhum sistema elementar, endogâmico ou não, casa-se com consanguíneos, i.e. *não-afins* (a filha do irmão do pai, p.ex.). Em Eduardo Viveiros de Castro, "Dravidian and Related Kinship Systems" (in Thomas R. Trautmann, Maurice Godelier e Franklin Edmund Tjon Sie Fat (orgs.), *Transformations of Kinship*. Washington D.C: Smithsonian Institution Press, 1998, pp. 332-385) há uma discussão detalhada sobre a diferença entre os conceitos de "cognação" e "consanguinidade", do ponto de vista da teoria estruturalista da aliança matrimonial.

tual, digamos —, ou uma influência de tipo mental-intencional antes que mecânico-causal. A distinção entre um mundo de objetos físicos e um mundo de estados mentais não tem muito sentido na maioria de ontologias como as amazônicas.[29] Há um único campo analógico de influências, para usarmos os termos de Wagner; um campo contínuo de forças mágicas que convertem incessantemente corpos em almas, substâncias em relações, "física" em "semântica", "estrutura social" em "religião" — e vice-versa para tudo isso. Em suma, há um único campo transmundano, mas um duplo movimento.

Consequentemente, enquanto o processo amazônico de parentesco diz respeito essencialmente à fabricação e destruição de corpos, as almas individuais nunca são feitas, mas sempre dadas: seja absolutamente durante a concepção, seja na transmissão junto com os nomes ou outros princípios pré-constituídos, ou capturadas já prontas do exterior sobrenatural. Uma pessoa viva é um composto de corpo e alma, internamente constituída por uma polaridade eu/outro, consanguíneo/afim.[30] Essa entidade *dividual* é decomposta pela morte, que separa um princípio de alteridade afim, a alma, de um princípio de ipseidade consanguínea, o corpo morto. A consanguinidade pura só pode ser obtida na morte: é o resultado final do processo de vida conduzido pela práxis do parentesco, assim como a afinidade pura seria a pré-condição cosmológica dessa práxis. A morte, ao mesmo tempo, desfaz a tensão entre afinidade e consanguinidade que impulsiona a construção do parentesco, e completa o processo de consanguinização, i.e., de desafinização, que tal processo efetivamente comporta.[31]

Assim como era o caso com o "corpo" da anedota piro, está claro que a consanguinidade e afinidade amazônicas têm um significado bastante diferente das nossas noções homônimas. Foi justamente esta a razão pela qual decidi estabelecer tal homonímia — para criar uma relação entre os campos conceituais heterogêneos do parentesco amazônico e

---

29 Graham Townsley, "Song Paths: The Ways and Means of Yaminahua Shamanic Knowledge", *L'Homme*, V. XXXIII, n. 126-128, abr./dez. 1993, pp. 449-468.
30 Jose Antonio Kelly, "Fractalidade e troca de perspectivas", *Mana*, v. 7, n. 2, out. 2001, pp. 95-132; Anne-Christine Taylor, "Le sexe de la proie: représentations jivaro du lien de parenté", *L'Homme*, n. 154/155, abr./set. 2000, pp. 309-333.
31 Eduardo Viveiros de Castro, "GUT Feelings about Amazonia: Potential Affinity and the Construction of Sociality", in Laura Rival e Neil Whitehead (orgs.), *Beyond the Visible and the Material: The Amerindianization of Society in the Work of Peter Rivière*. Oxford: Oxford University Press, 2001, pp. 19-43.

ocidental moderno, uma relação baseada em sua diferença e não em sua semelhança. Note-se, então, que tal relação é recíproca, porém orientada, já que é no interior de economias simbólicas amazônicas e outras (como aquela melanésia recentemente descrita por James Leach),[32] ao contrário daquilo que pode ser chamado de nossa vulgata ontológica moderna, que a diferença pode ser um princípio positivo de relacionalidade, significando ao mesmo tempo conexão e disjunção,[33] antes que uma dessemelhança meramente negativa.

Economias do dom e ontologias animistas

Enfrentemos mais diretamente a questão da possível co-implicação das duas problemáticas fundadoras da antropologia, o parentesco e a magia. Haveria uma certa afinidade oculta entre a aliança prescritiva e a causalidade mágica? Os dois neologismos criados por Edward Tylor, "primos cruzados" e "animismo", expressariam instituições de certa forma complementares? Ou por outra: é preciso que um povo seja praticante de magia para poder acreditar nas virtudes do casamento com a filha do tio materno? Como pretendo, obviamente, dar uma resposta afirmativa a essas perguntas retóricas, é necessário um conceito adicional, que determine essa relação mais claramente. Tal conceito é o de dom.[34]

Comecemos pela já clássica definição do antropólogo e economista Chris Gregory, que refina o contraste entre a troca de dons e a troca de mercadorias: "O dom [*gift exchange*] é uma troca de coisas inalienáveis entre pessoas que estão em um estado de dependência recíproca."[35] É interessante que esta definição sirva tão bem para o dom quanto para o parentesco puro e simples — considerado do ponto de vista da afinidade, obviamente, mas também da filiação: pois embora o protótipo do dom, na definição de Gregory, seja a troca matrimonial ("o dom supremo")[36] a

---

32 James Leach, *Creative Land: Place and Procreation on the Rai Coast of Papua New Guinea*. Oxford: Berghahn Books, 2003.
33 Marilyn Strathern, *The Relation: Issues on Complexity and Scale*. Cambridge: Prickly Pear Press, 1995, p. 165.
34 O francês "*don*" e o inglês "*gift*", no contexto da teoria maussiana da troca, costumam ser traduzidos em português tanto por "dom" como por "dádiva". Uso a primeira forma nos textos desta coletânea.
35 Chris Gregory, *Gifts and Commodities*. Londres: Academic Press, 1982, p. 19.
36 Ver Claude Lévi-Strauss, *As estruturas elementares do parentesco*, op. cit.

procriação e a sucessão geracional também podem ser concebidas como um processo de transmissão de coisas inalienáveis — tipicamente formas e conteúdos corporais, mas também memórias, narrativas, ligações com a terra[37] — criadoras de pessoas que, por isso, se acham necessariamente em um estado de dependência recíproca.

A troca matrimonial é prototípica porque todo dom é uma troca de pessoas — um processo de personificação: "Coisas e pessoas assumem a forma social de objetos em uma economia mercantil, ao passo que elas assumem a forma social de pessoas em uma economia do dom".[38] Se a primeira definição do dom faz dele um "sinônimo" do parentesco, esta agora torna o conceito de economia do dom indistinguível da noção de animismo,[39] rótulo tradicionalmente aplicado àqueles regimes nos quais, justamente, coisas e pessoas assumem a forma social de pessoas. Talvez, então, dom, parentesco e animismo sejam simplesmente conceitos que capturam perfis complementares de um mesmo processo de personificação: como se fossem as faces econômica, política e religiosa de uma economia simbólica geral, assim como a produção mercantil, o Estado e a "revolução científica" constituem, respectivamente, os pilares da economia simbólica moderna ou capitalista.

A ligação entre a economia do dom e o animismo é apontada em *Gifts and Commodities,* mas apenas de passagem. Após mencionar Mauss e aludir à "qualidade antropomórfica" dos dons,[40] Gregory justifica teoricamente essa antropomorfização da seguinte maneira:

> [A] organização social da reprodução de coisas-dom [*thing-gifts*] é regida pelos métodos da reprodução de pessoas. Esta é um processo de personificação que dá às coisas-dom uma alma e uma classificação de gênero; assim, a reprodução de coisas-dom deve ser organizada como se elas

---

37 Ver Sandra Bamford, "Family-trees among the Kamea of Papua New Guinea: A Non-Genealogical Approach to Imagining Relatedness", in Sandra Bamford e James Leach (orgs.), *Kinship and Beyond: The Genealogical Model Reconsidered.* Oxford: Berghahn, 2009, pp. 159-174.
38 Chris Gregory, *Gifts and Commodities*, op. cit., p. 41.
39 Edward Tylor, *Primitive Culture: Researches Into the Development of Mythology, Philosophy, Religion, Language, Art, and Custom*, ed. rev. Londres: John Murray, 1891, vol. 2. Philippe Descola, "Societies of Nature and the Nature of Society, in Adam Kuper (org.), *Conceptualizing Society*. Londres: Routledge, 1992, pp. 117-36.
40 Chris Gregory, op. cit., pp. 20 e 45.

fossem pessoas.⁴¹

Essa passagem arremata um parágrafo sobre a importância da magia dentro do processo de produção material nas economias do dom.⁴² O animismo, então, seria o corolário cosmológico do dom, e a magia, a técnica de tal cosmologia. Se a reprodução de coisas-dom supõe que elas sejam pessoas, ou agentes como os humanos, então a magia é a maneira apropriada de produzi-las, pois a magia, como vimos com Gell, é uma tecnologia da intencionalidade.

Mas ao invés de tomar o animismo como a ideologia da economia do dom, como Gregory parece fazer, prefiro virar a fórmula de trás para a frente: *o dom é a forma que as coisas tomam em uma ontologia animista*. Essa formulação — o dom como constituindo a projeção do regime ontossemiótico do animismo no plano da economia política — me parece preferível à de Gregory, que me parece derivada, em última instância, da perspectiva da mercadoria: ela privilegia "a economia" como causa formal, como fonte projetiva de toda atividade humana. A categoria da produção, seja a de coisas no consumo produtivo, ou a de pessoas na produção consumitiva, é a categoria englobante; imagina-se a reprodução humana (o parentesco) como um tipo de produção, para então se retroprojetar a produção dita material nas economias do dom como um tipo fantasmático de reprodução humana. (A noção de "produção material" parece desempenhar, na economia política, o mesmo papel que o "parentesco biológico" exerce na teoria antropológica.)

Creio ainda que a distorção perspectiva das "economias" do dom⁴³ gerada por sua apreensão do ponto de vista da mercadoria é responsável por um deslizamento conceitual, na análise de Gregory, entre o processo de personificação da produção consumitiva e o processo de personificação envolvido em "dar às coisas-dom uma alma e uma classificação de gênero". A noção de personificação não tem o mesmo sentido nos dois casos. O primeiro é um fenômeno de "forma social", o segundo, um caso de "como se". É curioso esse recurso de Gregory à modalização analógica na discussão sobre a magia ("a reprodução de coisas-dons deve ser organizada *como se* elas fossem pessoas"), enquanto anteriormente,

---

41 Chris Gregory, op. cit., p. 93.
42 Ibid., p. 92.
43 "Economia" vai aqui entre aspas porque, no caso dos regimes animistas, onde vigora a troca-dom, a palavra deve ser tomada em seu sentido geral de regime de funcionamento, organização do mundo, disposição das coisas.

ao descrever a predominância da produção consumitiva nas economias do dom, ele usava o conceito de "forma social" ("coisas e pessoas assumem... em uma economia do dom... a forma social de pessoas"). Claramente há algum tipo de diferença entre a "forma social" de algo e suas propriedades "como se"; uma diferença de forma epistêmica, por assim dizer — ou de economia teórica. Prefiro ver o dom, o parentesco e a magia como nomes diferentes para um processo que não é nem um fenômeno "como se", nem exatamente (ou exclusivamente) uma "forma social". O "como se" pressupõe uma semiótica extensionista (pessoas literais → pessoas metafóricas), enquanto a noção de forma social levanta a questão: "social" em oposição a quê? Ao "fenomenal", sem dúvida;[44] mas nesse caso, continuamos dentro do círculo cosmológico da Natureza-e-Cultura: forma "social" *versus* forma "natural".

Meu interesse nas relações entre parentesco e magia remonta a um diálogo de longa duração com Marilyn Strathern, mas sobretudo a uma discussão que tivemos, em 1998, sobre o tema dos direitos de propriedade intelectual. Em uma entrevista que ela concedeu a Carlos Fausto e a mim,[45] introduzi o assunto sugerindo, um tanto imprudentemente, que o conceito de "direito" é a forma que a categoria primordial da Relação assume em uma economia da mercadoria. Em um regime no qual coisas e pessoas assumem a forma de objetos, as relações são exteriorizadas e separadas das pessoas na forma de direitos. O imperativo estético (no sentido que o adjetivo tem em *O gênero da dádiva*)[46] do mundo da mercadoria seria: toda relação deve ser traduzida em termos de direitos-e-deveres para ser reconhecida, do mesmo exato modo que as mercadorias precisam ser apreçadas para serem trocadas. Direitos e deveres definem o valor relativo das pessoas, assim como os preços definem a taxa de intercâmbio das coisas. A questão que se seguiu foi: o que seria, inversamente, o análogo ou equivalente da noção de "direito" em uma economia do dom? Strathern respondeu que esse modo de formular o problema implicaria (de forma a preservar as inversões tradutivas entre os regimes

---

44 Cf. Alfred Gell, "Strathernograms, or, the Semiotics of Mixed Metaphors", in Alfred Gell, *The Art of Anthropology: Essays and Diagrams*, org. Eric Hirsch. Londres: Athlone, 1999, pp. 35-ss.
45 Marilyn Strathern, Eduardo Viveiros de Casto e Carlos Fausto, "No limite de uma certa linguagem: entrevista com Marilyn Strathern", *Mana*, v. 5, n. 2, out. 1999, pp. 157-175.
46 Marilyn Strathern, *O gênero da dádiva: problemas com mulheres e problemas com a sociedade na Melanésia*, trad. André Villalobos. Campinas: Editora da Unicamp, 2019.

do dom e da mercadoria) buscar a correlação substancial ou "coisal" do dom. Por alguma razão (óbvia?), nenhum de nós considerou essa especulação promissora, e o assunto foi abandonado. Quando Marilyn voltou ao tópico,[47] apontou a *dívida* como o correlativo do direito na economia do dom, em conformidade com a resposta de Fausto à minha pergunta na nossa conversa de seis anos antes: "o dom está para a dívida assim como a mercadoria está para o direito". Observando que esta resposta tinha sido antecipada por Gregory: "A economia do dom ... é uma economia da dívida",[48] Strathern então esboçou um contraste muito iluminador entre a temporalidade intrínseca dos direitos, que antecipam as transações, e a temporalidade das dívidas, que as pressupõem.

Embora aceite o potencial heurístico do contraste entre direito e dívida, sugiro outro candidato para o papel de "antidireito". Na passagem de *Gifts and Commodities* citada por Strathern, Gregory propõe que o dom está para a dívida assim como a mercadoria está para o *lucro*:

> A economia do dom, portanto, é uma economia da dívida. O objetivo de um agente [*transactor*] nesse tipo de economia é adquirir o maior número de devedores que puder, e não maximizar o lucro, como sucede em uma economia mercantil. O que um agente de uma troca de dons deseja são as relações pessoais criadas pelas transações, e não as coisas em si.[49]

Se o lucro é o correlativo mercantil da dívida, o equivalente do preço das mercadorias no regime do dom seriam os "termos classificatórios do parentesco".[50] Gregory está se referindo aqui às relações de aliança matrimonial prescritiva entre determinadas posições de parentesco "classificatório", relações que indexam grupos inteiros como parceiros (partes) da troca. Enquanto os *preços* descrevem a relação cardinal de *valor* entre objetos trocados, diz o autor, os termos do parentesco descreveriam a relação ordinal de *classificação* (estatuto) entre os próprios trocadores.

---

47 Marilyn Strathern, "Transactions: An Analytical Foray", in Eric Hirsch e Marilyn Strathern (orgs.), *Transactions and Creations: Property Debates and the Stimulus of Melanesia*. Oxford: Berghahn Books, 2004, pp. 85-109.
48 Chris Gregory, *Gifts and Commodities*, p. 19.
49 Ibid., loc. cit.
50 Ibid., pp. 16, 67-68.

Todos os elementos do problema estão agora na mesa. Tradicionalmente, as relações de parentesco foram teorizadas na antropologia social como fenômenos normativos, instituídos — como a essência originária mesma do *nomos*. A relação de descendência (*descent*), base da formação das corporações linhageiras, foi interpretada como uma questão "cultural" de direitos e deveres, não uma questão "natural" de filiação (*filiation*); o casamento (a aliança) foi classificado como "prescritivo", ou "preferencial", ou ainda uma questão de "opção" — toda uma metafísica jurídica foi erigida em torno do "parentesco primitivo".[51] Pois bem: se, no regime da mercadoria (no qual coisas e pessoas são reificadas), as relações entre seres humanos são concebidas em termos de direitos, então os direitos são preços em forma humana.[52] Isso torna a linguagem dos "direitos" inapropriada para o regime do dom, no qual as relações de parentesco não são separáveis de pessoas, como nossos direitos o são. Em um regime do dom (no qual coisas e pessoas são personificadas), as relações entre seres humanos são expressas por meio de classificações de parentesco — em outras palavras, são relações de parentesco. Consequentemente, as relações entre as coisas serão concebidas como vínculos de influência mágica, isto é, como relações de parentesco em forma objetual. O mundo "objetivo" de uma economia do dom é uma cosmópolis animista regida por uma agentividade universal, onde vigoram várias formas de parentesco transespecífico — um mundo onde os inhames são nossos irmãos de linhagem que passeiam secretamente à noite, ou onde as onças se despem de suas roupas felinas e se revelam como nossos cunhados canibais.[53] Como Marilyn Strathern certa vez observou com humor, muitos povos ágrafos — ela tinha em mente aqueles que se orientam pelo regime do dom — "parecem ver pessoas mesmo ali onde o antropólogo não as veria [...] [e] relações de parentesco podem ser alegadas como vigorando entre entidades que os anglófonos [*English-speakers*]

---

51 Essa história pode ser lida em qualquer boa introdução à antropologia do parentesco, como em Ladislav Holy, *Anthropological Perspectives on Kinship*. Londres/Sterling (VA): Pluto Press, 1996.
52 A fórmula se inspira em algo que Marilyn Strathern me disse casualmente, alguns anos atrás: "o indivíduo é o objeto em forma humana".
53 O inhames deambulatórios são melanésios (Reo Fortune, citado in Claude Lévi-Strauss, *As estruturas elementares do parentesco*, op. cit., pp. 86-7). Os jaguares-cunhados são uma generalização poética minha a partir de materiais amazônicos.

concebem como claramente improváveis".⁵⁴ Com efeito, parece que quando esses povos personificam, é para valer... Se as coisas do mundo assumem a "forma social" da pessoa, é porque a generalização da categoria da pessoa dá ao cosmos a forma de uma sociedade.⁵⁵

A moderna linguagem dos direitos tem suas raízes na Grande Divisão da primeira modernidade entre o mundo de Hobbes e o mundo de Boyle, isto é, entre os domínios político-moral e físico-natural.⁵⁶ A economia capitalista está igualmente fundada na dicotomia entre *forma social* (relações simbólicas entre as coisas) e *força natural* (propriedades substanciais das coisas) — valor de troca *versus* valor de uso. As economias extramodernas do dom, porém, estranhas a tal dualidade, operam em um mundo unificado de forma-e-força, isto é, um mundo *mágico* — pois "mágico" é o nome que damos a todas aquelas ontologias que não reconhecem a necessidade de dividir o universo entre uma esfera física e uma esfera moral (nos termos do universo do parentesco, entre as relações biológicas e as relações jurais).

Meu voto, assim, seria pela magia. A mercadoria está para a forma da lei assim como o dom está para a força da magia. No fim das contas, então, eu estava mesmo procurando pela correlação "substancial" ou coisal do dom; mas ele era menos uma coisa que uma força, menos parecida com uma substância material e mais próxima de um princípio espiritual (uma forma social?...). Em outras palavras, eu estava buscando a maneira pela qual a dívida é agentificada ou personificada. Bem, ela é agentificada como o espírito do dom: como o *hau*, a corporificação arquetípica daquele "resultado prefigurado" (*anticipated outcome*) que

---

54 Marilyn Strathern, *The Relation*, op. cit.: p. 16.
55 Ver também Marilyn Strathern, *Property, Substance and Effect: Anthropological Essays on Persons and Things*. Londres: Athlone, 1999, p. 239: a "convenção [melanésia] requer que os objetos da interpretação —humanos ou não —sejam apreendidos como outras tantas pessoas; de fato, o ato mesmo da interpretação pressupõe a personitude [*personhood*] do que está sendo interpretado". As páginas 12-14 desta mesma coletânea de artigos da autora contêm apontamentos decisivos sobre o papel da magia em uma ontologia relacional. Para uma conexão arguta entre o tema dos "direitos de propriedade intelectual" e as cosmologias mágicas, ver Simon Harrison, "The Politics of Resemblance: Ethnicity, Trademarks, Head-hunting", *Journal of the Royal Anthropological Institute*, v. 8, n. 2, jun. 2002, pp. 211-232.
56 Steve Shapin e Simon Schaffer, *Leviathan and the Air-pump*. Princeton: Princeton University Press, 1985; Michel Serres, *O contrato natural*, op. cit.; Bruno Latour, *Jamais fomos modernos*, op. cit.

constitui a "armadilha estética" da economia do dom.⁵⁷ Recordo que o "Ensaio sobre a dádiva" é, entre outras coisas, um estudo sobre a pré-história da noção de "direito", e que a "teoria geral da obrigação" que Mauss via como objetivo último de seu ensaio remetia o vínculo jurídico criado pela transmissão de uma coisa ao caráter animado desta coisa.⁵⁸ Recordo também que *hau* e *mana* são "espécies do mesmo gênero", como o autor diz alhures; o *hau* do "Ensaio" é um caso particular do *mana* do "Esboço de uma teoria geral da magia".⁵⁹ O *mana* é visto por Mauss como o ancestral da noção moderna de força natural, assim como os conceitos de tipo *hau* estariam na raiz de nossa ideia de obrigação contratual.

Gregory nota um contraste ulterior entre troca de mercadorias e troca de dons:

> A troca de mercadorias — a troca do dessemelhante pelo dessemelhante — estabelece uma relação de *igualdade* entre os objetos trocados... [O] problema é encontrar a medida comum [...] A troca de dons — troca do semelhante pelo semelhante — estabelece uma relação desigual de *dominação* entre os trocadores... [O problema é:] quem é superior a quem?⁶⁰

Ele adverte que o "sentido preciso da 'dominação' é uma questão empírica". De fato, ela pode significar muitas coisas diferentes; mas creio que significa, principalmente, o que Leach e Wagner chamam de "influência" — influência mágica. Pois a influência é o modo geral de ação e relação no "mundo da humanidade imanente" de que fala Wagner. Como a etimologia comum sugere, o que o *fluxo* analógico carrega é *influência*. A imanência é fluida.⁶¹

---

57 Marilyn Strathern, *O gênero da dádiva*, op. cit., pp. 326-ss. Para uma interpretação do *hau* que se baseia na noção de "resultado prefigurado" de Strathern (como fazer o efeito causar sua própria causa), ver Alfred Gell, "Strathernograms, or, the Semiotics of Mixed Metaphors", in *The Art of Anthropology,* op. cit.
58 Marcel Mauss, "Ensaio sobre a dádiva", in *Sociologia e antropologia*, trad. Paulo Neves. São Paulo: Ubu, 2017.
59 Henri Hubert e Marcel Mauss, "Esboço de uma teoria geral da magia", in Marcel Mauss, *Sociologia e antropologia*, trad. Paulo Neves. São Paulo: Ubu, 2017, pp. 47-183.
60 Chris Gregory, *Gifts and Commodities*, op. cit., pp. 47-48.
61 Ver, de Roy Wagner, respectivamente para as noções de "influência", "humanidade imanente" e "fluxo analógico": *The Curse of Souw,* op. cit.; *A invenção da cultura*, op. cit.; e "Analogic kinship: a Daribi example", op. cit.

Receio que os comentários acima sobre o dom, o animismo e o parentesco pareçam demasiado óbvios aos leitores. Talvez eles sejam. Meu objetivo era chamar atenção para a necessidade de juntar novamente o que cedo foi separado na história da antropologia, e raramente reaproximado desde então: magia e parentesco, animismo e exogamia. Introduzir a noção de magia na discussão visa, ao menos em parte, atenuar nossa obsessão com a "biologia" — seja a favor ou contra — na teorização sobre o parentesco. Sabemos já há algum tempo que não dá para trabalhar com uma teoria antropológica que parta da premissa de que a magia não é nada mais do que uma física equivocada e uma política inconsciente. Imaginar o parentesco extramoderno como uma biologia bizarra tampouco nos leva a qualquer lugar. Do mesmo modo, creio que há fortes razões para não articularmos uma conceitualização das relações de parentesco com o auxílio da noção de direito. O parentesco não é a "*primitive law*" da antropologia vitoriana, pela mesma razão que não é uma "lei da natureza" da sociobiologia. O parentesco é magia, pois a magia é parentesco.

Uma crítica amazônica a algumas novas abordagens do estudo do parentesco

> Introdução

Há uma famosa passagem d'*As estruturas elementares do parentesco* em que Lévi-Strauss contrasta as propriedades sociológicas das relações entre irmãos, por um lado, e entre cunhados, por outro. Aludindo ao que poderíamos chamar de "cena originária" do estruturalismo, a afinização coletiva de um grupo Nambikwara estrangeiro pelo grupo (do mesmo povo) com o qual estava, o autor observa que, embora os Nambikwara usem ocasionalmente a palavra "irmão" para instituir vínculos com não parentes, a palavra "cunhado" tem consequências muito maiores:

[A] diferença entre os dois tipos de vínculos pode ser definida de modo suficientemente claro se dissermos que um dos tipos afirma uma solidariedade mecânica (irmão), enquanto o outro invoca uma solidariedade orgânica (cunhado, ou compadre). Os irmãos são próximos uns dos outros, mas o são por sua semelhança, assim como as estacas [da cabana] ou os tubos das flautas [de Pã]. Os cunhados, ao contrário, são solidários porque se completam e possuem, um para o outro, uma eficácia funcional, quer porque desempenham o papel do outro sexo nas brincadeiras eróticas da infância, quer porque a aliança masculina com eles, na idade adulta, é sancionada pelo fornecimento a cada um daquilo que o outro não possui – uma esposa – graças à renúncia simultânea ao que ambos têm, a saber, uma irmã. A primeira forma de solidariedade não acrescenta nada, não une nada. Funda-se num limite cultural, que se satisfaz na reprodução de um tipo de conexão cujo modelo é fornecido pela natureza. A outra realiza uma integração do grupo em um novo plano.[62]

Em poucas palavras, a relação entre irmãos é natural, enquanto aquela entre cunhados é social, ou cultural. O motivo perpassa *As estruturas elementares do parentesco*: a consanguinidade (filiação e fraternidade) é um dado natural que deve ser limitado pela afinidade, que é construída. A Cultura ou a Sociedade são assim instituídas pela ocupação normativa dos espaços que a Natureza deixou vagos (no caso do parentesco, a escolha do cônjuge, em oposição às leis da hereditariedade).

Ainda que desvalorize o "parentesco de sangue" como um modelo para a socialidade, Lévi-Strauss não deixa de reafirmar a cosmologia moderna da consanguinidade como o Dado e a da afinidade como o Construído[63] — isto é, como os aspectos respectivamente "natural" e "normativo" do parentesco.[64] Com efeito, o antropólogo francês trata a distinção entre consanguinidade e afinidade quase da mesma maneira como Fortes e tantos outros antropólogos antes dele[65] — para não falar de Freud — concebem a diferença, interna à consanguinidade, entre maternidade e paternidade: o primeiro termo de cada par é associado a uma imanência naturalmente dada, o segundo, a uma transcendência

---

62 Claude Lévi-Strauss, *As estruturas elementares do parentesco*, op. cit., pp. 523-24, tradução modificada.
63 Roy Wagner, *A invenção da cultura*, op. cit.
64 David Schneider, *American Kinship*, op. cit. Schneider escreve "*nature*" e "*law*".
65 Ver Carol Delaney, "The Meaning of Paternity and the Virgin Birth Debate", *Man*, v. 21, n. 3, 1986, pp. 494-513.

culturalmente criada (e criadora de cultura).[66] Na melhor tradição da modernidade euro-americana, Lévi-Strauss, portanto, reafirma a imagem da sociedade civil como resultante do deslocamento e sublimação das solidariedades naturais.

Não haveria, então, nenhuma diferença significativa entre a "teoria dos grupos de filiação" e a "teoria da aliança"?[67] Na verdade, o estruturalismo efetuou uma ruptura importante. Embora associasse a consanguinidade com a natureza e a afinidade com a sociedade, a teoria da aliança de Lévi-Strauss exprime uma concepção de parentesco segundo a qual a afinidade é dada *a priori* tanto quanto a consanguinidade. Além disso, no caso prototípico das chamadas estruturas elementares, a afinidade é dada exatamente da mesma maneira que a consanguinidade, isto é, como uma inter-relação permanente, interna e constitutiva entre os parceiros da troca matrimonial — mesmo que essa inerência seja um ato (um ardil) da Cultura e não um fato (um dado) da Natureza.

Mas a ruptura lévi-straussiana não estava destinada a se enraizar em nossa disciplina, já que toda a antropologia do parentesco sofreria um abalo em suas fundações nas décadas que se seguiram à primavera estruturalista (ou terá sido um outono?). A aliança prescritiva, por exemplo, foi teoricamente desmascarada como uma mera idealização (do "observador" ou do "observado") que oculta estratégias, cálculos e interesses da vida real.[68] A aliança constitutiva foi reconduzida ao seu estatuto regulativo tradicional na modernidade, e o domínio previamente dado que ela regula se tornou agora, em grande parte, "o político" ou "o poder", este *ersatz* (pós-)moderno da Natureza transcendente. A aliança foi reconstruída como estando completamente dentro do domínio do construível. Mais importante ainda, uma ideia tal como a expressa por

---

66 Ver Susan McKinnon, "The Economies in Kinship and the Paternity of Culture: Origin Stories and Kinship Theory", in Susan McKinnon e Janet Carsten (orgs.), *Relative Values: Reconfiguring Kinship Studies*. Durham: Duke University Press, 2001, pp. 277-301, para uma inspiradora comparação entre os "mitos de origem" do parentesco de Morgan e de Lévi-Strauss.

67 Louis Dumont, *Introduction à deux théories d'anthropologie sociale: groupes de filiation et alliance de mariage*. Paris: Mouton, 1971; David Schneider, "Some Muddles in the Models: or, How the System Really Works", in Michael Banton (org.), *The Relevance of Models for Social Anthropology*. Londres: Tavistock, 1965, pp. 25-85 (ASA Monographs 1); David Schneider, *A Critique of the Study of Kinship*. Ann Arbor: University of Michigan Press, 1984.

68 Estratégias e interesses são as versões contemporâneas do persistente motivo ocidental da "escolha" e da "decisão", isto é, do problema agostiniano do livre arbítrio.

Lévi-Strauss quando afirmava que a relação entre irmãos é natural, ou que, ao menos, seu modelo é fornecido pela natureza (i.e., que ela é dada), seria hoje categoricamente rejeitada. A totalidade do parentesco — irmãos tanto quanto cunhados — é vista agora como construída, ou antes, como um *processo* de construção que não deixa lugar para noções do dado enquanto uma *estrutura* natural ou social.

Considere-se, por exemplo, a seguinte observação de Laura Rival. Defendendo o caráter fenomenicamente construído do parentesco amazônico, a autora invoca "a compreensão atual do parentesco, visto não mais como uma identidade social dada no nascimento e fixa em um conjunto de posições estruturais, mas, antes, como um processo de devir".[69] O "dado", o "fixo" e o "estrutural" são assim despejados juntos na espaçosa lixeira da nossa história disciplinar. Sabemos muito mais sobre essas coisas, agora...[70]

Sabemos mesmo? O que garante que nossas concepções atuais, a respeito do parentesco ou do que quer que seja, estejam mais alinhadas com as concepções, digamos, amazônicas? No caso particular da filiação como um processo construtivo antes que uma estrutura dada, poder-se-ia argumentar que tal nova concepção é o resultado do emprego exitoso de ideias não ocidentais para desafiar nossas antigas ideias eurocêntricas. Mas poder-se-ia igualmente argumentar que foram as concepções ocidentais que mudaram, e isso independentemente de qualquer iluminação propiciada pela antropologia e a etnografia. Talvez tenha sido uma série de desenvolvimentos históricos específicos, como as novas tecnologias reprodutivas, ou determinadas tendências culturais, como o entusiasmo corrente pela "criatividade" e pela "construção de si" — o empreendedorismo existencial — que explique a súbita conversão cosmológica que nos fez crer que nada é "dado de nascença". Se for esse o caso, não estamos em melhor posição que nossos antepassados antropológicos no que se refere a compreensões não ocidentais. O problema continua a ser nosso — ou nós.

Seja como for, o propósito deste microensaio não é exatamente con-

---

69 Laura Rival ("Androgynous Parents and Guest Children: The Huaraoni Couvade", *Journal of the Royal Anthropological Institute*, v. 4, n. 4, dez. 1998, p. 638). Rival está aqui citando Janet Carsten ("The Substance of Kinship and the Heat of the Hearth: Feeding, Personhood, and Relatedness among Malays in Pulau Langkawi", *American Ethnologist*, v. 22, n. 2, mai. 1995, pp. 223).

70 Janet Carsten (org.), *Cultures of Relatedness: New Approaches to the Study of Kinship*. Cambridge: Cambridge University Press, 2000.

testar as percepções antropológicas correntes. Não tenho nenhum pendor anticonstrutivista, e não tenho a menor intenção de apelar para fatos "incontornáveis" ou "indiscutíveis" da vida. Insisto apenas que não há nenhuma razão *a priori* para supor que os povos amazônicos partilhem de nossas concepções — passadas ou presentes — do parentesco. Em particular, não há motivo para supor que todos os aspectos do que chamamos de parentesco sejam compreendidos por outros povos como igualmente construtíveis ou "processuais". A menção genérica de Rival ao fenômeno do parentesco desconsidera possíveis diferenças internas a esse domínio da experiência humana. Proponho que especulemos sobre tais possibilidades.

Tomemos, assim, uma das principais dicotomias conceituais da teoria e prática ocidentais do parentesco, a dicotomia consanguinidade/afinidade de origem morganiana (e estruturalista), e a combinemos com a distinção de Wagner entre o inato e o construído, tal como formulada em *A invenção da cultura*. Esse procedimento gera, como se pode imediatamente inferir, quatro casos possíveis.

> ### As quatro ontologias do parentesco[71]

1. O modelo padrão | Segundo esta concepção do parentesco, a consanguinidade é o domínio do dado: é uma propriedade inata e passiva da matriz relacional humana, seu substrato essencialmente orgânico, corporal. A afinidade, ao contrário, é construção ativa: é escolha diferenciante (afetiva ou política), e liberdade inventiva. Este é o modelo ocidental padrão, a bem conhecida cosmologia da Natureza-e-Cultura, *status* (substância) e contrato (código), universalizada por muitos teóricos como "o parentesco humano". Em seus desdobramentos comparativos, este modelo implica uma limitação das possibilidades de construção cultural das relações consanguíneas, pois está preso a um poderoso atrator natural representado pela maternidade, a solidariedade fraternal e a família nuclear. Por outro lado, ele entende que a afinidade varia mais livremente, indo do casamento compulsório dos "primitivos" às moder-

---

71 Elas não têm relação com as quatro ontologias que foram propostas por Philippe Descola em seu estudo já clássico (*Para além de natureza e cultura*, trad. Andrea Daher e Luiz César de Sá. Niterói: Eduff, 2023). Mas uma comparação entre as duas tipologias seria interessante.

nas uniões baseadas no amor. A afinidade se mostra "inegociável" apenas em sua conexão negativa com a consanguinidade, isto é, no chamado interdito do incesto.

O modelo padrão concebe a consanguinidade como uma relação interna oriunda da procriação. Os laços de procriação e as semelhanças corporais resultantes entre parentes de "sangue" são (ou eram, até muito recentemente) concebidos como os aspectos imutáveis, indeléveis, originariamente constitutivos da identidade de uma pessoa, na medida em que esta é pensada "em relação" a outras pessoas. Para fazer uso da metáfora biológica, o parentesco é primariamente uma propriedade genotípica, antes que fenotípica. O genótipo (o corpo como Substância) é ontologicamente selado, imodificável por quaisquer das relações ativas com as quais o fenótipo (o corpo como Sujeito) se engaja com o mundo.[72] As conexões de afinidade, por outro lado, são relações puramente externas, regulativas, entre indivíduos já constituídos, ligando reciprocamente parceiros independentes. Dessa forma, a ideia de uma continuidade "biológica" entre corpos é nossa própria metáfora concreta da relacionalidade interna, enquanto as relações reais (i.e., sociais) são vistas como externas e regulativas.[73]

A caracterização acima, escusado dizer, é uma simplificação drástica.[74] Quando se examinam as concepções ocidentais modernas do parentesco, a "biologia nunca é a estória toda",[75] e muito menos a transmissão genética.[76] A consanguinidade vivida sempre evidencia uma intricação complexa entre as dimensões "sociais" e "biológicas", e estas últimas são tão propensas a serem aceitas quanto a serem rejeitadas como base de uma relação. Ainda assim, a simplificação se sustenta até certo e importante ponto, na medida em que há limites inerentes a nossa cosmologia para as combinações entre atributos sociais e biológicos.

---

[72] A distinção entre esses "dois corpos" pode ser aproximada (o que não quer dizer identificada) à distinção em alemão entre o corpo-*Körper* e o corpo-*Leib*.
[73] David Schneider, *A Critique of the Study of Kinship*, op. cit., p. 188.
[74] Janet Carsten, "Substantivism, Antisubstantivism, and Anti-antisubstantivism", in Susan McKinnon e Janet Carsten (orgs.), *Relative Values: Reconfiguring Kinship Studies*. Durham: Duke University Press, 2001, pp. 29-53.
[75] Jeanette Edwards e Marilyn Strathern, "Including Ours Own", in Janet Carsten (org.), *Culture of Relatedness: New Approaches to the Study of Kinship*. Cambridge: Cambridge University Press, 2000, p. 160.
[76] Jeanette Edwards, "Skipping a Generation and Assisting Conception", in Sandra Bamford e James Leach (orgs.), *Kinship and Beyond*, op. cit.: pp. 138-158.

Sempre se pode escolher entre fazer ou não da "biologia" o fundamento das relações, mas não se pode escolher fazer das relações o fundamento da biologia — isso é impossível. O código de conduta pode prevalecer sobre a substância, mas ele não pode criar a substância. É admissível que a relação não *proceda da* substância, mas não que ela *preceda a* substância. Um filho adotivo pode ser "mais filho" que um natural, mas não há nada que possa fazer dele um filho natural. As conexões biológicas são absolutamente independentes das relações sociais, mas a recíproca não é verdadeira. Mesmo que a "biologia" possa não ser destino, ou a estória toda, ela sempre será necessidade, porque ela é história; por meio dela, o tempo se inscreve irreversivelmente no corpo: "encontra-se contida nos corpos dos seres humanos vivos uma dilatada história de eventos procriadores, que se estendem para trás no tempo, do presente ao passado remoto."[77]

Se a consanguinidade corporifica as causas procriativas do parentesco, a afinidade é um efeito do casamento ou seus análogos. E é justamente como consequência da conjugalidade que se pode dizer que a afinidade é construída. A verdadeira "construção" é a conjugalidade, expressão de uma escolha; os parentes afins que resultam da conjugalidade são "dados" *a posteriori*, na forma dos consanguíneos dos cônjuges ou dos cônjuges de consanguíneos. Daí a possibilidade de situar parcialmente a afinidade junto da consanguinidade no polo do dado, em contraste com as relações construídas e livremente "escolhidas", tais como o amor, a amizade e o parentesco espiritual. Daí também a tendência contemporânea em separar a conjugalidade da afinidade, de modo a ancorar mais firmemente, por assim dizer, a primeira no solo da escolha afetiva. "Eu não me casei com seus parentes" — esta era uma fórmula frequentemente ouvida há algumas gerações, quando soava engraçada por sua total contrafactualidade; hoje em dia, contudo, ela está começando a soar cada vez mais verdadeira.

Para sintetizar, digamos que, no modelo padrão, o conteúdo de parentesco do Dado é uma relação constitutiva de semelhança consubstancial, inscrita no corpo e resultante da procriação. A forma do Construído é uma relação estabelecida pela livre escolha, que expressa a complementaridade espiritual dos indivíduos que nela adentram; tal

---

[77] Sandra Bamford, "'Family-trees' among the Kamea of Papua New Guinea: A Non-genealogical Approach to Imagining Relatedness", op. cit., p. 170.

complementaridade (ou diferença), corporificada na conjugalidade, resulta na procriação. Juntas, essas duas dimensões, da substância dada e da escolha construída, são a condição de possibilidade da "solidariedade difusa e duradoura" (Schneider) que se encontra na raiz da socialidade humana.

2. O modelo constitutivo | Nesta concepção, ambas as dimensões são vistas como dadas: a consanguinidade, naturalmente (e daí, socialmente, desde que sancionada pela cultura), a afinidade, socialmente (mas também naturalmente, já que manifesta a essência da socialidade humana). Isto corresponderia à concepção estruturalista do parentesco "primitivo", tal como expresso nos conceitos de estrutura elementar e de aliança prescritiva: tanto o campo consanguíneo quanto o campo de afinidade da estrutura elementar de parentesco são tratados, pelos indivíduos que nela se situam, como "dados de nascença". Neste modelo, a afinidade não é criada pelo casamento, mas o inverso: não temos como afins aqueles com os quais nos casamos (aliamos), mas, ao contrário, casamo-nos com aqueles que sempre tivemos como afins (ou fazemos com que sempre tenham sido vistos como afins — já que agora nos aliamos com eles).

Seria problematicamente possível enfatizar a dívida do modelo estruturalista para com a visão tradicional da sociedade primitiva, imaginada como um universo dominado pela regra, pela ausência de escolha, em suma, pela ditadura do costume imemorial. E também a dívida do modelo para com uma "hipótese Durkheim-Saussure" (por analogia com a hipótese Sapir-Whorf), que tomaria a ação humana como a atualização automática de um conjunto transcendente de instruções normativas, uma espécie de genótipo cultural. Mas também se poderia argumentar — e com mais razão, penso eu — que esse modelo revela uma visão integralmente relacional, não substantivista, do parentesco, já que ela implica que "as pessoas têm relações que lhes são inerentes (o que é a especificação da regra positiva do casamento senão isso?)".[78] Sobretudo, podemos observar que, embora as duas dimensões sejam "dadas" nesse modelo, elas não o são da mesma maneira e ao mesmo

---

[78] Marilyn Strathern, *Reproducing the Future*, op. cit., p. 101. E o que, poderíamos perguntar, é uma regra positiva de casamento, senão a inscrição da estética do "resultado prefigurado" nas terminologias de parentesco?

tempo. Pois o conceito lévi-straussiano da proibição do incesto denota estritamente não mais (nem menos) do que isso: a afinidade é *anterior* à consanguinidade, pois ela é sua causa formal. Não existem consanguíneos antes da figura da troca; minha irmã só se torna uma "irmã", quando a apreendo (ou a prefiguro) como uma "esposa" de outro homem. Os homens não "trocam mulheres", e as mulheres não estão aí disponíveis *para* troca: elas são criadas *pela* troca. Como o são os homens. Com efeito, de fato (ou melhor, de direito), nunca se trata de algumas pessoas (homens) trocando outras pessoas (mulheres): o casamento é um processo pelo qual pessoas de qualquer gênero trocam *relações de parentesco*, como Lévi-Strauss sugeriu um bom tempo atrás,[79] ou *perspectivas*, como Strathern formulou mais recentemente.[80]

3. O modelo construtivo | Ambas as dimensões, neste modelo, são tomadas como o resultado de uma práxis processual de criação de relacionalidade, ou seja, como igualmente construídas pela agência humana. Os vínculos de parentesco não são dados de nascença.[81] Ao contrário, eles são "produzidos" por atos intencionais de alimentação, cuidado, mutualidade, carinho e lembrança.[82]

A ênfase teórica, aqui, repousa sobre a natureza socialmente criada das relações consanguíneas, em particular os laços entre pais e filhos; considera-se desnecessário argumentar que os laços de afinidade também são criados socialmente. Este modelo construtivista ou construcionista parece ser a opinião antropológica atualmente dominante; ele foi atribuído, causal ou consequentemente, a muitos — talvez a todos — povos extramodernos. Ele emergiu em grande medida como uma inversão reativa da posição precedente, embora se pudesse argumentar que ele é tão antigo quando a própria antropologia, tendo sido esboçado por

---

79 Relações de parentesco, note-se, não direitos ("sobre pessoas", "sobre as capacidades reprodutivas femininas" etc.); Claude Lévi-Strauss, "La famille", in *Le regard éloigné*. Paris: Plon, 1983, p. 81.
80 Marilyn Strathern, *O gênero da dádiva*, op. cit., p. 239 *et passim*. Da mesma autora, *After Nature*, op. cit., pp. 96-100; e *Property, Substance and Effect*, op. cit., pp. 238-40.
81 Sequer o nascimento é dado de nascença — ver Laura Rival, "Androgynous Parents and Guest children...", op. cit., pp. 619-642, sobre a *couvade*.
82 A noção de "produção" é invocada aqui apenas para lembrar seu papel de variante da noção de "construção" (ou "criação"). A principal diferença entre elas é que "produção" ergue a assaz frequentada ponte metafórica entre o domínio do "parentesco" e a esfera da "economia política", possibilitando que o primeiro seja analisado como derivação da segunda (ou reduzido a ela).

autores tão diferentes quanto McLennan e Durkheim. Mas ele é também uma reação a algumas reduções analíticas recentes do parentesco, que o concebem em termos sociobiológicos e psicoevolucionários. Tais reduções avançam uma versão particularmente imperialista do Dado: a consanguinidade genotípica não só determina o comportamento fenotípico entre "parentes", mas também governa escolhas de afinidade (ou, nesta linguagem cientificista, de acasalamento) no melhor interesse da *fitness* genética.

Os partidários do modelo construtivista ou construcionista dedicam muita atenção às relações "optativas" e "adotivas", bem como aos modos extrauterinos, pós-natais, de criar ou validar vínculos de consubstancialidade. Parentesco adotivo, parentesco de leite, parentesco espiritual, comensalidade, corresidência e assim por diante são apresentados como tendo igual ou maior valor, para muitos povos, do que as relações baseadas no compartilhamento da substância corporal produzida pré-natalmente. O parentesco, em resumo, é feito, e não "dado de nascença" (*given by birth*).[83] Note-se que "parentesco", aqui, denota essencialmente a consanguinidade — filiação e fraternidade —, e não a afinidade: esta parece já ser considerada um tipo de "consanguinidade fictícia".[84] A possibilidade de algo como uma afinidade "fictícia" ou "formal", isto é, uma relação de afinidade não baseada em uma aliança de casamento "real", não chega sequer a ser aventada. Aparentemente, defender que a afinidade é uma dimensão socialmente construída seria considerado redundante — um subentendido bastante revelador da ontologia pressuposta pelo parentesco ocidental (isto é, o que chamei acima de "modelo padrão").

O alvo principal do modelo construcionista é a noção de uma relacionalidade que fosse biologicamente dada. Sua tese fundamental é que, no que concerne ao parentesco, "o mundo do feito" é tão bom quanto, e muitas vezes, melhor que "o mundo do inato".[85] Olhando mais de perto,

---

83 Ver Janet Carsten, "Introduction: Cultures of Relatedness", in Janet Carsten (org.), *Culture of Relatedness: New Approaches to the Study of Kinship*. Cambridge: Cambridge University Press, 2000, p. 15; Charles Stafford, "Chinese Patriliny and the Cycles of Yang and Laiwang", in Janet Carsten (org.), *Culture of Relatedness*, op. cit., p. 52.
84 Fictícia ou "ficta", isto é, fingida ou simulada, também no sentido das "ficções legais" do Direito.
85 "A world of made / is not a world of born" (E.E. Cummings), citado no título de Anette Weiner, "'A World of Made is Not a World of Born': Doing *kula* in Kiriwina", in Jerry W. Leach e Edmund Leach (orgs.), *The Kula: New Perspectives on Massim Exchange*. Cambridge: Cambridge University Press, 1983, pp. 147-170.

porém, é difícil evitar a conclusão de que a equação na base do modelo ocidental padrão permanece operando, aquela entre "biológico", "dado" e "não negociável", de um lado, e "social", "construído" e "optativo", de outro. A noção de "substância" pode ter sido estendida teoricamente da esfera do dado à do construído,[86] no sentido de que a coabitação e co-habituação pós-natal de corpos é vista por muitos povos como metonimicamente eficaz — mas para-se por aí. A "biologia" ("sexo", "gestação", "parto" etc.) ainda é o dado no modelo construtivo; ela apenas tem menos valor que as dimensões construtivas ("gênero", "alimentação" etc.) do parentesco. Alguns povos podem até mesmo ignorar o dado e acolher uma ontologia do tipo "nada é inato, tudo é feito" — mas nenhum povo poderia ter como o "dado" algo distinto da consanguinidade fundada geneticamente.[87] Mas por que não, afinal?

Hoje em dia, a predominância do assim chamado "construtivismo social" está sendo atacada em muitas frentes. O modelo tem sido alvejado por uma saraivada de críticas; as mais hostis dentre elas provêm do campo que eu apelidaria, por simetria, de "instrucionismo natural", que vem a ser a posição dos antropólogos cognitivistas e seus companheiros de viagem. Todas as críticas equivalem, virtualmente, a reafirmações da velha metafísica dos Universais *versus* os Particulares. Os conceitos de parentesco, gênero e pessoa, entre muitos outros, têm sido vítima dessas reconstruções reacionárias. Diante da bandeira do "nada é dado" hasteada pelos construtivistas, tais reações se contentam em reafirmar o conteúdo universal do Dado, "dados" determinados universais — sejam eles físico-materiais (a "natureza"), psicocognitivos (a "natureza humana") ou ético-políticos (a "condição humana"). Com isto, estamos de volta ao primeiro modelo. Antropologicamente, à estaca zero.

Em total desacordo com estas rejeições da posição socioconstrutivista, considero que o que é pré-histórico e genérico é o fato de que algo sempre é pressuposto como dado, e não a sua especificação. O que *é* dado é que *algo* precisa estar dado — que alguma dimensão da experi-

---

86 Janet Carsten, "Substantivism, Antisubstantivism, and Anti-antisubstantivism", op. cit.
87 Ver Sandra Bamford, *Biology Unmoored: Melanesian Reflections on Life and Biotechnology*. Berkeley: University of California Press, 2007, pp. 57-58: "Apesar da novidade dessas formulações mais recentes [...] elas continuam a se amparar sobre duas ideias subjacentes: primeiro, a de que o parentesco é um vínculo de substância; e segundo, a de que ele une duas ou mais pessoas em uma relação 'física'".

ência deve ser construída (contrainventada) *como* dada.⁸⁸

Resta então uma possibilidade para o presente experimento, dados os parâmetros escolhidos "por construção", como dizem os matemáticos.

4. O modelo amazônico | A possibilidade restante é o inverso da primeira. Aqui, encontramos a afinidade como uma relação dada, interna e constitutiva, e a consanguinidade como construída, externa e regulativa. Esta, sugiro, é a distribuição de valor presente no mundo relacional amazônico. Se o privilégio do idioma fraternal em nosso próprio modelo de socialidade (somos todos irmãos "em" alguma coisa, a socialidade é a generalização da fraternidade) deriva do caráter dado da consanguinidade para nós, então o privilégio análogo do vínculo de afinidade pelos povos amazônicos apontaria para a afinidade como a dimensão dada do parentesco ali. Do mesmo modo, se a afinidade é vista como construída em nossa tradição social, então a consanguinidade tem uma grande chance de figurar como a dimensão não inata do parentesco nos mundos amazônicos. Se isso for verdade, então Lévi-Strauss não estava "universalmente" correto em dizer que a relação entre irmãos é natural, i.e., dada e socialmente estéril, enquanto a entre cunhados é cultural, i.e., construída e socialmente fecunda. No que concerne aos povos amazônicos, diria que é o oposto que é verdadeiro: a afinidade é natural, e a consanguinidade é cultural. (E argumentaria que é justamente porque a afinidade é considerada o dado *natural* pelos Nambikwara que eles a tratam como socialmente *fecunda*, recorrendo a ela para construir uma relação com um bando estrangeiro.)

Estou aqui, obviamente, forçando os sentidos usuais de "natural" e "cultural"; mas este é o exercício proposto. A afinidade amazônica não pode ser "natural" exatamente no mesmo sentido que a nossa consanguinidade — isto é, o dado imaginado como uma condição entranhada no organismo —, ainda que ela implique determinações corporais importantes.⁸⁹ Tampouco é um dado no sentido d'*As estruturas elementares do parentesco*, embora ele incorpore a "aliança prescritiva" como uma das consequências possíveis de uma estrutura cosmoprática mais abrangente. A afinidade é o dado porque é vivida e concebida como uma

---

88 Creio estar seguindo, aqui, Wagner (*A invenção da cultura*, op. cit.). Para uma crítica semelhante ao modelo construtivo, ver James Leach (*Creative Land*, op. cit.).
89 Determinações canibais, por exemplo; ver E. Viveiros de Castro, "O mármore e a murta: sobre a inconstância da alma selvagem", op. cit., pp. 157-228.

condição subjacente a *todas* as relações "sociais". A afinidade, em outras palavras, não é algo que vem após a relacionalidade natural prévia; ao contrário, ela é um dos dados originários nos quais radica a matriz relacional. Ela pertence, como tal, ao tecido do universo.[90] Portanto, se quisermos continuar a pensar a afinidade como cultural ou convencional, devemos entender também que a cultura "humana" para os amazônicos (e outros) é uma propriedade transespecífica que pertence ao domínio do universal e do "inato" — ou ao que também podemos chamar de natural.[91] Da mesma forma, a consanguinidade amazônica é experienciada como construída, mas não apenas (ou nem sempre) como um conjunto instituído de categorias e papéis jurais, como uma "estrutura social". A consanguinidade é construída segundo mais ou menos as mesmas linhas da compreensão corrente ou construtivista do parentesco, isto é, como de ser o resultado de práticas intersubjetivas de sentido. Ela é "cultura", então — é, por exemplo, "história".[92] Isso nada tem a ver com a problemática da escolha e da liberdade, como nas nossas noções do construído. Os humanos não têm opção a não ser inventar e diferenciar seus próprios corpos de parentes; pois isso também se segue do caráter convencionalmente dado da afinidade.[93]

---

90 Vale a pena lembrar que os protagonistas dos maiores mitos de origem ameríndios, como Lévi-Strauss ilustrou à exaustão nas *Mitológicas*, são majoritariamente ligados por afinidade. Nossos próprios mitos do Velho Mundo parecem, por outro lado, ser assombrados pela fraternidade e a parentalidade, particularmente pela segunda. Nós tivemos que roubar o fogo (a cultura) de um pai divino, enquanto os ameríndios tiveram de roubá-la de um sogro animal. "Mitologia" é o nome que damos aos discursos de outros povos sobre o inato. Os mitos tratam do que devemos tomar como dado, as condições iniciais com as quais a humanidade deve lidar, e contra as quais deve se definir através de seu poder de invenção. Nos mundos ameríndios, a afinidade e o par aliança/troca, ao invés da parentalidade e do par criação/produção, constituiriam, assim, a condição incondicionada.

91 Ver Roy Wagner, "Scientific and Indigenous Papuan Conceptualizations of the Innate: A Semiotic Critique of the Ecological Perspective", in Timothy P. Bayliss-Smith e Richard Feachem (orgs.), *Subsistence and Survival: Rural Ecology in the Pacific*. Londres: Academic Press, 1977, pp. 385-410.

92 Peter Gow, *Of Mixed Blood*, op. cit.

93 Peço que os leitores reparem que, embora eu venha usando aqui uma moldura wagneriana (adaptada de *A invenção da cultura*) para redistribuir o par lévi-straussiano "afinidade/consanguinidade" em relação ao contraste entre o "dado" e o "construído", a inversão resultante *não* é idêntica à inversão proposta pelo próprio Wagner em *The Curse of Souw* para o par equivalente "troca/consanguinidade". Nesse livro, os parâmetros relevantes são as funções de "definição de unidade" e "relação de unidade", não o dado e o construído.

Conclusão

Permitam-me concluir insistindo que os conceitos de consanguinidade e afinidade significam coisas muito diferentes nos quatro casos sumarizados acima. Em cada configuração, eles definem possibilidades que são minimizadas ou subsumidas pelos sentidos que adquirem nas demais configurações. A decisão de manter o uso dessas duas palavras ao falar de um mundo (o dos povos amazônicos) estrangeiro à constelação de ideias que expressamos por meio delas não foi tomada pelo gosto da polêmica — muito menos porque acredite que nossas palavras "consanguinidade" e "afinidade" possuam algum "valor universal"[94] —, mas de modo a avaliarmos a extensão de tal estrangeiridade. De fato, penso que um dos experimentos antropológicos mais recompensadores é o truque antifregeano de atribuir "referências" infamiliares a "sentidos" familiares, subvertendo o regime conceitual das noções cotidianas.[95] A meu ver, esse tipo de equivocidade controlada é a matéria de que é feita a antropologia. E é isso, afinal, que *"kinship is all about"*.[96]

Os leitores terão percebido que os dois casos intermediários da tipologia acima (o "constitutivo" e o "construtivo") não foram associados a configurações culturais específicas. Eles são construtos teóricos que se desenvolveram na história da antropologia por uma espécie de dialética interna, a partir de uma negação do modelo padrão ocidental. Talvez se possam encontrar exemplos etnográficos perfeitos desses dois casos, embora suspeite que isso seja uma tarefa difícil. Se meu argumento geral estiver correto, a oposição entre consanguinidade e afinidade — como acontece com qualquer dualismo conceitual que não tenha passado por

---

94 Edmund Leach, "Repensando a antropologia", op. cit., p. 50.
95 Parafraseando a descrição feita pelas organizadoras de seu empreendimento teórico (Susan McKinnon e Sarah Franklin (orgs.), *Relative Values*, op. cit., p. 7), meu objetivo também é o de "abrir" as categorias de consanguinidade e afinidade e "examinar como [elas] podem ser usadas de maneiras que desestabilizam a 'obviedade' de [seus] referentes convencionais, expandindo, no mesmo gesto, seu escopo de validade".
96 David Schneider, *A Critique of the Study of Kinship*, op. cit.

uma equalização deliberada e reflexiva — é inerentemente instável, e tende a assumir uma distribuição do tipo marcado/não marcado. Em suma, não é possível ter, na prática social concreta, a afinidade e a consanguinidade como dadas, nem tê-las ambas como construídas.[97] Tal assimetria pode ser vista mesmo nos esquemas teóricos que aparentemente impõem o mesmo valor aos dois polos: o modelo "constitutivo", estruturalista, privilegia a afinidade como o "dado" verdadeiramente interessante — já que o modelo reage a uma concepção artificialista e individualista da socialidade —, ao passo que o modelo construtivista tende a se concentrar na consanguinidade como o "construído" estrategicamente central — pois o modelo se opõe a visões naturalizadas do parentesco. Portanto, se o caráter simétrico da relação entre os modelos "ocidental" e o "amazônico" parecer ajeitado demais, convido o leitor a ver este último como um cruzamento analítico entre o modelo estruturalista, do qual ele extraiu a noção de afinidade como o dado, e o modelo construcionista, do qual extraiu a ideia de consanguinidade como uma construção processual.

Mas há um subtexto crítico aqui. Considero o modelo "construtivo" ou construcionista como uma versão particularmente forte (uma espécie de transformação terminal) do modelo padrão, já que ele simplesmente estende à consanguinidade o estatuto de "construído" tradicionalmente atribuído à afinidade na ideologia moderna do parentesco. Dessa forma, o modelo construtivo descreveria (ou prescreveria) o que poderíamos chamar, em termos lévi-straussianos, de um sistema *pós-complexo* de parentesco, em que o elemento da "escolha", que nos sistemas complexos caracteriza somente a dimensão da afinidade, define idealmente também a dimensão da consanguinidade. Isso parece estar em sintonia com as transformações recentes da cultu-

---

97 "A precipitação de uma modalidade [semiótica, i.e., ou "literal" ou "figurada"] por outra deriva do fato de que sua complementaridade é essencial à significação. E a separação interpretativa de uma modalidade em relação a outra, que assegura que a intenção do ator se conformará aos delineamentos da construção literal ou figurada, *mas não de ambas, nem de nenhuma das duas, ou de uma terceira coisa*, emerge como o fator crucial da construção da experiência humana" (Roy Wagner, "Scientific and Indigenous Papuan Conceptualizations of the Innate", op. cit., p. 392, grifo meu). Comparar essa observação com meus comentários críticos ao esquema das quatro ontologias de Descola, em Eduardo Viveiros de Castro, *Metafísicas canibais: elementos para uma antropologia pós-estrutural*. São Paulo: Cosac Naify; n-1 Edições, 2015, p. 79, nota 7.

ra ocidental do parentesco,[98] já que passamos agora a poder escolher (ou imaginar que podemos, ou talvez que devamos escolher) tanto o tipo de filho/a que queremos ter, graças às novas tecnologias reprodutivas — que transcrevem o antigo "parentesco analógico" ágrafo no alfabeto digital do ADN — e o tipo de pais e irmãos que preferimos, por meio de nossas famílias alternativas e nossas solidariedades optativas. Podemos agora nos dar ao luxo de duas genealogias inteiramente diferentes, uma que consiste em parentes (biológicos) sem relacionalidade (social), e a outra, em uma relacionalidade sem parentes.[99] Tendo dividido o mundo entre o que se é obrigado a aceitar e o que se pode escolher — uma leitura cultural muito peculiar da distinção formal entre os domínios do dado e do construído —, a sensibilidade contemporânea tornou-se obsessivamente impelida por um desejo de expandir o segundo. De fato, parece que finalmente chegamos lá. Fomos tão bem-sucedidos que nosso problema agora é que somos *obrigados a escolher*.[100] É aí que estaria o Dado pós-moderno.[101] O contraste entre nosso estado de escolha forçada e a "escolha de se obrigar" característico das socialidades baseadas no dom tornou-se, assim, absoluto. De certa maneira, o modelo construtivo representa a hegemonia final do individualismo consumista, que se apossou do campo intrinsecamente anti-individualista (pois relacional) do parentesco. A expansão da esfera da construtividade do parentesco humano tem, penso, uma conexão

---

98 Marilyn Strathern, "Emergent Properties: New Technologies, New Persons". Robert and Maurine Rotschild Distinguished Lecture. Cambridge, Mass.: Harvard University, 18 abr. 2001 [panfleto].
99 "Relatedness without relatives one might say" — Marilyn Strathern ("Transactions: An Analytical Foray", op. cit., p. 442.) Strathern está discutindo, via Janet Dolgin, a generalização prático-ideológica do conceito de parentesco genético, que estabelece ligações completamente "a-morais" entre indivíduos, os quais se tornam simplesmente veículos de unidades biológicas infra-e supra-individuais. Os parentes sem relacionalidade do bioparentesco contrastam tanto com a família "tradicional", fundada na naturalização de normas culturais, quanto com a atual família optativa baseada na escolha afetiva. Essa fissão pós-moderna do parentesco ocidental —-novamente, reduzido à consanguinidade —-tem um paralelo interessante na fissão da afinidade que se pode encontrar na Amazônia, onde os "afins sem afinidade" se opõem à "afinidade sem afins" (Eduardo Viveiros de Castro, "Atualização e contraefetuação do virtual: o processo do parentesco", in *A inconstância da alma selvagem*, op. cit., pp. 347-393).
100 Marilyn Strathern, *Reproducing the Future*, op. cit., pp. 36-38.
101 Como diria o filósofo, somos "condenados à liberdade". É claro que Sartre não estava pensando no consumo produtivo customizado do capitalismo tardio, mas, enfim, a história também toma suas próprias liberdades.

essencial com nossa forma particular de magia — a tecnologia. Daí o caráter ideologicamente central de empreendimentos culturais tais como as novas tecnologias reprodutivas ou o Projeto Genoma Humano. O parentesco continua inseparável da magia.

Por sua vez, creio que o modelo amazônico só é acessível mediante um construto teórico que enfatiza o caráter dado da afinidade no parentesco humano, a saber, o modelo "constitutivo". Ou melhor, vejo no modelo amazônico a imagem de um sistema *pré-elementar* de parentesco,[102] já que se poderia argumentar que o conceito canônico de "estrutura elementar" sustentava que as relações de troca matrimonial tinham lugar necessariamente entre grupos definidos por meio de uma regra de recrutamento consanguíneo. Na verdade, meu esquema "amazônico" pode ser considerado uma versão radical do modelo estruturalista; como apontei acima, o que significa, ao fim e ao cabo, o conceito de "proibição do incesto" a não ser a ideia de que toda consanguinidade deve ser uma *consequência* da afinidade?

Se este for o caso, então podemos começar a entender por que o incesto é seguidamente associado, nas línguas e cosmologias indígenas, a processos de metamorfose — isto é, a transformação do corpo humano em um corpo de outro animal. O parentesco, na Amazônia, é o processo de construção de um corpo humano próprio a partir do fluxo analógico primordial de matéria animada, no qual humanos e outros-que-humanos trocam incessantemente suas formas corporais. O incesto inverte esse processo,[103] "desaparentando-nos" dos outros humanos e levando-nos de volta ao lugar de onde viemos, o caos pré-cosmológico descrito pelo mito. Mas isso, no contexto apropriado, é exatamente o que a magia e o ritual atualizam.

---

102 Completando assim a sequência tipológica: sistemas pré-elementares, elementares, semi-complexos, complexos e pós-complexos (e as "*sociétés à maison*", que parecem estar a cavaleiro entre o terceiro e o quarto tipos).

103 Marcela Coelho de Souza, *O traço e o círculo: o conceito de parentesco entre os Jê e seus antropólogos*. Rio de Janeiro: PPGAS/UFRJ, 2002. Tese de doutorado.

9
Um corpo feito de olhares[1]

A seguinte anedota foi relatada a Viveiros de Castro por Peter Gow, um etnólogo que conviveu com o povo Piro da Amazônia peruana.[2] Em uma missão em Santa Clara, uma missionária preocupada em inculcar nos Piro noções de higiene se esforçava em convencer uma mulher a utilizar água fervida para preparar a comida de seu filho. A mulher exclamou: "Se bebemos água fervida, pegamos diarreia". A professora repreendeu a mãe: "Todos sabem que é o consumo de água não fervida que provoca diarreia infantil, e não o inverso." Impassível, a mulher piro retorquiu: "Talvez isso seja verdade para as pessoas de Lima, mas, para as pessoas daqui, água fervida dá diarreia. Nossos corpos são diferentes dos seus." Diferentes em que e por quê?

Na Melanésia, a formação do corpo humano opera por subtração e especialização: andrógino ou indiferenciado na origem, o corpo se torna humano adquirindo um gênero à medida que ele se desfaz dos elementos que remetem ao outro sexo. Nos modelos de representação do corpo humano, na Europa e na África, este é pensado em função de um tipo ideal, do qual recebe de uma só vez sua forma e seu destino. Existe, entretanto, outra maneira de variar esse princípio de incompletude que faz com que um corpo não se baste nunca a si mesmo. Trata-se de imaginar que sua forma é determinada pelo olhar dirigido a ele, em função da relação que com ele se estabelece. Essa maneira de conceber o corpo é comum entre os povos indígenas das terras baixas da América do Sul. Entre todas as configurações examinadas até aqui, esta é aquela cujas implicações são mais desconcertantes para a mentalidade ocidental. Neste caso, o corpo humano não ocupa um lugar único e estável no esquema do cosmos, já que sua forma é inteiramente relativa à perspectiva de um testemunho — humano ou não humano — fornecido pelo olhar do outro, e não um atributo essencial de uma dada classe de seres.

---

1 Em colaboração com Anne Christine Taylor. As notas a seguir assinaladas com [EVC] foram acrescentadas nesta edição. A bibliografia consultada para este artigo se encontra na bibliografia geral ao final do volume.
2 Essa estória aparece nos capítulos 1 e 8 do presente volume.

As ontologias amazônicas que concebem esse tipo de corpo tendem a atribuir uma posição de sujeito — calcada naquela própria aos humanos — a um grande número de seres não humanos, sejam eles espíritos, animais, plantas ou artefatos.[3] Essa disposição, comum a numerosas culturas não ocidentais, costuma ser designada na antropologia pelo termo "animismo". Ela se baseia ainda na ideia de que a aparência manifestada por outro ser é uma questão de perspectiva: a identidade do corpo percebido depende da natureza do corpo da "pessoa" que está na origem do olhar. O corpo não pode, portanto, ser considerado fora de sua relação necessária com um observador em função de sujeito; mas, reciprocamente, nenhum sujeito pode ser concebido sem uma inscrição corporal determinada. Os etnólogos que estudam a Amazônia indígena deram o nome de "perspectivismo" a tal forma de relativizar a identidade dos existentes.

Essas ontologias qualificam a relação que define a identidade dos corpos em termos de um esquema geral — a "predação" — fundado sobre uma amplificação metafísica da noção de cadeia alimentar: para crescer e existir, todo ser deve se alimentar de outros seres. A pulsão predadora é, portanto, inerente a todas as entidades vivas. Seguindo a grade de leitura das relações entre os seres que decorre dessa intuição, só é possível ocupar, em face de outra criatura, uma destas três posições: a de predador, a de presa, e a de congênere. Assim, de acordo com a posição na qual se encontra um outro, do ponto de vista de um sujeito qualquer, a natureza do corpo por meio do qual esse outro aparece varia. Se sou suscetível de ser comido por outro, este se manifesta com um corpo de jaguar, de gavião real, ou de espírito canibal. Se, ao contrário, ele é uma presa para mim, eu o vejo como um queixada, ou um tatu, e tenho sobre ele o ponto de vista de um jaguar. Se o outro é semelhante a mim – se ele come *como* eu e *comigo* –, ele oferece a meus sentidos um corpo humano, e é representado como tal.

A linguagem visual utilizada para falar dos corpos alheios descreve *relações* entre seres animados. A morfologia não dá ao corpo identidade específica. Se eles falam em "ver" o corpo do outro sob tal ou qual forma — e eventualmente de fato assim o vejam —, os povos indígenas

---

3   Usaremos aqui alternada e indiferentemente as formas "não humanos" e "extra-humanos" para designar os seres dotados de agentividade intencional outros que aqueles que nós — deixemos esse "nós" indeterminado — consideramos como humanos. [EVC]

da Amazônia fazem uso de uma imagem concreta para se referir a uma noção na realidade muito abstrata: a percepção, ao mesmo tempo sintética e difusa, de intenções que cremos descobrir no corpo do outro de acordo com as atitudes — amigáveis, sedutoras, ameaçadoras — que ele adota no curso de uma interação. As disposições afetivas inscritas nos signos corporais são figuradas pelos comportamentos ou pelas atitudes típicas de diversos animais. Por metonímia, estes acabam por servir de ícone para as formas de relação. Desse modo, dizer que "vemos um jaguar" quando nos encontramos em situação de eventual vítima é uma maneira concisa de designar a sensação experimentada por um corpo na presença de outro corpo motivado por intenções agressivas contra si.

A atualização das maneiras amazônicas de mobilizar os corpos depara-se, entretanto, com uma dificuldade particular. Essas culturas se negam a dar uma forma material, destacada do corpo, às relações que se estabelecem em torno dele: diferentemente daquelas da Nova Guiné, da África Ocidental ou da Europa, as sociedades da bacia amazônica produzem poucas imagens tangíveis do corpo sob a forma de gravuras, esculturas ou pinturas. Elas não fabricam *representações* do corpo; elas fabricam antes de tudo *corpos*. Os utensílios são pensados, descritos e frequentemente decorados como corpos. A "obra de arte" que importa na Amazônia é o corpo humano. Todo a imaginação formal dessas culturas e as técnicas que ela alimenta são orientadas para esse corpo, cuja ornamentação espetacular contrasta com a sobriedade dos objetos com os quais convivem os habitantes da Amazônia. Máscaras, pinturas e adornos não têm sentido senão quando aplicados a um corpo vivo. Longe de serem simples decorações, ou algum tipo de fantasia, esses artefatos são literalmente prolongamentos ou elementos do corpo. Eles devem ser animados, no sentido próprio da palavra, ou não são nada.

Por isso, nesta exposição, mais que mostrar as peças como obras significativas em si mesmas, optamos por evocar as práticas e as formas de objetivação material a que elas remetem. Para manter fidelidade ao espírito da cultura visual dos povos da Amazônia — com o risco de afastamento da letra da etnografia —, não hesitamos em associar desordenadamente objetos provenientes de sociedades distintas e que estão associados a interpretações simbólicas diferentes; recorremos também, várias vezes, a imagens fotográficas de pessoas.

I. CORPO DE CONGÊNERE, CORPO DE HUMANO

O que, nesse universo amazônico, justifica que um corpo possa ser apreendido ou "visto" como humano? Um corpo de humano é a materialização de uma relação de afiliação ou de aparentamento, em outras palavras, de uma relação que não é nem de predador nem de presa. O "humano" é a forma que toma um corpo de um parente ou de um congênere[4]. De maneira mais geral, é a forma de toda criatura percebida como semelhante ao sujeito de referência, quer dizer, como outro sujeito. Se, por um lado, os jaguares veem os ("verdadeiros") humanos como queixadas (portanto como presas), eles se percebem, por outro lado, como pessoas humanas, e este é o caso para todas as espécies contextualmente dotadas de disposições relacionais. A humanidade é o *modo de apercepção* acessível a todos os tipos de seres, e de maneira nenhuma uma espécie natural. Ela é a forma imaginária de todo existente (nós inclusive) — sua forma reflexiva ou especular, poderíamos dizer.

A posição que define o humano não se situa no mesmo nível da dualidade predador-presa. Esta última, fundada sobre uma presunção de diferença, é sempre primeira. Longe de a predação ser um acidente da relação entre semelhantes, é a relação de identidade definidora do humano que se mostra um caso particular da relação de predação. A humanidade deriva da suspensão ou da negação da predação, ela não a precede. A inimizade — designemos por esse nome a relação de consumo agressivo — é dada, ao passo que a humanidade é produzida: ela emerge de uma troca de intencionalidades e se revela ou cristaliza progressivamente. A linguagem dos Wari' do Brasil oferece uma ilustração dessa estrutura: "gostar ou pensar em alguém com saudade" exprime-se por uma locução que, literalmente, significa "deixar de sentir raiva", em suma, "desodiar".

O que significa "ser humano"?

Está claro que as duas palavras acima empregadas, "pessoa" e "humanidade", designam noções amazônicas muito diferentes daquelas de

---

[4] Os biólogos diriam, creio, um "coespecífico" — com a ressalva de que nem todo conspecífico é necessariamente um "congênere", no sentido em que o conceito vai aqui usado para sintetizar as noções indígenas de semelhança e diferença. [EVC]

nossa própria tradição cultural. Na conceitualização dessas noções, os ameríndios mostram-se, em certos aspectos, mais restritivos que nós. Os termos vernaculares que designam a pessoa ou o ser humano são antes de tudo etnônimos: eles denotam, em primeiro lugar, os membros do grupo étnico e/ou sociopolítico ao qual pertence o enunciador, ou apenas aqueles de seu grupo local, ou até mesmo exclusivamente os membros de sua parentela. As únicas verdadeiras pessoas são, portanto, aquelas que o locutor reconhece como "não outras", seus semelhantes ou seus parentes. Mas os termos indígenas costumam ter também, por outro lado, uma acepção mais abrangente que os nossos, pois incluem muitos outros seres além daqueles que classificamos como humanos. Os povos das terras baixas da América do Sul tendem a antropomorfizar uma série de entidades não humanas, a imaginá-las e a eventualmente representá-las — nos mitos, na prática xamânica, nos chamados "estados alterados de consciência" — sob uma forma humana. Assim, é comum ouvir-se que tal planta selvagem ou doméstica é, ou foi, outrora, um humano particular, que os queixadas ou os macacos vivem em suas aldeias "como nós", ou que tal cesto, tal motivo de pintura corporal, tem uma boca, sentidos e uma intencionalidade análogos aos dos humanos.

O mesmo termo vernacular, cujo significado flutua, assim, entre "gente", "pessoa", "nós", "humano", pode designar tanto apenas os membros do círculo familiar do enunciador quanto o conjunto de entidades suscetíveis de dizerem "eu", a saber, a classe de enunciadores em sua extensão máxima. Neste último caso, o domínio indígena do humano excede largamente o domínio ocidental (isto é, a espécie); ao passo que no primeiro caso, inclui apenas uma parte, por vezes ínfima, dele. E a qualidade de pessoa reconhecida em um animal ou planta (ou em um membro de outro povo humano) pode ser negada no dia seguinte em outro contexto, sem que essa labilidade seja considerada desconcertante. O pertencimento ao "gênero humano" é elástico na sua extensão e flutuante no tempo.

Mas, então, o que significa "ser humano" na Amazônia? Na perspectiva ocidental, é um tipo específico de interioridade que define o humano — uma alma, um espírito racional, uma faculdade linguística ou uma disposição moral —, e não a natureza de seu corpo (muito pelo contrário, essa natureza o lança em direção à animalidade). Para os povos indígenas, não é a dimensão subjetiva que forma o núcleo dessa "humanidade" tão generosamente distribuída entre os existentes do mundo. Dizer de uma entidade que ela é uma pessoa significa, antes de tudo, atribuir a ela uma qualidade de membro de uma comunidade: o "humano" só pode ser algo coletivo, e a "pessoa" representa um pedaço de sociedade antes de ser um indivíduo com destino e caráter individuais. Mas aqui também é preciso compreender que, para as populações amazônicas, a ideia de sociedade tem um sentido bem diferente do nosso. Para nós, a sociedade é um agrupamento de indivíduos que, em consequência de um "contrato", resolvem viver juntos. A sociedade, ao menos na forma como gostamos de representá-la, resulta de vontades autônomas e separadas; seu modelo fundamental é uma associação livremente formada por seus membros. Nada disso é o caso para os povos da Amazônia: o modelo de coletivo ao qual se deve estar filiado para ser identificado como humano é o da espécie natural, o princípio é o de "quem se parece, se junta".[5] Toda espécie — todo coletivo formado por existentes unidos pela aparência e pelo comportamento — forma uma sociedade. Reciprocamente, toda sociedade — a começar por aquela a que pertence o enunciador indígena — constitui uma espécie. Espécie e sociedade são coletivos ao mesmo tempo "sociais" (mais precisamente, socioculturais) e "naturais".

O reconhecimento de uma identidade entre seus membros, que se atualiza numa sociabilidade intrínseca às interações entre eles, mantém unido esse tipo de coletivo. A simpatia espontânea diante de um semelhante se exprime em modos de ação e em comportamentos que pressupõem atitudes definidoras a um só tempo da subjetividade e do corpo de um sujeito. Assim, antes de ser um princípio que justifica a posição de sujeito, a corporeidade humana e a subjetividade ou interioridade derivam da qualidade de membro de um grupo. Elas são o efeito deste atributo e não sua causa. Com efeito, ser uma pessoa, e, portanto, membro de uma sociedade, é possuir as disposições para se engajar em diferentes formas de interação com outrem, e é também ter o corpo apropriado para isso. A intencionalidade e a forma atribuídas às entidades-pessoas consistem precisamente no conjunto dessas capacidades relacionais. Elas representam o equipamento requerido para pertencer a um coletivo, mas não são, como tal, o critério principal de um estatuto de pessoa ou de humano.

---

5 No original *"qui se ressemble s'assemble"*, expressão proverbial equivalente ao "dize-me com quem andas e te direi quem és". Poderíamos traduzi-la poeticamente por "quem se parece comparece". [EVC]

Do que é feito o conjunto de disposições que constitui a subjetividade? Antes de mais nada, da posse de uma *linguagem*, em sentido amplo, isto é, de uma ferramenta de comunicação com seus semelhantes e de ação sobre eles; mas também de outras "faculdades", especialmente a arte de ornamentar e pintar o próprio corpo e o de seus próximos. Ocupar uma posição de sujeito supõe a posse, ao menos virtual, das formas de conhecimento do mundo reconhecidas em uma dada cultura: não apenas os saberes técnicos e sociais, mas também os saberes mais esotéricos, que dizem respeito aos aspectos do mundo que não são imediatamente visíveis a todos — especialmente os saberes depositados nos mitos, como, por exemplo, o conhecimento da aparência precisa de um animal quando ele assume a posição de sujeito. Essas diversas aptidões inerentes à "personitude"[6] atribuída pelos povos indígenas a outros humanos ou não humanos são acompanhadas de um correlato corporal: ser um sujeito (portanto, um sujeito social, portador de cultura) é dispor de um corpo análogo ao dos humanos quanto às suas modalidades sensoriais, sua anatomia, sua organização interna e, sob certas circunstâncias, sua aparência. A aptidão para interagir verbalmente, a consciência de ter (e de ver em seus semelhantes) um corpo de tipo humano, dotado de adornos, pinturas e ornamentos, o saber agir sobre outrem e sobre a matéria, o saber "metafísico" — tudo isso constitui uma interioridade desse "membro de um coletivo" que é a "pessoa" tal como concebida pelos povos amazônicos.

Um sujeito ou um humano no sentido indígena, em resumo, é um ser que tem as propriedades corporais, as disposições e as aptidões necessárias para manter relações com seus congêneres. Sua "subjetividade" não tem grande coisa a ver com esse espaço privado, opaco ao outro, anterior a toda forma cultural e social que associamos à mente ou espírito. Sua interioridade é constituída precisamente por esse conjunto de coisas que nós agrupamos sob o termo cultura, e que é a essência, aos nossos olhos, de um domínio público, partilhado por todos. Enquanto para nós a cultura se associa ao domínio da convenção, da regra e do artifício — em uma palavra, da variabilidade —, do ponto de vista indígena ela é um atributo "natural" da sociabilidade intraespecí-

---

6 "Personitude" é a tradução adotada aqui e no original francês para o termo inglês "*personhood*", que não possui equivalente dicionarizado exato em português. Doravante, a palavra personitude será grafada sem aspas. [EVC].

fica e de maneira nenhuma uma questão de escolha coletiva, de circunstâncias históricas ou de determinismos ambientais. Tudo o que a compõe é inerente à sociabilidade partilhada pelos indivíduos de qualquer categoria (animais, espíritos, ou humanos ordinários) que se reconhecem e são reconhecidos por outros como semelhantes.

Perspectivismo: o corpo como ponto de vista

Entretanto, o princípio do animismo — tal como o caracterizamos para o caso das sociedades das terras baixas da América do Sul — não é capaz, por si só, de dar conta da inflexão própria das cosmologias amazônicas, em particular de suas ideias sobre o corpo. Essas concepções manifestam um traço que a tendência em atribuir personitude a não humanos não basta para explicar: trata-se do fato de que, se todos os sujeitos, atual ou virtualmente reconhecidos no mundo, tomam a forma da pessoa humana, esses sujeitos idênticos não veem necessariamente da mesma forma as coisas que compõem este mundo. Assim, os queixadas percebem-se a si mesmos com corpos de humanos, da mesma maneira que os humanos "propriamente" ditos. Isso decorre do julgamento de identidade que eles aplicam sobre si mesmos e da dinâmica de sociabilidade suscitada pelo reconhecimento de estar entre semelhantes. Esses mesmos sujeitos queixadas, porém, percebem os verdadeiros humanos em forma de jaguar e não em forma humana. A primeira parte da proposição — ver-se com um corpo humano, mesmo se não se é humano (do ponto de vista dos "verdadeiros" humanos) — se inscreveria na lógica do animismo. A segunda parte introduz nessa configuração um elemento de complexidade que não se encontra em todos os universos animistas.[7] Se conferir uma posição de sujeito a seres outros que humanos implica a atribuição de um conjunto de disposições e de capacidades de percepção idênticas àquelas das quais gozam os humanos, seria lógico supor que o que é captado por essas faculdades comuns de percepção é igualmente idêntico: todos os sujeitos deveriam compartilhar o mesmo ponto de vista. Mas, justamente, não é isso que se passa: a homogeneidade básica das pessoas-sujeitos combina-se com uma

---

7   Ele também se encontra, com diferentes nuances, na Sibéria indígena, nas florestas da Malásia e em certas culturas da Nova Guiné, por exemplo. [EVC]

heterogeneidade dos mundos percebidos. Dito de outra forma, os sujeitos extra-humanos apreendem segundo perspectivas diferentes um mundo composto do mesmo estoque de elementos, que mudam de natureza em função da constituição corporal do sujeito que está na origem da percepção. Para um sujeito-jaguar, por exemplo, o sangue das presas constitui (é visto como) cerveja de mandioca ou de milho, tal como estas são percebidas pelos humanos. Para as pessoas-colibri, por sua vez, é o néctar das flores que funcionará como cerveja e lhes aparecerá como tal. O elemento estável dessa configuração é a cerveja de mandioca, na medida em que ele é a referência (o ponto de partida), na sociedade do enunciador indígena, de seus correlatos ou traduções nos mundos das outras espécies-sociedades. Em muitas culturas amazônicas, as bebidas fermentadas são um componente essencial da sociabilidade. O conjunto de relações afetivas, de gestos, de modos de fazer, de modos de viver que se associa a esta bebida faz dela o índice por excelência da condição humana. Intimamente ligada ao estatuto de pessoa, a cerveja deriva da cultura e não da natureza: ela é parte pressuposta do regime alimentar obrigatório de um sujeito, e é por isso que ela se encontra sob uma ou outra forma em todas as "naturezas".

Mas como sujeitos idênticos podem viver em naturezas distintas? Para compreendê-lo, devemos nos debruçar sobre as maneiras por meio das quais os povos indígenas da Amazônia pensam a diferença entre os corpos. Os membros de cada uma das espécies que compõem o mundo têm, como vimos, uma forma comum de "subjetivar-se"[8] ou, dito de outro modo, de ser humano em face de seus congêneres. Do ponto de vista dos papagaios, por exemplo, seus corpos, seus pensamentos, suas emoções e seu regime de vida — alimentar e social — são idênticos ao que os humanos percebem em si mesmos quando se observam. Entretanto, se há apenas uma forma de ser uma pessoa, existe incontestavelmente uma multidão de corpos: o das cotias, o dos mosquitos, o das araras, o dos jaguares, e assim por diante.

A diferenciação física entre sujeitos virtuais — todos semelhantes por definição — é o grande assunto da mitologia ameríndia. Os mitos postulam a existência, na origem dos tempos, de uma única coletividade na qual se encontravam reunidos humanos, espíritos, animais e plantas, ou melhor, o conjunto de "pessoas" virtuais preexistentes à

---

8   No original francês, "*faire sujet*": "tornar-se sujeito", "ocupar a posição de sujeito". [EVC].

diferenciação corporal. Notemos que essas "pessoas" já possuíam algumas das características de seu estado futuro como animal ou planta (por exemplo, tal pássaro já falava com uma voz cuja qualidade sonora evoca seu futuro canto), como se elas contivessem, em potência, suas características pós-especiação, em suma, sua corporalidade distintiva. Não obstante, no estado pré-especiação encenado nos mitos, todos os existentes se acham unificados por esse compartilhamento de uma humanidade comum, "humanidade" sendo aqui sinônimo de cultura.[9] As narrativas contam como, na sequência, geralmente em razão de um incidente banal, essa comunidade se fragmentou, à medida que as diferentes espécies foram adquirindo sua forma e perfil etológico e se fecharam em si mesmas, sem mais poder comunicar-se entre si e nem se perceber como semelhantes, salvo em circunstâncias excepcionais (transe xamânico, sonho, doença etc.).

Após a dissolução desse coletivo primordial, as "culturas" de cada espécie tornam-se incomensuráveis, ao mesmo tempo em que permanecem sendo, do ponto de vista dos membros de cada espécie, sempre semelhantes. Elas se tornam herméticas umas às outras porque estão associadas a regimes corporais ou a *habitus* etológicos distintos, isto é, a maneiras diferentes de habitar o mundo e, portanto, de percebê-lo. A "natureza" a que um corpo dá acesso é assim determinada por sua própria "fisicalidade": cada corpo corresponde a um ambiente ao mesmo tempo físico e social — um mundo vivido — qualitativamente diferente. Cada espécie vive em um meio configurado para e por seu repertório de disposições, o qual depende, por sua vez, dos recursos corporais criados pela especiação. Em outras palavras, a sociabilidade característica de todo sujeito virtual se realiza de maneira diferente segundo as propriedades do corpo de que ele dispõe. Uma pessoa-jaguar vive em uma natureza diferente daquela de um sujeito-cotia porque seu mundo é "colorido" pela maneira como ela se articula ao seu ambiente e aos outros seres e, sobretudo, pela intensidade da disposição predadora inscrita em seu corpo. Esta é certamente comum a todos os sujeitos, por princípio — todos os sujeitos animados precisam alimentar-se

---

9   A separação entre natureza e cultura, que Lévi-Strauss viu como tema maior da mitologia ameríndia, é a aparição *conjunta* da "cultura" e da "natureza", confundidas na era ou éon pré-cosmológico em uma mesma condição "sobrenatural". Não é infrequente que os narradores indígenas qualifiquem todos os personagens dos mitos por meio de termos cuja tradução mais imediata seria "espírito". [EVC]

—, mas ela não é distribuída de forma igual entre os existentes, variando em potência segundo a natureza dos corpos.

No ponto mais baixo da escala dos animados, os povos indígenas situam as espécies de pequeno tamanho, com pouco sangue e desprovidas de "armas", isto é, de ferrão, veneno, garras ou caninos; frequentemente são espécies gregárias, que formam bandos de indivíduos pouco diferenciados — por exemplo, um cardume de peixes miúdos, uma nuvem de borboletas, certas variedades de tubérculos. Se não são poderosos predadores, os corpos dos animais situados abaixo na escala têm, todavia, outras competências: em particular, a capacidade de "fazer massa" de forma coordenada (o que os predispõe a servir de modelo de certas formas de ação coletiva) ou, ainda, de "familiar-se", como é o caso, por exemplo, das araras ou dos papagaios.[10] O juízo feito sobre a vida social desses psitacídeos repousa sobre a observação de suas características etológicas: machos e fêmeas formam casais inseparáveis e duráveis, voam sempre em par e se ocupam diligentemente de seus filhotes. Tais traços levam alguns povos indígenas a verem na vida social dos papagaios uma "cultura" não diferente da deles, apenas mais bem-sucedida sob certos aspectos ou em certos domínios. Na outra extremidade da cadeia das formas corporais se encontram os espíritos imortais, tais como os deuses canibais dos Araweté, que devoram as almas dos humanos mortos, mas são eles mesmos invulneráveis e eternos. Logo abaixo desses devoradores supremos vêm os grandes predadores solitários e fortemente individualizados — o jaguar, o jacaré-açu, a sucuri, o gavião-real, as cobras venenosas —, e os seres humanos em sua qualidade de caçadores e guerreiros. Certos seres encarnam por contraste uma corporeidade patológica, ao mesmo tempo que ilustram pela negativa a invariância da personitude cultural. Fruindo de certa forma de consciência, essas criaturas — cujo exemplo paradigmático é o espectro dos mortos recentes — estão condenadas a serem associais e solitárias, encarnando a natureza aberrante de um ser animado que é, porém, uma "não pessoa", privada de laços com um coletivo.

Em resumo, se a configuração relacional que constitui o humano é única, os corpos suscetíveis de ocupar a posição de humano são múltiplos. Os povos amazônicos pressupõem, como horizonte de pensamento,

---

10 No original francês, *"faire masse"* e *"faire famille"*.

um tempo e um lugar em que todos os sujeitos tinham acesso a toda a gama de recursos corporais, em que cada um dispunha de um corpo "totipotente", e portanto de uma mesma Natureza *proto*natural ou *sobre*natural, uma "Supernatureza". Veio a especiação, e cada classe de seres herdou apenas um fragmento desse corpo primordial polimorfo, ou mais precisamente "antropolimorfo"; um fragmento condensado em um corpo de espécie particular, articulado a um mundo também particular. Esse evento fundador do mundo atual, o da experiência corrente, não deixa de ser uma maldição ou queda aos olhos dos povos amazônicos, porque ele limita, desde então, a somente uma espécie os recursos e as virtualidades de ação inerentes a uma forma finita de corporeidade — uma forma, por assim dizer, privada. Assim, a partir do ponto de ruptura evocado nos mitos, cada corpo de espécie representa apenas uma modalidade de ser-no-mundo entre todas aquelas possíveis. A perda que assombra o universo dos povos indígenas é aquela das virtualidades de existência que lhes oferecia um corpo mítico anterior à especiação, um corpo que sintetizava as propriedades de todos os corpos de existentes possíveis. Daí deriva o forte apego das culturas indígenas aos adornos feitos de elementos de corpos de animais: adornar-se é reencontrar uma parcela de uma experiência do mundo associada a tipos de corporeidade dos quais eles estão excluídos na vida ordinária: coroar-se de plumas é reconectar-se com as aptidões especiais dos corpos de arara a exercer a conjugalidade ou a vida doméstica; suspender no pescoço um colar de garras ou dentes é dotar seu corpo de um eco dessa energia mortífera que agora é própria de um corpo de jaguar.

Espécies fixas em número limitado, mas uma infinidade de imagens de espécies

A inflexão particular que o perspectivismo imprime ao animismo ameríndio tem uma implicação que deve ser sublinhada. Não existem, nesse mundo, categorias ontológicas fixas, à parte aquela de "sujeito de cultura". O que aparece como um queixada para tal tipo de sujeito, aparece como um humano para outra classe de sujeitos; o que é jaguar para uns, é animal de caça para outros; e assim por diante. Na falta de um ponto de vista transcendente e de uma Natureza independente da ação humana que permitissem fixar os existentes em uma identidade imutável, eles migram de forma e de identidade em função de quem os percebe. Por exemplo, não existe o Rato de maneira absoluta, tal como ele seria fixado pelo olhar de Deus ou da Ciência. Certamente, a "roupa-rato" — a virtualidade de uma atualização de existência sob a forma de rato — é um dado do mundo presente desde sempre. Os povos amazônicos não concebem uma Natureza suscetível de criar novas formas de ser sem nunca se esgotar; a variabilidade de naturezas possíveis é, de direito, limitada.

À primeira vista, portanto, a maioria das sociedades dessa região privilegia uma concepção fixista do universo, em que as particularidades das espécies existem desde sempre e não necessitam sempre de explicação quanto a sua origem. Certamente, no tempo mítico, as araras eram pessoas para os jaguares e vice-versa, mas a forma "arara" já existia, ela não nasceu no momento em que as araras se tornaram pássaros aos olhos de outras espécies. Não é tanto a aparição das formas das espécies (ao modo das *Just so stories*, de Rudyard Kipling, que contam como cada animal obteve sua morfologia)[11] que mobiliza os mitos, mas, antes, a ruptura do coletivo no qual todos os sujeitos se percebiam uns aos outros como humanos e as consequências dessa fragmentação: a perda de uma linguagem comum, a percepção de outrem com um corpo de não humano, a diferenciação das perspectivas. Os povos indígenas amazônicos não concebem que formas inéditas possam nascer, seja delas mesmas, seja de outras preexistentes. Tudo que pode ser já existe, com uma forma específica. As "naturezas" implicadas pelos diferentes corpos não divergem senão pela distribuição de seus elementos, não pela característica dos elementos eles próprios.

A gama de seres que se oferece à percepção de maneira virtual ultrapassa largamente, entretanto, aquela que se oferece aos sentidos dos humanos em contextos ordinários. Essa disjunção entre, por um lado, a ideia de um número finito de formas de espécies e, por outro lado, a de uma proliferação de formas percebidas pode-se esclarecer por meio de uma analogia com o jogo de xadrez. No xadrez, as peças postas em movimento são limitadas, assim também os espaços suscetíveis de serem ocupados por cada figura. Em contrapartida, as combinações —

---

11 Em muitos casos, porém, os mitos não excluem explicações do tipo "*just so*", ainda que estas não sejam a *razão* do mito: por exemplo, os dedos achatados das rãs ficaram assim por causa das pancadas dadas com um remo nas mãos da Rã primordial (M_{241}, Warao, in Claude Lévi-Strauss, *Do mel às cinzas*, trad. Carlos Eugênio Marcondes de Moura e Beatriz Perrone-Moisés. São Paulo: Cosac Naify, 2005, pp. 166-169). [EVC]

as relações — possíveis entre elas são praticamente infinitas. Da mesma forma, existe um estoque fechado de espécies, mas as relações possíveis entre esses corpos — e, portanto, as percepções (recíprocas ou não) implicadas por essas relações — são inumeráveis. Há apenas, por exemplo, uma forma *gambá* (de uma dada espécie desse gênero de marsupial), mas um gambá pode assumir, em face de outrem, muitas formas de aparência corporal distintas em função do tipo de interação que se estabelece entre dois parceiros. Na "natureza" de um gafanhoto, um gambá ocupará a função — e a aparência — do jaguar. Na natureza de uma jaguatirica, ele será "queixada", e, na de um humano, "gambá".[12] Em relação às populações de espíritos com que coabitam numerosos grupos amazônicos, estas possuem uma suprema capacidade de assumir corpos diferentes: no mínimo, a aparência sob a qual elas se manifestam para os humanos e aquela sob a qual elas aparecem para si mesmas, e caberia ainda acrescentar a aparência que elas tomam em face de outras classes de espíritos, os quais, por sua vez, as veem sob outras formas possíveis de encarnação, e assim por diante. Os povos indígenas exprimem essa ideia falando dos corpos de não humanos como de "roupas" que as espécies podem vestir ou despir em função das interações nas quais estão envolvidas. Para retomar o exemplo do jaguar, ele se despe de seu corpo-roupa para revelar um corpo humano quando está junto de seus congêneres, isto é, daqueles para os quais ele não é um predador (ou uma presa).

As imagens engendradas por perspectivas diferentes daquelas ocupadas por um observador qualquer são parcialmente visíveis por este observador. Elas aderem à forma percebida à maneira de uma conotação ou de uma aura. Detectáveis na pupila, no reflexo ou na sombra de um corpo, desveladas em sonho ou em outros estados alterados de consciência, essas percepções oriundas de outros corpos representam uma dimensão "oculta" dos seres. Enganados pela semelhança superficial entre o dualismo perspectivista dos índios — todo ser pode portar em si o fantasma do que ele é para um outro olhar — e seu próprio dua-

---

12 O privilégio referencial, tautológico, dado à aparência-função *gambá* (vemos o gambá como "gambá") deriva, portanto, do fato que o ponto de vista do narrador, isto é, do enunciador indígena, é o ponto de vista humano. Isso posto, o que os indígenas veem *no* gambá lhe atribui significados que outros humanos (nós, por exemplo) ignoram — ver Claude Lévi-Strauss, "Cantata do sarigüê", in *O cru e o cozido*, trad. Beatriz Perrone-Moisés. São Paulo: Cosac Naify, 2004, pp. 197-230) [EVC]

lismo da carne e do espírito, os missionários (e frequentemente os etnólogos) apressadamente assimilam essa dimensão à alma, tal como entendemos tradicionalmente essa noção. Na realidade, os termos indígenas que a designam remetem a algo totalmente diferente de um princípio espiritual interior, oposto ao corpo, tal como implicado em nossa noção de alma. Eles se referem, antes, a essa parte invisível própria de todo existente, à "aparência inaparente" do corpo de um sujeito visto da perspectiva de um ser outro que ele próprio e seus congêneres. A forma humana sob a qual um animal se apresenta a outro animal da mesma espécie constitui, assim, do ponto de vista dos humanos (indígenas), a "alma" invisível do animal; ao mesmo tempo, a "alma" de um humano é a imagem de seu corpo tal como ele é visto pelos não humanos — como um animal. Compreende-se a partir disso porque a fotografia constitui um dispositivo desconcertante para numerosos indígenas da Amazônia, uma vez que ela introduz uma "terceira" visão— a da lente fotográfica, curiosamente chamada de "objetiva" — entre o sujeito da percepção e o corpo percebido. A fotografia não é, no mínimo em razão da mudança de escala, a visão "natural" que tem de uma outra pessoa aquela que a fotografa; por isso, uma foto convoca um fantasma, aquele do sujeito indefinido e invisível do qual ela reflete um olhar "outro".

Em suma, *a "alma" indígena é formada pela perspectiva de outrem*. Daí a prevalência na Amazônia de espíritos que se desdobram, eles mesmos, em "alma" e "corpo", como é o caso entre os Wauja do Xingu, em que os espíritos têm, ao mesmo tempo, "roupas" que lhes permitem aparecer sob tal forma a certo tipo de observadores em determinados contextos — por exemplo aos humanos, durante rituais — e um "corpo" que constitui sua forma para outros observadores, por exemplo, seus congêneres. O fato de que uma "alma" pode ter um corpo, ele mesmo multiplicado em um novo par de alma e de corpo, e assim por diante *ad infinitum*, mostra bem que o que está em jogo é a virtualidade sempre presente a partir de uma perspectiva outra, e não uma entidade essencialmente distinta do corpo. Aos olhos dos povos amazônicos, de fato, o "corpo" é tão imagem quanto a "alma", e esta é tão material quanto aquele; essas duas dimensões estão em uma relação reversível, análoga àquela entre figura e fundo, e a única coisa que as distingue é o ponto de vista incidente sobre elas.[13]

---

13 Como figura e fundo, corpo e alma podem se alternar em suas funções respectivas, mas

Para inventariar todas as formas dos existentes, seria necessário, portanto, adicionar as naturezas percebidas por todas as criaturas, uma totalização na verdade inconcebível, já que não é possível fechar a lista dos sujeitos outros capazes de engendrar novas perspectivas e, portanto, novos existentes. Assim, o perspectivismo constitui um tipo de criacionismo sem autor, combinando uma visão fixista do universo — nenhuma nova forma pode nascer — com uma concepção que admite a proliferação de formas virtuais derivadas da extensão infinita de pontos de vista possíveis.

Fabricar o corpo humano

O corpo humano é um efeito relacional: perceber o outro sob a forma de um ser humano equivale a compartilhar com ele uma posição de sujeito, o que supõe o reconhecimento de uma identidade entre si e o outro. O que tal julgamento de identidade implica? Para os povos indígenas da Amazônia, a resposta é simples: um corpo de humano é a expressão material de uma relação entre semelhantes; o corpo humano não é uma "roupa de espécie" como as outras; de fato, ele é a forma padrão de um sujeito enquanto membro de uma "sociedade". Nos mitos de cosmogênese, lembremos, o estado inicial ou não marcado (no sentido que a linguística dá a esse conceito) dos sujeitos reunidos no coletivo primordial único é o estado humano — para sermos exatos, um estado anatômica e semioticamente "antropolimorfo". A humanidade é uma modalidade de existência aberta a todos os seres animados suscetíveis de subjetivar-se, e não uma forma ligada de maneira estável e unívoca a uma espécie particular. Entretanto, essa visão da humanidade, enquanto efeito de perspectiva ligada à qualidade de uma relação antes que como um atributo essencial, não impede de maneira alguma os grupos indígenas da Amazônia de se conceberem como espécies,

---

não podem ser "vistos" ao mesmo tempo: o corpo oculta a alma e vice versa. O que significa que seres de espécies diferentes não podem se ver como humanos recíproca e simultaneamente, exceto nas situações excepcionais já mencionadas. De fato, se um sujeito humano, a menos que ele ou ela seja um xamã no exercício de sua capacidade, começa subitamente a ver um ser de outra espécie em sua forma humana, isso significa que foi capturado pela perspectiva da outra espécie, e está em perigo de ser transformado em um não humano (uma presa, um servo). [EVC]

como coletivos dotados de uma identidade distintiva. Se os "humanos" como tais não constituem uma espécie, os indígenas reconhecem perfeitamente que, embora os atributos de cultura sejam idênticos em toda parte, eles mesmos e outras nações, indígenas ou não indígenas, praticam a arte natural de viver juntos de maneira diferente. Essa variação, segundo eles, se explica facilmente: assim como as araras e os queixadas se alimentam e se comportam de forma distinta, embora sejam humanos da mesma maneira, os membros de um dado povo e aqueles de outro povo têm costumes divergentes porque pertencem a espécies distintas (diríamos sociedades), ou, dito de outra forma, porque possuem corpos diferentes, como observou a mãe piro em sua resposta à missionária, citada no início deste capítulo. Essa variação corporal se dá a ver por meio das variações na vestimenta, nos adornos, nas marcas e pinturas corporais, bem como na culinária e na tecnologia. Tais diferenças, que para nós são de ordem cultural, traduzem do ponto de vista indígena um processo de especiação. Assim, os membros de um dado coletivo vestem "por cima de" sua forma humana, e em continuidade com ela, o equivalente a uma "roupa de espécie" composta de elementos que são ao mesmo tempo marcas de identidade e índices de disposições relacionais valorizadas pelo coletivo.

A especificidade da corporeidade humana está ligada aos procedimentos pelos quais ela é fabricada: a carne e a forma do corpo são a memória literalmente encarnada das interações afetivas entre o sujeito e seu entorno. Ao invés de ser dada, como é o corpo de uma espécie natural, a forma humana do corpo é inteiramente produzida: é o resultado de uma ação intencional e coletiva. Um indivíduo não vem ao mundo como humano; ele se torna humano por meio da alimentação e dos cuidados dispensado por seus parentes, do zelo que estes demonstram entre si. Ao participar do crescimento do feto, alimentando-o com seu sêmen, um homem adquire em face de uma criança o estatuto de "pai". Ele *se torna* literalmente seu pai à medida que a própria criança vai se tornando "filho" ou "filha" desse homem. Oferecer regularmente alimento a outrem com sinais de afeição é um comportamento típico de congênere; é fonte de uma relação de parentesco. Isso exprime uma disposição em pensar em seus próximos, particularmente quando estão ausentes, evocando-os por meio de imagens mentais que suscitam ternura, desejo e saudade. Essa atitude mental, aliás, constitui a forma primeira da reflexão nas culturas indígenas: as palavras que traduziríamos por "pensar" significam, antes de mais nada, pensar nos seus próximos, por oposição ao exercício especializado do pensamento especulativo, o qual remete ao saber. Em suma, o parentesco não é dado por um laço biológico que o precederia: ele se constitui na construção mútua de uma corporeidade compartilhada, depositária de uma consciência corporal feita de uma memória de interações com os seres, os lugares e os objetos familiares.

O dom do alimento, mas também o olhar, desempenham um papel central nesse processo, em função de uma lógica que assimila estreitamente o alimento oferecido, a relação entre pessoa provedora e sujeito alimentado, e o olhar mútuo, eixo maior da relação de intersubjetividade. Comer é, portanto, incorporar uma relação — em particular, uma relação visual — tanto quanto incorporar uma substância, o que justifica a afirmação desconcertante dos Waiwai, segundo a qual é olhando suas crianças que eles as fazem crescer. Em outros grupos amazônicos, a ênfase se situa antes nas manipulações e nos contatos corporais: o corpo do bebê é massageado e modelado segundo técnicas diversas, assim desenvolvendo uma carne especificamente humana ao absorver as relações de proximidade afetiva pressupostas nessas práticas. A mesma lógica subjaz à aplicação de motivos de pintura corporal sobre o corpo de um próximo, como um filho ou cônjuge: na medida em que remete a essas relações e a suas dimensões qualitativas, o desenho é o ícone de uma carne socializada, modelada pelas relações com os congêneres.

A "humanidade" é, em suma, o atributo de um corpo produzido em conjunto por um coletivo de indivíduos definidos como parentes, como semelhantes ou como congêneres — aqui, os três termos podem ser tomados como sinônimos em virtude de seu engajamento nesse trabalho. Essa fabricação conjunta da matéria e da consciência corporais — fabricação, ao mesmo tempo, de parentesco — é o que na Amazônia mais se assemelha a uma atividade de produção, no sentido ocidental do termo. Em contraste com a manufatura de bens materiais (ou dos meios de produzi-los), que é para nós o modelo da ação valorizada, os ameríndios investem seus esforços em um outro trabalho: confeccionar pessoas. O corpo humano é a coisa mais valorizada nesse universo porque ele materializa a sociabilidade e porque ele é testemunho de uma capacidade de ação — fabricar semelhantes — percebida como própria do humano. As intenções e os afetos imbricados no trabalho parental de produção de corporeidade humana estão condensados nos adornos e nas pinturas que recobrem o corpo. Os ornamentos são os atributos obrigatórios das "pessoas verdadeiras": eles assinalam a presença de um corpo plenamente humano, isto é, abundantemente dotado de recursos corporais variados e, portanto, de possibilidade de interação com outrem.

Como essa aptidão para fabricar o humano se articula com a intencionalidade predadora própria de todos os seres vivos? Ela é o inverso desta, sua face positiva, da mesma maneira que a troca matrimonial é o inverso da proibição do incesto. Longe de se oporem, "pulsão predadora" e "pulsão parental" são indissociáveis: num mundo governado pelo esquema da predação, quanto mais "amamos" nossos parentes, quanto mais "pensamos" neles, quanto mais participamos do seu crescimento e de seu bem-estar corporal, tanto mais intensas também são a "raiva" que experimentamos contra aqueles que os ameaçam de predação e a "fome" por aqueles de que nosso próprio coletivo se alimenta. Predação e produção, disposição de destruir o outro e de engendrar semelhantes se entrelaçam tão bem que as duas capacidades aparecem uma como a condição da outra: a fecundidade pressupõe a aptidão para a predação, o homicídio guerreiro confere um acréscimo de potência produtiva.

"Os Bororo são araras"

A ornamentação corporal, que distingue ao mesmo tempo o humano e o membro de um coletivo específico, toma seus signos principalmente do mundo animal. Ela privilegia três tipos de materiais: plumas, superfícies irisadas, dentes e garras. Cobrindo seus corpos de plumas, homens e mulheres mostram que possuem as aptidões para a conjugalidade ou a "parentalidade", tal como certos pássaros a manifestam. Dançando coletivamente com uma mesma "roupa de espécie" feita de penas de arara, os Kayapó do Brasil Central celebram sua capacidade de formar uma comunidade de semelhantes; ao escolher plumas amarelas em vez de vermelhas ou azuis, estes mesmo índios afirmam: "Aqui estão os corpos de tal espécie", por oposição àqueles da sociedade vizinha. Igualmente, ao ornar o peito dos homens com colares feitos de garras de jaguar, um dado povo torna visível a disposição, característica do ideal de masculinidade, em adotar a corporeidade de um predador. Assim, um corpo humano plenamente constituído aparece como um artefato híbrido feito de pedaços de corpos de espécies naturais, cada elemento condensando qualidades próprias à roupa particular da qual foi tirado. Esse corpo reúne aspectos de todos os corpos possíveis sem remeter ao de uma espécie em particular. Os cocares, os adornos de penas ou de dentes não têm somente uma função expressiva, a de evocar por metonímia os tipos de comportamentos emprestados dos animais; eles permitem igualmente dotar os humanos da função de exibição e, sobretudo, de individuação que uma plumagem reluzente tem para muitas espécies de pássaros, especialmente para os machos. Centrada nas combinações de cor, na regularidade e na delicadeza do trabalho de composição, no aspecto furta-cor das penas e dos élitros, no brilho da penugem branca e das partículas de cascas de ovos coladas sobre a face, a estética é convocada para exibir a importância do indivíduo (e, por extensão, a do coletivo ao qual ele se liga) e, ao mesmo tempo, seu caráter único e singular. As superfícies peroladas ou translúcidas como a do quartzo, das conchas ou das miçangas, e aquelas irisadas como certas plumas ou como as asas de besouros, são particularmente procuradas para evocar o brilho de um corpo. Combinados com diademas de penas brilhantes, esses adornos iridescentes são o equivalente à auréola dos santos na pintura cristã, exceto por remeterem a um estado extraordinário do corpo antes que a uma "interioridade" (uma alma) fora do comum.

Os atributos sensíveis das plumas — abundância de cores, dimensões e formas que elas oferecem — as predispõem também a um uso simbólico. Assim, certos grandes cocares circulares figuram a organização social de uma aldeia de "humanos verdadeiros" vista do alto — do ponto de vista de um gavião-real —, ao mesmo tempo que eles evocam a influência da "pessoa" detentora dessa perspectiva celeste. Igualmente, o estranho capacete de cera (chamado *kutop*) coroado, na extremidade de uma haste, por um pequeno diadema de penas de arara, utilizado pelos homens kayapó mekragnoti durante certos rituais, representa a visão que têm sobre as aldeias kayapó — e, de modo mais geral, sobre o mundo terrestre — os Mekragnoti que ficaram no céu desde os tempos míticos. A haste simboliza a corda pela qual os Mekragnoti desceram à terra. Os cocares utilizados pelos diferentes grupos kayapó são, além disso, utilizados como brasão: cada grupo cerimonial, clã, metade ou classe etária possui um adorno específico — mais precisamente, o modelo exclusivo desse adorno —, e tal ornamento, ao mesmo tempo expressivo e produtor de uma corporeidade comum aos membros do coletivo, constitui um patrimônio ciosamente guardado. As coroas de plumas das sociedades do Nordeste amazônico também evocam corpos, neste caso os corpos dos seres primordiais. O grande cocar *orok* dos Wayana-Apalai é, na realidade, uma máscara antes que um adorno: considerado como a roupa — ou seja, o corpo — de um criador mítico, ele não é utilizado senão durante alguns rituais. Vestir tal traje significa de fato assumir uma parte da corporeidade de um ser sobrenatural, bem como as faculdades e as capacidades que lhe são próprias.

A pintura corporal: os corpos de espécie vistos do interior

A pintura corporal é onipresente nas terras baixas da América do Sul. Usada de modo tanto cotidiano quanto em contextos rituais, tanto na paz quanto na guerra, sua aplicação e conceitualização são variáveis no que concerne ao grau de elaboração e de refinamento. Certos grupos ornam seus corpos combinando, segundo regras próprias, até cerca de quarenta motivos geométricos distintos, todos nomeados e reconhecidos. As combinações de desenhos e cores podem ser colocadas a serviço de uma sinalética social bem precisa, indicando não apenas os pertencimentos sociopolíticos, clânicos, de classe etária, de grupo cerimonial (como podem igualmente fazê-lo os adornos plumários), mas também o estado relacional no qual se encontra aquele que porta a pintura: viúvo há seis meses, pai de uma segunda criança com menos de dois anos de idade, convalescente de uma doença de tal ou qual natureza, e assim por diante.

A pintura corporal, porém, não é o apanágio dos únicos (verdadeiros) humanos. Do ponto de vista indígena, todos os seres suscetíveis de "subjetivar-se" inscrevem desenhos sobre o corpo: a pintura corporal faz parte da panóplia do humano. Assim, o que aparece aos humanos como a pele manchada dos jaguares, é visto pelos jaguares como motivos pintados sobre um corpo humano. Se a constituição de um corpo-carne e a percepção de uma forma humana se enraízam em uma relação de identidade entre congêneres — que é o mesmo que dizer em uma relação de parentesco —, a pintura corporal constitui, juntamente com os adornos, a pele visível de um sujeito como membro de um coletivo ou de uma espécie determinada. Todos os seres animados, potencialmente sujeitos, lembremo-nos, pertencem presumivelmente a um coletivo, a uma "espécie" necessariamente singular, dotada de um etograma ou cultura também singular; a pintura, e, de modo mais geral, a ornamentação corporal, é o condensado visual dessa cultura própria da espécie. Para retomar o exemplo do jaguar, o pelo manchado é a roupa do jaguar da perspectiva "presa", isto é, tal como ele é percebido por aqueles que come, enquanto as pinturas corporais sobre uma pele humana formam sua roupa de espécie na perspectiva "congênere". Elas são seu traje de sujeito-jaguar visto "de dentro", tal como ele é percebido pelos membros de seu coletivo.

De resto, os mesmos motivos estão presentes nos artefatos: a decoração geométrica das cerâmicas, da cestaria, dos tecidos pintados ou bordados representa, quase sempre de forma mais ou menos estilizada, as pinturas corporais dos espíritos ou dos animais. Mas esses motivos não reproduzem exatamente as pinturas corporais; fiéis a seu viés antifigurativo, os artistas indígenas buscam antes evocá-las por outros desenhos (e, às vezes, por meio de um nome ligado a um motivo) que copiá-las a partir de uma representação mental. O papel da arte "decorativa" associada aos objetos funcionais é sobretudo o de desencadear processos de visualização: a imagem que conta é aquela que cada um faz mentalmente para si, não aquela materializada no grafismo. Este não é senão um meio de acionar uma forma de imaginação dedicada à representação de corpos sob todas as facetas possíveis. Uma função idêntica é atribuída ao traje de alguns animais: o caráter abstrato e labiríntico dos desenhos formados pela pele das serpentes, a plumagem de certas aves de rapina, a pelagem dos felinos, faz dessas criaturas repertórios ambulantes de pinturas corporais virtuais. Conhecer as pinturas corporais próprias de outros coletivos é, portanto, conhecer a aparência específica que oferecem os outros aos seus próprios parentes, conhecer, em suma, sua face oculta. Assim, esse tipo de saber forma um componente essencial da "ciência" indígena. Além disso, portar os motivos de certa espécie permite identificar-se com essa sociedade específica, e assinalar o seu não pertencimento, em um contexto e por um dado momento, ao seu próprio coletivo. Se as mulheres achuar (um dos subgrupos do conjunto Jívaro) pintam certos motivos no rosto quando vão trabalhar na roça, é para se assimilar às populações vegetais com as quais interagem e aparecer-lhes sob um aspecto familiar. Essa lógica se encontra também em contextos rituais, quando se trata de fazer vir os espíritos (ou de figurá-los) para interagir com eles. Pintando-se, ornamentando-se, ou vestindo máscaras em função de certo modelo de aparência, o grupo que realiza o ritual diz essencialmente aos espíritos: "vejam, não somos estrangeiros para vocês, outros; usamos as suas roupas, somos, portanto, seus parentes".

Entretanto, a pintura corporal não remete sempre ao mundo da sociabilidade e da proximidade parental. Ela pode também, inclusive por omissão, sintetizar outras condições relacionais. A falta de pintura é tão expressiva quanto a presença de motivos elaborados, na medida em que a ausência indica um estado de "invisibilidade cosmológica". Esse estado pode ser buscado quando uma pessoa se sente ameaçada por tentativas de cooptação ou afiliação emanadas de um coletivo inimigo — por exemplo, em caso de doença. Nessa situação, ela percebe o olhar de outros sobre si, outros que ameaçam fazê-la deslocar-se para uma posição de presa. Ela tenta então tornar-se invisível abstendo-se de ostentar sua roupa de espécie para que não possa ser reconhecida e nem categorizada. A invisibilidade garantida pela nudez da pele equivale a uma condição voluntária de isolamento social, eventualmente reforçado pela reclusão em um espaço separado do universo doméstico do parentesco. Uma outra maneira de tornar(-se) invisível é cobrir inteiramente o corpo com uma camada de pintura negra. A cor faz papel de tela, escondendo o corpo que reveste e tornando-o indetectável para os Inimigos.

A outra modalidade de aparência à qual se opõem as pinturas que indicam um estado de sujeito ou de parente é aquela associada às pinturas de guerra. Esses motivos se distinguem dos "desenhos de humanos" por uma cor diferente — por exemplo, o negro em contraste com o vermelho ou com o dicromático — e por um traço distinto. A pintura de guerra assinala uma corporeidade não humana, integralmente predadora, tanto aos olhos das vítimas perseguidas quanto aos dos parentes dos guerreiros.

II. CORPO DE PREDADOR

O esquema da predação: ver e comer

Inscrita em um esquema de relações entre os seres segundo o qual toda entidade viva se alimenta de outras espécies, animais ou vegetais, e serve ela mesma de alimento a outras espécies,[14] a relação constitutiva de identidade de um corpo não é neutra no plano qualitativo, e sua tonalidade afetiva não deve nada ao acaso. Todas as criaturas são habitadas por um desejo e uma capacidade de agressão em face de outras criaturas consumíveis. Esse apetite vital, inerente a todos os seres animados, é o modelo da intencionalidade atribuída no processo de subjetivação, sem dúvida porque ele sintetiza de maneira imediata, ao mesmo tempo, o desejo — a tensão em direção ao ter — e o juízo, a categorização de uma coisa, sua identificação como elemento do mundo: a forma primeira do "ser-no-mundo" de um sujeito é uma relação de *apreensão* — em todos os sentidos do termo — de outrem.

Essa visão predadora ou "preensiva" (para roubarmos um conceito de Whitehead) das relações entre os seres justifica a importância que o pensamento indígena confere à questão do regime alimentar.[15] É ele que constitui um dos principais critérios de classificação dos seres animados; ele mede o grau de identidade e de diferença entre duas espécies ou dois exemplares de uma espécie. Ou, para dizê-lo ao contrário: comensalidade é comunidade, e comunidade é identidade. Daí o peso atribuído aos gestos de oferenda — ou de recusa — de alimentos, especialmente entre cônjuges e entre pais e filhos. Daí também a força e a multiplicidade das restrições e prescrições alimentares observadas pelos povos indígenas de toda a Amazônia. Modificar o regime alimentar é marcar tanto um movimento de afiliação e de identificação a uma outra classe de seres cuja alimentação costumeira se distingue daquela dos humanos quanto, ao contrário, um movimento de desfiliação e de diferenciação em relação a uma espécie cujo regime seria anti-humano. Assim, os guerreiros homicidas são submetidos a um demorado

---

14 Ver, no volume 2 desta coletânea, o capítulo "O matriarcado e o antropófago quase-transcendental", sobre a fome como o *primum movens* na cosmologia dos Kwakiutl. [EVC]

15 Como amplamente demonstrado nas *Mitológicas* de Lévi-Strauss. [EVC]

regime draconiano com o propósito de afastá-los do gosto pela carne de "caça" humana que lhes é atribuído. Suspeitamos que o canibalismo de guerra, praticado outrora por várias sociedades amazônicas, se inscreve na mesma lógica. Tratando o corpo de um humano inimigo como carne de caça, o canibal se lança a uma dupla operação: por um lado, ele se associa a um predador supremo, por exemplo, a um dos espíritos imortais que se alimentam justamente de humanos; por outro, marca uma distância ontológica — a não identidade — entre ele (e o coletivo ao qual ele pertence) e o inimigo (e o coletivo ao qual este pertence).

O esquema da predação imprime também sua marca sobre as relações entre homens e mulheres de duas formas distintas. A comunidade de regime alimentar faz com que a diferença entre os sexos seja minimizada em relação àquela entre humanos e extra-humanos, uma vez que a heterogeneidade de regime é o principal critério de discriminação entre essas duas categorias. Mas a diferença anatômica e sobretudo comportamental entre homens e mulheres — primordialmente, o fato de que são exclusivamente as mulheres que gestam e dão à luz aos membros da espécie — predispõe a considerar o conjunto dos homens e o conjunto das mulheres como coletivos distintos, pelo menos como subespécies diferentes (os indígenas falantes do espanhol costumam mesmo utilizar o termo "raça" para designar cada um dos dois sexos). Essa divergência, quando combinada com a diferença atribuída em princípio aos parentes por casamento ou aos afins potenciais — em outras palavras, quando se trata de pessoas desposáveis —, resulta em comportamentos "predadores" estilizados. Assim, o casamento amazônico, lá onde ele é ritualmente marcado, se enquadra de maneira mais ou menos literal no esquema da captura ou rapto de uma mulher de um grupo inimigo, mesmo quando se trata de uma parenta próxima. É que uma mulher "consumível" no plano sexual deve ser "outra", ou a união com ela seria incestuosa; mas na medida em que essa mulher é definida como diferente de si, as relações com ela tendem a ser subsumidas pelo esquema da predação — o que explica a presença desses elementos de comportamento de caçador ou guerreiro a marcar o início da coabitação conjugal.

O pensamento indígena não confere quase nenhum lugar à noção de gênero no sentido de "sexo cultural". Em função dos contextos e das esferas de sociabilidade em jogo, a diferença entre homens e mulheres é ora dissolvida em favor de uma diferença mais pesada no plano ontológico, aquela entre "nós" (os humanos) e "os outros" (os não humanos)

— caso no qual a distância entre os dois sexos é anulada —, ora exagerada e exacerbada pela assimilação da relação homem-mulher a uma relação entre espécies distintas, tomada no sentido da complementaridade entre presa e predador. Isso explica por que as mulheres têm frequentemente um papel de primeiro plano nos rituais canibais ou guerreiros, em que elas são encarregadas de encarnar os Inimigos e falar por eles ou, ao contrário, de tomar o lugar dos homens ao dar corpo ao "Nós", de ambos os sexos, enquanto os homens ocupam a posição de Outros — às vezes inclusive imitando ou caricaturando as mulheres. Em suma, homens e mulheres são ora demasiado semelhantes, ora demasiado diferentes para constituírem cada qual um "gênero": ou são pensados como variedades da mesma espécie, ou como espécies distintas. Cabe sublinhar também que o papel determinante desempenhado pelo esquema da predação na conceitualização indígena das relações entre os seres não implica que estas tomem sempre e necessariamente a forma da agressão devoradora. A incorporação de outrem constitui certamente o pano de fundo do mundo dos viventes, a tendência de base que governa suas relações. Entretanto, o "desejo do outro" pode afirmar-se em toda uma gama de relações afetivas, até atingir o extremo oposto da predação, a saber, a piedade. Esta é uma suspensão daquela animosidade canibal que faz de outrem uma carne consumível. A compaixão — afeto muito frequentemente evocado, sob nomes variados, no discurso amoroso ou nos enunciados dirigidos aos espíritos, traduz a percepção, às vezes involuntária, de uma identidade possível entre o sujeito e o outro. A piedade implica, portanto, também uma transformação na apreensão da forma do corpo do outro: em vez de ver sua caça com um corpo de animal, o caçador ou o guerreiro, invadido pela compaixão, toma subitamente consciência de estar diante de um corpo de humano.

Em um corpo de jaguar

Dotar-se de um corpo com capacidades de predação intensificadas, análogas às do jaguar, é um objetivo perseguido pelos homens em quase todas as sociedades amazônicas. Entretanto, essa busca de potência implica um distanciamento dos seus semelhantes e, por consequência, um abandono ao menos parcial do estado de humanidade. Essa condição é perigosa para os próximos, porque eles correm o risco de não serem mais reconhecidos como congêneres. E ela é em si mesma difícil de suportar, pois está associada, por princípio, à solidão. Ao mesmo tempo, o regime corporal do jaguar fascina porque ele ilustra uma condição suprema de autonomia e individuação. Em razão de sua energia predadora, o grande felino é a imagem mesma da potência de ser.

Colocar-se em situação de predador permite situar-se em face do outro em uma relação de objetivação: em lugar de perceber o outro sob o ângulo de sua subjetividade, o predador vê o outro apenas como animal de caça, carne desprovida de uma subjetividade que poderia lhe dizer respeito. Essa atitude é aquela que os índios emprestam dos predadores em relação às espécies das quais se alimentam. Entretanto, mesmo que pratiquem cotidianamente a caça e valorizem ao extremo essa prática, os amazônicos não consideram que seus animais de caça são "naturalmente" desprovidos de subjetividade, muito menos que a morte de animais com fins de consumo seja uma ação banal e sem consequências para aquele que a realiza. Ao mesmo tempo que se alimentam deles, os amazônicos tratam os animais de caça como pessoas. A maioria dos animais de caça é sujeito por excelência para certos povos, como os Wari, que consideram que apenas os animais dotados de uma "alma" são dignos de serem mortos e consumidos.

Na maioria dos casos, os animais caçados são, portanto, tratados como ocupando uma posição de sujeito até o instante em que são mortos. Enquanto o caçador rastreia sua caça, ele fala com ela como falaria com um humano, dirigindo a ela encantações silenciosas destinadas a influenciá-la e aprisioná-la; procura atraí-la pela sedução, como faria com uma mulher. Ademais, o tratamento respeitoso reservado à carcaça do animal morto mostra bem que a subjetividade do bicho vivo permanece presente. Assim, seu cadáver é submetido a diversos procedimentos, cuja intenção é separá-lo da "pessoa" que o habitava e remeter sua alma ou sua imagem ao seu coletivo de origem. Essa operação permite transformar seu corpo em carne, para que ele possa ser consumido sem perigo.

A objetivação ligada à morte de um animal na caça é, portanto, fortemente atenuada pela relação de sedução ou de respeito manifestada na subjetivação dos comportamentos do animal que se persegue. De modo paradoxal, enquanto o abate dos animais de caça é, por assim dizer, eufemizado, a guerra contra humanos não o é de maneira nenhuma. Assimilada a uma agressão animal, a ação guerreira é, ao contrário, celebrada, cantada, arremedada, ritualizada, e seus aspectos sanguinários são valorizados. De fato, a guerra é identificada a uma forma de caça com fins de consumo, tal qual ela é praticada não pelos (verdadeiros) humanos, mas pelos animais, mais precisamente pelos grandes carnívoros, como o jaguar, a harpia ou o urubu. Se na caça o "predador" (humano) trata sua presa de maneira bem humana e deve se forçar para animalizar posteriormente sua vítima, na guerra se produz exatamente o inverso: o guerreiro perde sua humanidade e se transforma em animal. Eis o que exprimia com concisão a réplica do chefe tupinambá Cunhambebe, registrada no século XVI, à censura de Hans Staden por estar comendo carne de um inimigo: "Sou um jaguar. E está gostoso".

A predileção dos índios por ornamentos feitos com "armas" extraídas dos corpos de animais, sobretudo os dentes e as garras, remete à mesma ideia: ornando-se de signos de uma aptidão carniceira, os índios demonstram e ressaltam sua própria disposição para se tornarem "jaguarescos" — disposição indissociável da vontade simétrica de produzir parentes e de fazer corpos congêneres. Nos rituais associados à guerra, a assimilação dos guerreiros — e, em particular, dos homens responsáveis por mortes — a grandes predadores animais é constante, e por isso, entre outras razões, o homicídio é frequentemente concebido como um ato de devoração. O matador é geralmente submetido, após seu feito, a toda uma série de proibições alimentares, a fim de desabituá-lo de seu gosto por carne crua e reacostumá-lo a um regime alimentar humano.

Do mesmo modo, a aplicação sobre o corpo do guerreiro de pinturas corporais distintas daquelas que exprimem a condição de humanidade visa dotá-lo de atributos de animalidade, ou, mais geralmente, de não humanidade. A identificação com propriedades corporais animais, assinalada por seus emblemas de disposições predadoras (os ornamentos de garras e dentes), é aqui radicalizada até formar uma corporeidade integralmente predadora. Antes que disfarce de humano em jaguar, a pintura corporal de guerra é uma roupa de *espírito*-jaguar, a vestimenta de uma entidade que reunirá, à maneira de uma essência, todas as qualidades predadoras do animal e apenas estas.

A assimilação do guerreiro a um devorador de carne humana confere à guerra amazônica um forte aroma de canibalismo, mesmo nas áreas culturais nas quais nunca foram registrados vestígios de práticas antropofágicas. Isso posto, os canibais amazônicos incontestes — tais como os Tupinambá do século XVI — ficariam horrorizados com a acusação de comerem seus semelhantes. Na verdade, o canibalismo indígena afirmava justamente uma diferença radical entre o matador e sua vítima. Eles projetavam ambos para fora de sua comunidade humana: o matador, em direção a uma identidade de predador animal ou divino, a vítima (ao menos seu corpo), em direção à de um animal de caça. Falar de antropofagia, nesse caso, é, portanto, a rigor, um contrassenso: o que é comido certamente é humano, mas como o canibal, ele mesmo, não é humano, o que ele consome é diferente dele — é carne que se come, como a carne de caça.[16]

Devir inimigo

O consumo (real ou imaginário) de uma vítima de guerra relaciona-se, entretanto, a apenas um aspecto da pessoa do inimigo. Outros aspectos, inerentes à sua qualidade de sujeito, são destacados de seu corpo-objeto para formar novas entidades antropomorfizadas, que podem ser adotadas, amansadas, ou ser o objeto de uma gestação no corpo do matador. Esses elementos de personitude associados ao corpo de um indivíduo, cuja identidade "inimiga" acaba de ser abolida, terminam, portanto, por ser integrados ao coletivo dos matadores, sob a forma de uma pessoa virtual suplementar ou sob a forma de uma capacidade de procriação intensificada, promessa de um futuro aumento do coletivo.

Frequentemente, esses elementos de subjetividade oriundos do inimigo são figurados em troféus. Assim, as cabeças reduzidas jívaro remetem, por seu tamanho, ao bebê que o inimigo assassinado se tornará ou engendrará; mas elas encarnam também, de maneira simultânea, outras posições estruturais, especialmente a de Inimigo e a de Parente consanguíneo, uma e outra igualmente abstratas. O inimigo humano recebe, assim, um tratamento análogo àquele aplicado a um animal de caça: sua subjetividade portadora de identidade e seu corpo portador de alteridade são dissociados, para que a primeira se vincule a uma nova silhueta de congênere e o segundo se transforme em objeto de consumo.

---

16 Note-se assim o paradoxo, ou a ambivalência metafísica, do canibalismo guerreiro: ao se identificar com espíritos ou animais *antropófagos*, a comunidade canibal afirma que sua vítima é um humano, ou seja, um semelhante; ao mesmo tempo, ao comer o inimigo, ela se afirma *outra* que este outro humano, "absolutamente" diferente deste outro. [EVC]

O porte ostentatório, notadamente em contexto ritual, de ornamentos fabricados com restos humanos — dentes, cabelos, peles, ossos diversos — obedece a uma lógica similar (mas inversa) àquela que preside a exibição de elementos de corporeidade animal. Do mesmo modo que os humanos assinalam, pelo uso de garras e de dentes animais, disposições predadoras, corolário da capacidade de fabricar corpos de parentes, o guerreiro, ao vestir-se de pedaços de corpos de humano, manifesta sua capacidade de assumir uma corporeidade não humana, e portanto — e sobretudo —, a perspectiva inerente a essa forma de corporeidade. O porte desse gênero de ornamento avisa: "Sob minha aparência de humano há um corpo (e um olhar) de jaguar pronto para o bote." A corporeidade ambígua do guerreiro se combina com uma perspectiva igualmente equívoca: embora seja um congênere, o guerreiro dedicado ao homicídio está sempre em risco de ver os corpos de seus semelhantes como de animais de caça, ou, o que dá no mesmo, de tomar subitamente seus próprios parentes como inimigos e, por consequência, tratá-los como tal. A fascinação pelo "ponto de vista do inimigo" se exprime de modo espetacular em numerosos rituais amazônicos organizados em torno da perspectiva do predador de humanos em suas diversas encarnações. As máscaras tapirapé, chamadas "cara grande" ou *ype*, por exemplo, figuram a alma de um inimigo kayapó abatido durante um enfrentamento armado. O "ator" que porta a máscara é o protagonista da cerimônia, e é a partir de seu ponto de vista que toda a ação ritual se desdobra. Uma função similar é atribuída à máscara kayapó em cera coroada com um diadema ou, ainda, aos crânios decorados munduruku. Esses artefatos macabros não figuram unicamente, sequer especialmente, o inimigo singular abatido durante um ataque específico; são, antes, como coringas do baralho, chamados a encarnar, ao longo de um ciclo ritual, diferentes formas de uma identidade estrutural — aquela do Outro ou do Inimigo — e as perspectivas que essa identidade assume. Os ritos que se efetuam em torno desses "objetos-sujeitos" operam uma inversão progressiva da relação que une o matador a sua vítima — ao menos à parte desta que não foi transformada em carne da caça —, de tal modo que o matador acaba por tomar o lugar da vítima. Esta, por sua vez, transformada em assassina de seu matador, narra — frequentemente pela voz das mulheres que participam do ritual — seus feitos de guerra, como ela exterminou os homens do grupo dos vencedores, como ela seduziu e fecundou suas mulheres. Em suma, tudo se passa como se fossem os inimigos que efetuassem o ritual e não aqueles que efetivamente os venceram. Essa configuração se torna menos estranha se imaginarmos que, na relação de homicídio, a vítima ocupa o polo do humano e o matador, aquele do animal; ora, produzir um contexto ritual é uma atividade de humanos. O objetivo das práticas rituais que o matador observa ao longo de meses após o homicídio é, justamente, o de retornar à sua posição humana inicial.

Rostos do inumano

Essa desconcertante inversão de papéis nos rituais guerreiros amazônicos se explica sem dúvida pela objetivação do corpo social produzida pela perspectiva de um outro sobre si — de um outro diferente de si. A objetivação é uma condição para fundar as identidades tanto coletivas quanto individuais, mas isso só é possível pelo recurso ao ponto de vista de um outro. Ora, no mundo amazônico, o outro está inserido no esquema da predação. Já que ele é, por definição, diferente do sujeito, a relação com ele necessariamente será de presa ou de predador. Esse ponto de vista do outro, de que o Eu precisa para experimentar-se como tal, é, portanto, representado como uma perspectiva de predador sobre o Eu, quer dizer, sobre o humano.

    Entende-se assim por que, nessas condições, a imensa maioria das máscaras amazônicas é provida de bocas com dentes. A função das máscaras é a de representar extra-humanos: quer se trate de inimigos, animais ou entidades sobrenaturais, são sempre espíritos — imagens — que são figurados. Estes últimos são necessariamente predadores de humanos, mesmo aqueles que têm um valor positivo, e que se poderia mesmo chamar de deuses (por exemplo, esses Imortais que se tornam os mortos araweté). Os espíritos são aqueles extra-humanos que ocupam, na maioria das vezes, uma posição superior à dos humanos na escala dos seres dotados de intencionalidade predadora. Isso basta para torná-los "canibais", comedores de homens, um traço invariavelmente representado nas figurações dos espíritos, a tal ponto que seu retrato pode, em alguns casos, reduzir-se ao esboço de um rosto envolvendo um buraco com dentes. Mas os traços formais das máscaras amazônicas remetem em geral a muitos outros aspectos do corpo dos espíritos. A maior parte delas pertence a conjuntos, formando "famílias". Isso indica que os espíritos são populações, em outras palavras, espécies. Além disso, as máscaras não reproduzem o corpo dos espíritos;

elas representam, antes, suas "roupas", isto é, seus adornos, pinturas e ornamentos: são, em suma, máscaras de máscaras. Muito frequentemente, elas são amarradas a túnicas de entrecasca ou a longas saias de fibras vegetais. Esses apêndices servem tanto para esconder o corpo da pessoa humana que veste a máscara, emprestando sua intencionalidade ao corpo de espírito, quanto para figurar o caráter amorfo desse corpo estranho do outro, isto é, sua aparência ao mesmo tempo indefinida, não humana e antropomorfa.

O caráter ameaçador dos espíritos não significa que seja impossível para os humanos desenvolver com eles relações não predadoras. Pelo contrário, a maioria das sociedades amazônicas inclui em seu efetivo grandes populações de espíritos que coabitam pacificamente com os viventes, mantendo relações de parentesco com estes. Todavia, essas relações amistosas supõem uma aproximação ontológica entre humanos e não humanos, por meio de uma "familiarização" (modelada no parentesco consanguíneo) ou uma aliança (modelada no parentesco afim) que costuma tomar a forma de um amansamento, quer do espírito pelo humano — o exemplo mais conhecido é aquele dos espíritos auxiliares dos xamãs —, quer do humano pelos espíritos, ou ambas as coisas ao mesmo tempo, e este é de fato o caso mais frequente. Esses exercícios de socialização recíproca são feitos em rituais dos quais as mulheres são frequentemente excluídas. Às vezes, trata-se simplesmente de fazer vir os espíritos para festejá-los, à maneira de um convite entre vizinhos, com a finalidade de estabelecer boas relações. Em outros casos, trata-se também e sobretudo de se identificar com os seres sobrenaturais vestindo suas roupas, assimiladas àquelas dos "corpos primordiais", próprios do tempo do mito. A experiência repetida dessa corporeidade extra-humana — e dos afetos inumanos que a animam, provado pela disposição manifesta dos seres mascarados de amedrontar e maltratar as crianças — é frequentemente julgada necessária para a formação de uma pessoa adulta.

A capacidade de estabelecer, individual ou coletivamente, relações não predadoras com a alteridade — aptidão cuja forma mais elementar é a arte de amansar pequenos animais selvagens — é indispensável para se atingir o estatuto de pessoa completa, e isso não concerne apenas aos xamãs. O sucesso de um bom número de processos técnicos "profanos" — caça, pesca, produção de artefatos — depende das relações que um indivíduo logra consolidar com coletivos de espíritos, sem falar das relações, ao mesmo tempo de identificação e de enfrentamento, que um guerreiro amazônico deve desenvolver com espíritos "inimigos" para adquirir a potência necessária para a realização de um homicídio. Em contrapartida, se a predação dos humanos pelos espíritos não é transformada em relação positiva pela aliança, a familiarização e a identificação recíproca, os primeiros correm forte risco de se ver na posição da caça: eles se tornam a presa de um predador mais forte que eles, que vê seu corpo sob a forma de um animal de caça.

III. CORPO DE PRESA

A posição de presa está logicamente associada à doença e à morte que resultam de uma agressão exercida de forma direta, por um inimigo em carne e osso, ou indireta, por espíritos que agem a mando de um xamã inimigo ou de um não humano — por exemplo, um espírito dono de uma espécie animal caçada pelos humanos. Os povos amazônicos assimilam a doença e a morte a um ato de devoração, prova suplementar, se ainda faltasse alguma, do papel desempenhado pelo esquema da predação. Assim, diz-se correntemente de um morto ou de um moribundo que ele "foi comido", seja qual for a causa de sua agonia. De resto, os povos indígenas não costumam fazer uma distinção clara entre um assassinato ostensivo, uma morte causada por uma agressão xamânica e uma morte que qualificaríamos de natural. Em todos os casos, o falecimento ou o mal-estar é causado pela ação predadora de outrem, que tanto pode ser um outro humano quanto uma determinada variedade de espíritos, ou uma classe de animais, notadamente os animais de caça. Em guerra contra os humanos da mesma forma que os humanos estão em guerra contra eles (já que aqueles os caçam para se alimentar), os animais se vingam dos humanos enviando-lhes doenças para "comê-los". Daí o dilema evocado por um xamã dos Inuit — mas poderia certamente ter sido um indígena amazônico: "o maior perigo da vida é que o alimento humano se constitui inteiramente de almas".[17] Mesmo uma morte acidental pode se inscrever nessa lógica, com base no postulado que, na origem da cadeia de causas imediatas

---

17 Kaj Birket-Smith, citado em Barbara Bodenhorn, "Whales, Souls, Children, and Other Things that Are 'Good to Share': Core Metaphors in a Contemporary Whaling Society, *Cambridge Anthropology*, v. 13, n. 1, 1988, pp. 1-19.

que levaram à morte — queda de uma árvore, afogamento em uma cachoeira —, há uma fome que exige ser apaziguada. A morte e os estados patológicos que a prefiguram não são "fatos da natureza", acidentes biológicos necessários: trata-se antes de acidentes da vida relacional, ligados à coexistência de coletivos em luta contínua uns contra os outros para se alimentar e manter seu efetivo por meio da captura de indivíduos oriundos de outras populações ou espécies.

Os agentes nocivos responsáveis pelos estados de mal-estar, de sofrimento psíquico ou moral, e sobretudo por uma doença grave ou pela morte, operam de duas maneiras principais: ou introduzindo no corpo da vítima "objetos animados" — frequentemente concebidos como minúsculas armas vivas, como dardos de zarabatana ou anzóis, organizados em "bandos" ou mesmo espécies distintas, que devoram a vítima por dentro —, ou, ao contrário, apossando-se da "alma" da vítima, impedindo-a de voltar ao corpo, o que pode levar a um estado de prostração e finalmente à morte. Os executores dessas ações são distinguidos do "mandante", que controla os seus pacotes de dardos e estabelece com eles relações de filiação parental ou quase parental. O modo de operação atribuído aos agentes patogênicos responsáveis pela doença justifica que os povos indígenas não atribuam quase nenhum peso à distinção entre uma morte provocada por uma agressão visível e um assassinato à distância perpetrado por um inimigo por meio de sua parentela de "micróbios" hostis.

Entretanto, a predação exercida por extra-humanos sobre o coletivo dos humanos vivos não é necessária ou exclusivamente animada pela raiva ou pela "fome" própria do guerreiro. Da mesma forma que os índios amansam animais selvagens ou convertem espíritos em congêneres para incorporá-los ao próprio coletivo, os não humanos buscam às vezes amansar um humano — as crianças são particularmente visadas — a fim de atraí-lo para sua sociedade, com consequências na maioria das vezes letais para a vítima, exceto no caso dos xamãs.

Quer a predação contra os humanos seja violenta e agressiva, animada por uma fome assassina, quer, ao contrário, ditada pela saudade, pela necessidade de companhia ou pela preocupação de enriquecer e aumentar seu próprio coletivo, o resultado é o mesmo: uma alienação que transforma os semelhantes em extra-humanos — espíritos, deuses, animais de caça, inimigos, às vezes tudo isso ao mesmo tempo, acarretando a morte e a subtração de um membro do coletivo dos viventes. A doença e a morte resultam em uma transformação corporal sofrida, isto é, passiva, imposta por um outro hostil. É uma versão negativa da metamorfose buscada e assumida pelo sujeito para atingir estados de superpotência corporal.

Aliado de seus predadores: o xamã

Os estados patológicos provocados pelas pequenas armas animadas que devoram do interior e de maneira invisível a carne dos humanos, infligindo-lhes um afeto corporal involuntário e doloroso, exigem a intervenção terapêutica de um xamã, por pouco que se prolonguem ou se agravem.

A aptidão do xamã em curar as vítimas de uma predação invisível relaciona-se com a natureza particular de seu corpo — e do saber a ele associado. O xamã é um ser bifronte, capaz de aparecer como congênere para duas espécies ordinariamente estrangeiras uma para a outra e ligadas por uma relação de predação: por exemplo, a dos humanos e a dos animais de caça, ou, ainda, a dos humanos e a de uma dada categoria de espíritos canibais. O xamã adquiriu esse desdobramento corporal ao cultivar uma relação amistosa — uma relação de congênere ou de parente — com não humanos, frequentemente graças a um encontro fortuito. Tais encontros costumam tomar a forma de uma sedução do humano por um não humano do sexo oposto, culminando em uma relação estável de conjugalidade. A "dupla nacionalidade" ontológica do xamã pode igualmente resultar de uma adoção por um animal-espírito — frequentemente um jaguar — encontrado em sonho ou na solidão da floresta, e que se tomou de compaixão pelo humano em sofrimento. Enquanto para a maioria dos humanos o comércio acidental com não humanos termina tragicamente no consumo de um pelo outro, o xamã consegue aparentar-se com os não humanos.

Essa aptidão lhe confere a capacidade de ver a alma desses outros, isto é, de percebê-los tal como são vistos por seus próprios congêneres. Por possuírem esse tipo de saber, os xamãs têm frequentemente um estatuto social equivalente ao do cientista ou ao do intelectual, e exercem às vezes funções similares às de um sacerdote. Sua capacidade de serem vistos como congêneres tanto por seus aliados invisíveis quanto por seus próprios parentes humanos os predispõe a agir como diplomatas entre as duas populações, monitorando e intermediando suas relações. Assim, ao recuperar um doente que está em vias de passar a afiliar-se a um outro coletivo — isto é, que está morrendo —, o xamã negocia uma troca com seus aliados extra-humanos: propõe que estes entreguem o doente aos humanos em troca de uma compensação, por exemplo, o corpo de um inimigo; ou, ainda, que autorizem uma extração moderada dos "animais de estimação" desses aliados extra-humanos (isto é, os animais de caça dos humanos), em troca de alguns humanos que estes aliados adoecerão para fazer deles sua própria caça. No mesmo sentido, para interromper a devoração de um doente pelos espíritos, visto por eles como presa, o xamã se esforça — cobrindo o corpo do doente com pinturas corporais, por exemplo — para fazê-lo aparecer como um congênere para os espíritos. O xamã busca persuadir os não humanos de que eles se enganaram de alimento: o doente é um humano, como eles, e não uma presa à disposição de seu apetite.

IV INSTRUMENTOS DE TRANSFORMAÇÃO CORPORAL

A noção de metamorfose está no coração da maneira indígena de conceitualizar o corpo, como ilustram os dados evocados ao longo destas páginas. A metamorfose — a transformação simultânea da forma, da substância e do vivido corporal em função da relação com o outro — é a contrapartida "experiencial" de uma epistemologia perspectivista; é a experiência de uma troca de pontos de vista. Uma mudança na percepção e na categorização de um *alter*, um outro, supõe uma mudança paralela de regime corporal de um *ego*, o sujeito; portanto, mudar de corpo é mudar de ponto de vista. Vê-se então que os estados alterados de corporeidade podem ser tanto estratégias de conhecimento, se forem deliberadamente provocados, quanto sintomas patológicos, se forem involuntários. Por isso, os povos indígenas da Amazônia desenvolveram uma vasta gama de práticas para agir sobre a matéria corporal, modificar a consciência e a experiência do corpo, tanto para produzir mudanças positivas como para evitar estados corporais indesejáveis.

Antes de detalhar essas técnicas, são necessárias algumas observações quanto à natureza geral da transformação por elas pretendida. Nosso imaginário cultural, ilustrado pelos escritos de Ovídio ou de Kafka, pensa a metamorfose como uma transformação involuntária do envelope corporal de um indivíduo, cujo núcleo central — a alma, a consciência — permanece, porém, humano. A força trágica dessas fábulas vem precisamente da descrição dos tormentos de uma consciência humana sentindo sua própria transfiguração em uma existência muda ao se perder dentro de um corpo de um ser da natureza. A metamorfose, tal como a concebem os índios, se refere a um processo inverso: é a interioridade — entendida como o complexo de afetos e disposições associado a um determinado tipo de corpo — que se transforma primeiro e dita uma mudança corporal mais ou menos literalmente expressa. O "devir jaguar" do guerreiro amazônico não consiste em se disfarçar de jaguar e dar curso a uma raiva completamente humana, imitando eventualmente comportamentos de carniceiro.[18] Trata-se, antes, de sofrer uma modulação da subjetividade, uma intensificação qualitativa da disposição predadora, de tal modo que o sujeito acessa por um tempo *a interioridade de um corpo felino*. Essa metamorfose pode permanecer invisível para os congêneres do "jaguarizado", sem resultar em uma transformação paralela do corpo humano em corpo de felino e sem se manifestar senão por sinais indiretos (alteração da fala, do comportamento social), em suma, por sintomas — como ocorre também no caso das doenças, que são metamorfoses involuntárias.

Modificar a experiência corporal para trocar de corpo

A mudança que focaliza a atenção dos índios concerne à subjetividade, não à forma aparente. Entretanto, como a consciência é a imagem do corpo, o melhor meio de agir sobre ela é o de modificar o corpo que ela reflete. A forma mais básica de efetuar essa modulação é variar o regime alimentar. Este categoriza os seres, define sua identidade ou sua diferença, abre para afiliações inéditas ou, ao contrário, as previne. A atenção obsessiva que os povos indígenas atribuem àquilo que comem se explica por essas funções. Proibir-se tal tipo de alimento equivale a se desafiliar de um coletivo, definido por suas maneiras de comer, a fim de ingressar em um outro. Obrigar-se a consumir tal tipo de alimento, a provar tal tipo de sabor permite agregar à própria carne um agente de mudança, um elemento do regime próprio a uma dada espécie, humana ou outra. A prática da êmese (vômito) voluntária, por vezes ritual e ocasional, por vezes cotidiana, tem o mesmo sentido. O vômito visa, ao

---

18 O xamã e seu "gêmeo mau", o feiticeiro, podem, entretanto, vestir "roupas" de animais (feras, aves, peixes) para se mover e agir em ambientes não acessíveis aos leigos.

mesmo tempo, tornar o corpo mais leve, mais aéreo — como o é o dos espíritos — e limpar o organismo de restos acumulados durante os festins noturnos, talvez duvidosos, dos quais a "alma" teria eventualmente participado durante suas errâncias oníricas. Outra maneira de fazer variar o regime corporal consiste em mudar sutilmente a qualidade dessas "amarras" imediatas do corpo ao seu entorno que são a respiração ou a percepção do ambiente sonoro e tátil. Uma das numerosas funções do tabaco, planta muito prezada na América indígena, é a de produzir, por sua fumaça, um "ar sensível" diferente daquele no qual o corpo está normalmente envolto. São utilizados também, para este mesmo fim, os maços de folhas com os quais os xamãs refrescam o corpo de seus pacientes, bem como os chocalhos, que servem para criar um meio sonoro e tátil "outro", próprio ao ambiente de uma espécie extra-humana.

A dor, mais ou menos viva, representa uma forma extrema de modificação da subjetividade pelo viés do corpo. O sofrimento físico constitui uma das vivências mais imediatas e impressionantes que permitem experimentar uma mudança interna do corpo. Por essa razão, numerosos rituais amazônicos, notadamente aqueles relacionados à iniciação, constituem-se de provas dolorosas, destinadas simultaneamente a fazer o neófito passar por uma perturbação de sua natureza corporal, tornar memorável essa experiência de mudança, e dar a ele a oportunidade de exibir sua capacidade de controlar tal experiência — e, portanto, de controlar a si mesmo. Os povos indígenas lançam mão de um importante arsenal de instrumentos de dor e de medo, desde os trançados e as luvas de cestaria nas quais eles fixam vespas ou tocandiras até os escarificadores destinados a fazer sangrar e marcar a pele. Notemos de passagem que, se os povos amazônicos se dedicam de bom grado a formas mais ou menos severas de automutilação, eles não se envolvem senão excepcionalmente em atos de tortura praticados sobre outrem. Infligir dor para destruir, humilhar ou "desumanizar" não tem nenhum sentido para eles. Exercício de conhecimento antes que de punição, o sofrimento assume um valor positivo, e não é, portanto, imposto senão a quem é considerado um semelhante.

A introdução no organismo de substâncias que provocam sensações mais ou menos fortes de mal-estar permite modular a propriocepção, e a percepção sensorial em geral, de uma maneira menos espetacular — mas, às vezes, mais perigosa. Os jovens huni kuin, por exemplo, injetam-se ocasionalmente com microdoses do veneno de *Phyllomedusa bicolor* (uma rã arbórea que secreta uma substância muito tóxica) para endurecer o corpo e habituá-lo a absorver o "amargor", correndo o risco de ficar violenta e até mortalmente doentes.[19] Da mesma forma, os efeitos eméticos e ansiogênicos de numerosos psicotrópicos amazônicos, longe de serem "efeitos colaterais" indesejáveis, como se pensou por muito tempo, são deliberadamente procurados, pois eles assinalam e simbolizam uma metamorfose corporal paralela à alteração da consciência. Uma versão *"light"* desse trabalho sobre o corpo consiste em orná-lo de "enfeites terapêuticos": assim, os Huni Kuin adornam suas braçadeiras e jarreteiras com maços de plantas medicinais, cujo perfume se insinua na carne e a transforma para torná-la mais apta a interagir com tal ou qual espécie não humana. Todos os ornamentos têm uma função "performativa": ao portá-los, absorvemos uma parte da intencionalidade investida no corpo animal ou vegetal do qual eles provêm. O fato de que em certas línguas da família Pano o mesmo vocábulo signifique "plumas" e "remédio" não é mero acidente. A pintura facial, técnica de modulação da matéria corporal, é combinada com substâncias reputadas medicinais para dotá-la de um odor, de uma potência de atração ou de repulsão. Na medida em que ela é uma "pele de espécie", é lógico que a pintura deva liberar um perfume, já que todas as espécies se caracterizam por um cheiro particular.

Mudar de consciência para se dar um outro corpo

A ingestão — por decocção, inalação, mastigação — de substâncias que alteram mais ou menos fortemente o estado normal da consciência constitui uma outra técnica de modificação da subjetividade. Os indígenas utilizam um vasto repertório de substâncias psicotrópicas, cuja riqueza a farmacologia ocidental mal começa a avaliar. Além do tabaco e da coca, cujos efeitos de alteração da consciência não são sempre perceptíveis para um consumidor inexperiente, as drogas mais correntemente utilizadas são o yajé, também conhecido como ayahuasca ou caapi (*Banisteriopsis caapi*), e as trombeteiras (*Brugmansia* sp.), ambas consumidas na forma de uma bebida obtida por redução da decocção

---

19 O "amargor" é uma categoria primariamente gustativa que possui conotações cosmológicas importantes, associadas à masculinidade, entre os povos da família Pano.

das cascas, e também o rapé (inalado por meio de canudos) de *Virola elongata* ou de *Anadenanthera peregrina*. Existem muitas outras substâncias, a maioria composta de muitas plantas, em função das sensações procuradas.[20] O desenvolvimento, na Amazônia, de uma cultura das drogas modificadoras da consciência remonta a milênios; os instrumentos que lhes são associados, como cachimbos, pranchetas e inaladores, foram encontrados por arqueólogos em sítios de alta antiguidade. Isto se ajusta perfeitamente às noções indígenas sobre as relações entre o corpo e a consciência. O objetivo da ingestão de psicotrópicos é o mesmo perseguido nas operações sobre a matéria do corpo: ter acesso à experiência da metamorfose. Entretanto, a droga inverte a direção do processo evocado nos parágrafos precedentes: em lugar de trabalhar o corpo para modificar a consciência, levando-a a experimentar sensações corporais incomuns, a droga altera a consciência ou a percepção corporal e permite fazer a experiência de um corpo "outro" sem intervir diretamente na própria carne, e sem que essa transformação seja visível nela. Um dos exemplos mais impressionantes de uma metamorfose corporal vivida pela consciência, invisível aos espectadores, é aquele que experimentam os xamãs yanomami sob o efeito do pó *yakoana* (resina de casca de *Virola elongata*). No decorrer de seu transe, eles se tornam espíritos, mas seus corpos não refletem essa transformação senão por seu comportamento aberrante, indicativo da presença de uma categoria extraordinária de seres e a vigência de uma dimensão da realidade outra que aquela em que se movem os humanos.

Tal como a dor e outras experiências de perturbação corporal, a alteração deliberada da consciência obedece a uma vontade de conhecimento e, por conseguinte, de sociabilidade expandida: drogar-se de maneira controlada permite ver a "outra face" de seres que, em momentos normais, não aparecem, ou só aparecem sob uma forma não humana; permite apresentar-se a eles com um corpo de congênere e desenvolver com eles relações "humanas", isto é, relações de parentesco ou quase parentesco.

---

20 A bebida enteógena conhecida como yajé ou santo daime (ayahuasca, caapi, mariri etc.) é uma mistura na qual entram a casca do cipó *Banisteriopsis caapi* e folhas do arbusto *Psychotria viridis*. [EVC].

Cinco séculos atrás, a mesma história

Claude Lévi-Strauss se refere várias vezes, em sua obra, a uma anedota retirada de *História das Índias*, de Gonzalo Fernández de Oviedo: "Nas Antilhas, alguns anos após o descobrimento da América, enquanto os espanhóis despachavam comissões de inquérito para saber se os indígenas possuíam ou alma ou não, estes tratavam de submergir prisioneiros brancos, para verificar, com base numa longa e cuidadosa observação, se seus cadáveres apodreciam ou não".[21] A anedota vem ilustrar a tese de uma natureza humana caracterizada pela negação obstinada de sua própria universalidade: de fato, a humanidade do outro é colocada em questão tanto pelos índios quanto pelos europeus. O etnocentrismo seria, portanto, a coisa mais bem compartilhada no mundo, mesmo se, "igualmente ignorante", como diz Lévi-Strauss, a atitude dos índios fosse mais digna: eles suspeitavam de que os brancos fossem deuses, enquanto estes tomavam os indígenas por animais. O episódio revela sobretudo a distância decisiva entre os europeus e os ameríndios em sua maneira de considerar a alteridade. Se os indígenas, como nota com ironia Lévi-Strauss, recorreram às ciências naturais para determinar o estatuto ontológico dos brancos, enquanto estes se apoiaram nas ciências humanas para decidir sobre a condição dos índios, é porque, para os povos indígenas, a diversidade dos seres se situa no nível do corpo e, para os europeus, no plano da alma. Os ocidentais nunca tiveram dúvida de que os índios tinham um corpo (os animais também o têm). Os indígenas, por seu turno, nunca duvidaram que os brancos tinham uma alma (os animais e os espíritos a têm também). Assim, o etnocentrismo dos ocidentais consistia em duvidar que os corpos outros tivessem uma alma como a sua; o dos índios consistia em duvidar de que almas outras pudessem ter um corpo idêntico ao seu.

Desse primeiro quiasma decorre toda uma série de diferenças, frequentemente mascaradas por convergências de fachada. A noção de sujeito, tal como ela é concebida no Ocidente e nas ontologias indígenas, sintetiza as diferenças principais. Para nós, a intimidade do sujeito, seu núcleo mais central, se situa acima da cultura, e isso torna o sujeito universal. A forma de interioridade que ele sintetiza é, entretanto,

---

21 Claude Lévi-Strauss, "Raça e história", in *Antropologia estrutural dois*, trad. Beatriz Perrone-Moisés, São Paulo: Cosac Naify, 2013, p. 364.

reservada apenas aos humanos. Para os indígenas da América, o sujeito é por princípio "cultural", mas essa inscrição na ordem da cultura, longe de limitar a qualidade de pessoa apenas aos membros desta ou daquela "tribo", está no fundamento de uma distribuição de subjetividade que transborda largamente a espécie humana. As entidades-sujeito têm necessariamente todos os atributos da cultura, incluindo aí os corpos, que não diferem daquele dos humanos por sua organização e sua forma geral. Assim, todos os sujeitos se parecem: *do ponto de vista de sua qualidade de sujeito* e, portanto, de sua subjetividade, animais, plantas ou espíritos são idênticos. Eles se diferenciam por sua "fisicalidade", pelo mundo de relações que lhes oferecem os recursos de seu corpo de espécie. A metafísica dos índios da Amazônia apresenta, portanto, uma configuração inversa àquela que subjaz as nossas próprias concepções do mundo: a identidade entre humanos e extra-humanos não remete à natureza, como é o caso entre nós (que aceitamos ter em comum com os animais uma parte "natural" de bestialidade), ela repousa sobre o compartilhamento da mesma cultura. É exatamente por isso que o corpo indígena é diferente do nosso.

10 | A floresta de cristal: notas sobre a ontologia dos espíritos amazônicos

Ces citoyens infinitésimaux de cités mystérieuses...
Gabriel Tarde

Introdução

As reflexões aqui alinhavadas têm sua origem longínqua em meu trabalho com os Yawalapíti e Araweté, nas décadas de 1970 e 1980, quando, como todo etnógrafo, tive de confrontar diferentes noções indígenas sobre a agência dos não humanos.[1] Porém, o evento que lhes serviu de catalisador imediato foi a leitura, bem mais recente, de dois fragmentos de uma notável narrativa proveniente de outra cultura amazônica. Trata-se da exposição que Davi Kopenawa, pensador e líder político yanomami, faz ao antropólogo francês Bruce Albert sobre os *xapiripë*, "ancestrais animais" ou "espíritos xamânicos" que interagem com os xamãs de seu povo.[2] Estes textos são parte de um diálogo em curso entre Kopenawa e Albert, no qual o primeiro apresenta aos Brancos, na pessoa de seu interlocutor-tradutor, uma concepção detalhada do mundo e da história, que é ao mesmo tempo uma reivindicação indignada e orgulhosa do direito dos Yanomami à existência.[3] A seguir transcrevo a versão mais curta da

---

1 Para os Yawalapíti, ver meu artigo, "Esboço de cosmologia yawalapíti", in *A inconstância da alma selvagem e outros ensaios de antropologia* (São Paulo: Cosac Naify, 2002, pp. 25-85), e, para os Araweté, do mesmo autor, *From the Enemy's Point of View: Humanity and Divinity in an Amazonian Society*, trad. Catherine V. Howard (Chicago: The University of Chicago Press, 1992).
2 Davi Kopenawa, "Sonhos das origens", in Carlos Alberto Ricardo (org.), *Povos indígenas no Brasil (1996-2000)*. São Paulo: Instituto Socioambiental, 2000, p. 19; Davi Kopenawa e Bruce Albert, "Les ancêtres animaux", in Bruce Albert e Hervé Chandès (orgs.), *Yanomami: l'esprit de la forêt*. Paris: Fondation Cartier; 2003, pp. 67-87 (catálogo de exposição). Este texto é retomado e expandido no capítulo "Os ancestrais animais" em Davi Kopenawa e Bruce Albert, *A queda do céu: palavras de um xamã yanomami*, trad. Beatriz Perrone-Moisés (São Paulo: Companhia das Letras, 2015, pp. 110-131).
3 O diálogo integral entre Kopenawa e Albert foi publicado em 2015 em *A queda de céu* (op. cit.). Ver também os importantes artigos de Bruce Albert, "La fumée du métal: histoire et représentations du contact chez les Yanomami — Brésil", *L'Homme*, v. xxviii, n. 106-102, 1988, pp. 87-119 e "L'or cannibale et la chute du ciel: une critique chamanique de

narrativa, publicada em português em duas ocasiões.[4]

Xapiripë

Os espíritos *xapiripë* dançam para os xamãs desde o primeiro tempo e assim continuam até hoje. Eles parecem seres humanos mas são tão minúsculos quanto partículas de poeira cintilantes. Para poder vê-los deve-se inalar o pó da árvore *yãkõanahi* muitas e muitas vezes. Leva tanto tempo quanto para os brancos aprender o desenho de suas palavras. O pó do *yãkõanahi* é a comida dos espíritos. Quem não o "bebe" dessa maneira fica com olhos de fantasma e não vê nada.

Os espíritos *xapiripë* dançam juntos sobre grandes espelhos que descem do céu. Nunca são cinzentos como os humanos. São sempre magníficos: o corpo pintado de urucum e percorrido de desenhos pretos, suas cabeças cobertas de plumas brancas de urubu rei, suas braçadeiras de miçangas repletas de plumas de papagaios, de cujubim e de arara vermelha, a cintura envolta em rabos de tucanos. Milhares deles chegam para dançar juntos, agitando folhas de palmeira novas, soltando gritos de alegria e cantando sem parar. Seus caminhos parecem teias de aranha brilhando como a luz do luar e seus ornamentos de plumas mexem lentamente ao ritmo de seus passos. Dá alegria de ver como são bonitos! Os espíritos são assim tão numerosos porque eles são as imagens dos animais da floresta. Todos na floresta têm uma imagem: quem anda no chão, quem anda nas árvores, quem tem asas, quem mora na água... São estas imagens que os xamãs chamam e fazem descer para virar espíritos *xapiripë*.

Estas imagens são o verdadeiro centro, o verdadeiro interior dos seres da floresta. As pessoas comuns não podem vê-los, só os xamãs. Mas não são imagens dos animais que conhecemos agora. São imagens dos pais destes animais, são imagens dos nossos antepassados. No primeiro tempo, quando a floresta ainda era jovem, nossos antepassados eram humanos com nomes de animais e acabaram virando caça. São eles que flechamos e

---

l'économie politique de la nature", *L'Homme*, V. XXXIII, n. 126-128, 1993, pp. 349-378.

4 Transcrevo a versão publicada em 2004 em Davi Kopenawa, "Xapiripë", in Bruce Albert e Davi Kopenawa, *Yanomami, o espírito da floresta*. Rio de Janeiro: Centro Cultural Banco do Brasil; Fondation Cartier, 2004 (catálogo de exposição). Há também a versão intitulada "Sonhos das origens", op. cit.

comemos hoje. Mas suas imagens não desapareceram e são elas que agora dançam para nós como espíritos *xapiripë*. Estes antepassados são verdadeiros antigos. Viraram caça há muito tempo, mas seus fantasmas permanecem aqui. Têm nomes de animais mas são seres invisíveis que nunca morrem. A epidemia dos Brancos pode tentar queimá-los e devorá-los, mas eles nunca desaparecerão. Seus espelhos brotam sempre de novo.

Os Brancos desenham suas palavras porque seu pensamento é cheio de esquecimento. Nós guardamos as palavras dos nossos antepassados dentro de nós há muito tempo e continuamos passando-as para os nossos filhos. As crianças, que não sabem nada dos espíritos, escutam os cantos dos xamãs e depois querem que chegue a sua vez de ver os *xapiripë*. É assim que, apesar de muito antigas, as palavras dos *xapiripë* sempre voltam a ser novas. São elas que aumentam nossos pensamentos. São elas que nos fazem ver e conhecer as coisas de longe, as coisas dos antigos. É o nosso estudo, o que nos ensina a sonhar. Deste modo, quem não bebe o sopro dos espíritos tem o pensamento curto e enfumaçado; quem não é olhado pelos *xapiripë* não sonha, só dorme como um machado no chão.

Esta narrativa de Kopenawa — e aqui me refiro tanto ao texto acima como à versão mais desenvolvida de "Les ancêtres animaux"[5] — parece-me um documento extraordinário. Antes de mais nada, ela impressiona pela riqueza e eloquência, qualidades que se devem à implementação deliberada, por parte dos dois autores, de uma estratégia discursiva de grande densidade poético-conceitual. Nesse sentido, estamos diante de um projeto de "invenção da cultura"[6] que é, ao mesmo tempo, uma obra-prima de política "interétnica". Se o xamanismo é essencialmente uma diplomacia cósmica dedicada à tradução entre pontos de vista ontologicamente heterogêneos,[7] então o discurso de Kopenawa não é apenas uma narrativa sobre certos *conteúdos* xamânicos — a saber, os espíritos que os xamãs fazem falar e agir — ; ele é uma *forma* xamânica em si mesma, um exemplo de xamanismo em ação, no qual um xamã dos

---

5 Davi Kopenawa e Bruce Albert, "Les ancêtres animaux", op. cit.
6 No sentido de Roy Wagner, *A invenção da cultura*, trad. Marcela Coelho de Souza e Alexandre Morales. São Paulo: Cosac Naify, 2010.
7 Eduardo Viveiros de Castro, "Os pronomes cosmológicos e o perspectivismo ameríndio" (*Mana*, v. 2, n. 2, 1996, pp. 115-144) e Manuela Carneiro da Cunha, "Pontos de vista sobre a floresta amazônica: xamanismo e tradução" (*Mana*, v. 4, n. 1, 1998, pp. 7-22).

Yanomami fala tanto sobre os espíritos para os Brancos quanto sobre os Brancos a partir dos espíritos, e ambas as coisas através de um intermediário, ele mesmo um Branco que fala yanomami.

Mas a narrativa é igualmente excepcional por sua exemplaridade cosmológica. Ela articula e desenvolve ideias que se encontram em estado mais ou menos difuso em diversas outras culturas indígenas da região. Estamos aqui diante de uma versão forte, no sentido lévi-straussiano, da mitologia (explícita e implícita) dos espíritos amazônicos. É esta exemplaridade que interessa ao presente texto, cujo propósito é chamar atenção para algumas características relativamente comuns do modo de existência e manifestação dos espíritos na Amazônia indígena. Em particular, tomo o discurso de Kopenawa como exprimindo uma concepção pan-amazônica, na qual as noções que traduzimos por "espírito" se referem a uma multiplicidade virtual intensiva.

O plano de imanência xamânico

Vários personagens salientes e contextos pregnantes da cosmologia yanomami se acham evocados no texto acima: os espíritos, os animais, os xamãs, os mortos, os brancos; o mito e o sonho, a droga e a festa, a caça e a floresta. Comecemos pelos espíritos *xapiripë* propriamente ditos.[8] A palavra *xapiri* designa a imagem, princípio vital, interioridade verdadeira ou essência (*utupë*)[9] dos animais e de outros seres da floresta, aplicando-se ainda às imagens imortais de uma primeira humanidade arcaica, composta de Yanomami com nomes animais que se transformaram nos animais da atualidade.

Mas o termo *xapiripë* se refere também aos xamãs humanos, e a expressão "tornar-se xamã" é sinônima de "tornar-se espírito", *xapiri-pru*. Os xamãs são concebidos como de mesma natureza que os espíritos auxiliares que eles, em seu transe alucinógeno, visitam no céu ou trazem à terra, ao espaço humano da aldeia. O conceito de *xapiripë* assinala, portanto, uma interferência complexa, uma distribuição cruzada da identidade e da diferença entre as dimensões da "animalidade" (*yaro pë*) e da "humanidade" (*yanomae thëpë*). De um lado, os animais possuem

---

8   O sufixo *-pë* é um dos marcadores do plural em yanomami.
9   Davi Kopenawa e Bruce Albert, "Les ancêtres animaux", op. cit. p. 72, nota 28.

uma essência invisível distinta de suas formas visíveis: os *xapiripë* são os "animais verdadeiros" — mas são humanoides. Isto é, os animais "de verdade" não se parecem demasiado com os animais verdadeiros que os *xapiripë*, literalmente, *imaginam*. De outro lado, os xamãs se distinguem dos demais humanos por serem "espíritos", e mais, "pais" dos espíritos (que, por sua vez, são as imagens dos "pais dos animais"). O conceito de *xapiripë*, menos ou antes que designando uma classe de seres distintos, fala de uma região ou momento de indiscernibilidade entre o humano e o não humano (principal mas não exclusivamente os "animais", noção que discutiremos mais adiante): ele fala de uma humanidade molecular de fundo, oculta por formas molares não humanas, e fala dos múltiplos afetos não humanos que devem ser captados pelos humanos por intermédio dos xamãs, pois é nisto que consiste o trabalho do sentido: são as palavras dos *xapiripë* que "aumentam nossos pensamentos".

A interseção entre as posições de xamã e de espírito se verifica em diversas culturas amazônicas. No Alto Xingu, por exemplo, os grandes xamãs são chamados "espíritos" pelos leigos, enquanto eles próprios se referem aos seus espíritos associados como "meus xamãs".[10] Para os Ese Eja da Amazônia boliviana, "todos os *eshawa* [espíritos] são *eyamikekwa* [xamãs], ou melhor, os *eyamikekwa* têm os poderes dos *eshawa*".[11] Entre os Ikpeng do médio Xingu,[12] o termo *pianom* designa os xamãs, seus vários espíritos auxiliares e os pequenos dardos potencialmente autointoxicantes que estes espíritos introduzem no ventre dos xamãs e que são o instrumento do xamanismo. Esta observação de Rodgers é importante por indicar que, se o conceito de espírito designa essencialmente uma população de afetos moleculares (ver adiante), uma multiplicidade intensiva, então o mesmo se aplica ao conceito de xamã: "o xamã é um ser múltiplo, uma micropopulação de agências xamânicas abrigada em um corpo".[13] Longe de serem superindivíduos, portanto, os xamãs — pelo menos os xamãs "horizontais",[14] mais comuns na região — são seres

---

10 Cf. Eduardo Viveiros de Castro, "Esboço de cosmologia yawalapíti", op. cit., pp. 80-81.
11 Cf. Miguel Alexiades, *Ethnobotany of the Ese Eja: Plants, Health, and Change in an Amazonian Society*. New York: CUNY, 1999, p. 226. Tese de doutorado.
12 David Rodgers, "A soma anômala: a questão do suplemento no xamanismo e menstruação ikpeng", *Mana*, v. 8, n. 2, 2002, pp. 91-125.
13 Ibid., p. 121, nota 18.
14 Cf. Stephen Hugh-Jones, "Shamans, Prophets, Priests and Pastors", in Nicholas Thomas e Caroline Humphrey (orgs.), *Shamanism, History, and the State*. Ann Arbor: University of Michigan Press, 1996, pp. 32-75.

superdivididos: uma federação de agentes sobrenaturais como nos Ikpeng, um morto antecipado e vítima canibal potencial como nos Araweté,[15] um corpo repetidamente perfurado como nos Ese Eja.[16] Além disso, se o xamã é, efetivamente, "diferente", como dizem os Ikpeng,[17] resta que esta diferença entre ele e os leigos é uma questão de grau, não de natureza. "Todo mundo que sonha tem um pouquinho de xamã" dizem os Kagwahiv,[18] em cuja língua, como em muitas outras da Amazônia, as palavras que traduzimos por "xamã" não designam algo que se "é", mas algo que se "tem" — uma qualidade ou capacidade adjetiva e relacional mais que um atributo substantivo, qualidade que pode estar intensamente presente em muitas entidades não humanas, que abunda, escusado dizer, nos "espíritos", e que pode mesmo constituir-se em potencial genérico do ser.[19]

O "xamã" humano, assim, não é uma figura sacerdotal — um cargo ou função —, mas alguém mais semelhante ao filósofo socrático — uma capacidade ou funcionamento. Pois se, como sustentava Sócrates, todo indivíduo capaz de raciocinar é filósofo, amigo potencial do conceito, então todo indivíduo capaz de sonhar é xamã, "amigo da imagem".[20] Nas palavras de Kopenawa: "[Este é] o nosso estudo, o que nos ensina a sonhar. Deste modo, quem não bebe o sopro dos espíritos tem o pensamento curto e enfumaçado; quem não é olhado pelos *xapiripë* não sonha, só dorme como um machado no chão." De passagem, observe-se que, se o estudo e a razão insone são a alucinação própria dos Brancos, a escrita é o seu xamanismo: "Para poder vê-los [os *xapiripë*] deve-se inalar o pó da árvore *yãkõanahi* muitas e muitas vezes. Leva

---

15 Eduardo Viveiros de Castro, *From the Enemy's Point of View...*, op. cit.
16 Miguel Alexiades, *Ethnobotany of the Ese Eja...*, op. cit., p. 221.
17 David Rodgers, "A soma anômala...", op. cit.
18 Waud H. Kracke, "'Everyone Who Dreams Has a Bit of Shaman': Cultural and Personal Meanings of Dreams — Evidence from the Amazon", *Psychiatric Journal of the University of Ottawa*, v. 12, 1987, pp. 65-72.
19 Alan T. Campbell, *To Square with Genesis: Causal Statements and Shamanic Ideas in Wayãpí*. Edinburgo: Edinburgh University Press, 1989. O mesmo se diga de muitas das noções amazônicas de "alma", como mostrou, entre outros, Alexandre Surrallés para o caso dos Candoshi em *Au cœur du sens: objectivation et subjectivation chez les Candoshi de l'Amazonie péruvienne*. Paris: EHESS, 2003, pp. 43-49.
20 Para o contraste entre o xamã e o sacerdote na Amazônia, ver Stephen Hugh-Jones, "Shamans, Prophets, Priests and Pastors", op. cit.; e Eduardo Viveiros de Castro, "Xamanismo e sacrifício", in *A inconstância da alma selvagem e outros ensaios de antropologia*. São Paulo: Cosac Naify, 2002, pp. 457-472.

tanto tempo quanto para os brancos aprenderem o desenho de suas palavras."[21]

Como se sabe, boa parte da mitologia amazônica trata das causas e consequências da especiação — a investidura em uma corporalidade característica — de diversos personagens ou actantes, todos eles concebidos como compartilhando originalmente de uma condição geral instável na qual aspectos humanos e não humanos se achavam inextricavelmente emaranhados. Todos os seres que povoam a mitologia manifestam esse entrelaçamento ontológico, essa ambiguidade transespecífica que os faz, justamente, semelhantes aos xamãs (e aos espíritos):

> Os animais que povoam a Terra de hoje não chegam nem perto, em termos de poder, dos animais originais, diferindo destes tanto quanto se diz que os humanos ordinários diferem dos xamãs [...] O Povo Primordial vivia exatamente como os xamãs vivem hoje, em um estado polimorfo... Depois de seu abandono da Terra, cada um dos Seres Primordiais se tornou o "Senhor" ou *arache* da espécie que engendrou.[22]

Veja-se também S. Hugh-Jones sobre os Barasana do Vaupés: "Os xamãs são o povo *He* por excelência";[23] o conceito de *He* designa o estado originário do cosmos, para onde os humanos retornam pelo veículo do ritual. Sobre os Akuriyó do Suriname, F. Jara observa que os xamãs — humanos ou animais, pois outras espécies também possuem xamãs — são os únicos seres que "mantêm as características primitivas anteriores à separação entre humanos e animais",[24] em particular o poder de mutação interespecífica (e este poder é o verdadeiro poder).

Assim, a interferência sincrônica entre humanos e animais (mais geralmente, não humanos) que se exprime nos conceitos de xamã e de espírito possui uma dimensão diacrônica fundamental, remetendo a um passado absoluto — passado que nunca foi presente e que, portanto,

---

21 Ver Peter Gow, *An Amazonian Myth and its History* (Oxford: Oxford University Press, 2001, pp. 191-218), para uma análise brilhante da conexão escrita-xamanismo entre os Piro.
22 David Guss, *To Weave and Sing: Art, Symbol, and Narrative in the South American Rain Forest* (Berkeley: University of California Press, 1989, p. 52), sobre os Yekuana da Venezuela.
23 Stephen Hugh-Jones, *The Palm and the Pleiades: Initiation and Cosmology in Northwest Amazonia*. Cambridge: Cambridge University Press, 1979, p. 218.
24 Fabíola Jara, *El camino del kumu: ecología y ritual entre los Akuryó de Surinam*. Quito: Abya-Yala, 1996, pp. 92-94.

nunca passou, como o presente, que não cessa de passar — em que as diferenças entre as espécies "ainda" não haviam sido atualizadas. O mito fala deste momento:

> [— Gostaria de lhe fazer uma pergunta simples: o que é um mito?] — Não é uma pergunta simples, é exatamente o contrário... Se você interrogar um índio americano, seriam muitas as chances de que a resposta fosse esta: uma história do tempo em que os homens e os animais ainda não eram diferentes. Esta definição me parece muito profunda.[25]

A definição é de fato profunda. Não é descabido definir o discurso mítico como consistindo principalmente em um registro do processo de atualização do presente estado de coisas a partir de uma condição pré--cosmológica virtual dotada de perfeita transparência — um "caosmos" onde/quando as dimensões corporal e espiritual dos seres não se oculta(va)m reciprocamente. Esse pré ou protocosmos, longe de exibir uma "indiferenciação" ou "identificação" originárias entre humanos e não humanos, como se costuma caracterizá-lo, é percorrido por uma diferença infinita, ainda que (ou porque) interna a cada personagem ou agente, ao contrário das diferenças finitas e externas que constituem/separam as espécies e as qualidades do mundo atual.[26] Donde o regime de "metamorfose", ou multiplicidade qualitativa, próprio do mito: a questão de saber se o jaguar mítico, por exemplo, é um bloco de afetos humanos em figura de jaguar ou um bloco de afetos felinos em figura de humano é rigorosamente indecidível, pois a metamorfose mítica é um acontecimento ou um devir (uma superposição intensiva de estados heterogêneos), não um processo de mudança (uma transposição extensiva de estados homogêneos). Mito não é história porque metamorfose não é processo, "ainda" não é processo e "jamais foi" processo; a metamorfose é anterior e exterior ao processo do processo — ela é um devir.

A linha geral traçada pelo discurso mítico descreve, assim, a laminação instantânea dos fluxos pré-cosmológicos de indiscernibilidade ao

---

25 Claude Lévi-Strauss e Didier Eribon. *De perto e de longe*, trad. Léa Mello, Julieta Leite. São Paulo: Cosac Naify, 2005, p. 195.
26 Eduardo Viveiros de Castro, "GUT Feelings about Amazonia: Potential Affinity and the Construction of Sociality", in Laura M. Rival e Neil L. Whitehead (orgs.), *Beyond the Visible and the Material: The Amerindianization of Society in the Work of Peter Rivière*. Oxford: Oxford University Press, 2001, pp. 19-43.

ingressarem no processo cosmológico: doravante, as dimensões humana e felina dos jaguares (e dos humanos) funcionarão alternadamente como fundo e forma uma para a outra. A transparência originária ou complicação infinita onde tudo dá acesso a tudo se bifurca ou se explica, a partir de então, na invisibilidade (as almas humanas e os espíritos animais) e na opacidade (o corpo humano e as "roupas" somáticas animais)[27] relativas que marcam a constituição de todos os seres mundanos — invisibilidade e opacidade relativas porque reversíveis, já que o fundo de virtualidade pré-cosmológica é indestrutível e inesgotável. Como dizia Kopenawa ao falar dos cidadãos infinitesimais da arquipólis virtual, os *xapiripë* "nunca desaparecem [...] seus espelhos brotam sempre de novo [...] eles são potentes e imortais".[28]

Disse logo acima que as diferenças pré-cosmológicas são infinitas e internas, em contraste com as diferenças finitas externas entre as espécies. Estou me referindo aqui ao fato de que o que define os agentes e pacientes dos eventos míticos é sua capacidade intrínseca de ser outra coisa; neste sentido, cada actante mítico difere infinitamente de si mesmo, visto que é "posto" inicialmente pela narrativa apenas para ser "substituído", isto é, transformado. É esta autodiferença que define um espírito, e que faz com que todos os personagens ou actantes míticos sejam "espirituais". A suposta indiferenciação entre os seres míticos é função de sua irredutibilidade radical a essências ou identidades fixas, sejam elas genéricas, específicas ou individuais (pense-se nos corpos destotalizados e "desorganizados" que vagueiam nos mitos).

Em suma: o mito propõe um regime ontológico comandado por uma diferença intensiva fluente absoluta, que incide sobre cada ponto de um contínuo heterogêneo, onde a transformação é anterior à forma, a relação é superior aos termos e o intervalo é interior ao ser.[29] Cada ente mítico, sendo pura virtualidade, "já era antes" o que "iria ser depois", e por isso não é, pois não permanece sendo, nada de atualmente determinado. Se isso parecer demasiado deleuziano para o gosto dos leitores, apelemos então para Lévi-Strauss: "Sem dúvida, nos tempos míticos os humanos não se distinguiam dos animais, mas, entre esses seres indiferenciados

---

27 Sobre os corpos animais como "roupas", ver E. Viveiros de Castro, "Os pronomes cosmológicos e o perspectivismo ameríndio", *Mana*, v. 2, n. 2, 1996, pp.115-144.
28 Davi Kopenawa e Bruce Albert, "Les ancêtres animaux", op. cit., pp. 73 e 81.
29 Compare-se isso com as "descontinuidades internas" de que fala Marilyn Strathern em *Partial Connections* (Savage: Rowman & Littlefield Publishers, 1991, p. xxiii).

que dariam origem a uns e outros, certas relações qualitativas preexistiam a especificidades ainda em estado virtual."[30]

Em contrapartida, as diferenças extensivas introduzidas pela especiação (*lato sensu*) pós-mítica, ou seja, a célebre passagem do "contínuo" ao "discreto" que constitui o grande (mi)tema da filosofia estruturalista,[31] cristalizam blocos molares de identidade interna infinita — cada espécie é internamente homogênea, seus membros são idêntica e indiferentemente representativos da espécie enquanto tal —, blocos estes separados por intervalos externos, quantizáveis e mensuráveis, uma vez que as diferenças entre as espécies são sistemas finitos de correlação, proporção e permutação de caracteres de mesma ordem e natureza. O contínuo heterogêneo do mundo pré-cosmológico abre espaço, assim, para a emergência de um discreto homogêneo, "dando lugar" a um regime onde cada ser é só o que é, e só o é por não ser o que não é. Mas os espíritos permanecem, invisíveis, agindo no mundo, como testemunho de que nem todas as virtualidades foram atualizadas e de que o turbulento fluxo mítico continua a rugir surdamente por baixo das descontinuidades aparentes entre os tipos, classes e espécies.[32]

Humanos, animais, espíritos

Tanto quanto podemos saber, todas as culturas amazônicas dispõem de conceitos que determinam seres análogos aos *xapiripë*. Na verdade, as palavras indígenas que traduzimos por "espírito" correspondem em geral a uma "categoria" heteróclita, que admite uma quantidade de subdivisões e contrastes internos, às vezes mais importantes do que os que opõem os "espíritos" aos outros tipos de seres. Para ficarmos apenas com

---

30 Claude Lévi-Strauss, *O homem nu*, trad. Beatriz Perrone-Moisés. São Paulo: Cosac Naify, 2011, p. 567. Ver também David Rodgers, "A soma anômala...", op. cit., pp. 103-04.
31 Para o desenvolvimento do tema no contexto da mitologia, ver Claude Lévi-Strauss, *O cru e o cozido*, trad. Beatriz Perrone-Moisés. São Paulo: Cosac Naify, 2004, pp. 73-78, 295-396, 363-364; Claude Lévi-Strauss, *O homem nu*, op. cit., pp. 449-454, 654, bem como o estudo de Gregory Schrempp, *Magical Arrows: the Maori, the Greeks, and the Folklore of the Universe*. Madison: University of Wisconsin Press, 1992.
32 "E o sistema duro não detém o outro: o fluxo continua sob a linha, perpetuamente mutante [...]" (Gilles Deleuze e Félix Guattari, "Micropolítica e segmentaridade", trad. Suely Rolnik, in *Mil platôs — capitalismo e esquizofrenia*, vol. 3, São Paulo: Ed. 34, 1996, p. 101).

os Yanomami, os *xapiripë* ou "espíritos xamânicos" seriam somente uma espécie do gênero *yai thëpë*, que Albert traduz como "seres não humanos invisíveis", noção que inclui também os espectros dos mortos, *porepë*, e os seres maléficos, *në wãripë*.[33] E se os *xapiripë* são epitomizados pelas imagens dos humanos-animais primordiais, Kopenawa deixa claro que os xamãs também mobilizam, entre outros, os *xapiripë* do Trovão, do Raio, da Chuva, da Noite, dos Ancestrais Canibais, da Panela, do Algodão, do Fogo e dos Brancos, bem como uma multidão de *në wãripë*.[34] Os *xapiripë* não são sempre belos e magníficos, pois podem ser terríveis e monstruosos; e eles compartilham da condição fantasmal dos mortos, pois são "formas espectrais", isto é, imagens.[35] A noção genérica de "não humanos invisíveis" pareceria unificar adequadamente essa diversidade interna da "categoria"; mas o problema é que esses não humanos possuem determinações antropomorfas fundamentais, seja no plano de sua constituição ou aparência corporal, seja no de suas capacidades intencionais e agentivas. Além disso, se tais não humanos são normalmente invisíveis aos humanos comuns, aos que estão despertos e àqueles de "pensamento curto e enfumaçado", no contexto da alucinação xamânica eles são, ao contrário, supremamente visíveis, e visíveis em sua forma humana *verdadeira* (são "o verdadeiro centro" dos seres da floresta). Reciprocamente, há certas situações críticas em que uma pessoa qualquer encontra um ser que começa por se dar a ver como humano — em um sonho, em um passeio solitário na floresta —, mas que termina se revelando subitamente como não humano; nestes casos, os não humanos são aqueles supremamente capazes de assumir uma forma humana *falsa* perante os humanos verdadeiros. Em outras palavras, enquanto (normalmente) invisíveis, esses não humanos "são" humanos; enquanto (anormalmente) visíveis, esses humanos "são" não humanos.[36]

Por fim, notemos a natureza algo paradoxal de uma *imagem* que é ao mesmo tempo não icônica e não visível. O que define os espíritos, em

---

33 Davi Kopenawa e Bruce Albert, "Les ancêtres animaux", op. cit., p. 68, nota 2.
34 Ibid., pp. 79-81.
35 Ibid., p. 73.
36 Os espíritos *são não humanos*, note-se, e não '*não são humanos*'. Em outras palavras, a extra-humanidade dos espíritos é um caso de "marca" ontológica em relação ao estatuto não marcado do humano como modo referencial do ser (cf. Valerio Valeri, *The Forest of Taboos: Morality, Hunting, and Identity among the Huaulu of the Moluccas*. Madison: University of Wisconsin Press, 2000, p. 28).

certo sentido, é indexarem as afecções características daquilo de que são a imagem sem, por isso, parecerem com aquilo de que são a imagem: são índices, não ícones. Ora, o que define uma "imagem" é sua eminente visibilidade: uma imagem é algo-para-ser-visto, é o correlato objetivo necessário de um olhar, uma exterioridade posta como alvo da mirada intencional; mas os *xapiripë* são imagens interiores, "moldes internos", inacessíveis ao exercício empírico da visão. Eles são o objeto, poder-se-ia dizer, de um exercício superior ou transcendental desta faculdade: imagens que seriam então como a condição daquilo de que são imagens: imagens ativas, índices que nos interpretam antes que os interpretemos; enigmáticas imagens que devem nos ver para que possamos vê-las — "quem não é olhado pelos *xapiripë* não sonha, só dorme como um machado no chão" —; imagens através das quais vemos outras imagens: "só os xamãs podem ver [os espíritos], após ter bebido o pó de *yãkoana*, pois eles se tornam outros e passam a ver os espíritos igualmente com olhos de espírito".[37]

Tal não iconicidade e não visibilidade empíricas, em suma, parecem apontar para uma dimensão importante dos espíritos: eles são imagens não representacionais, *representantes* que não são *representações*. "Todos os seres da floresta têm sua imagem *utupë*... Em suas palavras, vocês diriam que eles são os 'representantes' [em português] dos animais".[38] Albert assinala que o termo "representante" faz parte do vocabulário político habitual dos líderes indígenas.[39] Pois bem; em *Arte e agência*, ao introduzir a ideia dos símbolos anicônicos como "representantes", Alfred Gell usava o exemplo do diplomata: "Embora o embaixador chinês em Londres não se pareça com a China; [...] em Londres a China se parece com ele".[40] O que se poderia parafrasear dizendo que os *xapiripë* não se parecem com os animais, mas, no contexto mítico-xamânico, os animais se parecem com eles.

Nem tipos, nem representações. O que estou sugerindo, enfim, é que os conceitos amazônicos de "espírito" não designam tanto uma classe

---

37 Davi Kopenawa e Bruce Albert, "Les ancêtres animaux", op. cit.. p. 77. Ver loc. cit. nota 39, onde Albert observa que um xamã só pode ver um espírito através dos olhos de *outro* espírito, "com o qual se identificou" em seu transe.
38 Ibid., pp. 72-73.
39 Ibid., nota 29.
40 Alfred Gell, *Arte e agência: uma teoria antropológica*, trad. Jamille Pinheiro Dias. São Paulo: Ubu, 2018, p. 140.

ou gênero de seres quanto uma certa relação de vizinhança obscura entre o humano e o não humano, uma comunicação secreta que não passa pela redundância, mas pela disparidade entre eles:

> já não há um sujeito que se eleva até a imagem, com êxito ou fracassando. Diríamos de preferência que uma *zona de indistinção, de indiscernibilidade, de ambiguidade* se estabelece entre dois termos, como se eles tivessem atingido o ponto que precede imediatamente sua diferenciação respectiva: não uma similitude, mas um deslizamento, uma vizinhança extrema, uma contigüidade absoluta; não uma filiação natural, mas uma aliança contranatureza....[41]

Dir-se-ia que *xapiripë* é o nome da síntese disjuntiva que conecta-separa o atual e o virtual, o discreto e o contínuo, o comestível e o canibal, a presa e o predador. Neste sentido, efetivamente, os *xapiripë* "são outros".[42] Um espírito, na Amazônia indígena, é menos uma coisa que uma imagem, menos uma espécie que uma experiência, menos um termo que uma relação, menos um objeto que um evento, menos uma figura representativa transcendente que um signo do fundo universal imanente — o fundo que vem à tona no xamanismo, no sonho e na alucinação, quando o humano e o não humano, o visível e o invisível trocam de lugar.[43] Menos um espírito por oposição a um corpo imaterial que uma corporalidade dinâmica e intensiva, um objeto paradoxal que, como Alice, não cessa de crescer e diminuir ao mesmo tempo: um espírito é *menos* que um corpo — os *xapiripë* são partículas de poeira, miniaturas de humanos dotados de microfalos e a cujas mãos faltam dedos[44] — e

---

41 Gilles Deleuze, *Crítica e clínica*, trad. Peter Pál Pelbart. São Paulo: Ed. 34, 1997, p. 90.
42 "Vocês os chamam 'espíritos', mas eles são outros" (Davi Kopenawa e Bruce Albert, "Les ancêtres animaux", op. cit. p. 68).
43 "O enunciado de que alguma entidade não humana é 'humana' é a marca de um discurso específico, o xamanismo", escreve Peter Gow (*An Amazonian Myth and its History*, op. cit., p. 67) a respeito dos Piro, enquanto Greg Urban (*Metaphysical Community: The Interplay of the Senses and the Intellect*. Austin: University of Texas Press, 1996, p. 222) observa que a arte xokleng de interpretação dos sonhos "consiste em identificar uma figura onírica como sendo um espírito disfarçado". Recorde-se, por fim, a incisiva observação de Lienhardt sobre os espíritos dos Dinka sudaneses, perfeitamente aplicável à Amazônia: "os espíritos [*ghosts*] devem ser entendidos como reflexos de um tipo de experiência, não como uma classe de 'seres.'" (Godfrey Lienhardt, *Divinity and Experience: The Religion of the Dinka*. Oxford: Clarendon Press, 1961, p. 153).
44 Davi Kopenawa e Bruce Albert, "Les ancêtres animaux", op. cit. p. 68. O imaginário

mais que um corpo: aparência magnífica, eventualmente aterrorizante, ornamentação corporal soberba, brilho, perfume, beleza, um caráter, em geral excessivo em relação àquilo de que são a imagem.[45] Em suma, uma transcorporalidade constitutiva, antes que uma negação da corporalidade: um espírito é algo que só é escasso de corpo na medida em que possui corpos demais, capaz como é de assumir diferentes formas somáticas. O intervalo entre dois corpos quaisquer, mais que um não corpo ou corpo nenhum.

Mas se os conceitos amazônicos que traduzimos por "espírito" não designam, a rigor, entidades taxonômicas, mas são nomes de relações e experiências, eventos e movimentos, então não é impossível que noções como as de "animal" e de "humano" tampouco constituam elementos de uma tipologia estática de gêneros do ser ou macroformas categoriais de uma classificação "etnobiológica", sendo, ao contrário, coisa completamente diferente: como os espíritos, elas seriam *dispositivos de imaginação*. Sou levado a imaginar, assim (pois imaginar não é, justamente, classificar), um único domínio cósmico de transdutividade,[46] um campo anímico basal dentro do qual os vivos, os mortos, os brancos, os animais e demais "seres da floresta", os personagens míticos antropomorfos e terionímicos e/ou vice-versa, as imagens xamânicas *xapiripë* e assim por diante seriam apenas diferentes vibrações ou modulações intensivas e contínuas. Imagine-se, então, o "modo humano" como a frequência fundamental deste campo anímico que se poderia designar globalmente de meta-humano, já que a forma humana é a referência aperceptiva deste domínio, toda entidade situada em posição de sujeito experimentando-se *sub specie humanitatis*;[47] imagine-se as espécies vivas e demais *natural kinds* (inclusive nossa própria espécie) como habitando o espectro visível deste campo; e imagine-se os "espíritos", ao contrário, como um modo ou grau de vibração do campo anímico que se acha tanto abaixo

---

dos espíritos amazônicos se compraz em construir espécies invisíveis corporalmente deformadas, com membros invertidos, articulações inexistentes, apêndices minúsculos ou gigantescos, interfaces sensoriais atrofiadas etc. Um bom exemplo são os *abaisi* dos Pirahã (Marco Antonio T. Gonçalves, *O mundo inacabado: ação e criação em uma cosmologia amazônica*. Rio de Janeiro: Ed. da UFRJ, 2001, pp. 177-ss).

45 Davi Kopenawa e Bruce Albert, "Les ancêtres animaux", op. cit. p. 73, nota 32; e E. Viveiros de Castro, "Esboço de cosmologia yawalapíti", op. cit.
46 Gilbert Simondon, *L'individu et sa génèse physico-biologique*. Paris: Milton, 1995.
47 Ver E. Viveiros de Castro, "Os pronomes cosmológicos e o perspectivismo ameríndio", op. cit.

(minuscularidade granular, carência dimensional) como acima (anomalidade, excesso) dos limites de percepção do olho humano nu, o olho não investido pela prótese alucinógena ou pela visitação onírica.

Uma nota sobre a noção de "animal"

Mas suponhamos, apenas para nos mantermos dentro da venerável tradição taxonomizante de interpretação do pensamento selvagem, que se possa tratar os conceitos de espírito, de animal ou de humano como se fossem classes ou categorias. As evidências etnográficas disponíveis sugerem que as cosmologias ameríndias não utilizam um conceito genérico de "animal (não humano)" que funcione como complemento lógico de um conceito de "humano". Os humanos são uma espécie entre muitas outras, e, por vezes, as diferenças internas à "humanidade" são equivalentes às diferenças interespecíficas: "Os Jívaro vêem a humanidade como uma coleção de sociedades naturais; a condição biológica comum dos humanos interessa-lhes muito menos que as diferenças entre as formas de existência social".[48] Se assim é, então ao menos um significado básico da oposição entre Natureza e Cultura deve ser descartado quando consideramos a Amazônia e contextos similares: a natureza não é um domínio definido pela animalidade em contraste com a cultura como província da humanidade. O real problema com o uso da noção de natureza, aqui, reside menos em que ela se choca com o fato amazônico universal de que muitos animais também possuem cultura, e sim na afirmação implícita de uma natureza como domínio unificado por uma não humanidade genérica.[49]

São, com efeito, raras, se existentes, as línguas amazônicas que empregam um conceito coextensivo ao nosso "animal"[50], embora não

---

48 Anne-Christine Taylor, "Remembering to Forget: Identity, Mourning and Memory Among the Jivaro", *Man*, v. 28, n. 4, 1993, p. 658. Ver também Monod sobre os Piaroa: "Os Piaroa não se pensam enquanto homens, como fazemos; eles se pensam como uma espécie entre outras espécies. Há toda sorte de espécies de homens, como há toda sorte de espécies animais e vegetais." (Jean Monod, *Wora, la désse cachée*. Paris: Les Editeurs Evidant, 1987, p. 138); e ainda Surrallès sobre os Candoshi, *Au cœur du sens*, op. cit., p. 111.
49 Andrew Gray, *The Arakmbut: Mythology, Spirituality, and History in an Amazonian Community*. Providence; Oxford: Berghahn Books, 1996, p. 114.
50 Estou ciente de que existem o que se chama de "categorias encobertas", isto é, formas conceituais não lexicalizadas. O que estou afirmando, entretanto, é que na maioria dos

seja nada incomum ouvirmos termos mais ou menos correspondentes a um dos sentidos corriqueiros de *"animal"* em inglês (e menos comum em português): animais terrestres relativamente grandes, tipicamente mamíferos, por oposição a "peixe", "ave", "inseto" e outras formas de vida. Suspeito que a maioria das palavras indígenas que foram traduzidas por *"animal"* nas etnografias significam, na verdade, algo desse tipo. Três exemplos, entre muitos: (1) A palavra jê setentrional *mbru* ou *mru*, usualmente traduzida em inglês por *"animal"*, e às vezes empregada como uma sinédoque para "Natureza",[51] refere-se prototipicamente aos animais terrestres, possuindo o sentido pragmático e relacional de "presa", "caça" ou "vítima"; é apenas nesta acepção que o termo pode ser aplicado aos peixes, aves etc.[52] (2) A palavra wari' (família txapakura) que se aplica aos "animais", *karawa*, possui o significado básico de "presa", e como tal pode ser aplicada aos inimigos humanos: o par contrastivo *wari'/karawa*, que na maioria dos contextos pode ser traduzido como "humano/animal", possui o sentido logicamente englobante de "predador/presa" e mesmo de "agente/paciente". Os humanos (os Wari', isto é, os *wari'*) podem ser os *karawa* de predadores animais, humanos ou espirituais, seres que, em sua função ou "momento" predatório, são definidos como *wari'*.[53] (3) O terceiro caso é, justamente, o da língua yanomami, onde *yaro*, termo que compõe o conceito de *yaroripë* — que designa os "seres humanos com nomes de animais" que foram transformados em animais e as imagens animais xamânicas *xapiripë* — significa essencialmente "caça" (*gibier*[54]), isto é, corpo-carne definido por sua destinação alimentar:

> Os Yanomami [i.e. os humanos] queixadas viraram queixadas; os Yanomami veados viraram veados; os Yanomami cutias viraram cutias; os Yanomami araras viraram araras. Eles assumiram a forma dos queixadas, dos veados, das cutias e das araras que habitam a floresta hoje em dia. São esses antepassados transformados que caçamos e comemos. Os animais

---

casos amazônicos, senão em todos, não existe noção submersa que signifique "animal não humano". Naturalmente, esta afirmação pode ser desmentida a qualquer momento.
51 Cf. Anthony Seeger, *Nature and Society in Central Brazil: The Suya Indians of Mato Grosso*. Cambridge, Mass: Harvard University Press, 1981.
52 Trata-se de comentário pessoal feito por Seeger.
53 Aparecida Vilaça, *Comendo como gente: formas do canibalismo wari'*. Rio de Janeiro: Ed. da UFRJ, 1992.
54 Cf. Albert em Davi Kopenawa e Bruce Albert, "Les ancêtres animaux", op. cit. p. 73, nota 30.

que comemos são diferentes. Eles eram humanos e se transformaram em caça. Nós os vemos como animais, mas são Yanomami. São simplesmente habitantes da floresta. Somos semelhantes a eles, também somos caça. Nossa carne é idêntica, não fazemos senão trazer o nome de humanos. No começo do tempo, quando nossos antepassados ainda não tinham se transformados em outros, éramos todos humanos: as araras, os tapires, os queixadas, eram todos humanos. Depois, esses antepassados animais se transformaram em caça. Para eles, porém, somos sempre os mesmos, somos animais também; somos a caça que mora em casas, ao passo que eles são os habitantes da floresta. Mas nós, os que ficamos, nós os comemos, e eles nos acham aterrorizantes, pois temos fome de sua carne.[55]

Se aquilo que se traduziu por "animal" significa sobretudo "presa", "caça", ou simplesmente "carne", em alguns outros casos significará o exato oposto: espírito incomestível. Os Yawalapíti (aruaques do Alto Xingu) chamam de *apapalutapa-mina* uma variedade de animais, a maioria deles criaturas terrestres, tipicamente mamíferos — e todos eles, com uma exceção (os cebídeos), considerados impróprios para figurarem na dieta xinguana. A parte "animal" desta dieta se compõe principalmente de peixe, e de algumas aves. A palavra *apapalutapa-mina*, que parece estar no mesmo nível de contraste que os termos para "peixe" e "ave", é provavelmente um composto de *apapalutapa*, "espírito", seguido de um

---

55 Davi Kopenawa e Bruce Albert, "Les ancêtres animaux", op. cit., pp. 75-6. Sobre os "Yanomami queixadas que viraram queixadas" etc., compare-se com o mito de origem dos animais dos Xokleng (Greg Urban, *Metaphysical Ccmmunity*, op. cit., pp. 181-2; eu grifo), povo que vive a mais de três mil quilômetros ao sul dos Yanomami: "Entrementes, alguns daqueles que haviam *virado humanos* [lit. 'que se tornaram aparentados a nós'] foram embora [como "animais"]. O queixada virou um queixada, e se foi. Então o queixada que havia sido *humano* [lit. 'nós os viventes'] se foi etc." No verso nº 88 deste mito, a palavra traduzida em inglês por "*animal*" é a única palavra reconhecivelmente portuguesa utilizada pelo narrador: o genérico "bicho", como se faltasse um termo em xokleng. À parte a fascinante tautologia do "queixada que virou queixada", idêntica ao mito yanomami, chamo atenção para as duas perífrases que Urban traduz por "humano": "tornar-se parente" e "nós os viventes". A primeira parece sugerir que, se virar humano é virar parente, então virar animal é virar não parente — virar afim virtual, talvez (Eduardo Viveiros de Castro, "GUT Feelings about Amazonia...", op. cit.)? A segunda sugere que virar animal é virar o contrário de nós-os-viventes — virar, pois, algo como "eles-os-mortos". Se "nós-os-viventes" é a expressão para "humano", como Urban traduz várias vezes a fórmula, então: (1) todos os viventes são humanos em certa medida; (2) todos os viventes não humanos são, na verdade, espécies de mortos (espectros, diriam os Yanomami).

modificador que conota algo como "membro não prototípico da classe X" ou "exemplar inferior do tipo X", mas também "da mesma substância/natureza que X".[56] Nesse caso, os animais terrestres e todos os mamíferos seriam "como espíritos" ou "quase-espíritos". Isto é bastante similar a uma concepção barasana[57] segundo a qual os animais de caça são chamados de "peixes velhos", em que o termo "velho" (ou "maduro") funciona como uma espécie de superlativo. Se os Barasana pensam os animais de caça como "superpeixes", o que implica que eles são um tipo particularmente perigoso de peixe, os Yawalapíti pensam os animais de caça como "subespíritos". E, enquanto os povos rionegrinos são capazes de reduzir eufemisticamente (e xamanisticamente) a caça que eles comem à condição de "peixe", os povos xinguanos, que não comem carne de caça, parecem considerar impossível desespiritualizar estes animais, e assim se vêem empiricamente "reduzidos" a comer peixe. Podemos, assim, estender o escopo do *continuum* amazônico de comestibilidade (no que concerne à dieta carnívora) proposto por Hugh-Jones, fazendo-o ir dos peixes aos espíritos, e não apenas aos seres humanos. Os rionegrinos principiam pelo pólo "peixe", definindo a caça como uma subclasse deste; os xinguanos principiam pelo pólo oposto, fazendo dos animais "de caça" uma subclasse de "espírito". Isso sugere que os espíritos são os seres supremamente incomestíveis — o que faz deles os supremos canibais do universo, e/ou, como é o caso dos *xapiripë* da narrativa yanomami, seres que vivem de antialimentos (o alucinógeno *yãkoana* e o tabaco) e de "antiexcrementos" (alimentos doces, perfumados e impolutos que não apodrecem dentro do corpo como a carne que comemos).[58]

Perspectivas

Minha referência, mais acima, aos espíritos e animais como mergulhados em um campo anímico universal de que eles seriam os modos

---

56 Eduardo Viveiros de Castro, "Esboço de cosmologia yawalapíti", op. cit.
57 Stephen Hugh-Jones, "Bonnes raisons ou mauvaise conscience? De l'ambivalence de certains Amazoniens envers la consommation de viande", *Terrain*, v. 26, 1996, pp. 123-148.
58 Davi Kopenawa e Bruce Albert, "Les ancêtres animaux", op. cit., pp. 81 e 84-85. Na verdade, os *xapiripë* se alimentam de seus peidos perfumados, que inalam de suas mãos postas em concha (loc. cit.).

respectivamente invisíveis e visíveis de "vibração" não é uma analogia visualista inteiramente arbitrária. A narrativa de Kopenawa fala, com efeito, dos "olhos de fantasma" dos não xamãs. A alusão aqui é aos espectros dos mortos (*porepë*) e à inversão perspectiva entre as diferentes modulações ontológicas do meta-humano — um tema crucial nas cosmologias ameríndias:[59]

> Quando o sol sobe no céu, os *xapiripë* dormem. Quando ele começa a descer, à tarde, para eles a aurora começa a surgir. Eles despertam todos, inumeráveis, na floresta. Nossa noite é para eles o dia. Enquanto dormimos, eles se divertem, dançam. E quando falam de nós, chamam-nos espectros. Aparecemos aos seus olhos como fantasmas, pois somos semelhantes a estes. Eles [os *xapiripë*] nos falam assim: "vocês são estrangeiros e assombrações, porque vocês morrem".[60]

Os espíritos veem os não xamãs sob a forma de espectros; do mesmo modo, a invisibilidade usual dos espíritos aos olhos dos humanos (não xamãs) é expressa dizendo-se que estes últimos possuem "olhos de espectro". (Os Brancos, portanto, são todos espectros, e sempre espectros, uma vez que são supremamente incapazes de ver os espíritos.) Reciprocamente, é ao "morrer" sob o efeito da droga *yãkoana* que os xamãs são capazes não apenas de ver os espíritos, mas de ver *como* os espíritos:[61] ver, justamente, os humanos como espectros. Nesse sentido, os xamãs dos Yanomami são mortos, ao mesmo tempo que são semelhantes aos espíritos, isto é, espectros, ou pelo menos são humanos que deixaram de ser completamente humanos.[62] Pois os *xapiripë* compartilham da condição espectral com os mortos, do ponto de vista dos humanos comuns: eles são "fantasmas".[63] Quanto aos animais, já vimos como eles nos veem — como seus semelhantes, mas estranhos: animais ao mesmo tempo domésticos ("habitantes de casas") e canibais.[64]

---

59 E. Viveiros de Castro, "Os pronomes cosmológicos e o perspectivismo ameríndio", op. cit.
60 Davi Kopenawa e Bruce Albert, "Les ancêtres animaux", op. cit., p. 68.
61 Ibid., nota 2, e p. 84, nota 64.
62 Os Ikpeng, aliás, concebem-nos como "ex-pessoas", *tenpano-pin* (David Rodgers, "A soma anômala...", op. cit., p. 112).
63 "A expressão *në porepë*, 'em forma espectral'... é frequentemente proposta como sinônimo de *utupë*, a imagem-essência xamânica" (Davi Kopenawa e Bruce Albert, "Les ancêtres animaux", op. cit., p. 73, nota 33).
64 Albert sintetiza o perspectivismo yanomami: "Os espíritos veem os humanos sob a

Em suma, os espectros dos mortos estão, na ordem da ontogênese, como os animais na ordem da filogênese: ambos são ex-humanos e, portanto, ambos são *imagens* atuais de humanos. Não é de surpreender, assim, que, enquanto imagens definidas por sua disjunção relativamente a um corpo humano, os mortos sejam atraídos pelos corpos animais; é por isso que morrer é transformar-se em bicho, como acontece frequentemente na Amazônia. Com efeito, se as almas dos animais são concebidas como tendo uma forma corporal humana, é bastante lógico que as almas dos humanos sejam concebidas como tendo um corpo animal póstumo, ou como entrando em um corpo animal, de modo a poderem ser eventualmente mortas e comidas pelos viventes.[65]

Tudo o que precede pode ser tomado como significando que, na Amazônia, "a dialética primária é aquela entre o ver e o comer", como formulou elegantemente G. Mentore a propósito dos Waiwai.[66] O cru e o cozido estruturalista não é incompatível com o visível e o invisível fenomenológico: Merleau-Ponty encontra, mais uma vez, Lévi-Strauss... As culturas ameríndias, de fato, manifestam um forte viés visual todo próprio, que pouco tem a ver com o tão vilipendiado visualismo ou oculocentrismo ocidental.[67] A visão é frequentemente tomada como modelo da percepção e do conhecimento;[68] o xamanismo está carregado de

---

forma de assombrações [*revenants*]; os animais os percebem como semelhantes que se tornaram 'moradores de casas'... os seres maléficos os consideram como caça... e as assombrações os vêem como parentes abandonados." (Davi Kopenawa e Bruce Albert, "Les ancêtres animaux", op. cit., p. 68, nota 2).

65 Para as relações entre mortos e animais, ver alguns exemplos em: Stephan Schwartzman, *The Panara of the Xingu National Park: The Transformation of a Society* (Chicago: University of Chicago, 1988. Tese de doutorado, p. 268); Aparecida Vilaça, *Comendo como gente* (op. cit., pp. 247-55); Terence Turner, "Social Body and Embodied Subject: Bodiliness, Subjectivity, and Sociality among the Kayapo" (*Cultural Anthropology*, v. 10, n. 2, 1995, p. 152); Donald K. Pollock, *Personhood and Illness among the Culina of Western Brazil* (Rochester: University of Rochester, 1985. Tese de doutorado, p. 95); Andrew Gray, *The Arakmbut of Amazoniam Peru* (op. cit., pp. 157-78, 178); Peter Gow, *An Amazonian Myth and its History* (op. cit., cap. 5); Miguel Alexiades, *Ethnobotany of the Ese Eja* (op. cit., pp. 134, 178); Gerald Weiss, "Campa Cosmology", (*Ethnology*, v. 11, n. 2, abr. 1972, p. 169); Pierre Clastres, "Ethnographie des Indiens Guayaki (Paraguay—Brésil)" (*Journal de la Société des Américanistes*, v. LVII, 1968, pp. 8-61).

66 George Mentore, "Tempering the Social Self: Body Adornment, Vital Substance, and Knowledge among the Waiwai". *Journal of Archaeology and Anthropology*, n. 9, 1993, p. 29.

67 David M. Smith, "An Athapaskan Way of Knowing: Chipewyan Ontology" (*American Ethnologist*, v. 25, 1998, pp. 412-432); Tim Ingold, *The Perception of the Environment: Essays on Livelihood, Dwelling and Skill* (London: Routledge, 2000).

68 George Mentore, "Tempering the Social Self" (op. cit., pp. 22-34); Miguel Alexiades, *Ethnobotany of the Ese Eja* (op. cit., p. 238); "El Eyámikekwa y el Ayahuasquero: las

conceitos visuais;[69] em grande parte da Amazônia — os Yanomami são um excelente exemplo — drogas alucinógenas são um instrumento básico da tecnologia xamânica, sendo usadas como próteses visuais. De maneira mais geral, a distinção entre o visível e o invisível parece desempenhar um papel maior na região: "a distinção fundamental na ontologia cashinaua [é aquela] entre visibilidade e invisibilidade".[70] Podemos também recordar a ênfase na decoração e exibição das superfícies dos corpos e dos artefatos, ações concebidas como epistêmica e ontologicamente eficazes.[71]

---

dinámicas socioecológicas del chamanismo Ese Eja" (*Amazonia Peruana*, v. 27, 2000, pp. 193-212); Surralès, *Au cœur du sens* (op. cit.).

69 Jean-Pierre Chaumeil, *Voir, savoir, pouvoir: le chamanisme chez les Yagua du Nord-Est péruvien* (Paris: École des Hautes Études en Sciences Sociales, 1983); Dominique Gallois, "O pajé Wayãpi e seus espelhos" (*Revista de Antropologia*, v. 27-28, 1985, pp. 179-196); Peter G. Roe, "Impossible marriages: animal seduction tales among the Shipibo Indians of the Peruvian jungle" (*Journal of Latin American Lore*, v. 16, 1990, pp. 131-173); Graham Townsley, "Song Paths: the Ways and Means of Yaminahua Shamanic Knowledge (*L'Homme*, v. XXXIII, n. 126-128, abr./dez. 1993, pp. 449-468); José Antonio Kelly, *Relations within the Health System among the Yanomami in the Upper Orinoco, Venezuela* (Cambridge: Department of Social Anthropology and Darwin College, Cambridge University, 2003. Tese de doutorado, p. 236).

70 Elsje Maria Lagrou, *Cashinahua Cosmovision: A Perspectival Approach to Identity and Alterity* (Saint Andrew: University of St. Andrew, 1998. Tese de doutorado, p. 52). Ver também Kenneth Kensinger, *How Real People Ought to Live: the Cashinahua of Eastern Peru* (Prospect Hights: Waveland Press, 1995, p. 207); Andrew Gray, *The Arakmbut of Amazonian Peru* (op. cit., pp. 115 e 117).

71 Ver, de Peter Gow, "Piro Designs: Painting as Meaningful Action in an Amazonian Lived World (*Journal of the Royal Anthropological Institute*, v. 5, 1999, pp. 229-246); e *An Amazonian Myth and its History* (op. cit.), para análises em profundidade da visão em uma cultura amazônica. Sobre as implicações entre o exercício da visão e as determinações alimentares, destaque-se o comentário deste autor: "Quando perguntava aos Piro por que gostavam de tomar *ayahuasca*, eles davam duas respostas características. Primeiro, diziam que era bom vomitar, e que a *ayahuasca* limpava o corpo dos resíduos da carne de caça que eles haviam comido. Tais resíduos se acumulam com o tempo, causando um mal-estar e um cansaço generalizados, que terminavam causando um desejo de morrer. [Compare-se aqui: 'A carne da caça que comemos se decompõe dentro de nós. Em troca, o corpo dos *xapiripë* não contém nenhuma carne corrompida...' — Davi Kopenawa e Bruce Albert, "Les ancêtres animaux", op. cit., p. 85] Em seguida, as pessoas me diziam que era bom tomar *ayahuasca* por que ela fazia você ver; como disse um homem, 'você pode ver tudo, tudo'" (*An Amazonian Myth and its History*, op. cit., p. 139). Recorde-se ainda a observação de Miguel Alexiades (*Ethnobotany of the Ese Eja*, op. cit., p. 194) segundo a qual os *edosikiana*, espíritos dos Ese Eja, são invisíveis a todos os humanos exceto o xamã, pois quem *vê* um espírito é *devorado* por ele.

O brilho dos cristais

Minha caracterização da ontologia dos espíritos amazônicos em registro visual não se deve apenas à presença, no discurso de Kopenawa, do tema do perspectivismo como processo de comutação discreta de pontos de vista entre as diferentes formas de subjetividade que povoam o cosmos. Outra coisa pareceu-me mais importante: o funcionamento de uma poderosa imagística da cintilação e do reflexo luminoso, por um lado, e da divisibilidade e multiplicação infinita dos espíritos, por outro.

Primeiro, a luz. A narrativa de Kopenawa está literalmente constelada de referências à luminosidade, ao brilho, às estrelas e aos espelhos. Na versão que reproduzi no começo deste artigo, vemos os espíritos como "poeiras luminosas", vemos seus caminhos, "tão finos como teias de aranha… vemo-los brilhar, inumeráveis, de uma claridade lunar"; vemos os "imensos espelhos" em que eles viajam, veículos resplendentes que estão "sempre a brotar de novo". Na versão expandida da narrativa,[72] a *féerie* luminosa prolifera: ao longo de doze páginas, praticamente uma em cada duas frases traz os *xapiripë* "brilhando como estrelas", emitindo "uma luminosidade deslumbrante", "uma luz resplandecente", "uma claridade cegante"… Quando descem à terra, eles acenam com "folhas novas de palmeira desfiadas que brilham com um amarelo intenso". Seus dentes "são imaculados e brilhantes como o vidro; quando [os dentes] são demasiado pequenos, ou se faltam, [os *xapiripë*] os substituem por fragmentos de espelhos". O solo sobre o qual eles dançam "parece vidro, e brilha com uma luz rutilante"…

A qualidade primordial da percepção dos espíritos é, assim, sua intensidade luminosa. Essa é uma experiência frequentemente descrita na Amazônia. Os *Maï*, espíritos celestes dos Araweté, são caracterizados por meio de um abundante vocabulário da cintilação ígnea e do relampejar ofuscante, e sua decoração corporal se destaca pela cor e luminosidade intensas.[73] Os espíritos dos Hoti, os "Senhores do Fora, ou da Floresta", "são detectados no mundo da vigília por meio do trovão e do relâmpago, que são seus gritos e o rebrilho de suas lanças; às vezes eles são vistos, ou ouvidos, como jaguares. São percebidos nos sonhos como seres

---

72 Bruce Albert e Davi Kopenawa, "Les ancêtres animaux", op. cit.
73 E. Viveiros de Castro, *From the Enemy's Point of View*, op. cit.

antropomorfos luminosos, pintados de urucum vermelho-brilhante".[74] Como os *xapiripë* yanomami, portanto, os *Maï* araweté e os Senhores do Fora hoti "nunca são cinzentos como os humanos; [eles têm o corpo] untado de urucum rubro e percorrido de desenhos ondulados, de riscos e manchas de um negro reluzente...".

Sem dúvida, boa parte dessa fenomenologia da luz intensa pode estar associada aos efeitos bioquímicos das drogas. Assim os Piro, por exemplo, descrevem a experiência de ingestão de *toé* (*Brugmansia spp.*): "De repente tudo se acende, como se o sol tivesse nascido...".[75] Seu etnógrafo observa que "a metaforização da experiência alucinatória do *toé* como 'luz do dia' [*daylight*] é corriqueira... outros informantes enfatizaram a 'vermelhidão' da experiência, 'justo como o mundo ao alvorecer', ou 'durante o pôr do sol'".[76] Mas outras drogas menos violentamente alucinógenas que o *toé* dos Piro e o *yãkoana* dos Yanomami, como o tabaco, e outras técnicas de manipulação sensorial, como o semicegamento deliberado por meio de máscaras,[77] a aplicação de colírios especiais, o mergulho com apneia prolongada, a privação de sono etc., podem estar envolvidas nesses processos de desterritorialização do olhar. E de qualquer forma, a experiência perceptiva da intensidade luminosa é buscada pelo xamã, não meramente sofrida como mero efeito colateral de drogas tomadas em vista de outras sensações, o que sugere que essa experiência possui um valor conceitual em si mesma. Naturalmente, não é preciso ser xamã para "perceber" a relação entre conhecimento e iluminação, tema provavelmente universal. Minha impressão, entretanto, é de que não se trata, no caso amazônico, de uma concepção da luz como distribuindo relações de visibilidade e cognoscibilidade em um espaço extensivo (estou pensando aqui em algumas passagens de *As palavras e as coisas*), mas da luz como intensidade pura, coração intensivo da realidade que estabelece a distância inextensa entre os seres, e portanto sua

---

74 Robert Storrie, "Equivalence, Personhood and Relationality: Processes of Relatedness Among the Hoti of Venezuelan Guiana", *Journal of the Royal Anthropological Institute*, v. 9, 2003, p. 417.
75 Peter Gow, *An Amazonian Myth and its History*, op. cit., p. 136. Ver também Gerardo Reichel-Dolmatoff, "Drug Induced Optical Sensations and their Relationship to Applied Art among some Colombian Indians", in Michael Greenhalgh e Vincent Megaw (orgs.), *Art in Society: Studies in Style, Culture and Aesthetics*. New York: St. Martin's Press, 1978, pp. 289-304.
76 Peter Gow, *An Amazonian Myth and its History*, loc. cit..
77 David Rodgers, "A soma anômala...", op. cit., pp. 91-125.

maior ou menor propensão mútua de devir. A conexão disto com a ideia da invisibilidade dos espíritos me parece crucial: aquilo que é normalmente invisível é também o que é anormalmente luminoso. A luminosidade intensa dos espíritos indica o caráter supervisível destes seres, que são "invisíveis" ao olho desarmado pela mesma razão que a luz o é — por ser a condição do visível.

Entre os Araweté, como provavelmente para outros povos da Amazônia, a luminosidade e o brilho estão associados a uma outra qualidade visual, a transparência ou diafaneidade. *Ikuyaho*, "translucidez" ou "transparência" — mas também "fora de casa", "ao ar livre", "no exterior" (cf. os Senhores do Fora dos Hoti) —, é um estado que os xamãs procuram atingir mediante a ingestão massiva de tabaco, que pode produzir um período de choque cataléptico. Estado associado à qualidade de "leveza" (*wewe*), a translucidez é produzida por uma separação entre a alma e o corpo (por uma exteriorização do ser, então), que retira deste último seu "peso"(*ipohi*) ou sua opacidade ("a opacidade ordinária do corpo humano"[78]), permitindo, assim, ao xamã ver através do corpo de seus pacientes, e, mais geralmente, enxergar o lado invisível do mundo.[79] Foi este conceito de *ikuyaho* que me levou à imagem da transparência pré-cosmológica originária, desenvolvida algumas páginas acima. A outra fonte desta imagem foi uma maravilhosa passagem protoleibniziana de Plotino sobre o mundo inteligível, que me pareceu possuir mais de um ponto de contato com a narrativa de Kopenawa:

> pois tudo é transparente, nada é obscuro, nada impenetrável; todo ser é lúcido a todo outro ser, em profundidade e largura; e a luz atravessa a luz. E cada ser contém todos os seres dentro de si, e ao mesmo tempo vê todos os seres em cada outro ser, de tal forma que em toda parte há tudo, e todos são tudo e cada um são todos, e infinita é a glória. Cada ser é grande; o pequeno é imenso; o sol, lá, é todas as estrelas; e cada estrela é todas as estrelas, e o sol. E embora certos modos do ser sejam dominantes em cada ser, todos estão espelhados em cada um.[80]

---

78 Peter Gow, *An Amazonian Myth and its History*, op. cit., p. 135.
79 E. Viveiros de Castro, *From the Enemy's Point of View* (op. cit., pp. 131, 219-220); ver também a "luminescência xamanística" do *payé* tukano em Gerardo Reichel-Dolmatoff, *The Shaman and the Jaguar: A Study of Narcotic Drugs among the Indians of Colombia* (Philadelphia: Temple University Press, 1975, pp. 77 e 109).
80 Plotino, "On the Intellectual Beauty", in *Ennead V, Eighth Tractate*, §4. Traduzido da ver-

Seria preciso apenas trocar a metafísica molar e solar do Um neo-platônico pela metafísica da multiplicidade lunar, estelar e molecular indígena.[81]

Os "espelhos" em que abunda a narrativa de Kopenawa são precisamente o instrumento de passagem entre as experiências da intensidade luminosa e da inumerabilidade dos espíritos, isto é, a sua infinitude potencial. Como se fossem imagens da imagem, os espelhos se multiplicam na narrativa, ao mesmo tempo como signo da presença e como meio de deslocamento dos *xapiripë*:

> Os *xapiripë* descem também até nós sobre espelhos, que eles mantêm acima do solo, sem jamais tocar na terra. Estes espelhos provêm de sua morada no peito do céu. Assim, na habitação dos espíritos de um xamã, esses espelhos estão postos, encostados, pendurados, empilhados, arrumados lado a lado. Quando a casa é vasta, os espelhos são grandes, e, quando o número de espíritos aumenta, seus espelhos se empilham aos poucos uns por cima dos outros. Mas os *xapiripë* não se misturam entre si. Os espelhos dos mesmos espíritos se sucedem uns após os outros, nos mesmos esteios da casa. Sucedem-se assim os espelhos dos espíritos guerreiros, dos espíritos aves de rapina e dos espíritos cigarras; os espelhos dos espíritos trovões, e dos espíritos relâmpagos, dos espíritos tempestades. Há tantos espelhos quanto espíritos; eles são verdadeiramente inumeráveis, empilhados a se perder de vista. No sopé da Montanha do Vento, onde está minha casa, há grandes espelhos [dos *xapiripë*] na floresta. Nós, nós não fazemos mais que viver no meio de seus espelhos...
> [...] [Os xamãs dos Yanomami] sabem que nossa floresta pertence aos *xapiripë*, e que ela é feita de seus espelhos.[82]

Os espelhos e os cristais desempenham um papel importante em todo o vocabulário amazônico (sobretudo norte-amazônico) do xamanismo: pense-se nos cristais xamânicos dos Tukano e de vários povos

---

são disponível no site *The Sophia Project*. Jorge Luis Borges cita esta mesma passagem em mais de um lugar de sua obra.
81 Desnecessário lembrar que o advérbio "apenas" é aqui uma litotes. Para avaliar o papel da Lua e das estrelas na cosmologia yanomami e, mais geralmente, na mitologia indígena, é preciso voltar a certas páginas luminosas de Lévi-Strauss em *A origem dos modos à mesa* (trad. Beatriz Perrone-Moisés. São Paulo: Cosac Naify, 2006).
82 Davi Kopenawa e Bruce Albert, "Les ancêtres animaux", op. cit., pp. 78-9.

caribe da Guiana, nas "caixas de cristal dos deuses" dos Piaroa, nos espelhos *warua* que recobrem os xamãs dos Wayãpi; pense-se, mais geralmente, na simetria dual especular interna característica da arte gráfica e da estética alucinatória da região.[83]

Mas os espelhos dos espíritos — *que espécie de imagem refletiriam eles?* É interessante notar que virtualmente todos os exemplos dados nesta seção, com a possível exceção das observações de Peter Roe sobre a simetria "especular" da arte amazônica, as quais exigem uma discussão impossível de se fazer aqui, não enfatizam a propriedade icônica que têm os espelhos de reproduzir imagens. O que os exemplos sublinham é, antes, sua propriedade de ofuscar, refulgir e resplandecer. Os espelhos sobrenaturais amazônicos não são dispositivos representacionais extensivos, espelhos refletores, mas cristais intensivos, instrumentos multiplicadores de uma experiência luminosa pura, fragmentos relampejantes. Na verdade, a palavra yanomami que Bruce Albert traduziu por "espelho" não se aplica aos nossos espelhos iconogênicos. Ao comentar uma versão anterior do presente artigo, onde eu explorava a suposta propriedade dos espelhos yanomami de refletir imagens, Albert generosamente me comunicou a explicação adicional que Davi Kopenawa lhe deu em resposta às suas questões sobre os espelhos xamânico-espirituais. A passagem abaixo reescreve o que se lê a certa altura de "Les ancêtres animaux":

---

[83] Ver Peter G. Roe, *The Cosmic Zygote: Cosmology in the Amazon Basin* (New Brunswick: Rutgers University Press, 1982) e "Impossible Marriages..." (op. cit., pp. 131-173); Joanna Overing, "Today I Shall Call him 'Mummy': Multiple Worlds and Classificatory Confusion", in J. Overing (org.), *Reason and Morality* (Londres: Tavistock, 1985, pp. 152-179); Dominique Gallois, "Xamanismo waiãpi: nos caminhos invisíveis, a relação *i-paie*" (in Jean E. Langdon [org.], *Xamanismo no Brasil: novas perspectivas*. Florianópolis, Ed. da UFSC, 1996, pp. 39-74). Ver também o mito shipibo analisado por Peter Roe ("The Josho Nahuanbo Are All Wet and Undercooked: Shipibo Views of the Whiteman and the Incas in Myth, Legend, and History", in Jonathan D. Hill [org.], *Rethinking History and Myth: Indigenous South American Perspectives on the Past*. Illinois: University of Illinois Press, 1988, p. 120). Em Peter G. Roe, "Impossible Marriages..." (op. cit., pp. 139-40, nota 12), lê-se que os espíritos *chaiconi* (Incas-cunhados) "'viraram o espelho do outro lado' e assim obscureceram a habilidade humana primordial de ver os animais de caça e os peixes que procuravam fisgar nas águas cristalinas do lago da origem dos tempos. Agora que o espelho está virado com sua face cega para os humanos, eles não podem ver os animais que caçam... exceto se estes se acham perto da superfície... Como o xamã, por meio de suas visões alucinatórias, pode voltar ao início dos tempos, ele é capaz de 'desvirar o espelho' e ver claramente. Dessa forma, os xamãs estão associados aos espelhos e os usam como ornamento..."

Os *xapiripë* não se deslocam jamais sobre a terra. Eles a acham demasiado suja e cheia de excrementos. O solo sobre o qual dançam parece com vidro, e brilha de uma luz ofuscante. Ele é formado daquilo que nossos antigos chamam de *mire kopë* ou *mire xipë*. Estes são os objetos dos *xapiripë*, magníficos e rutilantes, transparentes mas muito sólidos. Vocês diriam "espelhos". Mas não são espelhos de se olhar, são espelhos que brilham.[84]

Luz, não imagens. Os *xapiripë* são de fato imagens (*utupë*), mas seus espelhos não os constituem como tal — são cristais brilhantes; estão do lado da pura luz.

Tamanho e intensidade

Além da luminosidade ofuscante, os *xapiripë*, enquanto perceptos, mostram duas outras características, a pequenez e a inumerabilidade. No discurso acima transcrito, já vimos que "eles parecem seres humanos mas são tão *minúsculos* quanto *partículas de poeira* cintilantes [...] *milhares* deles chegam para dançar juntos... seus caminhos parecem *teias de aranha*... Os espíritos são assim tão *numerosos* porque eles são a imagem dos animais da floresta...". Na versão ampliada do discurso de Kopenawa, o número de vezes em que eles são ditos "inumeráveis" é naturalmente maior. O narrador se compraz em enumerar esta proliferação indefinida:

> Suas imagens são magníficas. Não pensem que só haja alguns deles. Os *xapiripë* são verdadeiramente muito numerosos. Eles não terminam nunca de vir até nós, sem número e sem fim. Eles são as imagens dos animais que habitam a floresta, com todos os seus filhotes, que descem uns atrás dos outros. Não são eles inumeráveis, todos os japus, as araras

---

84 Nota de Bruce Albert (comunicação pessoal): "De fato, os espelhos industriais são designados pelos Yanomami orientais pelo termo *mirena* (*mire* para os Yanomami ocidentais), que se distingue, ainda que formado a partir da mesma raiz (*mire-* = ?), do termo que denota os 'espelhos' dos espíritos, *mirekopë* ou *mirexipë*. Aliás, *mirexipë* designa igualmente os bancos de areia misturada de mica que brilham nas águas claras dos riachos das terras altas da região yanomami. E, por fim, *xi* significa 'luz, radiância, emanação'."

vermelhas e amarelas, os tucanos, os mutuns, os jacamins, os jacus, os periquitos, os falcões, os morcegos, os urubus... e aí os jabutis, os tatus, os tapires, os veados, as jaguatiricas, os jaguares, as cutias, os queixadas e os macacos-aranha, os guaribas, os macacos-prego, os cairaras, as preguiças... e ainda todos os peixes dos rios, os poraquês, as piranhas, os bagres *kurito*, as arraias e todos os peixinhos?[85]

Minúsculos, esses espíritos nem por isso deixam de manifestar uma intensa vitalidade (cf. os animais descendo com todos os seus filhotes) e uma superabundância de ser: "quando eu era mais moço, eu me perguntava se os *xapiripë* podiam morrer como os humanos. Mas hoje sei que, mesmo sendo minúsculos, eles são poderosos e imortais".[86] Os espíritos são, literalmente, *intensos*: o sufixo —*ri* que geralmente acompanha o nome dos *xapiripë* "denota a extrema intensidade ou a qualidade de não humano/invisível".[87] Eis porque, por exemplo, os antepassados animais mitológicos e suas imagens xamânicas atuais são chamadas *yaroripë*, ou seja, *yaro* (caça) + *ri-* (excessivo, sobrenatural) + *pë* (pluralizador). Intensidade, exemplaridade, alteridade em relação ao meramente existente:

> [O] macaco guariba *iro* que flechamos nas árvores é outro que sua imagem, aquela que o xamã faz descer como *Irori*, o espírito-guariba. Essas imagens *utupë* da caça são verdadeiramente muito belas. [...] Comparadas a elas, os animais da floresta são feios. Eles existem, apenas. Eles não fazem senão imitar suas próprias imagens. Eles são apenas o alimento dos humanos.[88]

O intensificador-espiritualizador *-ri* parece, assim, funcionar exatamente como o modificador *-kumã* nas línguas aruaque do Alto Xingu, que os Yawalapíti me traduziram por "grande, feroz, outro, estranho", e que interpretei como um dos operadores conceituais básicos de sua

---

85 Davi Kopenawa e Bruce Albert, "Les ancêtres animaux", op. cit., p. 72.
86 Ibidem, p. 81. Essas ideias yanomami sobre a inumerabilidade e imortalidade dos espíritos animais talvez possam ser relacionadas ao tema da regeneração infinita das espécies, objeto de uma importante discussão de Robert Brightman em sua etnografia dos Cree do Canadá (*Grateful Prey: Rock Cree Human-Animal Relationships*. Berkeley / Los Angeles / Oxford: University of California Press, 1993, cap. 9).
87 Albert em Davi Kopenawa e Bruce Albert, "Les ancêtres animaux", op. cit., p. 73, nota 30.
88 Ibid., p. 73.

cultura, o operador de alteração-espiritualização ou "exponenciação ontológica".[89] A imagística dimensional dos seres-*kumã* faz deles versões maiores, por vezes gigantescas e monstruosas, dos seres mundanos: um macaco-*kumã* yawalapíti não é minúsculo como o *Irori* yanomami. Mas estamos diante, penso, do mesmo macaco, ou antes, do mesmo outro do macaco, nos Yawalapíti e nos Yanomami. A minuscularidade dos espíritos *xapiripë* não é obstáculo a sua natureza "excessiva" ou "extremamente intensa", como diz Albert; pelo contrário, parece-me que ela é um signo decisivo da *multiplicidade* designada pelo conceito de qualquer espírito: "[Q]uando se diz o nome de um *xapiripë*, não é um só espírito que se evoca, é uma multidão de espíritos semelhantes".[90]

Os espíritos são quantitativamente múltiplos, infinitamente numerosos; eles formam a estrutura molecular última das formas animais molares que vemos na floresta. Sua pequenez é função de sua infinitude e não o contrário. Da mesma forma, o caráter geralmente gigantesco dos seres-*kumã* dos Yawalapíti não os faz menos invisíveis aos olhos desarmados — e esse caráter os determina como qualitativamente múltiplos, visto que um ser-*kumã* é ao mesmo tempo um arquétipo e um monstro, um modelo e seu excesso, a forma pura e uma reverberação híbrida, a beleza e a ferocidade em uma só figura.

Assim, a minuscularidade e numerosidade dos *xapiripë* marca sua natureza de bando, enxame, matilha e multidão, enquanto o gigantismo dos seres-*kumã* aponta para a figura do "anomal", o representante excepcional da espécie, o megaindivíduo que indica a fronteira de uma multiplicidade animal.[91] Em suma, a pequenez dos *xapiripë* e a natureza frequentemente agigantada dos espíritos de outras culturas (os conhecidos "Donos dos Animais", por exemplo) são como a frente e o verso de uma mesma ideia, os dois esquematismos extensivos

---

89 E. Viveiros de Castro, "Esboço de cosmologia yawalapíti", op. cit.
90 Davi Kopenawa e Bruce Albert, "Les ancêtres animaux", op. cit., p. 73.
91 Gilles Deleuze e Félix Guattari, *Mil platôs — capitalismo e esquizofrenia*, vol. 4, trad. Suely Rolnik (São Paulo: Ed. 34, 1997). A determinação conceitual dos espíritos como multiplicidades possui implicações sociológicas fascinantes, que não posso elaborar aqui. Contento-me em citar o que diz Gow (*An Amazonian Myth and its History*, op. cit., p. 148) sobre a natureza essencialmente coletiva das interações com os espíritos: "Quando um xamã canta a canção de um *kayigawlu* [a visão xamânica de um "ser poderoso" i.e. um espírito] ele se torna este *kayigawlu*. Mas... a condição dos seres poderosos é essencialmente múltipla... [A] imitação das canções dos seres poderosos é menos uma forma de possessão que o ingresso em uma outra socialidade. [...] O Outro incorpora o xamã como parte de sua multiplicidade..."

complementares da multiplicidade intensiva e da intensidade "excessiva" dos espíritos.⁹²

À guisa de conclusão, gostaria apenas de observar que o problema do infinito nas cosmologias ameríndias parece-me estar em aberto. Acostumamo-nos a contrastar o "mundo fechado" dos assim chamados primitivos ao "universo infinito" dos assim chamados modernos, e a atribuir aos primeiros, representados aqui pelos povos nativos das Américas, uma filosofia fundamentalmente finitista, combinatória e discretizante; uma filosofia que aborreceria o contínuo como se visse nele o terrível labirinto que conduz ao império do não senso. Refiro-me aqui, o leitor terá compreendido, ao *logos* chamado "estruturalista", ou melhor, à vulgata homônima que nos instruiu a conceber todo movimento de diferenciação como pura síntese limitativa de especiação e a entender o real como simples manifestação combinatória do possível. Mas os espelhos cristalinos e moleculares, as imagens inumeráveis e os espíritos minusculamente incontáveis das narrativas de Davi Kopenawa sugerem que a dimensão propriamente infinitesimal, intensiva, disjuntiva e virtual do pensamento ameríndio ainda aguarda maior atenção por parte da antropologia.

---

92 A oscilação complexa entre as ideias de minuscularidade e de monstruosidade como esquematismos alternativos de uma multiplicidade intensiva foi muito bem caracterizada por Rodgers a propósito dos Ikpeng: "O potencial de expandir os pontos mínimos e obscuros do mundo é um traço distintivo do pensamento cosmológico ikpeng — seres pequenos (*tikap*) como os colibris, os esquilos, as abelhas e vários peixinhos são os seres mais potentes: são todos xamânicos, *piat-pe*" ("A soma anômala: a questão do suplemento no xamanismo e menstruação ikpeng", op. cit., p. 100). E eis aqui algo que Tânia Stolze Lima (comentário pessoal) encontrou em algum trecho da etnografia de Jacques Lizot sobre as ariranhas, de acordo com um mito yanomami: "As ariranhas levantam suas cabeças [emergindo da superfície da água] porque elas percebem os Yanomami como pontos minúsculos". Molecularidade e perspectivismo em uma única fórmula!

11 | O medo dos outros

> *Estando as coisas assim dispostas, quanto*
> *aos que se levantam, em sua totalidade,*
> *é para seu alimento futuro que dirigem a atenção*
> *de seu olhar, todos eles; e porque a atenção*
> *de seu olhar se dirige para seu alimento futuro,*
> *são eles que existem, todos eles.*
>
> Prece mbyá[1]

Introdução

"Imagine-se de pé, na tribuna, prestes a dar uma conferência. Sua voz corta o silêncio e você começa. Não há momento de mais puro calafrio existencial".[2] Com essas palavras, nosso colega Michael Lambek abria uma *inaugural lecture* na London School of Economics, não muito tempo atrás. Esta é uma situação a que nenhum acadêmico é estranho, por mais experiente que seja, ou por mais seguro que esteja da qualidade da conferência que vai dar: o medo que nos toma diante do momento, do problema de começar (e que Lambek acaba de resolver para mim). Se ele/a for antropólogo/a, talvez lhe venha à mente, neste instante, outro momento de medo inicial, situado, este, no remoto princípio da série de circunstâncias que o/a levou a estar de pé na tribuna, "agora":

> Imagine-se o leitor sozinho, rodeado apenas de seu equipamento, numa praia tropical próxima a uma aldeia nativa, vendo a lancha ou o barco que o trouxe afastar-se no mar até desaparecer de vista.[3]

---

1 Citada em Pierre Clastres, "Profetas na selva", in *A sociedade contra o Estado: pesquisas de antropologia política*, trad. Theo Santiago. São Paulo: Cosac Naify, 2003, p. 183.
2 Michael Lambek, "Sacrifice and the Problem of Beginning: Meditations from Sakalava Mythopraxis", *Journal of the Royal Anthropological Institute*, v. 13, n. 1, 2007, p.19.
3 Bronislaw Malinowski, *Argonautas do Pacífico Ocidental*, trad. Anton Carr e Lígia Aparecida Cardieri, rev. da trad. Eunice Durham. São Paulo: Ubu, 2018, p. 58.

A série é autossimilar — a ontogênese repete a filogênese —, uma vez que esse famoso "imagine-se" de Malinowski, ao mesmo tempo que nos transporta aos angustiantes momentos iniciais de nosso próprio trabalho de campo, marca também a instauração histórica da própria ideia de trabalho de campo na disciplina antropológica, seu momento narrativo originário e, portanto, radicalmente imaginário. Por isso destaco o "imagine", nas duas citações acima — em razão da conexão intrínseca entre medo, origem e imaginação. Pois, é necessário um mínimo de imaginação para se ter medo. Mesmo os chamados medos instintivos, os "medos animais", não são senão atos de imaginação entranhados no etograma da espécie por um doloroso aprendizado originário, imemorial, como nos ensinaram Friedrich Nietzsche e Samuel Butler. Pois é preciso aprender, ter aprendido, a ter medo. Aprendi, por exemplo, recentemente, a ter medo do medo que sentem de mim quando manifesto a intenção de atravessar algumas das múltiplas fronteiras fractais que constituem a ecologia geopolítica do presente. (Deixei de ter medo de avião, e passei a ter medo de aeroporto.) Se a fronteira é, de várias maneiras, o lugar do perigo e do medo por excelência, está claro hoje que o mundo contemporâneo pode ser tudo, menos um mundo sem fronteiras — a famosa "fronteira final" de *Star Trek* é a molecularização universal da fronteira. Para lembrar uma distinção de Crapanzano,[4] hoje todo lugar é fronteira (*frontier*), isto é, uma borda (*border*) ou limite que *não pode* ser cruzado. Imagine-se, então, o medo que é viver hoje no "centro" de um mundo que é só fronteira e termo, horizonte e clausura. O fim do mundo passa a estar em toda parte, e seu verdadeiro centro, em lugar nenhum. O que vem a ser o inverso da definição clássica de infinito. Donde se conclui que nos aproximamos — como limite — do zero antropológico.

Mas é possível rir de alguns medos e, mais ainda, de algumas imaginações. Com efeito, se há uma ideia que hoje pode ser considerada como literalmente ridícula, em sua mistura de ingenuidade e presunção, esta consiste na crença de nossos ancestrais imediatos, os modernos, segundo a qual o avanço da técnica e da ciência, o desvelamento dos mistérios do cosmos e do organismo, o incremento do livre comércio de coisas, pessoas e ideias, a difusão do letramento e do estado de direito — em uma palavra, o Progresso — iriam dissipar o estado de

---

4 Vincent Crapanzano, *Imaginative Horizons: An Essay in Literary-Philosophical Anthropology*. Chicago: University of Chicago Press, 2003, p. 14.

pavor infuso em que viviam nossos ancestrais mais distantes (ou nossos contemporâneos pré-modernos). É sabido que, eles viviam morrendo de medo: medo dos outros humanos, medo da natureza, medo da morte, medo dos mortos, medo do novo, medo de tudo. A luz da Razão, vindo dissipar as trevas da superstição e seus terrores imaginários, e a Ciência, vindo diminuir a impotência dos humanos em face dos perigos reais do mundo, iriam finalmente nos fazer aceder a um estado de sereno destemor, um estado de segurança e de conhecimento. Nada temeremos, porque tudo compreenderemos; e o que se puder prevenir, preveniremos.

Não é preciso lembrar como essa profecia, hoje, vê-se tragicomicamente desmentida. Os medos reais que os outros teriam de seus monstros imaginários deram lugar a uma proliferação espantosa, entre nós, de medos imaginários de monstros reais. Digo *imaginários* no sentido de que são medos gerados e geridos por uma gigantesca economia política da imagem, o "modo cinemático de produção" que define o capitalismo tardio[5] — e falo que os medos, apenas, são imaginários, já que os monstros e os perigos, estes são perfeitamente reais, isto é, escapam constantemente às imagens. Começamos mesmo a definir nossa civilização como um verdadeiro Sistema do Medo — a "sociedade de risco" de Ulrich Beck,[6] organizada em torno dos riscos que ela própria cria: uma sociedade com medo de si mesma (creio que é a isto que chamam modernização reflexiva), de sua capacidade de aniquilar as próprias condições de existência. Parece que a Razão, ao se disseminar, aumentou brutalmente as razões para se ter medo — se é que não se tornou ela mesma aquilo que se deve temer.

E dávamo-nos ao desfrute de ironizar complacentemente o medo que teriam os pobres primitivos: medo dos outros homens, medo das forças naturais... Logo nós,[7] que vivemos em perpétuo pânico diante dos imigrantes do quarto mundo e do inexorável aquecimento do mundo todo. Uma prova inesperada da tese de Bruno Latour: doravante, jamais

---

5 Joseph Beller, *The Cinematic Mode of Production: Attention Economy and the Society of the Spectacle*. Lebanon: Dartmouth College Press; University Press of New England, 2006.
6 Ulrich Beck, *Sociedade de risco: rumo a outra modernidade*, 2ª ed., trad. Sebastião Nascimento. São Paulo: Ed. 34, 2011.
7 Como de costume, quando me dirijo a uma plateia do hemisfério norte, incluo-me no escopo da primeira pessoa do plural, por cortesia com os anfitriões. É preciso solidarizar-se com os desamparados.

teremos sido modernos.

Não pretendo usar os minutos que me restam para entretê-los com imagens desses medos familiares. Em vez disso, gostaria de falar um pouco sobre uma outra "sociedade de risco" — de uma sociedade de risco em todo um outro sentido; um sentido completamente diferente, em que o risco pode ser vivido: não como ameaça às condições de existência de uma forma social, mas como sua condição existencial de possibilidade, sua razão de ser, em suma, ou antes, seu modo de devir. Gostaria de falar, enfim, sobre as formas do medo nas sociedades nativas da Amazônia ou, melhor ainda, sobre outra forma de se relacionar com o medo exemplificada por estas sociedades.

Pierre Clastres perguntava, em um belo artigo publicado em *A sociedade contra o Estado*: de que riem os índios?[8] Pergunto, por analogia: e de que eles têm medo? A resposta é, em princípio (sempre só em princípio...), simples: eles riem e têm medo das mesmas coisas, aquelas mesmas apontadas por Clastres — coisas como jaguares, xamãs, brancos e espíritos, isto é, seres definidos por sua radical alteridade. E eles têm medo porque a alteridade é objeto de um desejo igualmente radical por parte do Eu. Esta é uma forma de medo que, muito longe de exigir a exclusão ou a desaparição do outro para que se recobre a paz da autoidentidade, implica necessariamente a inclusão ou a incorporação *do* outro ou *pelo* outro (*pelo* também no sentido de "por intermédio do") como forma de perpetuação do devir-outro que é o processo do desejo nas socialidades amazônicas. Sem o influxo perigoso das forças e das formas que povoam o exterior do *socius*, este fatalmente falece, por carência de diferença. Para poder viver a seu gosto — "viver bem", como se diz que os indígenas gostam de dizer — é preciso primeiro gostar de viver perigosamente.

Pudenda origo

Comecemos de novo. Se, como dizia Nietzsche, todo começo histórico é baixo, ou vil, então faz sentido começar por baixo — pelo estrato corporal ínfero, o "baixo corporal" no sentido bakhtiniano. Recomeço, então, por um venerável provérbio brasileiro — ibérico, creio — que

---

8 Pierre Clastres, "De que riem os índios?", in *A sociedade contra o Estado*, op. cit., pp. 121-138.

reza, *mirabile dictu*: "Quem tem cu, tem medo." O que ele significa não é totalmente consensual. Já me deparei com algumas hipóteses extravagantes (na internet, onde mais?), sobre, por exemplo, a necessidade de se estar constantemente alerta para o risco de estupro sodomítico etc. Pessoalmente, nunca o ouvi usado nesse sentido sexualmente paranoico. O que o provérbio sublinha, em verdade, é a comum *condição* humana constituída pela implicação suficiente entre ser provido anatomicamente de um ânus e ser sujeito à emoção do medo. Suponhamos que isto seja uma maneira de dizer que o medo, como o ânus, não é algo de que devamos nos orgulhar, nem sair pavoneando por aí, mas que nem por isso deixa de ser algo que não podemos negar que temos, e que desempenha a função humilde, mas indispensável, de válvula de escape nos apertos da vida. Essa profunda definição do medo por sua correlação justapositiva com uma condição anatômica[9] literalmente *fundamental* é, note-se, desmarcada do ponto de vista do gênero. O ânus é aquela "parte íntima" indiferentemente compartilhada por masculinos e femininas; ter culhões, quando bate o medo, não faz qualquer diferença... E desmarcada também do ponto de vista da espécie, visto que o ânus (ou equivalente) é parte dos principais, senão de todos os planos corporais do reino animal. Isto sugere uma imagem do medo como afeto essencialmente democrático: orgânico, corpóreo, animal, universal. Todos temos medo de alguma coisa. Por exemplo, e talvez antes de mais nada, da boca do inimigo, isto é, dos animais predadores de nossa espécie:

> Os Arawak [da região da Guiana] possuem um ditado, "*hamáro kamungka turuwati*" (lit. "cada coisa tem [seu próprio] tigre [jaguar]"), como um lembrete para o fato de que devemos ser circunspectos e estar sempre em guarda, pois há sempre algum inimigo rondando.[10]

Mas, se quem tem cu, tem medo, nem sempre todos dispusemos deste órgão tão conveniente. Há um mito de origem do ânus, contado pelos

---

9 Melhor dizendo, fisiológica; o provérbio alude talvez à contração ou ao relaxamento súbitos do esfíncter anal em situações de pavor.
10 Walter Roth, "An Inquiry into the Animism and Folk-Lore of the Guiana Indians, in *30th Annual Report of the Bureau of American Ethnology*, 1908-1909. Washington DC, 1915, p. 367.

Taulipang da Guiana, registrado em 1905 por Koch-Grunberg,[11] que vale a pena recontar. Ele vai nos reconduzir ao medo por vias transversas.

Pu'iito, como as pessoas e os animais receberam o seu ânus

Antigamente, os animais e as pessoas não tinham ânus para defecar. Acho que defecavam pela boca. Pu'iito, o ânus, andava por aí, devagar e cautelosamente, peidando no rosto dos animais e das pessoas, e depois fugia. Então os animais disseram: "Vamos agarrar Pu'iito, para dividi-lo entre nós!". Muitos se juntaram e disseram: "Vamos fingir que estamos dormindo! Quando ele vier, vamos pegá-lo!". Assim fizeram. Pu'iito veio e peidou na cara de um deles. Então correram atrás de Pu'iito, mas não conseguiram pegá-lo e ficaram para trás.

Os papagaios Kuliwaí e Kaliká chegaram próximos de Pu'iito. Correram muito. Finalmente o pegaram e o amarraram. Então vieram os outros, que tinham ficado para trás: a anta, o veado, o mutum, o jacu, o cujubim, o pombo... Começaram a reparti-lo. A anta pediu logo um pedaço para ela. Os papagaios cortaram um grande pedaço e o jogaram para os outros animais. A anta imediatamente o pegou. Por isso ela tem um ânus tão grande.

O papagaio cortou para si um pedaço pequeno, como lhe era adequado. O veado recebeu um pedaço menor que o da anta. Os pombos tomaram um pedaço pequeno. Veio o sapo e pediu que lhe dessem também um pedaço. Os papagaios jogaram um pedaço na sua direção, o qual grudou nas suas costas: por isso o sapo ainda hoje tem o ânus nas costas.

---

11 Em "Mitos e lendas dos índios Taulipangue e Arekuná", de Theodor Koch-Grunberg, trad. Henrique Roenick, rev. M. Cavalcanti Proença, *Revista do Museu Paulista* NS, vol. VII, 1953), transcrito da nova edição, revista por Sérgio Medeiros em colaboração com Rafael Lopes Azize, publicada em Medeiros (org.), *Makunaíma e Jurupari: cosmogonies ameríndias*. São Paulo: Perspectiva, 2022, pp. 101-102. Este mito é o M_{524} de *A origem dos modos à mesa* (Claude Lévi-Strauss, *A origem dos modos à mesa*, trad. Beatriz Perrone-Moisés. São Paulo: Cosac Naify, 2006, p. 428). E, como se sabe, "puíto", já anatomizado, é uma presença fugaz mas muito incisiva no *Macunaíma* de Mário de Andrade, livro centralmente inspirado nessa coletânea de Koch-Grunberg.

Foi assim que adquirimos nossos ânus. Se hoje não o tivéssemos, íamos ter que defecar pela boca, ou então arrebentar.[12]

Koch-Grunberg faz o seguinte comentário a esta história: "Pu'iito é, com certeza, a personificação mais esquisita de que se tem memória."[13] Observação que só pode receber o endosso veemente de qualquer leitor.

O mito de Pu'iito traz à mente uma passagem de *O anti-Édipo* sobre o investimento coletivo de órgãos na máquina territorial primitiva:

> As mitologias cantam órgãos-objetos parciais e sua relação com um corpo pleno que os repele ou atrai: vaginas pregadas no corpo das mulheres, pênis imenso partilhado entre os homens, ânus independente que atribui a um corpo sem ânus...[14]

Deleuze e Guattari acrescentam que "é o investimento coletivo de órgãos que liga o desejo ao *socius*", e que

> nossas sociedades modernas, ao contrário, procederam a uma vasta privatização dos órgãos [...] O primeiro órgão a ser privatizado, colocado fora do campo social, foi o ânus. O ânus foi quem deu seu modelo à privatização [...].[15]

"Pu'iito" é um dos muitos mitos ameríndios relativos à especiação, isto é, ao processo mediante o qual a proto-humanidade virtual — a condição original comum dos entes míticos é um estado pré-corporal, ou melhor, pré-orgânico, mas não obstante antropomórfico e antropológico — separa-se nas diferentes corporalidades organizadas do mundo atual. A história de Pu'iito descreve precisamente a situação pré-orgânica em que o ânus era uma pessoa: um ânus espiritual, angélico por assim dizer. Ela narra o momento em que o órgão em questão deixa sua existência intensiva, de parte idêntica a seu próprio todo, e é extensivizado, coletivamente investido e distribuído (repartido) entre as espécies animais. (Nesse

---

12 Koch-Grunberg *apud* Sergio Medeiros (org.), *Makunaíma e Jurupari: cosmogonies ameríndias*, loc. cit.
13 Ibid., p. 57.
14 Gilles Deleuze e Félix Guattari, *O anti-Édipo: capitalismo e esquizofrenia*, trad. Luiz B.L. Orlandi. São Paulo: Ed. 34, 2010, p. 189.
15 Ibid.

sentido, o provérbio brasileiro pelo qual comecei remete a esta fase socializada, intermediária, do ânus, seu momento pós-atualização, mas pré-privatização.) Note-se que não se trata, no mito, de dar a cada indivíduo um ânus idêntico, mas que lhe seja *próprio*, no sentido de ser sua propriedade privada, e sim de dar aos representantes de cada futura espécie um órgão que lhes seja *específico*, isto é, que caracterize cada espécie como multiplicidade distinta; ainda não estamos no regime do equivalente geral. Mas toda espécie terá um ânus — porque, como o mito faz questão de esclarecer *in fine*, toda espécie tem uma boca. E é pela boca que se travam as relações mais decisivas entre as espécies no mundo pós-mítico: pela devoração intercorporal.

Comendo com os olhos

O mundo pré-cosmológico descrito pelos mitos ameríndios é um mundo inteiramente saturado de pessoalidade ou personitude. Uma história yawanawa (Pano do oeste da Amazônia) começa assim: "Naquele tempo não havia nada, mas já existiam as pessoas."[16] O surgimento das espécies e a estabilização da cadeia trófica, processos descritos nos mitos, não extinguiram essa personitude universal originária, apenas a colocaram em estado de perigosa não aparência, isto é, de latência ou potencialidade. Todo ser com o qual um humano se confronta, ao longo do processo de produção da própria vida, pode subitamente fazer passar à frente de sua aparência não humana usual o seu "outro lado" (expressão comum nas cosmologias indígenas), atualizando sua condição humanoide de fundo e colocando automaticamente em risco de vida, e de categoria, o interlocutor humano.

O problema é particularmente perigoso porque passa pela boca: "Um xamã em Iglulik disse certa vez a Birket-Smith: '*O maior perigo na vida é o fato de a comida humana consistir inteiramente de almas.*'"[17] Não

---

16 Miguel Carid Naveira, *Yawanawa: da guerra à festa*. Florianópolis: PPGAS-UFSC, 1999. Dissertação de mestrado. Os Kaluli da Nova Guiné dizem o mesmo: "Naquele tempo... não havia árvores nem animais nem sagu nem comida. A terra estava completamente coberta de pessoas." (Edward L. Schieffelin, *The Sorrow of the Lonely and the Burning of the Dancers*. New York: St. Martin's Press, 1979, p. 94).
17 Barbara Bodenhorn, "Whales, Souls, Children, and Other Things That Are 'Good to Share': Core Metaphors in a Contemporary Whaling Society". *Cambridge Anthropology*, v. 13, n. 1, 1998, p. 1, grifo meu.

se trata, portanto, exatamente do perigo contemporâneo criado por nossa comida ser composta de "organismos transgênicos", mas sim de um perigo derivado da latência de híbridos bem outros, intencionalidades transontológicas, vidas não orgânicas tão ou mais perigosas que nossos venenos modernos, indutoras de metamorfoses corporais e raptoras de almas. O tema é bastante conhecido: o canibalismo é, para os povos nativos da América, um componente inevitável de todo ato de manducação, porque toda coisa é humana, no sentido de *poder ser* humana: a humanidade de fundo é menos um predicado de todos os seres que uma incerteza constitutiva sobre os predicados de qualquer ser. Tal incerteza não incide apenas sobre os "objetos" da percepção, e não é um problema de julgamento atributivo; menos ainda um problema de "classificação". *A incerteza inclui o sujeito*, entenda-se, inclui a condição de sujeito do indivíduo humano que se expõe ao contato com a alteridade radical dessas gentes outras, que — como toda gente — reivindicam para si um ponto de vista soberano. Aproximamo-nos aqui de uma das origens do medo metafísico indígena. É impossível não ser canibal; mas é igualmente impossível estabelecer consistentemente uma relação canibal ativa de mão única com qualquer outra espécie — ela vai contra-atacar. Tudo o que se come, no mundo ameríndio, é *soul food*, e, portanto, envolve um risco de vida: quem come almas será por almas comido.

Em suma, estes são mundos onde a humanidade é imanente, para falarmos como Roy Wagner, isto é, mundos onde o primordial se reveste da forma humana, o que não o torna, longe disso, necessariamente aconchegante: ali onde toda coisa é humana, o humano é toda uma outra coisa. E ali onde toda coisa é humana, ninguém pode estar seguro de ser humano incondicionalmente, porque ninguém o é — nem nós mesmos. Na verdade, os humanos devem ser capazes de "descondicionar" sua humanidade em certas condições, já que o influxo do não humano e o devir-outro-que-humano são "momentos" obrigatórios de uma condição plenamente humana. O mundo da humanidade imanente é também, e pelas mesmas razões, um mundo da imanência do inimigo.

Irving Hallowell faz uma observação recorrente em etnografias ameríndias:

> Meus amigos ojibwa sempre me alertavam contra julgar pelas aparências [...] Vim a concluir que o conselho, que me davam em tom de bom senso, constitui uma das principais pistas para entendermos uma atitude generalizada dos Ojibwa diante dos objetos de seu ambiente — especialmente

diante das pessoas. Isso os torna cautelosos e desconfiados em relações interpessoais de qualquer tipo. A possibilidade de metamorfose é certamente um dos fatores determinantes de tal atitude, visto ser a metamorfose uma manifestação concreta do caráter enganoso das aparências.[18]

Não julgue pela aparência... suponho que este seja um alerta feito em, virtualmente, todas as tradições culturais, já que pertence a um fundo de sabedoria popular que inclui muitas outras máximas similares.

A sabedoria é bem fundada, sem dúvida — em certo sentido, ou melhor, em muitos sentidos culturalmente específicos. Mas Hallowell diz aí mais do que "as aparências enganam" no abstrato: diz que o cuidado com o enganoso das aparências se aplica especialmente às relações com as pessoas, e que a noção de metamorfose é um fator crucial. De fato, se pessoas são o epítome do que não deve ser julgado pela aparência, e se todos (ou quase todos) os tipos de seres são pessoas, nunca se pode julgar pela cara. O que parece ser um humano pode ser um animal ou um espírito; o que parece ser um animal ou um humano pode ser um espírito, e assim por diante. As coisas mudam — especialmente quando elas são pessoas. Isto tem muito pouco a ver com nosso alerta epistemológico familiar "não confie nos sentidos". É nas pessoas que não se pode confiar, não em nossos sentidos. As aparências enganam não porque elas difiram das essências que (supomos) ocultariam, mas porque elas são, justamente, aparências, isto é, aparições. Não há aparição que não proponha um destinatário, um sujeito para quem elas aparecem. E se há sujeito, há ponto de vista. As aparências enganam porque elas trazem embutidas nelas um determinado ponto de vista. Toda aparência é uma perspectiva, e toda perspectiva "engana".

A questão da desconfiança quanto às aparências nos leva ao terceiro órgão relevante para determinar o que se poderia chamar de "condições transcendentais" do medo nas socialidades ameríndias: o olho. E aqui devo retornar a um motivo típico da cosmopraxis indígena, sobre o qual já escrevi exaustivamente, de modo que é muito possível que o leitor esteja familiarizado com ele. Refiro-me ao "perspectivismo cosmológico"

---

18 A. Irving Hallowell, "Ojibwa Ontology, Behavior, and World View," in Stanley Diamond (org.), *Culture in History: Essays in Honor of Paul Radin*. New York: Columbia University Press, 1960, pp. 19-52.

ameríndio, a ideia de que cada[19] espécie ou tipo de ser é dotado de uma apercepção prosomórfica ou antropomórfica, vendo a si mesmo como "gente", enquanto vê os demais componentes de seu próprio ecossistema como não pessoas ou não humanos: como presas ou predadores (cada coisa tem sua onça), ou espíritos (invariavelmente canibais e sexualmente vorazes), ou simplesmente como artefatos de sua própria cultura: onças veem humanos como porcos-do-mato, e o sangue da presa que matam como cauim; os mortos (os mortos não são humanos; muito do que digo aqui acerca dos animais pode ser dito dos mortos, uma vez que, em vários aspectos, os animais são como os mortos e os mortos, como animais) veem grilos como peixes; as antas veem os barreiros onde se reúnem como grandes casas cerimoniais etc. Cada espécie está, portanto, "na cultura", na posição em que os humanos (isto é, os humanos dos humanos) se veem em relação ao restante do cosmos. Assim, não se trata apenas de cada espécie identificar a si mesma como uma humanidade culturalmente definida: o perspectivismo também significa que cada espécie possui um modo particular de perceber a alteridade, um aparato de "alucinação consensual"[20] que a faz ver o mundo de modo característico.

Essa divergência perspectiva da espécie é frequentemente atribuída à qualidade dos olhos que cada espécie possui. Os Yekuana da Venezuela dizem que "Cada povo tem seus próprios olhos... Gente [humanos] não consegue entender as sucuris porque elas têm olhos diferentes..."[21] O tema é onipresente na mitologia, em que colírios mágicos, trocas de globo ocular e outros truques oftalmológicos produzem efeitos de transformação radical do mundo percebido (pelos olhos e pelos outros sentidos, note-se bem) — um signo seguro de que os protagonistas atravessaram algum tipo de barreira ontológica: entre espécies, entre vivos e mortos etc.[22]

---

19 O pronome "cada" deve ser tomado num sentido positivamente vago, como nome de uma variação contínua e não como quantificador distributivo.
20 A expressão é, creio, de William Gibson, o criador do *cyberpunk*.
21 Marc de Civrieux, "Medatia: a Makiritare Shaman's Tale", in David M. Guss (org.), *The Language of the Birds: Tales, Texts, & Poems of Interspecies Communication*. San Francisco: North Point Press, 1985, pp. 65-66. Ver o capítulo 13 ("Os dois 'índios'"), sobre esse mito dos Yekuana.
22 A noção dos "olhos diferentes" de cada espécie destaca-se na análise pioneira de Signe Howell (*Society and Cosmos: Chewong of Peninsular Malaysia*. Oxford: Oxford University Press, 1984) sobre a cosmologia dos Chewong da Malásia, um dos relativamente

Mas ter olhos diferentes não significa ver "as mesmas coisas" de "modos" diferentes; significa que você não sabe o que o outro está vendo quando ele "diz" que está vendo a mesma coisa que você. Nós não entendemos as sucuris. Trata-se de um problema não de "sinonímia", mas de "homonímia" perceptiva. O perspectivismo não é um multiculturalismo transespecífico afirmando que cada espécie possui um "ponto de vista" particular sobre um mundo real, objetivo, único e autossubsistente: várias culturas e uma natureza, em suma — ou seja, o que aprendemos nos cursos de "Introdução à Antropologia". O perspectivismo não afirma a existência de uma multiplicidade de pontos de vista, mas sim a existência do ponto de vista como multiplicidade. Só existe "um" ponto de vista, aquele que os humanos compartilham — como o ânus — com quaisquer outras espécies de seres: o ponto de vista da cultura. O que varia é o correlativo objetivo do ponto de vista: o que passa pelo nervo ótico (ou o tubo digestivo) de cada espécie. Em suma, o perspectivismo não supõe uma Coisa-em-Si parcialmente apreendida pelas categorias de entendimento próprias a cada espécie. Não creio que os indígenas imaginem que exista uma coisa-em-si que os humanos veem como sangue e onças como cauim; não se trata de substâncias autoidênticas diferentemente categorizadas, mas de multiplicidades imediatamente relacionais do tipo sanguecauim, barreiromaloca, grilopeixe. Não existe um "X" que seja sangue para uma espécie e cauim para a outra: o que existe é imediatamente um sanguecauim, uma das singularidades características da multiplicidade humanonça ou jaguaromem.[23]

O que *define* essas multiplicidades perspectivas é sua incompatibilidade. Um humano e uma onça não podem ser gente no mesmo momento; é impossível experimentar sangue como cauim sem não já-ter-virado onça. O perspectivismo afirma que cada espécie vê a si mesma como gente; contudo, afirma também que duas espécies não podem ver uma

---

raros povos não ameríndios ou não circumpolares entre os quais o perspectivismo é notavelmente preeminente. Talvez seja hora de parar de falar no "oculocentrismo" e no "viés visual" do Ocidente como se isso fosse uma tara muito exótica. Outros povos têm suas próprias "visões" a respeito da visão; elas certamente são diferentes da nossa, mas nem por isso deixam de ser histórias do olho. E quem tem olho tem medo.

23 Se se preferir marcar a disjunção referencial dessas multiplicidades, pode-se escrevê-las sangue|cauim, humano|onça, grilo|peixe, onde a barra vertical marca uma relação que não é nem de disjunção (como a barra /), nem de conjunção, como o traço de união. Convencione-se então o signo "|" como indicador da síntese disjuntiva deleuziana, por analogia com o signo em xis da "sub-rasura" de Heidegger e Derrida.

à outra como gente ao mesmo tempo. Cada espécie tem de ser capaz de não perder de vista (por assim dizer) o fato de que os outros veem a si mesmos como gente e, simultaneamente, ser capaz de esquecer este fato, ou seja, de "deixar de vê-lo". Isto é particularmente importante para os humanos — que é o lugar de onde falo (salvo engano!)[24] — quando matam para comer. Mas embora devamos poder ser capazes de não ver os animais que comemos como eles veem a si mesmos, pode ser interessante vê-los como são vistos por outros animais; às vezes é útil, necessário até, ver como certos animais se veem: para curar humanos vitimados por doenças provocadas pelo espírito de determinada espécie animal (quando o xamã precisa negociar com os membros da espécie agressora), para adquirir as capacidades predatórias da onça ou da sucuri para atacar inimigos, para saber que aparência tem o nosso mundo quando visto de cima (céu) ou de baixo (fundo do rio) etc.

George Mentore nos oferece uma fórmula concisa para a cosmopraxis dos Waiwai das Guianas: "a dialética primária é entre ver e comer."[25] A observação sublinha o fato de que a multiplicidade perspectiva é o correlato do canibalismo generalizado que define a economia cosmopolítica indígena. Essa combinação complexa entre ver e ser visto, comer e ser comido, comensalidade e interperceptualidade é abundantemente ilustrada no registro etnográfico. Assim, Reichel-Dolmattoff, sobre os Desana:

> Segundo o informante, a onça, de qualquer espécie, quando come um ser humano, começa pelos olhos da vítima, e muitas vezes fica satisfeita com isso. Na verdade, o olho aí não representa o órgão da visão, mas um princípio seminal que a onça incorpora a si desse modo.[26]

Que se trate realmente de comer o "princípio seminal" é algo que eu não afirmaria categoricamente.[27] De qualquer modo, este é um ótimo exemplo da "dialética primária" entre ver e comer. Ou ainda, na tese de

---

24 Sobre este "salvo engano", ver o capítulo 13 ("Os dois 'índios'").
25 George Mentore, "Tempering the Social Self: Body Adornment, Vital Substance, and Knowledge among the Waiwai", *Journal of Archaeology and Anthropology*, v. 9, 1993, p. 29.
26 Gerardo Reichel-Dolmatoff, *Desana: le symbolisme universel des Indiens Tukano du Vaupés*. Paris: Gallimard, 1973, p. 245.
27 O que não deixaria, entretanto, de ser interessante, na medida em que teríamos (caso o autor estivesse pensando, de fato, apenas em vítimas masculinas do jaguar) a possibilidade de uma correlação classicamente "estruturalista" do tipo {olhos : testículos :: boca: ânus}.

Eduardo Kohn sobre os Ávila Runa do Peru:

> Os mitos dos Ávila [Quechua da floresta equatoriana] levam o perspectivismo até um extremo lógico. Várias imagens míticas exploram o modo como o perspectivismo pode revelar momentos de alienação e de colapso da consciência de si. Isso fica evidente no mito a respeito dos demônios *juri juri* [*Aotus sp.*, o macaco-da-noite, um primata noturno de olhos esbugalhados]. Esse mito começa com um episódio em que dez caçadores escarnecem dos macacos que haviam caçado e são punidos pelo demônio *juri juri* por causa disso. O demônio come-lhes os olhos enquanto dormiam.[28]

Ou seja, uma perda radical de visão pune uma "cegueira" prévia diante da natureza perspectivista do respeito que se deve mostrar para com os animais. O autor registra ainda:

> Quando [os jaguares] encontram gente na floresta, diz-se que eles sempre fazem contato visual. [...] Devo também observar que uma das maneiras pelas quais as pessoas adquirem almas felinas é mediante a aplicação de um canino ou incisivo de jaguar, depois de mergulhá-lo em molho de pimenta, sobre o canal lacrimal. Os dentes de jaguar que se mostram intactos, isto é, que não desenvolveram pequenas fraturas reticulares, contêm as almas dos jaguares. As pessoas podem absorvê-las — com ajuda de pimenta ardida — através dos condutos oculares.[29]

Em outras palavras: *olho por dente, dente por olho.*[30] A respeito dos *edosikiana*, espíritos encontrados pelos Ese Eja da Bolívia, Miguel Alexiades escreve: "os *edosikiana* são invisíveis para todos, exceto os xamãs; quem vê um *edosikiana* é devorado por ele."[31] Curiosamente, aqui ver é ser visto e, consequentemente, ser devorado. Em outros casos,

---

28 Eduardo Kohn, *Natural Engagements and Ecological Aesthetics Among the Ávila Runa of Amazonian Ecuador*. Madison: University of Wisconsin, 2002, p. 133.
29 Ibid., p. 203.
30 A relação entre olhos e dentes do ponto de vista, entre outros, de sua separabilidade ou inseparabilidade do corpo, é objeto de comentários importantes em Claude Lévi-Strauss, *O homem nu*, trad. Beatriz Perrone-Moisés (São Paulo: Cosac Naify, 2011, pp. 37, 166-67, 192).
31 Miguel Alexiades, *Ethnobotany of the Ese Eja: Plants, Health, and Change in an Amazonian Society*. Nova York: CUNY, 1999, p. 194. Tese de Doutorado.

é preciso ver para não ser visto — o tema é frequente no folclore amazônico da caça.[32] Na verdade, o tema é pan-ameríndio, e se encontra na tradição popular de vários outros povos. Nas culturas circumpolares é, como se sabe, fundamental; mas também aparecia na Europa medieval:

> [U]m homem que encontra um lobo tem uma chance em duas de escapar: é preciso que veja o lobo primeiro. Este perde então sua agressividade e foge. Mas se o lobo perceber a presença do homem primeiro, este ficará paralisado e acabará sendo devorado; ainda que, num golpe de sorte, consiga escapar, permanecerá mudo até o fim de seus dias.[33]

Interessante permutação dos sentidos. Quem é visto primeiro, ao invés de ver, perde a fala... O importante aqui é lembrar que, no perspectivismo, há mais do que a vista alcança: há toda uma teoria do signo e da comunicação.

O infortúnio do caçador selvagem

Em sua tese, recentemente defendida no Museu Nacional, em que analisa a importância da ornamentação corporal na constituição da pessoa humana entre os Nambikwara do Brasil Central, Joana Miller cita uma explicação indígena para o perigo de uma pessoa perder seus ornamentos. Indagado quanto às razões desse medo, um jovem com alguma experiência de vida na cidade respondeu que seus enfeites

> eram como a carteira de identidade dos Brancos. Quando um Branco perde a sua carteira de identidade, a polícia o leva preso, argumentando que sem a identidade ele não é ninguém. O mesmo acontece quando os espíritos do mato roubam os enfeites dos Nambiquara. Eles os escondem dentro de buracos na floresta e, deste modo, o espírito (*yauptidu*) da pessoa fica preso no buraco. A pessoa fica doente, não reconhece mais os seus parentes. "Sem os seus enfeites, ela não é ninguém", concluiu.[34]

---

32 Inversamente, não ser capaz de ver (localizar e matar) o animal é um mal sobrenatural comum na Amazônia, o conhecido complexo do "panema".
33 Michael Pastoureau, *A vida cotidiana no tempo dos cavaleiros da Távola Redonda*, trad. Paulo Neves. São Paulo: Companhia das Letras; Círculo do Livro, 1989, p. 167.
34 Joana Miller, *As coisas: os enfeites corporais e noção de pessoa entre os Mamainde (Nambiquara)*. Rio de Janeiro: PPGAS/UFRJ, 2007, p. 17. Tese de doutorado.

"Não reconhecer mais os parentes" significa não mais ocupar a perspectiva humana; um dos sinais diagnósticos de metamorfose (e toda doença é metamorfose, especialmente quando causada por abdução de alma) não é tanto a mudança de aparência do eu na percepção dos outros, mas a mudança de percepção pelo eu da aparência dos outros, detectável por estes outros na mudança de comportamento do sujeito em questão. A pessoa doente perde a capacidade de ver os outros como coespecíficos, isto é, parentes, e começa a vê-los como o animal/espírito que lhe capturou a alma os vê — como bichos de presa, tipicamente. Esta é uma das razões pela qual pessoas doentes são perigosas.

Mas o ponto que mais me interessa nessa explicação é a relação entre adornos indígenas e a carteira de identidade, esse objeto fundamental no sistema de controle da população pelo Estado. Os colares e pulseiras nambikwara são "como" as carteiras de identidade dos brancos porque tal documento, os indígenas sagazmente perceberam, é "como" um ornamento — é um dispositivo de humanização. A pessoa que "perdeu" seus ornamentos, isto é, cujos enfeites foram roubados pelos espíritos, já não reconhece os parentes, ao passo que a pessoa que perdeu sua carteira de identidade já não é reconhecida pelo Estado, e pode assim ser "roubada" — presa — pela polícia, isto é, separada dos parentes.

Na verdade, portanto, a comparação crucial feita pelo jovem nambikwara era entre a polícia e os espíritos. Como os espíritos, a polícia está sempre à espreita da chance de transformar *alguém* em *ninguém*, para depois fazê-lo desaparecer. Isto nos aproxima do que me parece ser o contexto por excelência da experiência do medo na Amazônia indígena: o ingresso em um regime "sobrenatural". Emprego a expressão para designar a situação em que o sujeito de uma perspectiva, um "eu", é subitamente transformado em objeto na perspectiva de outrem. Esse outrem, independentemente de sua aparente identidade de espécie, revela sua natureza de espírito justamente ao assumir a perspectiva dominante, submetendo o humano à sua definição da realidade; uma realidade em que o humano, por definição, não é mais humano: é um anima, uma presa do espírito, que devora o ex-sujeito, em geral para redefini-lo como seu coespecífico (parceiro sexual, filho adotivo etc.).[35]

---

35 Poucos anos atrás, os Nambikwara forçaram a liberação de um de seus jovens, preso numa cidade vizinha. Em frente das câmeras de televisão, que registravam o espetáculo de um bando de "guerreiros" pintados cercando uma delegacia, os indígenas se mostraram ao mesmo tempo indignados e preocupados diante da declaração do rapaz,

Essa é a "guerra dos mundos" que constitui o pano de fundo agonístico da cosmopráxis indígena. O confronto típico ocorre no encontro, fora da aldeia, entre uma pessoa sozinha (um caçador, uma mulher pegando lenha etc.) e um ser que, à primeira vista, parece ser um animal ou uma pessoa, às vezes um parente (vivo ou morto) da pessoa. A entidade então interpela o humano: o animal, por exemplo, fala com o caçador, reclamando por ser tratado como presa; ou olha para o caçador de um modo "estranho", enquanto as flechas do caçador miraculosamente não o atingem; o pseudoparente convida a pessoa a segui-lo, ou a comer algo que traz consigo. A reação à iniciativa da entidade é decisiva. Se o humano aceitar o diálogo ou o convite, se responder à interpelação, estará perdido: será inevitavelmente subjugado pela subjetividade não humana e passará para o lado dela, transformando-se num ser da mesma espécie que o locutor. Quem quer que responda a um "tu" dito por um não humano aceita a condição de "segunda pessoa" do outro, e quando, por sua vez, assumir a posição de "eu", já o fará como não humano. A forma canônica de tais encontros consiste, portanto, em descobrir repentinamente que o outro é "humano", isto é, que *é o outro o humano*, o que automaticamente desumaniza e aliena o interlocutor. Sendo um contexto no qual um sujeito humano é capturado por outro ponto de vista, cosmologicamente dominante, no qual se torna o "tu" de uma perspectiva não humana, a Sobrenatureza é a forma do Outro como Sujeito, implicando a objetificação do "eu" humano como um "tu" desse Outro.[36]

Este, em suma, seria o verdadeiro sentido da inquietação ameríndia quanto ao que se esconde por detrás das aparências. As aparências

---

ao ser libertado, de que tinha sido bem alimentado e bem tratado na prisão. Retrucaram: "nós é que somos os seus parentes, você foi preso, mas nós viemos aqui para te soltar, teus irmãos estavam muito preocupados, olhe bem para nós, nós somos os teus parentes, não eles" (Joana Miller, *As coisas: os enfeites corporais e noção de pessoa entre os Mamainde (Nambiquara)*, op. cit., pp. 248-49). Afinal, todos sabem que quem aceita comida oferecida pelos mortos — em sonho, por exemplo — adoece e morre.

36 Uma manifestação dessa ideia pode ser vista na recomendação feita pelos Jivaro Achuar, estudados por Anne-Christine Taylor ("Des fantômes stupéfiants: langage et croyance dans la penseé achuar", *L'Homme*, v. XXXIII, n. 126-128, 1993, pp. 429-447), concernente ao método básico de se proteger no caso de encontrar um *iwianch* — fantasma ou espírito — na floresta. Deve-se dizer ao fantasma: "Eu também sou uma pessoa"... É preciso afirmar a própria perspectiva: quando alguém diz que é, também, uma pessoa, na verdade quer dizer que "ele" é um "eu", ou melhor, *o Eu*, e o outro não o é. "Eu também sou pessoa" quer dizer: eu sou a pessoa de verdade aqui. Não sei se Anne-Christine concordaria com essa minha interpretação. Em todo caso...

enganam porque não se pode jamais ter certeza de qual é o ponto de vista dominante, isto é, qual é o mundo em vigor quando se interage com o Outro.

Falei da "interpelação" letal do sujeito por um espírito. A alusão althusseriana é deliberada. Vejo nesses encontros sobrenaturais na floresta, em que o eu é capturado por um outrem e definido por este como "segunda pessoa", a protoexperiência indígena do Estado, ou seja, uma premonição da experiência propriamente fatal de se descobrir "cidadão" de um Estado (a morte e os impostos...). Num trabalho anterior, eu dizia que um problema constitutivo da modernidade ocidental, o solipsismo — a suposição de que o outro não passa de um corpo, que não abriga uma alma como a minha: a ausência de comunicação como horizonte angustiante do eu — tinha seu equivalente amazônico na obsessão (positiva ou negativa) com o canibalismo e a afirmação da transformabilidade latente dos corpos. Num cosmos impregnado de sujeitidades, a suposição-medo dominante é aquela de que o que se come serão sempre, em última análise, almas: excesso de comunicação, transparência perigosa do mundo.

Minha intenção, assim, é sugerir que o verdadeiro equivalente da "categoria indígena do sobrenatural" não são nossas experiências extraordinárias ou paranormais (abduções por alienígenas, percepção extrassensorial, mediunidade, premonição), mas sim a experiência quotidiana, totalmente aterrorizante em sua normalidade, de existir sob um Estado. O famoso *poster* do Tio Sam apontando o dedo para fora do cartaz, com os olhos cravados em quem quer que deixe seu olhar ser capturado pelo dele, parece-me o perfeito ícone do Estado: "Quero você!". Um indígena da Amazônia saberia imediatamente do que esse espírito maligno está falando; e fingindo não escutar, olharia para o outro lado.

Não sei como é a experiência da cidadania no Canadá ou no Japão, mas posso garantir que no Brasil atual não há quem não sinta uma ponta de medo ao ser parado pela polícia — rodoviária, por exemplo — e instado a apresentar seus "documentos" para inspeção. Talvez as "otoridades" e os grandes burgueses estejam isentos desse medo; mas estes não são pessoas, são funções e funcionários do Estado e/ou do Capital. Para o comum dos mortais, é diferente (e quanto mais comum, mais mortal). Mesmo que os documentos estejam perfeitamente em ordem, ainda que se seja completamente inocente (e quem é completamente inocente?), é impossível não sentir um frio na espinha — ou naquela parte do corpo assaz supracitada — ao se ver diante das Forças da Ordem.

Isto não decorre apenas do fato de a polícia brasileira ser quase invariavelmente corrupta e violenta, e de a inocência e a ficha limpa do cidadão não garantirem grande coisa, já que sentimos o mesmo medo (novamente, só posso falar de minha própria experiência e do ambiente que me é familiar) quando nosso passaporte é examinado pelo serviço de imigração de um país estrangeiro, quando cruzamos os detetores de metal de edifícios públicos pelo mundo afora, quando desembarcamos num não lugar absoluto como a ala internacional de um aeroporto, quando a moça do caixa verifica a autenticidade da nota com a qual pagamos as compras, quando nos vemos sob a mira de uma câmera de segurança etc. Claro, quase sempre escapamos, quase nunca algo acontece, ou mais precisamente, *algo sempre quase acontece*.[37] É exatamente assim que as subjetividades que povoam as florestas são tipicamente experimentadas pelos indígenas — elas geralmente são só quase vistas, a comunicação é quase estabelecida, o resultado é sempre uma quase morte. O quase evento é o modo padrão de existência do Sobrenatural. É preciso ter quase morrido para poder contar.

Mas o que é essa experiência de incerteza e desamparo que sentimos quando nos vemos diante de encarnações do Estado ou, no caso dos indígenas, de espíritos? Poderíamos começar estabelecendo que o Estado moderno é a ausência de parentesco; este é efetivamente seu princípio. Peter Gow observou que a onça, típico antagonista dos nativos da Amazônia nesses encontros sobrenaturais (quase) letais, é, para os Piro, "a antítese mesma do parentesco".[38] Os velhos dizem às crianças piro: "Nunca zombe do jaguar. Ele não é como nossas mães e pais, que ficam dizendo 'Cuidado! vou te bater, olha que eu te bato!' e nunca fazem nada. O jaguar não é assim, não. Esse aí simplesmente te mata."[39]

E cá estamos. Não é mera coincidência o fato de os grandes felinos serem símbolos imperiais virtualmente no mundo inteiro, incluindo a América indígena. E se o Jaguar-Estado é a antítese do parentesco, então o parentesco deve ser, de algum modo, a antítese do Estado. Como se sabe, mesmo onde os grupos e as redes de parentesco estão firmemente contidos pelo Estado, é justamente por essas redes que poderosas linhas

---

37 Tomei essa ideia decisiva de David Rodgers (*Foil: Indifference, Incompossibility and the Complexion of Ikpeng Shamanism*, MS., inédito, 2004).
38 Peter Gow, *An Amazonian Myth and its History*. Oxford: Oxford University Press, 2001, p. 106.
39 Ibid. e p. 110.

de fuga permitem escapar da sobrecodificação produzida pelo aparelho estatal, pondo este *a serviço* do parentesco. Em regiões onde, ao contrário, o parentesco é construído como uma máquina que impede a coagulação de um poder separado, como nas sociedades clastreanas da Amazônia, o parentesco é menos a expressão de uma filosofia molar "igualitária" do que de uma cosmologia perspectivista na qual a humanidade do sujeito está sempre molecularmente ameaçada, e na qual o desafio constante é capturar potências inumanas sem se deixar desumanizar definitivamente por elas. A questão é "como fazer parentes com outros", como diz Vilaça[40] — porque só outros podem ser feitos parentes; reciprocamente, é preciso devir-outro para fazer parentes. Se os Piro dizem que nunca se deve zombar do jaguar, mencionamos acima a observação de Clastres de que os mitos que provocam mais risadas entre os indígenas são em geral os que colocam o jaguar em situações especialmente ridículas. Por outro lado, o jaguar, antítese do parentesco, é ao mesmo tempo para os Piro o epítome da beleza — da beleza da alteridade e da alteridade da beleza. Para não ser comido pelo jaguar, é preciso saber como assumir o ponto de vista dele como ponto de vista de Si. Este é o cerne do problema: como se deixar investir pela alteridade sem que isto se torne um germe de transcendência, uma base de poder, um símbolo do Estado, ou seja, o símbolo de um símbolo.

O inimigo como imanência

Se essa recontextualização do conceito de Sobrenatureza for aceita pelo leitor, então muito do que tradicionalmente se enquadra sob essa rubrica deveria ser deixado de fora. "Espíritos" ou "almas", por exemplo, não pertencem, por si só, a essa categoria. Antes o contrário: tudo o que desempenha o papel de antagonista na guerra perspectivista dos mundos "vira" espírito ou alma. Em compensação, muito do que (para nós) normalmente não seria classificado como sobrenatural teria de ser assim redefinido. Tomemos o exemplo anterior da caça. Em certo sentido, a caça é o supremo contexto sobrenatural — tanto da perspectiva dos animais (quando o caçador é bem-sucedido) como dos humanos (quando

---

40 Aparecida Vilaça, "Making Kin Out of Others in Amazon", *Journal of the Royal Anthropological Institute*, v. 8, n. 2, 2002, pp. 347-365.

as coisas dão errado e o caçador vira caça). A guerra e o canibalismo são outros contextos que podem obviamente ser entendidos como "sobrenaturais". A analogia entre xamãs e guerreiros tem sido frequentemente ressaltada nas etnografias ameríndias. Os guerreiros são, para o mundo humano, o que os xamãs são para o universo mais amplo: comutadores e condutores de perspectivas. O xamanismo é, na verdade, a guerra em sentido amplo: isso nada tem a ver com matar propriamente (embora os xamãs muitas vezes ajam como guerreiros espirituais num sentido literal), mas antes com comutar perspectivas ontológicas: outro tipo de violência, uma "violência autopositivada", nas palavras de Rodgers.[41]

A guerra indígena pertence ao mesmo complexo cosmológico que o xamanismo, na medida em que envolve a incorporação do ponto de vista do inimigo, ou melhor, de um ponto inimigo de vista. Analogamente, a intenção por trás do exocanibalismo ritual na Amazônia é incorporar o aspecto-sujeito do inimigo, que é hipersubjetivado, e não xamanisticamente dessubjetivado, como no caso dos animais de caça. Sahlins escreveu que "o canibalismo é sempre 'simbólico', mesmo quando é 'real'";[42] reescrevo a fórmula: todo canibalismo é espiritual, especialmente quando é corporal.

A subjetivação dos inimigos humanos é um processo ritual complexo. Basta dizer aqui que ele supõe uma "identificação" complexa do matador com a vítima, precisamente do mesmo modo que os xamãs se tornam os animais cujos corpos obtêm para os demais membros do grupo. Os matadores tomam aspectos cruciais de suas identidades sociais e metafísicas da pessoa da vítima — nomes, almas suplementares, troféus, prerrogativas rituais — mas, para fazê-lo, precisam primeiro virar o inimigo. Um eloquente exemplo desse devir-inimigo pode ser encontrado nos cantos de guerra araweté, nos quais o matador repete palavras que lhe foram ensinadas pelo espírito da vítima durante a reclusão ritual que segue o ato de matar: o matador fala a partir do ponto de vista do inimigo, dizendo "eu" para falar do eu do inimigo e "ele" para se referir a si mesmo. Para tornar-se sujeito pleno — já que a morte de um inimigo é (era) pré-condição do *status* de homem adulto em grande parte das

---

41 David Rodgers, *Foil...*, op. cit.
42 Marshall Sahlins, "Raw Women, Cooked Men, and Other 'Great Things' of the Fiji Islands", in Paula Brown e Donald Tuzin (orgs.), *The Ethnography of Cannibalism*.Washington, DC: Society for Psychological Anthropology, 1983, p. 88.

sociedades ameríndias — o matador tem de apreender o inimigo "de dentro", isto é, como sujeito. A analogia com a teoria perspectivista discutida acima, segundo a qual subjetividades não humanas veem humanos como não humanos e vice-versa, é óbvia. O matador deve ser capaz de ver a si mesmo como o inimigo o vê — como inimigo, precisamente — para tornar-se "ele mesmo" ou, antes, um "eu mesmo".

A manifestação prototípica do Outro na tradição filosófica ocidental é o Amigo. O amigo é um outro, mas outro enquanto "momento" do eu. Se o eu encontra sua determinação política essencial na condição da amizade, é apenas na medida em que o amigo, na bem conhecida definição aristotélica, é um outro eu. O eu já lá está de saída, na origem, e como origem. O amigo é a condição de alteridade retroprojetada sob a forma condicionada do sujeito. Como observou Francis Wolff, "a definição aristotélica supõe uma teoria segundo a qual toda relação com o Outro, e, portanto, todo modo de amizade, baseia-se na relação do homem consigo mesmo".[43] O nexo social pressupõe relação a si como origem e modelo. A conexão com as ideias modernas sobre a propriedade é evidente. Como diz Marilyn Strathern, citando outra pessoa que cita ainda outra fonte:

> Davis e Naffine [...] citam, por exemplo, a observação de que a propriedade ocidental está baseada na posse de si como direito de propriedade primordial, que fundamenta todos os outros. O axioma vale quer o indivíduo proprietário de si esteja dado no mundo (cujo proprietário é, em última instância, Deus – Locke), quer tenha de fabricar essa condição a partir dele (por esforço próprio – Hegel).[44]

Contudo, o Amigo não fundamenta apenas uma "antropologia". Dadas as condições históricas de constituição da filosofia grega, o Amigo emerge intrinsecamente implicado numa certa relação com a verdade. O Amigo é a condição de possibilidade para o pensamento em geral, uma "presença intrínseca ao pensamento, [...] uma categoria viva, um

---

43 Francis Wolff, *L'être, l'homme et le disciple. Figures philosophiques empruntées aux Anciens*. Paris: PUF, 2000, p. 169.
44 Marilyn Strathern, "Divided Origins and the Arithmetic of Ownership", in Bill Maurer e Gabriele Schwab (orgs.), *Accelerating Possession: Global Futures of Property and Personhood*. New York: Columbia University Press, 2006, p. 167, nota 51.

vivido transcendental".⁴⁵ A filosofia requer o Amigo, a *philia* é a relação constitutiva do conhecimento. Muito bem. O problema, do ponto de vista do pensamento ameríndio — ou antes, do ponto de vista de nosso entendimento desse pensamento outro — é o seguinte: como será o mundo em que é o inimigo, e não o amigo, que funciona como condição transcendental vivida? Era esta, afinal, a verdadeira pergunta por trás do tema do perspectivismo: se o conceito de "perspectivismo" não é senão a ideia do Outro como tal, como será viver num mundo constituído pelo ponto de vista do inimigo? Um mundo em que a inimizade não é mero complemento privativo da "amizade", mera facticidade negativa, e sim uma estrutura de pensamento *de jure*, uma positividade de pleno direito? E que regime de verdade pode, enfim, prosperar em um mundo onde a distância conecta e a diferença relaciona?

Há outra encarnação importante do Outro em nossa tradição intelectual além do Amigo. Ela é consubstancial a um personagem especial, especialíssimo aliás: Deus. Deus é o nome próprio do Outro em nossa tradição (interessantemente, "o Outro" — "o Inimigo" — é um dos eufemismos para o diabo; isto diz muito sobre como a alteridade é concebida por nós). Deus é o Grande Outro, o ser que é, ao mesmo tempo, aquele que garante a absoluta realidade da realidade (o Dado) contra o solipsismo da consciência, e o Grande Eu, que garante a relativa inteligibilidade do que é percebido (o Construído) pelo sujeito. O principal papel de Deus, no que concerne ao destino do pensamento ocidental, foi o de estabelecer o divisor fundamental entre o Dado e o Construído, já que, como Criador, ele é a origem desse divisor, isto é, seu ponto de indiferenciação. Creio que é aí que nasce o verdadeiro temor de Deus — filosoficamente falando, bem entendido.

É verdade que Deus não mais se destaca no palco da história (dizem que anda preparando uma volta triunfal). Mas antes de morrer, tomou duas providências essenciais: migrou para o santuário íntimo de cada indivíduo como a forma intensiva, inteligível, do Sujeito (a lei moral de Kant) e exteriorizou-se como Objeto, isto é, como a extensão infinita do campo da Natureza (o céu estrelado do mesmo Kant). Cultura e Natureza, em suma, os dois mundos em que se dividiu a Sobrenatureza como alteridade originária.

---

45 Gilles Deleuze e Félix Guattari, *O que é a filosofia?*, trad. Bento Prado Jr. e Alberto Alonso Muñoz. São Paulo: Ed. 34, 1992, p. 11.

Para concluir. Qual é o regime de verdade próprio de um mundo radicalmente não monoteísta como os mundos ameríndios? Qual é a forma do Grande Outro em um mundo avesso a qualquer teologia da criação? Não me refiro a um mundo criado pela retirada do Criador, tal como nosso mundo moderno, mas a um mundo absolutamente incriado, um mundo sem divindade transcendente. Minha resposta a estas difíceis perguntas, dado o espaço que me resta, será misericordiosamente breve; apenas repetirei o cerne de tudo o que disse até agora: o mundo de humanidade imanente é também um mundo de divindade imanente, em que a divindade está distribuída na forma de uma potencial infinidade de sujeitos não humanos. Trata-se de um mundo percorrido por hordas de minúsculos deuses; um "miriateísmo", para usar o termo cunhado pelo microssociólogo Gabriel Tarde, o pior inimigo — justamente — de Durkheim. É esse o mundo que tem sido chamado de animista, ou seja, para usar os termos de nossa tradição inanimista, um mundo em que o objeto é um caso particular do sujeito, em que todo objeto é um sujeito em potência. O *cogito* indígena, em vez da fórmula solipsista "penso, logo existo", deve ser articulado em termos animistas como "isso existe, portanto pensa". Mas onde, ainda por cima, o Eu é um caso particular do Outro, esse "animismo" deve necessariamente adotar a forma de um — com o perdão do trocadilho — "inimismo": um animismo alterado pela alteridade, uma alteridade que se torna animada na medida em que é pensada como interioridade inimiga: um Eu que é radicalmente Outro. Daí o perigo, e o brilho, desses mundos.

12 |
Nenhum povo é uma ilha

> *E aquilo que nesse momento se revelará aos povos*
> *Surpreenderá a todos, não por ser exótico*
> *Mas pelo fato de poder ter sempre estado oculto*
> *Quando terá sido o óbvio*
>
> Caetano Veloso

Alguns meses atrás, os Sentineleses, habitantes da ilha epônima (North Sentinel Island) do arquipélago de Andaman e Nicobar, mataram um missionário estadunidense disfarçado de turista que tentava forçar contato com eles. Esse ato de autodefesa trouxe para as manchetes mundiais a atualidade de uma questão que diz respeito à ideia mesma de "atualidade": qual o futuro dos povos ditos primitivos — em outras palavras, supostamente *inatuais* — que vivem isolados em lugares de difícil acesso, rejeitando enquanto podem qualquer comunicação com outros povos?

Segundo a organização Survival International, a Amazônia brasileira é a região do planeta com maior número de comunidades nativas classificadas como isoladas. No Brasil de hoje, como nos demais países da região amazônica, assiste-se a uma proliferação crescente de relatos e imagens que dão notícia de povos indígenas em situação semelhante à dos Sentineleses. A Fundação Nacional do Índio conta 114 registros, 28 deles já confirmados; a maioria se concentra nas regiões de fronteira com outros países amazônicos.[1] Praticamente todos estes povos se

---

[1] Dados de dezembro de 2017. Destes 114 registros, 60 foram classificados como "informações" (49,6%), 26 referências "em estudo" (21,5%) e 28 referências "confirmadas" (23,1%). Ver Antonio Oviedo, "Os povos indígenas isolados e as obras de infraestrutura que ameaçam seus territórios", na página do Instituto Socioambiental. (As referências aos textos disponíveis na internet estão na Bibliografia geral, no final deste volume). Como observa Fiona Watson, diretora de pesquisa da Survival International, uma década atrás se dizia no Brasil que havia apenas dez a quinze grupos isolados (ver Talita Bedinelli e Lola Hierro, "As 100 últimas comunidades felizes do mundo", *El País/Internacional*, 30/12/2018). Para a situação em outros quatro países com parte de seu território na Amazônia (Bolívia, Colômbia, Equador, Peru, Suriname), ver: Organización del Tratado de Cooperación Amazónica — OTCA, *Marco estratégico para la protección de los pueblos indígenas en aislamiento voluntario y contacto inicial: compendio de las actividades realizadas en la fase I (2011-214) y la fase II (2016-2018)*. Brasília: OTCA, 2018.

encontram no que se chama oficialmente de "isolamento voluntário": longe de ignorarem a existência de outras sociedades, eles recusam qualquer interação substancial com elas, especialmente com os "Brancos", palavra usada por indígenas e brancos, no Brasil, para designar os representantes, diretos ou indiretos, desse Estado-nação que exerce soberania sobre os territórios indígenas.[2]

O isolamento dos Sentineleses em sua ilha[3] pode ser visto como um modelo reduzido de um outro conjunto de ilhas, muito longe do Oceano Índico; um arquipélago não mais geográfico, mas antropológico, formado por ilhas humanas. Imagine assim o leitor a América pré-colombiana como um imenso, diverso e complexo continente multiétnico que foi subitamente invadido pelo oceano europeu. A expansão moderna da Europa seria o análogo, em termos de história das civilizações, da subida do nível dos oceanos que nos ameaça hoje.[4] Após cinco séculos de submersão sempre crescente do antigo continente antropológico, apenas algumas ilhas de humanidade aborígene permanecem acima da superfície. Esses povos sobreviventes passaram a formar uma verdadeira polinésia, no sentido etimológico do termo: uma poeira de ilhas étnicas dispersas, separadas umas das outras por enormes extensões de um oceano bastante homogêneo em sua composição política, econômica e cultural (Estado nacional, capitalismo e cristianismo). Todas essas ilhas sofreram violentos processos de erosão ao longo dos séculos, perdendo muitas das condições propícias a uma vida cultural plena.

E eis que todas as ilhas continuam a diminuir, pois o nível do mar está subindo cada vez mais rapidamente... Na Amazônia, onde o oceano "branco" ainda permanecia comparativamente pouco profundo, assistimos hoje a um tsunami devastador. Mesmo as raras ilhas de grandes dimensões — o conjunto de terras indígenas do Rio Negro, a T.I.

---

2 "Branco", categoria etnopolítica muito mais que racial ou pigmentar (ainda que sua motivação histórica seja óbvia), traduz as muitas palavras das mais de 250 línguas ameríndias faladas em território brasileiro que se referem a todas aquelas pessoas e instituições que não são indígenas. Essas palavras têm vários significados descritivos, mas um dos mais comuns é "*inimigo*". Neste caso, quando elas são empregadas sem determinativos, designam o inimigo por excelência, o Branco (por exemplo, *napë* em yanomami, *kuben* em kayapó, *awin* em araweté).

3 Recordemos que o verbo "isolar" e seus derivados vêm do francês "*isoler*", que significa "tomar a forma de uma ilha", do latim *insula*.

4 Essa comparação é um pouco mais que meramente pitoresca, visto que as relações entre a expansão europeia a partir do século XVI, o desenvolvimento do capitalismo e o aquecimento global do Antropoceno são bem conhecidas.

Yanomami, a T.I. do Vale do Javari, o Parque Indígena do Xingu — estão sob ameaça de inundação.

A imagem do arquipélago sugere que *todos* os povos indígenas da América deveriam ser considerados "isolados". Isolados uns dos outros, bem entendido; mas também isolados ou separados de si mesmos, na medida em que a imensa maioria deles perdeu sua autonomia política e teve os fundamentos cosmológicos de sua economia severamente abalados. Esses povos se encontram, portanto, em uma situação de "isolamento involuntário", mesmo lá, o que está longe de ser excepcional, onde seu contato inicial com os Brancos foi mais ou menos voluntário. Pois foi a ocupação estrangeira e o despovoamento da América indígena que criou o arquipélago: pela abertura de vastos desertos demográficos (epidemias, massacres, escravização), que esgarçaram até um quase completo rompimento as redes interétnicas preexistentes, isolando seus componentes; e pelo sequestro dos múltiplos nós destas redes e seu confinamento em aldeias missionárias, mais tarde em territórios "protegidos", isto é, cercados e acossados por Brancos de todos os lados. A invasão europeia interrompeu, assim, uma dinâmica indígena altamente relativista — caracterizada pela permeabilidade "cromática" e a labilidade das identidades coletivas —, congelando estados historicamente contingentes do fluxo sociopolítico continental mediante a fixação territorial e a essencialização etnonímica dos coletivos sobreviventes, transformados, doravante — do ponto de vista dos Estados invasores —, em entidades de uma ontologia administrativa rigidamente "diatônica".

Os povos em isolamento voluntário são aqueles que escolheram, tanto quanto a história o permitiu, o isolamento objetivo antes que o isolamento subjetivo, que é o afastamento em relação a si mesmo criado pelo contato e a consequente necessidade de compor politicamente com uma outra forma de civilização, organizada segundo princípios incompatíveis com os que regem as civilizações nativas. Isso dito, o caráter *voluntário* do isolamento pouco tem de *espontâneo*. Como ressalva o documento da Organização do Tratado de Cooperação Amazônica sobre o assunto, "[É] óbvio que, na grande maioria dos casos, não se trata de um isolamento realmente 'voluntário', considerando-se a extrema vulnerabilidade destas populações cercadas por exploradores de recursos naturais, o que faz de seu 'isolamento voluntário' uma estratégia de sobrevivência".[5]

---

5   Organización del Tratado de Cooperación Amazónica – OTCA, *Marco estratégico...*, op. cit., p. 15.

Reciprocamente, como já mencionei, os grupos que entraram em contato com o mundo dos brancos muitas vezes o fizeram por iniciativa própria, movidos seja pelo desejo de obtenção de ferramentas e outras mercadorias, seja pela necessidade de se proteger de ataques inimigos, seja, mais geralmente, por um característico impulso "antropofágico" de captura simbólica da alteridade — impulso que visa, ao mesmo tempo, uma transformação de si mesmo por via dessa alteridade (pois ela é incorporada *como tal*). Gerir e controlar tal transformação, quando a alteridade que se pretendia capturar se revela dotada de formidáveis poderes de contracaptura de toda uma outra natureza (pois que poderes de abolição da alteridade), este é o problema em que se joga o futuro dos povos nativos do continente. Que ele é um problema complexo, e, em poucas palavras, perigoso, nada o demonstra melhor que a sempre iminente possibilidade de sobredeterminação do impulso original de captura da alteridade pelos poderes assimétricos de contracaptura identificatória. Isto é algo que se pode testemunhar, por exemplo, entre os Waiwai da região das Guianas, os quais, depois de convertidos por missionários protestantes estadunidense, passaram a empreender expedições de catequese em busca de grupos em isolamento voluntário, redefinindo-se e refundando-se como povo a partir da conversão desses grupos.[6]

∽

Com o assalto do capitalismo predatório às áreas mais remotas da Amazônia (e alhures no planeta), os registros de "novos" povos seguem aumentando. Essa crescente aparição de grupos isolados — com sua consequente e sempre traumática ruptura do isolamento, chamada algo eufemisticamente de "contato"[7] — deve-se à intensa pressão que governos nacionais e empresas transnacionais vêm exercendo sobre seus territórios, sob a forma de megaobras de infraestrutura (que estimulam a

---

[6] Katherine Howard, *Wrought Identities: The Waiwai Expeditions in Search of the "Unseen" Tribes* (Chicago, University of Chicago, 2001. Tese de doutorado); Marc Brightman e Vanessa Elisa Grotti, "Indigenous Networks and Evangelical Frontiers: Problems with Governance and Ethics in Cases of 'Voluntary Isolation' in Contemporary Amazonia" (in Victoria Reyes-García e Aili Pyhälä [orgs.], *Hunter-Gatherers in a Changing World*. Cham: Springer Cham, 2016, pp. 177-193).

[7] O vocabulário oficial mais usado outrora, mas ainda corrente na linguagem cotidiana, era o da "atração" e "pacificação" de índios "arredios".

grilagem de terras, a pecuária extensiva e a monocultura industrial, a extração ilegal de madeira) e de grandes empreendimentos extrativistas (petróleo e mineração). A presente década marca o que parece ser o fechamento do cerco aos povos indígenas da maior floresta tropical do mundo, agora transformada na "última fronteira" da acumulação primitiva do capital e em *hot spot* da devastação ambiental. Tanto mais que, após um relativamente longo período em que as políticas indigenistas de diversos países amazônicos — em contradição com outras políticas públicas desses mesmos países — orientaram-se pelo respeito aos grupos em isolamento voluntário, as ameaças a todos os povos indígenas (isolados ou não) criadas pelo "desenvolvimento" estão agora sendo consolidadas em iniciativas estatais abertamente etnocidas. Este é o caso especialmente do Brasil, onde o governo de ultradireita que acaba de assumir o poder[8] não perdeu tempo em iniciar o desmonte da máquina legislativa e administrativa voltada para a proteção do ambiente e a defesa das populações tradicionais, anulando, entre outras violações dos direitos destas populações, a política de não contato dos povos isolados (acompanhamento à distância, demarcação de territórios protegidos), em vigor desde 1987. O novo governo está inteiramente (esse advérbio o distingue dos governos anteriores) a serviço dos interesses do grande capital financeiro, extrativista e agroindustrial, de um lado, e do forte *lobby* evangélico fundamentalista, de outro; juntos, esses interesses — o do neoliberalismo econômico e o do obscurantismo ideológico — controlam o parlamento e ocupam cargos-chave no poder executivo. O grande capital cobiça as terras indígenas, visando a expansão do extrativismo minerário e do agronegócio, em um contexto de privatização crescente das terras públicas. O *lobby* evangélico cobiça as almas indígenas, visando a destruição da relação de imanência entre humanos e não humanos, povo e território — imanência que constitui as formas de vida indígenas —, de modo a universalizar a figura heteronômica de um cidadão-consumidor "brasileiro", dócil ao Estado e subserviente ao capital. Esse colonialismo espiritual é acessório ao processo de expropriação territorial, mas é sobretudo uma arma estratégica da guerra movida pelo Estado a toda *forma livre* de vida.

Dito isto, o propósito da presente nota não é simplesmente o de denunciar uma situação bem conhecida. O que me levou a escrevê-la foi

---

8   Estávamos em março de 2019.

uma pergunta: os povos isolados da Amazônia estariam destinados a desaparecer como tais, transformando-se em outras tantas ilhas indígenas em "isolamento involuntário", ou pior, a submergirem de vez no oceano tóxico do progresso, dissolvendo-se na massa dos Brancos de última categoria, os habitantes (de pele muito pouco branca) das periferias das cidades amazônicas ou do sul do país? Ou permanecerão eles sob a forma de povos, por assim dizer virtuais, como uma reserva espectral rondando permanentemente o espírito dos povos indígenas e de seus descendentes dispersos na população nacional, como uma sorte de "memória involuntária" que recorda a estes povos que eles continuam indígenas — que eles nunca deixaram de sê-lo, e que por isso sempre podem voltar a sê-lo?

~

Haveria toda uma tipologia a fazer das diferentes trajetórias históricas cobertas pela noção político-administrativa de "isolamento". Assim como a noção antônima de "contato", ela designa uma condição que, além de obviamente relacional, é eminentemente relativa, distribuindo-se em um *continuum* que vai de uma zona imaginária ocupada pelos povos absolutamente desconhecidos — isto é, epistemicamente inexistentes — até aquela onde estão os povos classificados como "de contato inicial". O adjetivo "inicial" não se refere exclusivamente ao tempo de contato, mas também à sua intensidade.[9] O termo "isolamento" marca, sobretudo, a ausência de subordinação direta ao aparelho administrativo do Estado: alguns povos ou comunidades definidos como isolados do ponto de vista das agências oficiais mantêm relações variadas, mais ou menos esporádicas, com coletivos já contactados e administrados.[10] É improvável que

---

9   Segundo a definição da Funai, os povos indígenas isolados são aqueles "com ausência de relações permanentes com as sociedades nacionais *ou* com pouca frequência de interação, seja com não índios, seja com outros povos indígenas". (Ver o site do Ministério dos Povos Indígenas › Atuação › Povos indígenas isolados e recentes › Povos isolados) Para a América do Sul em geral, ver OEA-CIDH, *Pueblos indígenas en aislamiento voluntario y contacto inicial en las Américas: Recomendaciones para el pleno respeto a sus derechos humanos*. Washington D.C.: Inter-American Commission on Human Rights; Rapporteurship on the Rights of Indigenous Peoples; OEA, 2013; e Organización del Tratado de Cooperación Amazónica — OTCA, *Marco estratégico...*, op. cit.

10 Por exemplo, os Hi-Merimã do Purus com seus congêneres Jamamadi e Banawá (Karen

algum dos grupos em isolamento voluntário pratique uma língua e uma cultura desconhecidas da literatura etnológica. Em todos os casos sobre os quais se têm maiores informações, os coletivos isolados são grupos locais, segmentos morfológicos (clãs etc.) ou variantes subculturais dentro de um conjunto — uma rede multicomunitária, um bloco etnolinguístico — cujos demais componentes se acham em diferentes momentos e situações de contato com as sociedades nacionais.

Há ainda a situação extrema daqueles que poderíamos chamar grupos perdidos ou náufragos, sobreviventes de operações de limpeza étnica, em geral reduzidos a um punhado de indivíduos. Em certos casos, trata-se de grupos familiares em fuga de hostilidades (da parte de outros indígenas ou de brancos) que tomaram direção diversa do grosso de seu grupo, o qual veio a ser, mais tarde, oficialmente contactado, enquanto a fração extraviada permaneceu em isolamento por muito mais tempo, por vezes até hoje.[11] Um dos exemplos mais dramáticos de povos inteiros reduzidos a alguns membros é o do "índio do buraco" da Terra Indígena Tanaru, em Rondônia. Sobrevivente, ao que tudo indica único, do massacre de um grupo desconhecido levado a cabo por fazendeiros e grileiros, no final dos anos 1970, ele recusa até hoje qualquer comunicação com as equipes da Funai, perambulando solitário por uma área de cerca de oito mil hectares; como abrigo, utiliza pequenas choças de palha cujo solo ele escava, formando assim uma sorte de toca.[12] Deleuze e Guattari observavam que "o extermínio de uma minoria faz nascer ainda uma

---

Shiratori, *O olhar envenenado: da metafísica vegetal jamamadi (médio Purus, AM)*. Rio de Janeiro: PPGAS-MN/UFRJ, 2018. Tese de doutorado); Miguel Aparício, *A relação banawá. Socialidade e transformação nos Arawá do Purus*. (Rio de Janeiro: PPGAS-MN/UFRJ, 2018. Tese de doutorado); ou os Moxi hatëtëma thepe com outras comunidades do conjunto Yanomami (Bruce Albert e Marcos Wesley de Oliveira, "Novos 'isolados' ou antigos resistentes?", in Instituto Socioambiental [org.], *Povos indígenas do Brasil 2006-2010*. São Paulo: ISA, 2011, pp. 279-283).

11 Ver Eduardo Viveiros de Castro, Camilla de Caux e Guilherme Orlandini Heurich, *Araweté: um povo tupi da Amazônia*, 3ª ed. São Paulo: Edições SESC-SP, 2017, pp. 35-36, para o caso de uma família araweté encontrada doze anos depois do contato oficial desse povo.

12 Sobre este indivíduo, monitorado pela Funai, ver Ana Carolina A. Vilela, "Índio isolado da T.I. Tanaru: o sobrevivente que a Funai acompanha há 22 anos", *Ministério dos Povos Indígenas/Funai*, 18/07/2018. Um caso análogo é o dos Piripkura, subgrupo de um conjunto Kawahiva isolado, no estado de Mato Grosso. Os Piripkura fizeram contato no final dos anos 1980 e depois retornaram à floresta. Três indivíduos foram reencontrados: uma mulher refugiada de um massacre, descoberta em 1984 como escrava em uma fazenda; e dois homens, que saíram da floresta em 1998, em um posto da Funai, e depois voltaram a se internar nela.

minoria dessa minoria";[13] aqui temos o caso-limite de uma minoria de um homem só, tornado representante à sua revelia de um coletivo ausente, testemunho elusivo de um "povo que falta".[14] Como veremos, mesmo minorias literalmente exterminadas, povos historicamente extintos, (re)criam suas minorias.

As trajetórias que ligam as condições relativas de "isolamento" e "contato" são assim múltiplas; elas são também reversíveis. Há grupos que, depois de anos de interação (forçada ou voluntária) com missionários e patrões regionais, buscam refúgio em áreas livres de Brancos. Alguns "desaparecem" por séculos, para reaparecerem subitamente. Este foi o caso muito noticiado dos Mashco-Piro, recém-surgidos na fronteira Brasil-Peru. Os registros da existência desse grupo e de suas relações intensas com os Brancos e outros povos indígenas remontam a 1686.[15] Os Mashco são parentes próximos dos Yine, isto é, dos Piro (Peru) e dos Manxineru (Brasil), dois povos aruaque em contato antigo e permanente. Os Manxineru os classificam como "parentes desconfiados", em uma expressão eloquente da tensão entre proximidade e distância que marca a relação entre os Yine, há muito estabelecidos, e esses "Yine" isolados.[16] Os Mashco parecem ter abandonado a horticultura em algum momento do século passado, passando a nomadizar sobre territórios de ocupação indígena antiga.[17] A estratégia do nomadismo e da conversão a uma economia de caça e coleta é relativamente comum nos casos de isolamento voluntário, e é frequentemente interpretada pelos grupos congêneres com longo contato como se os isolados fossem a imagem

---

13 Gilles Deleuze e Félix Guattari, *Mil platôs: capitalismo e esquizofrenia*, vol. 5, trad. Peter Pál Pelbart e Janice Caiafa. São Paulo: Ed. 34, 1997, p. 175.
14 Em outro sentido, é claro, que aquele em que pensavam os autores de *O que é a filosofia?* Ou talvez não; talvez seja o mesmo sentido.
15 Peter Gow, "'Me deixa em paz!' Um relato etnográfico preliminar sobre o isolamento voluntário dos Mashco", *Revista de Antropologia*, v. 54, n. 1, 2011, pp. 11-46.
16 Lucas Manxineru, "Yine Manxinerune Hosha Hajene e a territorialidade criada na Terra Indígena Mamoadate: o poder das memórias", *Seminário internacional "Povos indígenas em isolamento voluntário: repensando as abordagens antropológicas"*. Rio de Janeiro, Universidade Federal do Rio de Janeiro, 2018.
17 "Apenas florestas secundárias antigas contêm uma vegetação suficientemente apropriada para sustentar caçadores e coletores. Todos os relatos localizam os Mashco em tais áreas de floresta de regeneração de roças antigas, seja no Manu (suas roças ancestrais), seja em Purus e Piedras, antigas roças dos Piro e mais tarde de povos Pano, e dos Iñapari e Amahuaca, respectivamente" (Peter Gow, "'Me deixa em paz!'...", op. cit., p. 37).

"selvagem" ou "primitiva" deles mesmos.[18] Em sua enganosa trivialidade — como se ela fosse mera introjeção da antropologia evolucionista dos Brancos —, essa interpretação me parece decisiva para entendermos a persistência estrutural da figura do "grupo isolado" na antropologia contracolonial indígena. A imagem dos índios voluntariamente isolados é de fato a imagem "inconsciente" — e ambivalente — que os povos indígenas têm de si mesmos *enquanto indígenas*. Enquanto indígenas, quer dizer: enquanto inimigos dos Brancos.[19]

⁌

Embora a dinâmica de devastação da Amazônia nos obrigue a concluir que não está longe o momento em que não restará objetivamente nenhum povo isolado ou desconhecido, há um sentido em que se pode dizer que esses povos nunca acabarão de acabar. Eles estarão sempre a rondar as zonas ermas dos territórios — geográficos e/ou existenciais — dos povos em interação formal com as instituições brancas.

Tudo se passa como se cada povo, no momento de sua "pacificação" pelos Brancos — ou melhor, de sua pacificação dos Brancos[20] —, gerasse um duplo de si mesmo que se furta ao contato. Sabemos como são recorrentes, nas histórias de "atração e pacificação" de grupos indígenas, as referências à existência de "índios bravos" nas proximidades. Esses duplos recalcitrantes podem vir a ser contactados mais tarde, mas sua presença como isolados, isto é, como presentes sob a forma de uma ausência — uma existência sugerida em negativo por vestígios, pegadas, ruídos, sombras fugidias —, só parece desaparecer sob condição de reaparecer mais adiante. A "saída" de um povo isolado induz a *presença oculta* de outro povo isolado.[21] Para cada povo que entra em contato,

---

18 Assim os Piro concebem os Mashco (Ibid. pp. 11-46); ver também Peter Gow, *Of Mixed Blood: Kinship and History in Peruvian Amazonia* (Oxford: Clarendon Press, 1991), para a autoetnologia Piro). Assim também os Yanomami a jusante na bacia do Orinoco concebem os Yanomami a montante (José Antonio Kelly, *State Healthcare and Yanomami Transformations. A Symmetrical Ethnography*. Tucson: The University of Arizona Press, 2011).
19 Ver nota 2 *supra*.
20 Bruce Albert e Alcida Rita Ramos (orgs.), *Pacificando o branco: cosmologias do contato do norte-amazônico*. São Paulo: Editora da UNESP; Imprensa Oficial do Estado, 2002.
21 É comum falar-se do contato inicial com um grupo isolado como sendo o resultado de

surge um povo isolado que é como uma retroprojeção do primeiro, ligeiramente defasada no tempo, defasagem que vai aumentando à medida que o grupo contactado adota novos hábitos e técnicas, e que os isolados eventualmente se esvanecem como realidade empírica, "involuindo" para uma existência fantasmática.

Como já observamos, frequentemente o grupo isolado é uma parte recalcitrante ou extraviada do grupo que cedeu às tentativas de contato ou que o buscou ativamente. Dadas as características morfológicas das socialidades amazônicas — e suas trajetórias históricas dentro de um continente sob ocupação —, há sempre uma *parte à parte* de todo coletivo. Tanto quanto o adjetivo "isolado", o substantivo "povo", na Amazônia indígena, também deve ser tomado em sentido relativo e relacional — pelo menos até que o *nomos* estatal chegue para fixar identidades e cercar territórios. Uma comunidade indígena cujo contato foi feito em uma dada operação indigenista de "atração" raramente coincide com toda a população do povo a que pertence (em qualquer escala ou perspectiva que se tome este termo), exceto se este já sofreu perdas demográficas importantes. A dispersão espacial, instabilidade temporal e fracionalidade política dos coletivos indígenas faz com que os grupos locais tenham uma labilidade capaz de inibir movimentos unânimes e solidariedades de tipo tribal — pelo menos enquanto o *nomos* estatal não suscitar a emergência de movimentos federativos indígenas, como vem ocorrendo em escala crescente nas últimas décadas. Por outro lado, a heterogeneidade interna de uma rede intercomunitária, do ponto de vista da intensidade de interação com os Brancos, é frequentemente uma característica funcional adaptativa dos coletivos amazônicos, que se beneficiam, assim, de uma sorte de "divisão do trabalho de contato", assegurando a resiliência da rede.[22]

Mesmo quando todo um povo foi "pacificado" e seu território completamente ilhado pelo oceano branco, restando pouca ou nenhuma possibilidade de que existam grupos sem contato nas redondezas, os

---

uma "saída" desse grupo. A expressão, que evoca a exteriorização de um elemento até então invisível, por estar "dentro" de um meio opaco, está associada ao caso frequente em que o grupo deixa as matas interfluviais, ou as áreas nas cabeceiras de uma rede hidrográfica, e se mostra nas margens de um rio maior, percorrido pelos brancos.

[22] Ver a análise do "espaço político convencional" e o conceito do "virar Branco" dos Yanomami, por José Antonio Kelly, *State Healthcare*, op. cit. e *About anti-mestizaje* (Curitiba: Species — Núcleo de Antropologia Especulativa; Desterro (Florianópolis): Cultura e Barbárie, 2016).

povos isolados permanecem objeto de uma espécie de presunção de existência, de estatuto epistemológico variável, por parte dos povos contactados. Índices materiais de uma presença não familiar nos arredores da aldeia; ilusões e alucinações perceptivas; experiências oníricas; testemunhos xamânicos; anedotas e lendas da "pequena tradição" aldeã; expedições de exploração das partes mais remotas da área indígena... toda a sorte de materiais vêm sustentar, cumulativamente ou alternativamente, a persistência discursiva dessa figura do povo isolado, hostil ("índios bravos") ou tímido ("parentes desconfiados"), cuja nitidez de contornos vai desde a experiência, cada vez mais rara, de interação face a face com um grupo humano desconhecido até a inclusão dessa alteridade estrangeira nos anais da xenologia folclórica (índios-morcegos, índios-jaguares etc.) ou da demonologia canibal.

~

Um exemplo eloquente da persistência dos isolados na etno-antropologia ameríndia é o dos Yawalapíti-kumã, fração dissidente dos Yawalapíti, um dos povos de língua aruaque do sistema alto-xinguano.[23] Os Yawalapíti-kumã se separaram de seus parentes em tempos bastante remotos — ali onde a memória genealógica dos Yawalapíti e as lendas de fundação da sociedade pan-xinguana se encontram —, mudando-se para uma região ao sul do atual Parque Indígena do Xingu (PIX), no alto rio Culuene. Eles eram referidos como um "grupo isolado" ainda nos anos 1970 pelos irmãos Villas Bôas, com base em informações dos povos do PIX, e aparecem listados entre os falantes da variante xinguana do aruaque em tratados de linguística ameríndia.[24] São dados por "extintos"

---

23 Os Yawalapíti-kumã são mais conhecidos na literatura como "Agavotoqueng", do caribe (Kalapalo) Agahütü kuégü. *Agahütü* e *Yawalapíti* são os nomes, respectivamente em caribe e aruaque, de uma antiga aldeia (povo) situada em local com muitas palmeiras tucum; os modificadores *kuégü* e *kumã* têm o mesmo sentido de "outro, diferente, perigoso, sobrenatural, monstruoso", conforme o contexto.

24 Minha dissertação de mestrado sobre os Yawalapíti (Eduardo Viveiros de Castro, *Indivíduo e sociedade no Alto Xingu: os Yawalapíti*. Rio de Janeiro: PPGAS-MN/UFRJ, 1977) é uma das poucas fontes sobre a origem dos Yawalapíti-kumã. A tradição mítico-histórica dos Kalapalo sobre a fundação da sociedade pan-xinguana menciona os Agahütü kuégü. Ela cruza em vários pontos a versão dos Yawalapíti (Antonio Guerreiro, *Ancestrais e suas sombras: uma etnografia da chefia kalapalo e seu ritual mortuário*. Campinas, Ed.

em algumas bases de dados mais recentes. Não existem registros escritos de qualquer avistamento desse grupo, e, tanto quanto eu saiba, nenhum indígena xinguano das quatro ou cinco últimas gerações (pelo menos) jamais encontrou um Yawalapíti-kumã.

O Parque do Xingu é uma área de grande extensão (27.000 km^2), detalhadamente mapeada e georreferenciada. Ela se acha cercada por grandes fazendas, que desmataram todo o seu entorno. Os povos alto-xinguanos têm sido estudados por etnólogos desde o final do século XIX; eles entraram em contato com a administração indigenista oficial a partir dos anos 1950, tendo vivido em uma situação que poderíamos chamar de "contato inicial" até as últimas três ou quatro décadas. Hoje, eles mantêm interação regular com a rede de cidades e fazendas nas vizinhanças do PIX (sobretudo aquelas na fronteira sul).[25] A maioria dos indivíduos está perfeitamente familiarizada com o funcionamento básico do mundo dos Brancos, e alguns bem mais que isso. Diversas tecnologias e práticas deste mundo tornaram-se parte da vida cotidiana no PIX. E não obstante... a suspeita ou "imaginação" de que os Yawalapíti-kumã continuam a viver isolados no sul do PIX permanece viva entre seus habitantes: *"Até hoje a gente imagina* [i.e. se pergunta] *se eles estão vivos. Meu avô contou a origem do povo Yawalapíti, me deixa assim pensando..."* (um jovem Yawalapíti, via Bruna Franchetto).[26] Conta-se que as brigadas indígenas de vigilância das fronteiras do PIX têm avistado, em suas excursões a pé ou em sobrevoos, trilhas de um grupo isolado na área do rio Mirassol (subafluente da margem esquerda do Culuene); conta-se ainda que elas ouviram "gritos de gente". A região é pouco frequentada e, segundo os relatos, de vegetação fechada; os isolados morariam embaixo da cobertura florestal.[27] Tanto quanto eu saiba, não há uma determinação firme, por parte dos habitantes do PIX, de forçar contato com esses supostos Yawalapíti-kumã; apenas projetos vagos de ir até eles, quem sabe, um dia...

Unicamp, 2017).
25 Há um contingente importante de alto-xinguanos residindo na cidade de Canarana.
26 Agradeço a Bruna por essas informações recentes; foi ela quem, a meu pedido, comunicou-se por Whatsapp com seus diversos amigos no PIX. Em dez minutos de 2018, no Rio, aprendi quase tanto sobre os Yawalapíti-kumã quanto em minha estadia no Xingu em 1976-77!
27 Observe-se que o extremo sul do Parque é uma região ecologicamente transicional entre as florestas mais ao norte no Xingu e o cerrado centro-brasileiro, com uma vegetação menos impenetrável aos atuais dispositivos técnicos de controle da superfície do planeta.

Há registros oficiais de informações sobre dois grupos isolados no PIX, datados de 2017.[28] Apenas um deles, aparentemente, está situado no sul da área, no rio Curisevu, muito próximo da fronteira sul do Parque. Não tenho maiores dados sobre esses dois grupos, mas minha suspeita é que essas informações sejam as mesmas que referi acima, isto é, foram fornecidas pelos povos do PIX. Minha outra suspeita é que os índices de presença humana desconhecida nessa região possam ser fruto da passagem de Brancos, pescadores e caçadores esportivos. Acho altamente improvável, ainda que não impossível (em matéria de Amazônia, a única coisa impossível parece ser a vigência efetiva do "estado de direito"), a existência atual de povos isolados no sul do PIX; mais improvável ainda que esses povos sejam os Yawalapíti-kumã. Mas acho altamente significativo que a presença atual de um povo do passado alto-xinguano seja afirmada pelos povos de hoje, ou mais precisamente, que a memória longínqua desse povo lhe confira uma presunção permanente de existência, capaz de estimular a "imaginação" das novas gerações.

⁂

Para parafrasear Carneiro da Cunha,[29] é o caso de dizer que os povos isolados são um personagem "residual mas irredutível" das antropologias indígenas. Ele tende a ser residual à medida que aumentam as pressões para a quebra do isolamento voluntário desses povos; mas é irredutível porque é um personagem *necessário*, nos dois sentidos do termo, do inconsciente político indígena. Duplo, às vezes "real", às vezes "imaginário", ele é sempre "simbólico", pois portador da diferença anárquica indígena perante a ontoteologia monárquica dos Brancos e seu império do Um. E para parafrasear agora Sahlins,[30] poderíamos dizer que o povo isolado "é sempre simbólico, mesmo quando ele é real". Mas, a rigor, ele escapa à tricotomia do real, do simbólico e do imaginário: é

---

28 Antonio Oviedo, "Os povos indígenas isolados e as obras de infraestrutura que ameaçam seus territórios", op. cit., Anexo I, itens 119 e 120.
29 Manuela Carneiro de Cunha, "Etnicidade: da cultura, residual mas irredutível", in *Cultura com aspas e outros ensaios*. São Paulo: Cosac Naify, 2009, pp. 235-244.
30 Marshall Sahlins, "Raw Women, Cooked Men, and Other 'Great Things' of the Fiji Islands", in Paula Brown e Donald Tuzin (orgs.), *The Ethnography of Cannibalism*. Washington, DC: Society for Psychological Anthropology, 1983, p. 88.

uma *agência espectral*, extraontológica, anterior e exterior à alternativa entre o ser e o não ser, a existência e a inexistência.[31] Uma espectralidade antes de tudo política: antes que passado do presente dos povos em contato, ele é presença paradoxal do passado, memória ativa da condição política indígena; um passado que não acaba de passar. O povo isolado é como o autoconceito dos povos contactados, isto é, de todos aqueles povos que experimentam intensamente, e sempre dolorosamente, sua diferença em face do mundo dos brancos.

―

Em um giro inesperado da história, esse passado que não acaba de passar pode se tornar um modo de conjugar o futuro, em uma manifestação original daquela "indigeneização da modernidade" celebremente comentada por Marshall Sahlins. O Brasil vem assistindo à reemergência de diversas novas "ilhas" indígenas ali onde o oceano branco parecia há muito já ter engolfado tudo. Em contraponto aos *povos isolados que aparecem* nas áreas remotas ou intersticiais da Amazônia e do Brasil Central — povos que, muitas vezes, ainda não sabem que são "índios", isto é, apenas casos particulares da entidade "índios em geral" própria da ontologia jurídico-estatal dos Brancos —, vemos surgir uma variedade de *povos virtuais que se atualizam*, no Nordeste, no Sudeste ou na várzea amazônica: as diversas comunidades rurais de pequenos agricultores, pescadores, de sertanejos e caboclos que se redescobrem indígenas e reivindicam justamente os direitos constitucionais que protegem os índios em geral, de modo a se "isolar" etnonímica e juridicamente dentro dos ambientes de precariedade territorial e desassistência oficial que são o horizonte de tantas comunidades rurais "brancas" no Brasil. Esses novos povos estão, na verdade, entre os mais antigos de todos; são a reemergência minoritária das minorias indígenas exterminadas ao longo de cinco séculos de colonização da Mata Atlântica, da Caatinga e da calha do Amazonas. Para se *revelarem* indígenas, a si mesmos e aos Brancos, eles vêm lançando mão dos signos cosméticos e cosmológicos dos povos indígenas "tradicionais" (ornamentos, pinturas, rituais,

---

31 Fabián Ludueña Romandini, *Principios de espectrología. La comunidad de los espectros II*. Buenos Aires: Miño y Dávila, 2016.

línguas) — isto é, daqueles que estão, comparativamente, em situação de "contato inicial". Esses signos se acham frequentemente hibridizados com a semiótica cultural de origem africana, o que também se associa à emergência de uma nova subjetividade política, o ator coletivo "afroindígena", de importância crescente na organização da luta de povos no Brasil, ao lado dos indígenas e dos quilombolas, os outros dois polos orientados pela insistência espectral do "povo em isolamento voluntário" — ou seja, em estado de resistência.

A esse fenômeno de surgimento de novos atores etnopolíticos, devemos acrescentar aquele do rompimento progressivo do "isolamento involuntário" dos povos indígenas tradicionais. A emergência de movimentos de federação dos povos, em diversos níveis de inclusão, gerando organizações com grande capacidade de protagonismo, marca uma nova etapa da luta de classes na América Latina. Igualmente, vemos aparecerem, aqui e ali, certos movimentos de "reisolamento voluntário", de outra natureza que a fuga para áreas remotas, de povos que já haviam tido contato com os Brancos. Estou me referindo a iniciativas como a dos Ka'apor da Amazônia oriental, que recentemente expulsaram todos os Brancos de sua terra, de madeireiros clandestinos a médicos e professores, rompendo com o Estado brasileiro e decidindo gerir autonomamente sua vida: "Autonomia é ficar só. É não depender de ninguém, é se virar" (Itahu, um dos líderes Ka'apor).[32] O outro exemplo, mais conhecido, é o dos Wampis do Peru, que, em reação à pressão de grandes interesses minerários sobre suas terras, proclamaram um governo indígena autônomo sobre uma área de 1.300.000 hectares, congregando cem comunidades locais.[33] Esta iniciativa ousada — e criativa, porque não reivindica *independência* do Estado peruano, mas *autonomia* — está expressa no "Estatuto do Governo Territorial Autônomo da Nação Wampis",[34] verdadeira carta constitucional que invoca, ao mesmo tempo, a autoridade legitimadora de Etsa, Nayak e Nunkui, personagens centrais na mitologia dos povos Jívaro, e a autoridade, *autrement* mítica, da Convenção 169 da OIT, da Declaração da ONU Sobre os Direitos dos Povos Indígenas, e da Constituição Peruana.

---

32 Ver Pierro Locatelli, "Após expulsarem de madeireiros a médicos, índios defendem autonomia total no Maranhão", UOL/*Cotidiano*, 09/01/2018.
33 International Work Group for Indigenous Affairs – IWGIA, *Annual Report 2018*.
34 Nação Wampis, *Estatuto del Gobierno Territorial Autónomo de la Nación Wampis*.

Podemos concluir que, em todas essas variadas situações de isolamento, de des-isolamento, de reisolamento, de aparição e desaparição, de memória e experiência, a figura evanescente, fugidia e proteiforme do "povo isolado" é imanente às cosmopolíticas indígenas. Ela é, enfim, o modo transcendental de existência da sociedade contra o Estado.

13 |
Os dois "índios"

Uma versão inicial deste texto foi apresentada oralmente em outubro de 2021, em uma das sessões do webinário "The Multiplicity Turn: Theories of Identity from Poetry to Mathematics", organizado por Gabriel Catren (Université de Paris-Diderot) e Romina Wainberg (Stanford University). Jean-Christophe Goddard foi o outro expositor nessa sessão, e Catren o moderador. O seminário tinha como tema as formas pelas quais a noção de identidade atravessa diferentes disciplinas e instituições, da matemática ao direito, da metafísica à polícia; a sessão da qual participei contemplava a questão do ponto de vista da antropologia, com foco sobre os povos extramodernos. Escolhi então discutir a instabilidade política e a equivocidade antropológica da identidade "índio" ou "indígena" no Brasil. Tomei como interlocutor, ou como semente de cristalização para o que segue, dois textos de Gabriel Catren, "De la filosofía como polifanía" e "The Trans-Umweltic Express",[1] cujo argumento central está hoje publicado no monumental livro-síntese Pleromatica, or Elsinore's Trance.[2] *Esses textos desenvolvem o conceito de uma mobilidade intertranscendental que atravessa as fronteiras tanto "culturais" (intraespécie) como "naturais" (interespécies) — conceito que ao mesmo tempo estende e explode o criticismo antropocêntrico kantiano.*

A relação entre a ambiguidade jurídico-política da condição indígena e a questão da apropriação privada da terra — a qual está por trás das contestações da identidade legal e, portanto, do direito dos povos indígenas à posse e ao usufruto permanentes das terras que lhes são destinadas pela Constituição Federal, sugere que as noções de identidade e de propriedade (no sentido jurídico, mas não exclusivamente) são os dois pilares do templo que o "Homem" construiu em sua própria homenagem. Recordemos que, durante muito tempo, em várias sociedades ocidentais (possivelmente também em outras), somente aqueles que possuíam terras tinham personalidade política — cidadania — plena, e que só era plena-

---

1 Gabriel Catren, "De la filosofía como polifanía", *Revista de Filosofía Nombres*, n. 25, 2011, pp. 75-92 e "The Trans-Umweltic Express", *Glass Bead Journal*, Site 0. Castalia: the Game of Ends and Means, 2016.
2 Id., *Pleromatica, or Elsinore's Trance*, trad. Thomas Murphy. Falmouth, UK: Urbanomic, 2023.

mente humano quem era proprietário de si mesmo, isto é, quem não era escravo ou mulher.

Recordemos, por fim, que, em 2021, quando escrevi as notas que se tornaram o presente artigo, o Brasil estava sob um governo criminoso, presidido por um ex-militar admirador da ditadura e da tortura; um indivíduo ignóbil, racista, etnocida e genocida, cercado por gente do mesmo quilate e bancado pelo agronegócio e pelo capital financeiro. Isso explica a escolha do tema e o tom do texto.

❧

O que se lerá aqui está inserido em um contexto muito específico. Vivendo no Brasil, é impossível não falar sobre a guerra multissecular que se trava contra os povos indígenas no país, pois ela parece ter chegado aos momentos finais de uma ofensiva total, cujo objetivo é o extermínio físico e metafísico desses povos. A guerra está sendo conduzida pelo capital agrário-exportador e pelo evangelicalismo fanático: aquele, um tradicional inimigo dos povos indígenas; este, com crescente influência nas políticas públicas. Ambos, capital e religião, apoiados pela estúpida e arrogante casta militar, que desde os primórdios da República se considera tutora da nacionalidade. Falando mais abstratamente, a guerra é resultado da combinação mortífera do neoliberalismo econômico com o fascismo político-cultural. O resultado desejado, e já parcialmente alcançado, é a privatização integral do território do país, a simplificação drástica da biodiversidade dessa parte do planeta, e a imbecilização espiritual de sua população humana. Os indígenas são a principal "força de retardamento" — o *katechon*, para usarmos o conceito paulino — contra a consumação perfeita desses objetivos. A frente jurídico-legislativa da guerra está perto de conseguir o congelamento da extensão das terras indígenas oficialmente reconhecidas em um certo momento do passado (a data da promulgação da Constituição Federal em 1988),[3] e ao mesmo tempo a abertura dessas mesmas terras para a mineração e o agronegócio. A frente que poderíamos chamar ontológica busca deslegitimar as lutas pelo reconhecimento de supostamente "novas" identidades indígenas, especialmente de comunidades camponesas situadas no

---

[3] O chamado *"marco temporal"*, cujo real objetivo é estabelecer um *cerco espacial* preparatório à invasão legalizada das terras indígenas.

Nordeste e na calha do Amazonas, cujas terras foram declaradas de posse indígena a partir de processos jurídicos fundamentados na Constituição de 1988. Essa frente levanta dúvidas sobre a existência empírica de tais coletivos, alegando tratar-se de meras populações rurais que pretendem "se passar por indígenas" para poder gozar dos direitos especiais reconhecidos a essa categoria. As duas ofensivas convergem no sentido de *negar o futuro* aos povos indígenas. Por um lado, trata-se de impedir qualquer expansão das terras públicas (as terras indígenas pertencem à União) que entrave a expansão do mercado fundiário — ao contrário, busca-se sua redução máxima, por via de projetos de lei e emendas constitucionais —, o que pressupõe, entre outras coisas, o congelamento do crescimento demográfico da população indígena. Por outro lado, trata-se de minar a resistência ou impedir a recomposição de quaisquer formações sócio-espirituais com certo grau de liberdade diante do *nomos* do Estado brasileiro e, em particular, daquelas formações constituídas por sua relação imanente com a terra enquanto condição existencial para o engendramento contínuo da vida em todas as suas formas.

Constata-se, assim, no Brasil de hoje, a existência de uma tensão, ou antes, de uma contradição entre duas imagens do "índio" ou "indígena" enquanto objeto simultaneamente interacional e intensional: uma que seria o "índio" do ponto de vista dos brancos (o índio jurídico) e a outra o "índio" do ponto de vista dos povos indígenas (o índio real).[4] Isto completa a exposição de Jean-Christophe Goddard, que analisou, em nossa sessão do webinário, a imagem dos brancos do ponto de vista dos indígenas. Quanto à imagem dos brancos do ponto de vista dos brancos, esse seria um tópico para outra ocasião. Mas suspeito que o que é chamado de "antropologia filosófica" seja exatamente isso: uma imagem do humano como Branco transcendental.

Assim, ao *"índio" duvidoso* que os brancos se esforçam para desqualificar como um um "ex-índio" ou um "falso índio",[5] oporemos um *indígena "dubitante"*, um tipo de sujeito transcendental que se constitui

---

4 Sobre objetos interacionais (o conceito é de Ian Hacking) e objetos intensionais, ver Mauro Almeida, *Caipora e outros conflitos ontológicos* (São Paulo: Ubu, 2021, pp. 168-ss).

5 Isso quando não o caracterizam hipocritamente como "mestiço". Notem que a palavra "mestiço" tem conotação pejorativa e racista quando usada para identificar um indivíduo ("um mestiço"), mas ela tende a ser santificada ideologicamente quando aplicada a um coletivo imaginário ("o povo brasileiro é mestiço"). Sobre o ideal da "mestiçagem", ver no capítulo "Os involuntários da pátria" no segundo volume desta coletânea, a ser proximamente publicado.

ao colocar perpetuamente em risco sua condição de humano, isto é, de ocupante exclusivo da posição de sujeito. Em outras palavras, à dúvida maliciosa dos brancos que, diante de comunidades indígenas cosmeticamente pouco diferenciadas dos cidadãos pobres do país, dizem "mas essa gente não é índio", oporemos a dúvida hiperbólica — "*talvez eu não seja um homem*" — enunciada em um mito dos Yekuana, povo do norte da Amazônia, sobre a origem do xamanismo.

Essas duas figuras do "índio", além de habitarem duas espacialidades diferentes — o espaço estriado da terra-mercadoria e o espaço liso do "mundo-floresta"[6] —, movem-se em dois regimes temporais distintos. O primeiro é o tempo histórico pressuposto pelo Estado, estruturado pela continuidade genealógica e pela irreversibilidade causal. O "índio" é aqui uma sobrevivência de uma humanidade arcaica, um *vestígio*, que, por isso, é passado mesmo quando presente. Algo, portanto, que não devia estar aqui e agora. Do ponto de vista da ideologia da nacionalidade, é desculpável ter sido índio; é um tanto embaraçoso continuar a sê-lo; é altamente desejável deixar de sê-lo; e sobretudo, é impossível voltar a sê-lo. Alguns povos estão parados, outros marcham a passos rápidos para a frente, mas andar na contramão da História, esta rua de mão única, é ao mesmo tempo proibido e absurdo.

O segundo regime mobiliza uma temporalidade mais complexa, dupla, na qual o caos pré-cosmológico evocado pelo mito continua a fluir sob a realidade atual, podendo sempre emergir à superfície, interrompendo e invertendo o curso do cotidiano.[7] Esta é uma temporalidade na qual a captura de um povo pela máquina desmundificadora dos Brancos — aquilo que o Estado chama de "contato" e "integração" — contraproduz, no imaginário do povo capturado, a figura inquietante dos "índios isolados", ferozes e ariscos, que rondam os arredores das aldeias já submetidas, como uma espécie de reserva ontológica daqueles que os imaginam, e que, graças a essa contraefetuação espectral de

---

6 Ver Davi Kopenawa e Bruce Albert, *A queda do céu: palavras de um xamã yanomami* (trad. Beatriz Perrone-Moisés. São Paulo: Companhia das Letras, 2015). É importante, por isso, distinguir o conceito *jurídico* de "terra indígena" dos conceitos *indígenas* de "terra". Sobre essa distinção, ver Anthony Seeger e Eduardo Viveiros de Castro, "Terras e territórios indígenas no Brasil", *Encontros com a Civilização Brasileira*, v. 12, 1979, pp. 101-114.

7 Sobre o estado pré-cosmológico descrito pelo mito, ver o capítulo 10 ("A floresta de cristal").

seu passado, permanecem na posição existencial indígena.[8] Uma temporalidade, enfim, em que a mitopoiese coletiva, o onirismo especulativo e a itinerância transcendental do xamã testemunham a exterioridade da condição indígena em relação à oposição ocidental entre o antigo e o moderno. Condição *extramoderna*, portanto, não "pré-moderna"; posição transversal à escatologia unidirecional de uma desterritorialização que levaria toda a espécie humana a um "assalto aos céus" tecnológico, emancipando-a dos liames que a prendem à Terra. O xamanismo indígena e sua atividade de transfiguração espiritual da terra imanentizam a condição terrena do sujeito humano, procedendo a uma desterritorialização completamente outra, uma transespeciação ou alter-hominização. Como veremos no mito de Medatia, o trabalho dos xamãs consiste precisamente em trazer os humanos de volta à terra, em resgatá-los das moradas celestiais dos "antepassados" ou "mestres" dos animais, para onde foram sequestrados e onde vivem sob as ordens desses espíritos.

~

O poder legítimo de decidir *quem é "índio"* remete à ordem jurídica do Estado brasileiro. Todo Estado se define por seu papel de distribuidor autorizado de identidades; ele é o agente que conecta e combina identidades e direitos. A questão da "identidade indígena", do ponto de vista do Estado, portanto, é a questão de definir *a que direitos têm direito* aqueles que o Estado reconhece como indígenas.

Entendo que a pergunta "quem é índio?" — que coletividade pode ser identificada como indígena — não tem uma resposta inequívoca, se for colocada como uma pergunta empírica, relativa a uma possível definição intensional (*o que* é um "índio"?) capaz de permitir distinções extensionais (estes indivíduos são índios, estas comunidades não são indígenas etc.). A questão empírica não tem resposta porque o conceito *antropológico* (a definição intensional) de indígena refere-se a um tipo transcendental complexo, que se manifesta politeticamente em tipos empíricos de contornos variados. A condição indígena *de facto*[9] que jus-

---

8   Ver o capítulo 12 ("Nenhum povo é uma ilha").
9   Essa indigeneidade *de facto* é o que um argumento inventado, em 2008, por um ministro do Supremo Tribunal Federal definiu como "o fato indígena", a saber, a ocupação permanente (cujos critérios nunca foram esclarecidos juridicamente) de uma dada porção do território nacional por uma comunidade indígena (uma indigeneidade que

tificaria a identidade homônima *de jure* é móvel, heterogênea, relacional — é um devir e uma perspectiva. Embora reflexivamente sobredeterminada na prática (dadas as condições atuais de dominação) pela identidade jurídica "índio", a indigeneidade *de facto* opera em um regime de multiplicidade intensiva, literalmente *incompreensível* pelo Estado. A indigeneidade real é ingovernável.

Buscando um diálogo com a instigante proposta de Gabriel Catren, que defende uma existencialização do sujeito transcendental — um outro modo de instituição do sujeito constituinte e a abertura de uma mobilidade intermundana ou "transumwéltica"[10] —, esboço aqui uma caracterização do "indígena" como um tipo transcendental e como um personagem conceitual de uma xenologia filosófica por vir.[11] Entre os componentes desse tipo-personagem estariam — as palavras aqui são minhas — as noções de "imanência terrestre" (desterritorialização *na* terra), "animismo" (o velho nome colonialista para outro modo de instituição da função-sujeito) e "xamanismo" (ou "redução transumwéltica selvagem"). Essa caracterização engloba parcialmente, mas também extravasa o protótipo empírico "índio" (no sentido da teoria semântica dos protótipos), ou seja, as comunidades historicamente ligadas aos povos originários, uma ligação que se manifesta em traços fenotípicos ("naturais") e etológicos ("culturais"). É por isso que tentei outrora distinguir entre as noções de "índio" e "indígena", reservando o primeiro termo para os atuais representantes do protótipo "pré-colombiano" e o segundo para uma forma-de-vida que inclui a diáspora africana territorializada nos quilombos e, de modo mais geral, toda a população "mestiça", seja rural ou urbana (vejo os habitantes das favelas brasileiras como constituindo um campesinato afroindígena reterritorializado nos interstícios ferais do espaço do capital).[12] Expressei tal diferença com a seguinte proposição: "No Brasil, todo mundo é índio, exceto quem não é".[13]

---

tampouco foi definida juridicamente) em um dado momento histórico, a saber, a data de promulgação da Constituição Federal (05/10/1988). Tal data é o único elemento definido, pois definido arbitrariamente por um representante do Senhor do Arbítrio, o Estado. Ver nota 3, *supra*.

10 Do alemão *Umwelt* (fem.), mundo circundante ou ambiente de uma espécie-sujeito, tal como coengendrado objetiva e subjetivamente por esta.

11 Sobre o conceito de uma xenologia filosófica, ver Marco Antonio Valentim, "Antropologia e xenologia". *Revista ECO-PÓS*, v. 21, n. 2, 2018, pp. 343-363.

12 Ver o capítulo "Os involuntários da pátria", no volume 2 desta coletânea.

13 Ver a entrevista "No Brasil todo mundo é índio, exceto quem não é", concedida ao

Essa generalização provocativa sublinhava a posição não marcada, no sentido que a linguística dá a esse conceito, da condição indígena dentro da população brasileira — uma condição da qual aqueles que os brancos chamam de "índios" são a sinédoque política e o símbolo espiritual.

⁕

A Constituição promulgada em 1988 foi uma conquista política, parcial, porém decisiva, das forças não fascistas do país. Exatamente por isso, ela vem sofrendo ataques crescentes dos operadores do fascismo, do agronegócio e demais forças da direita encasteladas no Congresso e na grande mídia corporativa (que é uma peça central da máquina da direita). Ao reconhecer aos povos indígenas direitos originários e imprescritíveis às suas terras e ao seu modo de vida, não é de surpreender que a Constituição seja vista como uma ameaça pelos inimigos dos índios — especialmente se ela fosse de fato implementada.

Mas o capítulo constitucional (cap. VIII, arts. 231 e 232) dedicado ao assunto não indica *quem* são os sujeitos desses direitos originários. A definição existente remonta a uma lei de 1973 (o "Estatuto do Índio") que se tornou tecnicamente obsoleta, e que ainda não foi substituída por uma nova regulamentação. Essa lei especifica certos critérios para que um indivíduo (ou comunidade) seja considerado "índio ou indígena": além da "origem e ascendência pré-colombiana", ele deve "se identificar e ser identificado como índio". Portanto, se a Constituição atual não define *quem são* os índios, a lei anterior não define *quem identifica* como "índio" aqueles que *se identificam* como índios (além de não definir *como* se estabelece uma origem pré-colombiana). Por trás desses identificadores anônimos de outrem, aqueles que identificariam os índios, está o *das Man* do alemão, o *on* do francês, a Maioria como "princípio de razão" — da razão de Estado. É importante observar que a lei de 1973 pressupunha que a identidade indígena é uma condição temporalmente assimétrica, no sentido de que a "integração" e a "assimilação" dos índios (conceitos presentes na lei) na "sociedade nacional" são vistas ao mesmo tempo como historicamente inevitáveis e como um dever ativo do Estado. O caráter de *sintoma* dessa dupla e redundante necessidade, preditiva e prescritiva,

---

Instituto Socioambiental em 2006, e o capítulo do volume 2 desta coletânea, citado na nota anterior.

mereceria maior reflexão; ela comanda a concepção vigente entre as classes dominantes e, especialmente, entre os autoproclamados guardiões da pátria, a casta militar, para quem os povos indígenas são uma ameaça à soberania nacional. Aqui, os militares têm mais razão do que imaginam, mas por motivos que sua razão é naturalmente incapaz de alcançar. Porque a ameaça não é física ou geopolítica, mas metafísica e cosmológica.

Durante o período da ditadura, o governo tentou impor "critérios científicos de indianidade", com o objetivo declarado de anular a identidade indígena de grande parte das comunidades assim classificadas, de modo a desobrigar-se do dever legal de assisti-las e a liberar suas terras para o mercado capitalista. A iniciativa não encontrou ninguém que a validasse cientificamente; ao contrário, o governo enfrentou uma veemente oposição por parte de vários setores da sociedade, e teve o efeito inverso ao planejado, pois acabou dando aos povos indígenas uma visibilidade política de que eles até então não gozavam. Com isso, o projeto foi abandonado — temporariamente, como fizeram questão de observar seus conceptores. E a "guerra ontológica" contra os povos indígenas continuou de muitas outras formas.[14] Os antropólogos são frequentemente convocados para servir de peritos e produzir relatórios que comprovem a "indianidade" de coletivos que reclamam seu direito a serem identificados como eles próprios se identificam, isto é, como indígenas. Tal indianidade substancial deve ser demonstrada por meio de evidências histórico-pragmáticas aceitas pela ontologia jurídica (cadeia documental, referências cartográficas antigas, materiais linguísticos, história oral detalhada etc.). O problema, claro, é que é no mínimo muito difícil, para um antropólogo cientificamente honesto e politicamente decente, aceitar assumir a posição de *poder dizer* que um determinado coletivo *não é* indígena. Isso significa ter o poder de decidir o destino de outros, de contribuir, portanto, para sua eventual expropriação ontológica e consequente perda de direitos.[15] E, no entanto, é preciso enfrentar o problema

---

[14] Sobre a noção de guerra ontológica, ver Mauro Almeida, *Caipora e outros conflitos ontológicos*, op. cit.

[15] "Quando eles [os fazendeiros] expulsaram os índios daqui, os índios que ficaram na área não disseram que eram índios. Eles perguntavam: 'Você é índio?' — 'Não, eu não sou índio...'. Eles tinham medo de morrer. Eles negavam sua identidade por medo de morrer, em toda essa região" (Naílton Muniz, Memorial em vista da concessão de doutorado *honoris causa*, Universidade Federal de Minas Gerais, 2020). Há alguns anos, Nailton se viu na lista de pessoas entrevistadas por uma comissão parlamentar de inquérito criada pelo *lobby* do agronegócio, na qual ele foi listado como uma "*pessoa que se diz indígena*".

e buscar a melhor composição possível entre o conceito jurídico, de base convencional empírica, e o estatuto propriamente (alter-)transcendental da condição indígena, de forma a determinar um conceito propriamente *antropológico*, que é na verdade um híbrido flutuante entre esses dois polos; um híbrido, estritamente falando, político. Um híbrido radicalmente político.

"*Nós não éramos índios até um dia antes da chegada do homem branco.*" Foi o que disse o espírito de um ancestral a Braz de Oliveira França,[16] um dos descendentes contemporâneos dos Baré, povo indígena que, até pouco tempo atrás, "era identificado e se identificava" como uma gente mestiça sem fisionomia cultural distinta. Mestiço, ou, no falar amazônico, "caboclo", era o sentido pragmático, se não o controverso significado etimológico, da palavra "baré" nas línguas francas (português e nheengatu) faladas no território multiétnico do Rio Negro.[17] Braz de Oliveira França sempre ouviu, com certeza, dizer que há povos no Brasil que ainda são "índios de verdade", e outros povos que não são mais "índios", como os Baré. Povos que seriam, portanto, como índios *negativos*, no sentido fotográfico do termo. De fato, esses povos não são mais povos, pois agora fazem parte do "povo brasileiro". Mas eles não são exatamente não índios; eles não são mais índios sem serem não índios, ou seja, brancos. Eles não são nada — para os brancos. E quando tentam recuperar sua condição — jurídica, antropológica, coletiva, distintiva — de indígenas, de povo originário, quando invertem o estereótipo e afirmam que são indígenas porque são Baré, são acusados de serem falsos indígenas. Ou pior, de serem ex-índios, que se deixaram enganar pelos brancos — pelos governos que proibiram sua língua materna, pelos missionários que proibiram seus rituais e roubaram seus filhos, pelos comerciantes que os converteram ao alcoolismo —, enfim, que acreditaram na promessa de que, se deixassem de ser índios, iriam se tornar brancos. E nunca se tornaram. Eles permaneceram no meio. Nem índio nem não índio, nem "cristão" nem "pagão", ou pior, ambos. Um índio secreto, um índio rejeitado pelos "índios legíti-

---

Hoje, felizmente, Nailton é "identificado como tal", e o povo Pataxó que ele representa teve seus direitos restaurados e continua a recuperar as terras que lhe foram roubadas pelos brancos.

16 Braz de Oliveira França, falecido em 27 de julho de 2023, foi uma importante liderança e um dos responsáveis pelo renascimento político dos Baré como povo indígena, dentro do sistema multiétnico do Rio Negro, no noroeste amazônico.

17 Ver o livro organizado por Marina Herrero e Ulysses Fernandes, *Baré, povo do rio*. São Paulo: Edições SESC-SP, 2015.

mos" e pelos "brancos de verdade". Pois os "verdadeiros" índios, aqueles que os brancos são obrigados a admitir que "ainda são índios", são aqueles que simplesmente não deixaram de perseverar em seu devir-indígena durante todos esses séculos de conquista. "Permanecer índio" é uma ação, não um estado, tanto quanto deixar de sê-lo, ou tornar-se índio novamente. Os indígenas como os Baré, que, subitamente confrontados com o problema (com a solução) de retomar o seu devir-indígena, "voltam a ser índios", são aqueles povos que *reativaram* sua indianidade, que aceitaram se afastar da maioria, reconstruindo meticulosamente sua indianidade transcendental, o que implica, antes de tudo, uma reinvocação dos espíritos do ambiente, da *Umwelt* — aqueles espíritos que alguns povos indígenas chamam de "os Encantados", os agentes espectrais dotados do poder de reencantar sua relação com a terra. Eis pois que o "desencantamento do mundo" não parece ser necessariamente irreversível em toda parte do mundo.

~

Gabriel Catren propôs uma ruptura com a "interpretação claustrofóbica" do criticismo kantiano, abrindo o caminho para um perspectivismo hipertranscendental que afirma a existência de uma multiplicidade de estruturas categoriais e de naturezas-culturas objetivas (as *Umwelten*) correlatas a estas estruturas, uma multiplicidade acessível a um sujeito especulativo inter- ou transtranscendental capaz de demonstrar uma mobilidade "transumwéltica". Essa multiplicidade não opera apenas na passagem entre os sujeitos humanos e outros-que-humanos; a ruptura da unicidade categorial inclui a possibilidade de que a "espécie" humana não constitua um único "tipo" transcendental; ela seria capaz, ao contrário, de sofrer e/ou induzir mutações de um tipo transcendental (her)dado e, portanto, de habitar outras "terras transcendentais", "mundos-de-sujeitos" que emergem do campo impessoal da experiência. Alcançar essa mobilidade propriamente especulativa em relação a qualquer estrutura transcendental fixa seria a tarefa de uma filosofia por vir, à altura dos colapsos sucessivos do fundamento que foram pontuando a episteme pós-copernicana até que atingimos (nós os não extramodernos, que governamos o mundo ou assim cremos) a "situação" atópica de um infundamento generalizado.

Sugiro então, seguindo as indicações sucintas mas cruciais de Catren sobre a figura do xamã, que os povos indígenas ou, mais geralmente, extramodernos apresentam um leque de variantes de um subtipo transcendental dotado de uma potência especulativa característica, um subtipo que está, por assim dizer, disponível "etnograficamente" dentro do tipo transcendental humano.[18] Esses povos são a prova de que a mobilidade transumwéltica — sem substituir a *Zuhandenheit* pragmática cotidiana — é uma cosmopráxis muito mais frequente naquelas culturas que a antropologia classifica como "animistas" do que em nossa tradição monoteísta, mononaturalista e antropocêntrica.[19] Tais povos existencializam um sujeito capaz de perspectivar sua própria estrutura transcendental e, portanto, assumem a multiplicidade umwéltica como o dado "sobrenatural" (um dos sinônimos possíveis de "metatranscendental") que condiciona suas existências como coletivos-sujeitos empíricos.

O sujeito dos mundos ditos animistas é um sujeito de experiência que age com base na pressuposição transcendental de que a condição de sujeito é cosmologicamente indeterminada quanto à sua instanciação como espécie ou *natural kind*, e que somente a experiência empírica pode determinar se e quando uma entidade qualquer está de fato na posição de sujeito — se é, naquele momento, uma "pessoa". Isso significa que tudo, em princípio, *pode ser* um sujeito. Isso não é o mesmo que sustentar, como nas metafísicas pansubjetivistas ou panpsiquistas, que "tudo é sujeito". O animismo extramoderno é muito mais um tipo de princípio de precaução (e especulação) ontológica do que um dogma de pretensões universais: nem tudo é sujeito, nada é sujeito *a priori*, mas tudo pode se tornar sujeito (ou quase tudo, porque os pensadores indígenas costumam ter uma espécie de alergia ao quantificador universal).[20] Toda entidade que aparece no campo da experiência possui um excedente subjetivo (um "suplemento de alma" no sentido literal) que pode ou não ser atualizado; em alguns casos é necessário que o sujeito humano o

---

18 Supondo-se, um tanto problematicamente, e talvez desnecessariamente, que as diferenças "culturais" ou subtípicas estejam logicamente englobadas pelas identidades típicas "naturais".
19 A proposta geral de Catren pode ser interessantemente comparada (o que não significa identificada) com a distinção de Mauro Almeida entre "verdades pragmáticas" e "anarquia ontológica" (in *Caipora e outros conflitos ontológicos*, op. cit., cap. 11). Sobre a ideia de anarquia ontológica, ver, no volume 2 desta coletânea, o capítulo "Modelos e exemplos", que deixou de fazer referência ao trabalho de Almeida por lamentável descuido, visto que há grande convergência entre nossas perspectivas teóricas.
20 Sobre o "princípio da exceção", ver o capítulo "Modelos e exemplos" do volume 2.

atualize, em outros é imperativo que a atualização seja impedida, sob pena de uma dessubjetivação do sujeito humano e sua conversão em um "objeto" (uma presa, um servo) para esse outro sujeito.

O tipo de estrutura transcendental característica das culturas indígenas das Américas, mas também presente em várias outras partes do mundo extramoderno, é o que chamei de "perspectivismo cosmológico" e que considero ser o esquema cosmoprático do *perspectivismo transcendental* de que fala Catren. Esse perspectivismo indígena, conforme descrevi em outros trabalhos, existencializa o sujeito na forma de uma função puramente pronominal que acompanha qualquer transformação projetiva do ponto de vista — uma função capaz de ser exercida por entidades indeterminadas *a priori*, não como uma essência substantiva de uma determinada espécie, a "nossa". Isso implica que a *Umwelt* humana é concebida como uma cosmópolis em que a função-sujeito é disseminada no ambiente, mas em perpétua alternância exclusiva, na medida em que qualquer ponto de vista particular dessubjetiva "automaticamente" qualquer outro ponto de vista possível, inclusive o do ser humano como espécie. Vejo essa posição transcendental indígena como a expressão de uma profunda conclusão existencial, resultado de milênios de reflexão sobre a natureza radicalmente *local* do tipo humano no campo infinito da experiência.

A função-sujeito dos habitantes dessa *Umwelt* cosmopolítica indígena se manifesta objetivamente (como percepto, afecto e conceito) na forma do que costumamos chamar "espíritos". Recorde-se que a filosofia moderna se constituiu em grande parte como uma guerra ontológica contra os espíritos enquanto formas da exterioridade, ou seja, como espectros, e que um grande esforço foi feito para desespectralizar duplamente o conceito de espírito, purificando-o, por um lado, como substância pensante e/ou hipostasiando-o como agente macro-histórico, e reduzindo, por outro lado, os espectros às miragens de uma imaginação rudimentar.[21] Nesse sentido, como observou Pierre Clastres, o tipo transcendental indígena é aquilo que teve de ser silenciado — se necessário, exterminando sua manifestação existencial — para que o discurso sobre a alteridade antropológica (o primitivo, o louco, a criança) pudesse ser

---

21 Ver Fabián Ludueña Romandini, *A comunidade dos espectros. I. Antropotecnia*, trad. Alexandre Nodari e Leonardo D'Ávila de Oliveira. Desterro (Florianópolis): Cultura e Barbárie, 2012.

constituído como um discurso da Razão.²² Não esqueçamos, por fim, que desde Kant e seus "sonhos de um visionário" até Freud e sua redução do animismo a um estágio infantil da espécie, a própria consistência dos espectros, a *pneumodiversidade*, tem sido objeto de uma dissolução sistemática dentro da estrutura histórica dos descentramentos "copernicanos", o que sugere uma relação equívoca entre a "desespectralização" do cosmos e a desterritorialização (no sentido deleuzo-guattariano). Na verdade, essa história começa muito antes do Iluminismo; talvez seja necessário retornar até à "distinção mosaica" de que fala Jan Assmann, ou à "idade axial" de Karl Jaspers.²³

O mito de Medatia, mencionado acima, expõe com grande riqueza poética o regime ontológico do mundo espectral, e determina exemplarmente a condição intertranscendental do xamã como sujeito especulativo capaz de navegar pela errância da função-sujeito.²⁴ Nessa narrativa, Medatia, o primeiro xamã, visita os estratos celestes do mundo, até chegar àquele em que se acham as casas dos duplos antropomorfos das várias espécies de seres. Um povo de espíritos sábios, os "Mestres da Linguagem", modifica sua audição e sua garganta para que Medatia possa se comunicar com as outras formas de vida. Mas o viajante não consegue entender o que ouve nessas línguas estrangeiras, pois embora reconheça as *palavras*, as *coisas* a que elas se referem são diferentes: a Sucuri lhe dá "cachorrinhos", mas Medatia vê jaguares; o Povo do Relâmpago lhe dá uma "rede" que é uma teia de aranha, e assim por diante.²⁵ Medatia então se pergunta quem está louco, se é ele ou seus interlocutores. Ele então vai a outra casa de espíritos sábios, os Mestres do Xamanismo, que o ensinam a *mudar de*

---

22 Pierre Clastres, "Entre silence et dialogue", in Raymond Bellour e Catherine Clément (orgs.), *Claude Lévi-Strauss*. Paris: Gallimard, 1968, pp. 33-38.
23 Jan Assmann, *The Price of Monotheism*, trad. Robert Savage (California: Stanford University Press, 2010); Karl Jaspers, *The Origin and Goal of History*, trad. William Earl (Londres: Routledge, 2014). Ver Eduardo Viveiros de Castro e Déborah Danowski, "O passado ainda está por vir", no volume 2 desta coletânea.
24 O mito se encontra em Marc de Civrieux, *Watunna, un ciclo de creación en el Orinoco*. 2ª ed. Venezuela: Monte Avila Editores, 1992, pp. 212-226. Para uma análise da história de Medatia mais sofisticada do que a esboçada aqui, ver Marco Antonio Valentim, *Extramundanidade e sobrenatureza: ensaios de ontologia infundamental*. Desterro (Florianópolis): Cultura e Barbárie, 2018, cap. 6.
25 "De todas as mudanças de língua que o viajante deve enfrentar em terras longínquas, nenhuma se compara à que o espera na cidade de Ipásia, porque não se refere às palavras mas às coisas." (Italo Calvino, *As cidades invisíveis*, trad. Diogo Mainardi. São Paulo: Companhia das Letras, 2002, p. 56).

olhos, e a fazer isso em cada casa que visitar; assim, ele verá as coisas como os outros seres as veem ("cada povo tem seus próprios olhos").[26]

Nosso viajante transumwéltico visita então as casas dos espíritos-mestres de diferentes espécies. Ele é tomado de uma espécie de vertigem: "Alguns o viam como um cervo, outros achavam que era uma aranha. Medatia começou a duvidar: '*Talvez eu não seja um homem*.' Os espíritos do xamanismo, entretanto, o tranquilizaram: 'Você é um homem, como também é um veado, e uma aranha... Você não é um *so'to*, você é um *huhai* [xamã]. *Você pode se transformar no que você quiser*.'"[27] E assim Medatia começou a entender o que os outros seres estavam dizendo, a vê-los como eles se viam (as sucuris como seres humanos, por exemplo) e a ver o mundo deles como eles o viam (os "cachorrinhos" das sucuris como cães, não como jaguares etc.).

É necessário nos demoramos sobre a palavra *so'to,* que deixei sem traduzir na citação acima. *So'to* é a autodenominação dos Yekuana, e significa "pessoa humana" (e também o numeral "vinte"). O etnólogo explica: "os *So'to* consideram que são os homens autênticos... todas as

---

26 O esquematismo visual das cosmologias xamânico-perspectivistas se reencontra alhures que na Amazônia. Um exemplo: "Como dizem os Yukaghirs: 'O mundo está cheio de visão, cheio de olhos'; ver é universal, e tudo, desde animais, rios, lagos e árvores a espíritos e até sombras, tem uma perspectiva própria que devolve o nosso olhar. Se levarmos isto a sério, não como uma vaga intuição mas como um fato de visão, então tudo está emaranhado numa teia de ver e ser visto. Ninguém é apenas um 'observador' e nada é apenas um 'objeto'; existe apenas um mundo sensível cheio de olhos." (Rane Willerslev, "Hunting Animism: Human–Animal Transformations among the Siberian Yukaghirs", in Graham Harvey (org.), *The Handbook of Contemporary Animism*. Londres: Routledge, 2013, p. 148). Outro exemplo: "Grande parte da moralidade chewong se exprime através de diretivas relativas a comida, as quais, por sua vez, se baseiam na forma como cada espécie vê a realidade. Isto é diretamente atribuível à qualidade dos seus olhos, que são sutilmente diferentes em cada caso." (Signe Howell, "Nature in culture or culture in nature? Chewong ideas of 'humans' and other species", in Philippe Descola e Gislí Pállson (orgs.), *Nature and Society: Anthropological Perspectives*. London: Routledge, 1996, p. 133). Registro essas referências para contradizer, mais uma vez, os críticos que associaram o conceito de um perspectivismo ameríndio a um viés "oculocêntrico" ocidentalizante.
27 Marc de Civrieux, *Watunna, un ciclo de creación en el Orinoco*, op. cit. p. 220. Essa passagem lembra o famoso fragmento de Empédocles: "Pois eu fui por um tempo menino e menina, árvore e pássaro, e peixe mudo no mar". No caso do mito yekuana, não se trata, como geralmente é interpretada essa passagem, de transmigração de almas ou de reencarnação, mas de uma alternância instantânea de perspectivas. O caso de Medatia lembra antes a epifania de G.H., a personagem de Clarice Lispector que entra em uma variação transcendental diante da barata que esmagou: "Ontem [...] perdi por horas e horas minha montagem humana." (*A paixão segundo G.H.* Rio de Janeiro: Rocco, 2023, p. 5).

outras gentes são apenas membros de outras famílias ou espécies, apesar de sua aparência humana", como aliás é o caso das outras espécies vivas, que são verdadeiras pessoas humanas quando estão em seus lares celestes[28] — são como pequenos deuses em seu próprio departamento, diria Leibniz. Um *huhai*, xamã, é tanto um *so'to* — ele é um humano e, acima de tudo, é um Yekuana — quanto não é um *so'to*, pois pode ser de qualquer espécie, podendo ver a si mesmo como é visto pelos olhos de qualquer outra espécie, e reciprocamente ver qualquer espécie como ela própria se vê. A capacidade de "transformar-se no que você quiser" situa o xamã no espaço espectral e no regime pré-cosmológico do mito, quando "tudo estava se transformando em outra coisa o tempo todo", como dizem os Yanomami, ou seja, quando as diferenças entre as espécies ainda estavam em um estado virtual; um mundo, nesse sentido, absoluto ou infinito (também no sentido de inacabado), povoado exclusivamente por espíritos, seres anteriores à Era da Identidade. Os conceitos indígenas que traduzimos como "espíritos" se referem notadamente aos vários seres do mundo atual que permanecem nesse estado metamórfico originário; sua ação no cosmos é, portanto, propriamente "sobrenatural".

O conceito de *huhai*, assim, refere-se ao ser humano em seu "momento" pré-especiação ou sua função transespécie, e, inversamente, às outras espécies em seu momento "humano", pois todas as espécies têm um aspecto-*huhai*, que se manifesta na forma de espíritos antropomórficos ou "mestres" de cada espécie. A comunicação entre espécies é, por conseguinte, entre os aspectos-*huhai*; os *huhai* são os únicos capazes de sair de seus respectivos "recintos" (suas casas, ou territórios) transcendentais e percebê-los como tais, ou seja, como variantes dos outros recintos. O xamã é aquele *so'to* que sabe que os outros *so'to* não sabem como são percebidos pelas outras espécies:

> *Nós* [os *so'to*] *somos cegos fora de nossa própria casa* [...]. Não podemos ver os avós desses outros povos, os animais e as plantas [...]. Os mestres desses outros povos, os avós dos animais, *eles sabem que nós não sabemos*. Eles nos capturam e fazem com que nos apaixonemos por suas filhas. É

---

28 "Eu fui para Motadewa, para o céu... Vi todo tipo de gente lá; gente que chamamos de tapir, pecari, cervo. Lá eles são pessoas, não têm corpo de animal. Eu os vi como eles realmente são no Céu. Lá eles são pessoas, não animais." (Marc de Civrieux, *Watunna*, op. cit. p. 214.)

assim que eles nos tornam seus genros [isto é, servidores]. É por isso que precisamos de nosso *huhai*. Sem eles, todos nós estaríamos prisioneiros nas casas dessas outras pessoas."[29]

Nas cosmologias indígenas, via de regra, a diferença entre os conceitos indígenas de "xamã" e "espírito" é fluida, e em algumas línguas tende a não existir: todo "espírito" é um "xamã", e todo xamã é, ou se torna no exercício de sua atividade, um espírito.[30] Como vimos, a resposta que Medatia recebe para sua dúvida é negativa: ele *não é* um "humano", é um xamã, um espírito multiforme. A diferença entre *huhai* e *so'to* parece, portanto, ser fortemente marcada pelos Yekuana. Por outro lado, os Kagwahiv, povo tupi da Amazônia Central, dizem que "todos aqueles que sonham têm um pouco de xamã".[31] Na língua desse povo, assim como em outras da família tupi, as palavras que traduzimos como "xamã" não se referem a algo que alguém "é", mas a algo que alguém "tem": é uma qualidade adjetiva, mais que um atributo substantivo.[32] Nem todo mundo é xamã, mas o "xamânico" está em toda parte... O sonho é como um xamanismo de baixo impacto. O cultivo — no sentido de treinamento, disciplina — da atividade onírica e de outros "estados alterados de consciência" pode chegar a extremos de ascese nos indivíduos que fazem da capacidade xamânica universal uma especialidade sua. Tal onirismo metódico, ou metodologia onírica, é uma das características que instituem o tipo transcendental indígena. E se todo mundo que sonha tem algo de xamã, então todo mundo que sonha teria algo de indígena. Como Davi Kopenawa, o grande pensador Yanomami, observou, porém, "os brancos dormem muito, mas só sonham com eles mesmos".[33] Uma definição perfeita da identidade antropológica dos brancos. Nada como um "índio" para mostrar quem é o verdadeiro narcisista primitivo.

---

29 Ibid., p. 213.
30 "Espíritos e *huhai* são a mesma coisa", como diz um interlocutor yekuana para Civrieux. O termo *huhai* é definido no glossário de *Watunna* como "espírito não humano em forma humana". A palavra que o etnógrafo glosa como "espírito" para indicá-la como sinônimo conceitual de *huhai* é provavelmente *sadashe*, "mestre, dono" ou "ancestral", mas suspeito que os narradores do ciclo Watunna usaram o termo espanhol "espírito".
31 Waud Kracke, "'Everyone Who Dreams Has a Bit of Shaman': Cultural and Personal Meaning of Dreams – Evidence from the Amazon", *Psychiatric Journal of the University of Ottawa*, v.12, n. 2, 1987, pp. 65-72.
32 Ver, neste volume, o capítulo 10 ("A floresta de cristal").
33 Davi Kopenawa e Bruce Albert, *A queda do céu*, op. cit., p. 390.

Se cada diferente estrutura transcendental e, portanto, cada tipo de sujeito, está associado a um determinado regime de identidade, a mobilidade trans-umwéltica ou "plasticidade transcendental"[34] facultada pelo onirismo especulativo indígena implica, então, uma relativização da estabilidade — isto é, da identidade — do conceito mesmo de identidade. Todo regime de identidade é assombrado pela possibilidade de metamorfose. O regime indígena é constituído em torno dessa possibilidade, não contra ela.

❧

Gostaria de concluir com algumas inquietações sobre o que me parece ser a situação de "esquizotopia" (Günther Anders) que se instala, a partir do final do século XX, na sensibilidade cultural do Ocidente. Parece-me que o advento do Antropoceno — o conceito e o evento — requer uma reflexão sobre o significado do movimento desterritorializante que definiu a modernidade. A experiência imemorial da Terra como arca imóvel e fundamento sagrado, desacreditada, se não suprimida existencialmente, pelo descentramento geral pós-copernicano, parece recuperar hoje uma inesperada relevância política, ao reatualizar alguns aspectos da antiga distinção aristotélica entre os mundos sublunar e supralunar. O desafio que se coloca diante de nós é o de conciliar a indisputável insubsistência "objetiva" (cosmológica) dessa distinção com sua renovada e urgente pertinência "subjetiva" (cosmopolítica). O desafio é o de articular a "infundação" pós-metafísica que marca decisivamente a civilização dominante — e que não deixa de embriagá-la com o paradoxo de um niilismo triunfal, ou, inversamente, de um prometeanismo funéreo — de articulá-la com a ameaça existencial concreta e imediata (eu quase ia dizendo "vulgar") para a espécie humana que é a catástrofe planetária em curso. "Pensar se faz antes na relação entre o território e a terra".[35] Como pensar o abismo do sem-fundo a partir da ofensiva final contra os

---

34 A "plasticidade transcendental" de Catren poderia ser relacionada interessantemente com a problemática da "neuroplasticidade" de Catherine Malabou (*Plasticité*. Paris: Léo Scheer, 2000) e, naturalmente, com a tese freudiana da plasticidade da pulsão sexual (cf. Jeanne Etelain, *A Theory of Zones: Conceptualizing Space in the Planetary Era*. Paris: Université Paris-Nanterre, 2023. Tese de doutorado).

35 Gilles Deleuze e Félix Guattari, *O que é a filosofia?*, trad. Bento Prado Jr. Rio de Janeiro: Ed. 34, 1992, p. 113.

espaços terrestres habitados pelos povos indígenas, últimas zonas a salvo de uma "apropriação transcendental" pelo extrativismo e pela *plantation* agrocapitalista? Como pensar "a grande desterritorializada", a Terra, sem perder de vista a persistência da "máquina territorial primitiva", da terra como dimensão imanente do tipo transcendental indígena — e tantas outras figurações da T/terra: território geopolítico, solo existencial, terreno de cultivo, país natal, globo, planeta, arca, berço, túmulo, Gaia, Medéia...[36] Como podemos pensar ao mesmo tempo a injunção lévinasiana de "destruir as florestas sagradas" e a desertificação profana da Amazônia? A Floresta Negra de Heidegger não tem *nada* a ver com o "Mundo-Floresta" dos Yanomami devastado pela máquina extrativista. Como podemos empreender o "assalto aos céus" (ainda Lévinas) antes que ele caia sobre nossas cabeças? Certamente não nos foguetes astrocolonialistas de bilionários californianos. Como, enfim, seguir a linha sinuosa e tênue entre o empírico e o transcendental que percorre todas essas terras?

Tudo o que posso sugerir aqui é que, no que diz respeito aos povos indígenas, o que conta como "terra" é tanto o elemento semiótico-material que compõe e configura uma determinada forma-de-vida — a terra como o corpo do *socius*, o *socius* como parte do corpo da terra: terra inapropriável e *socius* ingovernável pelo Estado — mas também algo muito parecido com o que Catren chamou de "carne fenomenodélica". "Terra", quando e como a palavra é usada pelos povos indígenas em sua luta por espaço político e pela garantia da manutenção de uma relação não proprietária, não abstrata e não mercantil com o território, denota uma multiplicidade intensiva, uma coalescência concreta de afetos, conceitos e relações — e por essa razão o xamanismo, como a forma especulativa indígena "típica", é ao mesmo tempo sonho e arte, ciência e política. A palavra "terra", enfim, é o nome indígena para o corpo-campo infinito da experiência, a perigosa e inescapável terra-carne, o plano de imanência traçado pelo discurso absoluto do mito, discurso do passado absoluto do qual emerge a condição instável e errante, oni*presente* do sujeito indígena. Essa terra, isto é, *esta* terra, talvez seja a única Terra futura possível. O passado ainda está por vir.

---

36 Patrice Maniglier, "How Many Earths? The Geological Turn in Anthropology". *The Otherwise*, v. 1, 2020, pp. 61-75.

BIBLIOGRAFIA

Agamben, Giorgio. *A comunidade que vem*, trad. Claudio Oliveira. Belo Horizonte: Autêntica, 2013.

———. *O aberto: o homem e o animal*, trad. Pedro Mendes. Rio de Janeiro: Civilização Brasileira, 2017.

Albert, Bruce. "La fumée du métal: histoire et représentations du contact chez les Yanomami (Brésil)", *L'Homme*, v. XXVIII, n. 106-107, 1988, pp. 87-119.

———. "L'or cannibale et la chute du ciel: une critique chamanique de l'économie politique de la nature", *L'Homme*, v. XXXIII, n. 126-128, 1993, pp. 349-378.

Albert, Bruce e Kopenawa. *Yanomami: l'esprit de la forêt*, org. Hervé Chandès. Paris: Fondation Cartier, 2003 (Catálogo de exposição).

———. *Yanomami, o espírito da floresta*. Rio de Janeiro: Centro Cultural Banco do Brasil; Fondation Cartier, 2004 (Catálogo de exposição).

Albert, Bruce e Marcos Wesley de Oliveira. "Novos 'isolados' ou antigos resistentes?", in Instituto Socioambiental (org.), *Povos indígenas do Brasil 2006-2010*. São Paulo: ISA, 2011, pp. 279-283. Disponível em: https://www.hutukara.org/images/stories/YANOMAMI_-_NOVOS_ISOLADOS_OU_ANTIGOS_RESISTENTES.pdf.

Albert, Bruce e Alcida Rita Ramos (orgs.). *Pacificando o branco: cosmologias do contato do norte-amazônico*. São Paulo: Ed. da Unesp; Imprensa Oficial do Estado, 2002.

Alexiades, Miguel. *Ethnobotany of the Ese Eja: Plants, Health, and Change in an Amazonian Society*. New York: City University of New York, 1999. Tese de doutorado.

———. "El eyámikekwa y el ayahuasquero: las dinámicas socioecológicas del chamanismo Ese Eja", *Amazonia Peruana*, v. 27, 2000, pp. 193-2012.

Almeida, Mauro William Barbosa de. "A fórmula canônica do mito", in Ruben Caixeta de Queiroz e Renarde Freire Nobre (orgs.), *Lévi-Strauss: estudos brasileiros*. Belo Horizonte: Ed. UFMG, 2008, pp. 147-182.

———. *Caipora e outros conflitos ontológicos*. São Paulo: Ubu, 2021.

———. "A fórmula canônica do mito", in *Caipora e outros conflitos ontológicos*. São Paulo: Ubu, 2021, pp. 259-290.

———. "Anarquismo ontológico e verdade no Antropoceno", in *Caipora e outros conflitos ontológicos*. São Paulo: Ubu, 2021, pp. 309-334.

———. "Caipora e outros conflitos ontológicos", in *Caipora e outros conflitos ontológicos*. São Paulo: Ubu, 2021, pp. 135-174.

Aparício, Miguel. *A relação banawá. Socialidade e transformação nos Arawá do Purus*. Rio de Janeiro: PPGAS-MN/UFRJ, 2018. Tese de doutorado.

Århem, Kaj. "Ecosofia makuna", in Fernando Corrêa (org.), *La selva humanizada: ecologia alternativa en el trópico húmedo colombiano*. Bogotá: Instituto Colombiano de Antropología; Fundo FEN Colombia; Fundo Editorial CEREC, 1993, pp. 109-126.

──. "The Cosmic Food Web: Human-nature Relatedness in the Northwest Amazon", in Philippe Descola e Gísli Pálsson (orgs.), *Nature and Society: Anthropological Perspectives*. Londres: Routledge, 1996, pp. 185-204.

Asad, Talal. "O conceito de tradução cultural na antropologia social britânica", in James Clifford e George E. Marcus (orgs.), *A escrita da cultura: poética e política da etnografia*, trad. Maria Claudia Coelho. Rio de Janeiro: Ed. UERJ; Papéis selvagens, 2016, pp. 207-236.

Assmann, Jan. *The Price of Monotheism*, trad. Robert Savage. California: Stanford University Press, 2010.

Atran, Scott. *Cognitive Foundations of Natural History: Towards an Anthropology of Science*. Cambridge: Cambridge University Press, 1993.

Bamford, Sandra. *Biology Unmoored: Melanesian Reflections on Life and Biotechnology*. Berkeley: University of California Press, 2007.

──. "Family-Trees among the Kamea of Papua New Guinea: A Non-genealogical Approach to Imagining Relatedness", in Sandra Bamford e James Leach (orgs.), *Kinship and Beyond: The Genealogical Model Reconsidered*. Oxford: Berghahn, 2009, pp. 159-174.

Barcelos Neto, Aristóteles. *A arte dos sonhos: uma iconografia ameríndia*. Lisboa: Museu Nacional de Etnologia; Assírio & Alvim, 2002.

Beck, Ulrich. *Sociedade de risco: rumo a outra modernidade*, 2ª ed., trad. Sebastião Nascimento. São Paulo: Ed. 34, 2011.

Bedinelli, Talita e Lola Hierro. "As 100 últimas comunidades felizes do mundo", *El País/Internacional*, 30/12/2018. Disponível em https://brasil.elpais.com/brasil/2018/12/27/internacional/1545911669_731711.html.

Beller, Joseph. *The Cinematic Mode of Production: Attention Economy and the Society of the Spectacle*. Lebanon, NH: Dartmouth College Press; University Press of New England, 2006.

Bellour, Raymond e Catherine Clément (orgs.), *Claude Lévi-Strauss*. Paris: Gallimard, 1968.

Bey, Hakim (Peter Lamborn Wilson). *TAZ: The Temporary Autonomous Zone. Ontological Anarchy, Poetic Terrorism*. New York: Autonomedia, 1991 [*TAZ – Zona Autônoma Temporária*, trad. Renato Rezende. São Paulo: Conrad, 2001].

Blake, William. "Auguries of Innocence", in Alexander Gilchrist (org.), *Life of William Blake*. Londres: John Lane, The Bodley Head, 1907.

Blaser, Mario. "Ontological Conflicts and the Stories of Peoples in Spite of Europe: Towards a Conversation on Political Ontology", *Current Anthropology*, v. 54, n. 5, 2013, pp. 547-568.

Blaser, Mario e Casper Bruun Jensen. "Political Ontology and Practical Ontology. Continuing a Debate", *Berliner Blätter*, v. 84, Suplemento, 2023, pp. S1-S18.

Bodenhorn, Barbara. "Whales, Souls, Children, and Other Things that Are 'Good to Share': Core Metaphors in a Contemporary Whaling Society", *Cambridge Anthropology*, v. 13, n. 1, 1988, pp. 1-19.

Borges, Jorge Luis. "Tlön, Uqbar, Orbis Tertius", in *Ficções*, trad. Davi Arrigucci Jr. São Paulo: Companhia das Letras, 2007, pp. 13-33.

Bouveresse, Renée. *Leibniz et Spinoza, l'idée d'animisme universel*. Paris: Vrin, 1992.

Bradbury, Ray. *As crônicas marcianas*, trad. Ana Ban e Érico Assis. São Paulo: Francisco Alves, 1980.

Brightman, Robert A. *Grateful Prey: Rock Cree Human-Animal Relationships*. Berkeley; Los Angeles; Oxford: University of California Press, 1993.

Brightman, Marc e Vanessa Elisa Grotti. "Networks and Evangelical Frontiers: Problems with Governance and Ethics in Cases of 'Voluntary Isolation' in Contemporary Amazonia", in Victoria Reyes-García e Ail Pyhälä (orgs.), *Hunter-gatherers in a Changing World*. Nova York: Springer, 2017, pp. 177-93.

Butler, Samuel. *Life and Habit*. Cambridge: Cambridge University Press, 2009.

Calvino, Italo. *As cidades invisíveis*, trad. Diogo Mainardi. São Paulo: Companhia das Letras, 2002.

Campbell, Alan T. *To Square with Genesis: Causal Statements and Shamanic Ideas in Wayãpí*. Edinburgo: Edinburgh University Press, 1989.

Carid Naveira, Miguel. *Yawanawa: da guerra à festa*. Florianópolis: PPGAS-UFSC, 1999. Dissertação de mestrado.

Carneiro da Cunha, Manuela. "Pontos de vista sobre a floresta amazônica: xamanismo e tradução", *Mana*, v. 4, n. 1, 1998, pp. 7-22.

——. "'Cultura' e cultura: conhecimentos tradicionais e direitos intelectuais", in *Cultura com aspas e outros ensaios*. São Paulo: Cosac Naify, 2009, pp. 311-373.

——. "Etnicidade: da cultura, residual mas irredutível", in *Cultura com aspas e outros ensaios*. São Paulo: Cosac Naify, 2009, pp. 235-244.

Carrithers, Michael et al. "Ontology is Just Another Word for Culture", *Critique of Anthropology*, v. 30, n. 2, 2010, pp. 150-201.

Carroll, Lewis. *Aventuras de Alice no País das Maravilhas; Através do espelho e o que Alice encontrou lá (e outros textos)*, trad. e org. de Sebastião Uchoa Leite. Rio de Janeiro: Fontana/Summus, 1977.

Carson, Anne. *The Albertine Workout*. New York: New Direction, 2014 (Poetry Pamphlet, 13).

Carsten, Janet. "The Substance of Kinship and the Heat of the Hearth: Feeding, Personhood, and Relatedness among Malays in Pulau Langkawi", *American Ethnologist*, v. 22, n. 2, mai. 1995, pp. 223-241.

Carsten, Janet (org.). *Cultures of Relatedness: New Approaches to the Study of Kinship*. Cambridge: Cambridge University Press, 2000.

Carsten, Janet. "Introduction: Cultures of Relatedness", in *Culture of Relatedness: New Approaches to the Study of Kinship*. Cambridge: Cambridge University Press, 2000, pp. 1-36.

——. "Substantivism, Antisubstantivism, and Anti-antisubstantivism", in Susan McKinnon e Janet Carsten (orgs.). *Relative Values: Reconfiguring Kinship Studies*. Durhan: Duke University Press, 2001, pp. 29-53.

Catren, Gabriel. "De la filosofía como polifanía", *Revista de Filosofía Nombres*, n. 25, 2011, pp. 75-92.

———. "The Trans-Umweltic Express", *Glass Bead Journal*, Site 0. Castalia: the Game of Ends and Means, 2016.

———. *Pleromatic, or Elsinore's trance*, trad. Thomas Murphy. Falmouth UK: Urbanomic, 2023.

Chakrabarty, Dipesh. "O clima da história: quatro teses", *Sopro*, n. 91, 2013, pp. 3-22.

Chaumeil, Jean-Pierre. *Voir, savoir, pouvoir: le chamanisme chez les Yagua du Nord-Est péruvien*. Paris: École des Hautes Études en Sciences Sociales, 1983.

Cheney, Dorothy L. e Robert M. Seyfarth. *How Monkeys See the World: Inside the Mind of Another Species*. Chicago: University of Chicago Press, 1990.

Clastres, Pierre. "Entre silence et dialogue", in Raymond Bellour e Catherine Clément (orgs.), *Claude Lévi-Strauss*. Paris: Gallimard, 1968, pp. 33-38.

———. "Ethnographie des Indiens Guayaki (Paraguay-Brésil)", *Journal de la Société des Américanistes*, v. LVII, 1968, pp. 8-61.

———. "Troca e poder: filosofia da chefia indígena", in *A sociedade contra o Estado: pesquisas de antropologia política*, trad. Theo Santiago. São Paulo: Cosac Naify, 2003, pp. 43-63.

———. "De que riem os índios?", in *A sociedade contra o Estado: pesquisas de antropologia política*, trad. Theo Santiago. São Paulo: Cosac Naify, 2003, pp. 121-138.

———. "Profetas na selva", in *A sociedade contra o Estado: pesquisas de antropologia política*, trad. Theo Santiago. São Paulo: Cosac Naify, 2003, pp. 173-184.

———. "Infortúnio do guerreiro selvagem", in *Arqueologia da violência: pesquisas de antropologia política*, trad. Paulo Neves. São Paulo: Cosac Naify, 2004, pp. 255-298.

Clifford, James e Marcus, George E. (orgs.), *A escrita da cultura: poética e política da etnografia*, trad. Maria Claudia Coelho. Rio de Janeiro: Ed. UERJ; Papéis selvagens, 2016.

Coelho de Souza, Marcela. *O traço e o círculo: o conceito de parentesco entre os Jê e seus antropólogos*. Rio de Janeiro: PPGAS-MN/UFRJ, 2002. Tese de doutorado.

Coetzee, J.M. (John Maxwell). *Elizabeth Costello: oito palestras*, trad. José Rubens Siqueira. São Paulo: Companhia das Letras, 2004.

Conklin, Beth. *Consuming Grief: Compassionate Cannibalism in an Amazonian Society*. Austin: University of Texas Press, 2001.

Crapanzano, Vincent. *Imaginative Horizons: An Essay in Literary-Philosophical Anthropology*. Chicago: University of Chicago Press, 2003.

Danowski, Déborah. "Transformações perceptivas e afetivas na Idade da Terra", in *A chuva desmancha todos os fatos: ensaios de filosofia*. São Paulo: n-1 edições, 2024.

Danowski, Déborah e Eduardo Viveiros de Castro. *Há mundo por vir? Ensaio sobre os medos e os fins*. Desterro (Florianópolis): Cultura e Barbárie; São Paulo: Instituto Socioambiental, 2014.

Danziger, Eve. "The Thought that Counts: Interactional Consequences of Variation in Cultural Theories of Meaning", in Nicholas J. Enfield e Stephen C. Levinson (orgs.), *Roots of Human Sociality: Culture, Cognition, and Human Interaction*. Londres: Routledge, 2006, pp. 259-278.

de Civrieux, Marc. "Medatia: A Makiritare Shaman's Tale", in David M. Guss (org.), *The Language of the Birds: Tales, Texts, & Poems of Interspecies Communication*. San Francisco: North Point Press, 1985.

———. *Watunna, un ciclo de creación en el Orinoco*. 2ª ed. Venezuela: Monte Avila Editores, 1992.

de la Cadena, Marisol. *Seres-terra: cosmopolíticas no mundo andino*, trad. Caroline Nogueira e Fernando Silva e Silva. Rio de Janeiro: Bazar do Tempo, 2024.

Delaney, Carol. "The meaning of paternity and the virgin birth debate", *Man*, v. 21, n. 3, 1986, pp. 494–513.

Deleuze, Gilles. "Michel Tournier e o mundo sem Outrem", in *Lógica do sentido*, trad. Luiz Roberto Salinas Fortes. São Paulo: Perspectiva, 1974, pp. 311–330 (apêndice 4).

———. *Sur Spinoza* (Cours Vincennes, St. Denis), 17/02/1981. Disponível em https://www.web-deleuze.com/textes/37.

———. *A dobra: Leibniz e o barroco*, trad. Luiz B. L. Orlandi. Campinas, São Paulo: Papirus, 1991.

———. *Conversações, 1972-1990*, trad. Peter Pál Pelbart. São Paulo: Ed. 34, 1992.

———. *Crítica e clínica*, trad. Peter Pál Pelbart. São Paulo: Ed. 34, 1997.

———. "Sobre quatro fórmulas poéticas que poderiam resumir a filosofia kantiana", in *Crítica e clínica*, trad. Peter Pál Pelbart. São Paulo: Ed. 34, 1997, pp. 36–44.

———. *Diferença e repetição*, trad. Luiz Orlandi e Roberto Machado. 2ª ed. rev. e ampl. Rio de Janeiro: Graal, 2006.

———. "A imanência: uma vida...". in *Dois regimes de loucos: textos e entrevistas (1975-1995)*, org. David Lapoujade, trad. Guilherme Ivo. São Paulo: Ed. 34, 2016, pp. 407–413.

Deleuze, Gilles e Claire Parnet. *Diálogos*, trad. Eloisa Araújo Ribeiro, São Paulo: Escuta,1988.

Deleuze, Gilles e Félix Guattari. *O que é a filosofia?*, trad. Bento Prado Jr. e Alberto Alonso Muñoz. São Paulo; Ed. 34, 1992.

———. "1914 — Um só ou vários lobos?", in *Mil platôs. Capitalismo e esquizofrenia II*, v. 1, trad. Aurélio Guerra e Celia Pinto Costa. São Paulo: Ed. 34, 1995, pp. 37–50.

———. "Micropolítica e segmentaridade", trad. Suely Rolnik, in *Mil platôs. Capitalismo e esquizofrenia II*, v. 3. São Paulo: Ed. 34, 1996, pp. 83–115.

———. *Mil platôs. Capitalismo e esquizofrenia II*, v. 5, trad. Peter P. Pelbart e Janice Caiafa. São Paulo: Ed. 34, 1997.

———. *O anti-Édipo. Capitalismo e esquizofrenia I*, trad. Luiz B. L. Orlandi. São Paulo: Ed. 34, 2010.

Derrida, Jacques. "A mitologia branca", in *Margens da filosofia*, trad. Joaquim Torres Costa e António M. Magalhães. Campinas: Papirus, 1991, pp. 249–313.

———. *A farmácia de Platão*, trad. Rogério da Costa. São Paulo: Iluminuras, 2005.

Descola, Philippe. *La nature domestique: symbolisme et praxis dans l'écologie des Achuar*. Paris: Maison des Sciences de L'homme, 1986.

———. "Societies of Nature and the Nature of Society", in Adam Kuper (org.), *Conceptualizing Society*. Londres: Routledge, 1992, pp. 117-36.

———. "Les affinités sélectives: alliance, guerre et prédation dans l'ensemble jivaro", *L'Homme*, n. 126-128, 1993, pp. 171-190.

———. "Des proies bienveillantes. Le traitement du gibier dans la chasse amazonienne", in Françoise Héritier (org.), *De la violence*. Paris: Odile Jacob, 1999, pp. 19-44, v. 2.

———. *Para além de natureza e cultura*, trad. Andrea Daher e Luiz César de Sá. Niterói: Eduff, 2023.

Detienne, Marcel. *L'invention de la mythologie*. Paris: Gallimard, 1981.

———. *Comparer l'incomparable*. Paris: Seuil, 2000.

Dumont, Louis. *Introduction à deux théories d'anthropologie sociale: groupes de filiation et alliance de mariage*. Paris: Mouton, 1971.

Edwards, Jeanette. "Skipping a Generation and Assisting Conception", in Sandra Bamford e James Leach (orgs.), *Kinship and Beyond: The Genealogical Model Reconsidered*. Oxford: Berghahn, 2009, pp. 138-58.

Edwards, Janette e Marilyn Strathern. "Including our Own", in Janet Carsten (org.), *Culture of Relatedness: New Approaches to the Study of Kinship*. Cambridge: Cambridge University Press, 2000, pp. 149-166.

Eggan, Fred. "Social Anthropology and the Method of Controlled Comparison", *American Anthropology*, v. 56, n. 5, out. 1954, pp. 743-763.

Erikson, Philippe. "De l'apprivoisement à l'approvisionnement: chasse, alliance et familiarisation en Amazonie amérindienne", *Techniques et Cultures*, n. 9, pp. 105-140, 1984.

———. "Altérité, tatouage et anthropophagie chez les Pano: Ia beiliqueuse quête de soi", *Journal de Ia Société des Américanistes*, n. 62, 1998, pp. 185-210.

———. *La gríffe des aïeux: marquage du corps et démarquages ethniques chez les Matis d'Amozonie*. Paris: Peeters, 1996. (Bibliothèque de la Selaf, 358).

Esposito, Roberto. *Tercera persona: politica de la vida y filosofía de lo impersonal*. Buenos Aires: Amorrortu, 2009.

Etelain, Jeanne. *A Theory of Zones: Conceptualizing Space in the Planetary Era*. Paris: Université Paris-Nanterre, 2023. Tese de doutorado.

Evans-Pritchard, Edward. *Bruxaria, oráculos e magia entre os Azande*, edição resumida por Eva Gillies, trad. Eduardo Viveiros de Castro. Rio de Janeiro: Jorge Zahar, 2005.

Fausto, Carlos. "Of Enemies and Pets: Warfare and Shamanism in Amazonia", *American Ethnologist*, v. 26, n. 4, 1999, pp. 933-956.

———. *Inimigos fiéis: história, guerra e xamanismo na Amazônia*. São Paulo: Edusp, 2001.

Fortes, Meyer. *Kinship and the Social Order: The Legacy of Lewis Henry Morgan*. Londres: Routledge/Kegan Paul, 1969.

Franklin, Sarah e Helena Ragoné (orgs.). *Reproducing Reproduction: Kinship, Power, and Technological Innovation*. Philadelphia: University of Pennsylvania Press, 1998.

Gallois, Dominique. "O pajé wayãpi e seus espelhos", *Revista de Antropologia*, v. 27-28, pp. 179-196, 1985.

———. "Xamanismo waiãpi: nos caminhos invisíveis, a relação *i-paie*", in Jean Matesson E. Langdon (org.), *Xamanismo no Brasil: novas perspectivas*. Florianópolis: Editora da UFSC, 1996, pp. 39-74.

Geertz, Clifford. "The Way We Think Now: Toward an Ethnography of Modern Thought", in *Local Knowledge: Further Essays in Interpretive Anthropology*. New York: Basic Books, 1983, pp. 147-163.

———. "The Uses of Diversity", *Michigan Quarterly Review*, v. 25, 1986, pp. 105-123.

———. "A religião como sistema cultural", in *A interpretação das culturas*, trad. Fanny Wrobel. Rio de Janeiro: LTC, 2007, pp. 101-42.

———. *Available light: anthropological reflections on philosophical topics*. Princeton, NJ: Princeton University Press, 2012 [*Nova luz sobre a antropologia*, trad. Vera Ribeiro. Rio de Janeiro: Zahar, 2000].

Gell, Alfred. *Arte e agência: uma teoria antropológica*, trad. Jamille Pinheiro Dias. São Paulo: Ubu, 2018.

———. *The Art of Anthropology: Essays and Diagrams*, org. Eric Hirsch. Londres: Athlone, 1999.

———. "Strathernograms, or, the Logic of Mixed Metaphors", in Alfred Gell, *The Art of Anthropology: Essays and Diagrams*, org. Eric Hirsch. Londres: Athlone, 1999, pp. 29-75.

Ginzburg, Carlo. *História noturna: decifrando o sabá*, trad. Nilson Moulin Louzada. São Paulo: Companhia das Letras, 2012.

Goldman, Marcio. "Histórias, devires e fetiches das religiões afro-brasileiras: ensaio de simetrização antropológica", *Análise Social*, v. XLIV, n. 190, 2009, pp. 105-137.

———. "Dois ou três platôs de uma antropologia de esquerda", *Cosmos & Contexto*, 2014. Disponível em: https://cosmosecontexto.org.br/dois-ou-tres-platos--de-uma- antropologia-de-esquerda/.

Gonçalves, Marco Antonio T. *O mundo inacabado: ação e criação em uma cosmologia amazônica*. Rio de Janeiro: Ed. da UFRJ, 2001.

Gow, Peter. *Of Mixed Blood: Kinship and History in Peruvian Amazonia*. Oxford: Clarendon Press, 1991.

———. "O parentesco como consciência humana: o caso dos Piro", *Mana*, v. 3, n. 2, out. 1997, pp. 39-65.

———. "Piro Designs: Painting as Meaningful Action in an Amazonian Lived World", *Journal of the Royal Anthropological Institute*, v. 5, n. 2, 1999, pp. 229-246.

———. *An Amazonian Myth and its History*. Oxford: Oxford University Press, 2001.

———. "'Me deixa em paz!' Um relato etnográfico preliminar sobre o isolamento voluntário dos Mashco", *Revista de Antropologia*, v. 54, n. 1, 2011, pp. 11-46.

Graeber, David. *Toward an Anthropological Theory of Value. The False Coin of Our Own Dreams*. New York: Palgrave, 2001.

———. "Fetishism as Social Creativity: Or, Fetishes Are Gods in the Process of Construction", *Anthropological Theory*, v. 5, n. 4, 2005, pp. 407-438.

Gray, Andrew. *The Arakmbut: Mythology, Spirituality, and History in an Amazonian Community*. Providence; Oxford: Berghahn Books, 1996.

Gregory, Chris. *Gifts and Commodities*. Londres: Academic Press, 1982.

Guerreiro, Antonio. *Ancestrais e suas sombras: uma etnografia da chefia kalapalo e seu ritual mortuário,* Campinas: Ed. da Unicamp, 2017.

Guss, Daniel. *To Weave and Sing: Art, Symbol, and Narrative in the South American Rain Forest*. Berkeley: California University Press, 1989.

Hache, Émilie e Bruno Latour. "Morality or Moralism? An Exercise in Sensitization", trad. Patrick Camiller, *Common Knowledge*, v. 16, n. 2, 2010, pp. 311-330.

Hage, Ghassan. "Critical Anthropological Thought and the Radical Political Imaginary Today", *Critique of Anthropology*, v. 32, n. 3, 2012, pp. 285-308.

Hallowell, Irving. "Ojibwa Ontology, Behavior and World View", in Stanley Diamond (org.), *Culture in History: Essays in Honor of Paul Radin*. New York: Columbia University Press, 1960, pp. 49-82.

Harrison, Simon. "The Politics of Resemblance: Ethnicity, Trademarks, Head-Hunting", *Journal of the Royal Anthropological Institute*, v. 8, n. 2, jun. 2002, pp. 211-232.

Henare, Amiria; Martin Holbraad e Sari Wastell (orgs.). *Thinking Through Things: Theorising Artefacts Ethnographically*. Londres: Routledge, 2007.

Herrero, Marina e Ulysses Fernandes (orgs.), *Baré, povo do rio*. São Paulo: Edições Sesc-SP, 2015.

Herzfeld, Michael. "Orientações: antropologia como uma prática da teoria", in *Antropologia: prática teórica na cultura e na sociedade*, trad. Noéli Correia de Melo Santos. Petrópolis: Vozes, 2016, pp. 17-39.

Heywood, Paolo. "Anthropology and What There Is: Reflections on 'Ontology' ", *Cambridge Anthropology*, v. 30, n. 1, 2012, pp. 143-151.

Holbraad, Martin. "The Power of Powder: Multiplicity and Motion in the Divinatory Cosmology of Cuba Ifá (or mana, again)", in Amiria Henare, Martin Holbraad e Sari Wastel (orgs.), *Thinking Through Things: Theorizing Artefacts Ethnographically*. Londres: Routledge, 2007, pp. 189-225.

——. "Expending Multiplicity: Money in Cuban Ifá Cults". *Journal of the Royal Anthropological Institute*, v. 11, n. 2, 2005, pp. 231-254.

Holbraad, Martin e Morten Pedersen. *The Ontological Turn: An Anthropological Exposition*. Cambridge: Cambridge University Press, 2017.

Holbraad, Martin; Morten Pedersen e Eduardo Viveiros de Castro. "The Politics of Ontology: Anthropological Positions", *Society for Cultural Anthropology*, online, 13 jan. 2014. Disponível em: https://culanth.org/fieldsights/the-politics--of-ontology-anthropological-positions.

Holy, Ladislav. *Anthropological Perspectives on Kinship*. Londres: Pluto Press, 1996.

Horton, Robin. *Patterns of Thought in Africa and the West. Essays on Magic, Religion and Science*. Cambridge: Cambridge University Press,1993.

Howard, Katherine. *Wrought Identities: The Waiwai Expeditions in Search of the*

"Unseen" Tribes. Chicago: University of Chicago, 2001. Tese de doutorado.

Howell, Signe. *Society and Cosmos: Chewong of Peninsular Malaysia*. Oxford: Oxford University Press, 1984.

——. "Nature in Culture or Culture in Nature? Chewong Ideas of 'Humans' and Other Species", in Philippe Descola e Gísli Pálsson (orgs.), *Nature and Society: Anthropological Perspectives*. London: Routledge, 1996, pp. 127-144.

Hubert, Henri e Marcel Mauss. "Esboço de uma teoria geral da magia", in Marcel Mauss, *Sociologia e antropologia*, trad. Paulo Neves. São Paulo: Cosac Naify, 2003 [Ubu, 2017], pp. 47-181.

Hugh-Jones, Stephen. *The Palm and the Pleiades: Initiation and Cosmology in Northwest Amazonia*. Cambridge: Cambridge University Press, 1979.

——. "Shamans, Prophets, Priests and Pastors", in Nicholas Thomas e Caroline Humphrey (orgs.), *Shamanism, History, and the State*. Ann Arbor: University of Michigan Press, 1996, pp. 32-75.

——. "Bonnes raisons ou mauvaise conscience? De l'ambivalence de certains Amazoniens envers la consommation de viande", *Terrain*, v. 26, 1996, pp. 123-48.

Ingold, Tim. "Editorial", *Man*, v. 27, n. 4, 1992, pp. 693-696.

——. *The Perception of the Environment: Essays on Livelihood, Dwelling and Skill*. Londres: Routledge, 2000.

Instituto Socioambiental. "Onde estão os isolados". Disponível em: https://pib.socioambiental.org/pt/Onde_estão_os_isolados%3F.

IWGIA (The International Work Group for Indigenous Affairs), *Annual Report 2018*. Disponível em: https://iwgia.org/en/resources/publications/305-books/3353-iwgia-annual-report-2018.html.

Jara, Fabíola. *El camino del kumu: ecología y ritual entre los Akuriyó de Surinam*. Quito: Abya-Yala, 1996.

Jaspers, Karl. *The Origin and Goal of History* (Routledge Revivals), trad. William Earle. Londres: Routledge, 2014.

Jensen, Casper Bruun. "Practical Ontologies Redux", *Berliner Blätter*, v. 84, 2021, pp. 93-104.

Jensen, Casper Bruun e Atsuro Morita. "Anthropology as Critique of Reality: A Japanese Turn", *Hau: Journal of Ethnographic Theory*, v. 2, n. 2, 2012, pp. 358-370.

Julien, François. *Procès ou création: une introduction à la pensée chinoise*. Paris: Seuil, 1989.

Julien, François e Thierry Marchaisse. *Penser d'un dehors (la Chine). Entretiens d'extrême occident*. Paris: Seuil, 2000.

Karatani, Kojin. *The Structure of World History: From Modes of Production to Modes of Exchange*, trad. Michael Bourdaghs. Durham: Duke University Press, 2014.

Keane, Webb. "On Multiple Ontologies and the Temporality of Things", *Material World blog*, 7 jul. 2009. Disponível em: https://www.academia.edu/917938/On_Multiple_Ontologies_and_the_Temporality_of_Things.

Keifenheim, Barbara. "Identité et alterité chez les indiens Pano". *Journal de la*

Société des Américanistes, v. 78, n. 2, 1992, pp. 79-93.

Kelly, José Antonio. "Fractalidade e troca de perspectivas", Mana v. 7, n. 2, out. 2001, pp. 95-132.

——. *Relations within the Health System among the Yanomami in the Upper Orinoco, Venezuela*. Cambridge: Department of Social Anthropology and Darwin College, Cambridge University, 2003. Tese de doutorado.

——. "Multinatural Perspectivism and Structural Transformation", in *Seminário Antropologia de raposa: pensando com Roy Wagner*. Florianópolis, 2011. Disponível em: https://www.academia.edu/33739898/Multinatural_Perspectivism_and_Structural_Transformation_an_experiment.

——. *State Healthcare and Yanomami Transformations. A Symmetrical Ethnography*. Tucson: The University of Arizona Press, 2011.

——. *About anti-mestizaje*. Curitiba: Species – Núcleo de Antropologia Especulativa; Desterro (Florianópolis): Cultura e Barbárie, 2016.

Kensinger, Kenneth. *How Real People Ought to Live: The Cashinahua of Eastern Peru*. Prospect Heights: Waveland Press, 1995.

Kohn, Eduardo. *Natural Engagements and Ecological Aesthetics Among the Ávila Runa of Amazonian Ecuador*. Madison: University of Wisconsin, 2002. Tese de doutorado.

Kopenawa, Davi. "Sonhos das origens", in Carlos Alberto Ricardo (org.), *Povos indígenas no Brasil (1996-2000)*. São Paulo: ISA, 2000, p. 19.

——. "Xapiripë", in Bruce Albert e Davi Kopenawa, *Yanomami, o espírito da floresta*. Rio de Janeiro: Centro Cultural Banco do Brasil; Fondation Cartier, 2004. (Catálogo de exposição), pp. 32-33.

Kopenawa, Davi e Bruce Albert. "Les ancêtres animaux", in Bruce Albert e Hervé Chandès (orgs.), *Yanomami: l'esprit de la forêt*. Paris: Fondation Cartier, 2003, pp. 67-87 (Catálogo de exposição).

——. *A queda do céu: palavras de um xamã yanomami*, trad. Beatriz Perrone-Moisés. São Paulo: Companhia das Letras, 2015.

——. "Os ancestrais animais", in Davi Kopenawa e Bruce Albert, *A queda do céu: palavras de um xamã yanomami*, trad. Beatriz Perrone-Moisés. São Paulo: Companhia das Letras, 2015, pp. 110-131.

Kracke, Waud H. " 'Everyone Who Dreams Has a Bit of Shaman': Cultural and Personal Meanings of Dreams: Evidence from the Amazon", *Psychiatric Journal of the University of Ottawa*, v. 12, 1987, pp. 65-72.

Kraus, Karl. *Half-Truths and One-and-a-Half Truths: Selected Aphorisms*, trad. e edição Harry Zohn. Montreal: Engendra Press, 1976.

Krenak, Ailton. *Ideias para adiar o fim do mundo*. São Paulo: Companhia das Letras, 2019.

Lagrou, Elsje. *Cashinahua Cosmovision: A Perspectival Approach to Identity and Alterity*. St. Andrew: University of St. Andrews, 1998. Tese de doutorado.

Lambek, Michael. "Body and Mind in Mind, Body and Mind in Body: Some Anthropological Interventions in a Long Conversation", in Andrew Strathern e Michael Lambek (orgs.), *Bodies and Persons: Comparative Perspectives from Africa and Melanesia*. Cambridge: Cambridge University Press, 1988, pp. 103-122.

——. "Sacrifice and the Problem of Beginning: Meditations from Sakalava Mythopraxis", *Journal of the Royal Anthropological Institute*, v. 13, n. 1, 2007, pp. 19-38.

Latour, Bruno. "Irréductions", in *Les microbes guerre et paix suivi de Irréductions*. Paris: Editions A.M. Métailié, 1984, pp. 170-265.

——. *Jamais fomos modernos*, trad. C. Irineu da Costa. São Paulo: Ed. 34, 1991.

——. "Not the question", *Anthropology Newsletter*, v. 37, n. 3, 1996, pp. 1-5.

——. *Politiques de la nature: comment faire entrer les sciences en démocratie*. Paris: La Découverte, 1999.

——. *Reflexão sobre o culto moderno dos deuses fe(i)tiches*, trad. Sandra Moreira. São Paulo: Edusc, 2002.

——. *Investigação sobre os modos de existência: uma antropologia dos modernos*, trad. Alexandre A. Fernandez. Petrópolis: Vozes, 2019.

Leach, James. *Creative Land: Place and Procreation on the Rai Coast of Papua New Guinea*. Oxford: Berghahn Books, 2003.

Leach, Edmund. "Repensando a antropologia", in *Repensando a antropologia*, trad. José Luís dos Santos. São Paulo: Perspectiva, 2006, pp. 13-51.

Lévi-Strauss, Claude. *Totemismo hoje*, trad. Malcolm Bruce Corrie. Petrópolis: Vozes, 1975.

——. *As estruturas elementares do parentesco*, trad. Mariano Ferreira. Petrópolis: Vozes, 1982.

——. "La famille", in *Le regard éloigné*. Paris: Plon, 1983, pp. 62-92.

——. *A oleira ciumenta*, trad. Beatriz Perrone-Moisés. São Paulo: Brasiliense, 1987 [*La Potière Jalouse*. Paris: Plon, 1985].

——. *O pensamento selvagem*, trad. Tânia Pellegrini. Campinas: Papirus, 1989.

——. *História de Lince*, trad. Beatriz Perrone-Moisés. São Paulo: Companhia das Letras, 1993 [*Histoire de Lynx*. Paris: Plon, 1991].

——. "Hourglass Configurations", in Pierre Maranda (org.), *The Double Twist: From Ethnography to Morphodynamics*. Toronto: University of Toronto Press, 2001, pp. 15-32.

——. "Introdução à obra de Marcel Mauss". In Marcel Mauss, *Sociologia e antropologia*, trad. Paulo Neves. São Paulo: Cosac Naify, 2003, pp. 11-45.

——. *O cru e o cozido*, trad. Beatriz Perrone-Moisés. São Paulo: Cosac Naify, 2004.

——. "Sinfonia breve", in *O cru e o cozido*, trad. B. Perrone-Moisés. São Paulo: Cosac Naify, 2004, pp. 163-173. (Col. Mitológicas 1).

——. "Cantata do sarigüê", in *O cru e o cozido*, trad. Beatriz Perrone- Moisés. São Paulo: Cosac Naify, 2004, pp. 166-169. (Col. Mitológicas 1).

——. *Tristes trópicos*, trad. Rosa Freire Aguiar. São Paulo: Companhia das Letras, 2005.

——. *Do mel às cinzas*, trad. Carlos Eugênio Marcondes de Moura e Beatriz Perrone-Moisés. São Paulo: Cosac Naify, 2005, pp. 166-169. (Col. Mitológicas 2).

——. *A origem dos modos à mesa*, trad. Beatriz Perrone-Moisés. São Paulo: Cosac

Naify, 2006 (Col. Mitológicas 3).

——. "A moral dos mitos", in *A origem dos modos à mesa*, trad. Beatriz Perrone-Moisés. São Paulo: Cosac Naify, 2006, pp. 455-460. (Col. Mitológicas 3).

——. "A noção de estrutura em etnologia", in *Antropologia estrutural*, trad. Beatriz Perrone-Moisés. São Paulo: Cosac e Naify, 2008, pp. 299-346.

——. "O feiticeiro e sua magia", in *Antropologia estrutural*, trad. Beatriz Perrone-Moisés. São Paulo: Cosac Naify, 2008, pp. 181-200.

——. "Linguística e antropologia", *Antropologia estrutural*, trad. Beatriz Perrone-Moisés. São Paulo: Cosac Naify, 2008, pp. 74-92.

——. *O homem nu*, trad. Beatriz Perrone-Moisés. São Paulo: Cosac Naify, 2011. (Col. Mitológicas 4). [*Mythologiques IV: l'homme nu*. Paris: Plon,1971].

——. "Raça e história", in *Antropologia estrutural dois*, trad. Beatriz Perrone-Moisés. São Paulo: Cosac Naify, 2013, pp. 357-399.

——. "Jean-Jacques Rousseau, fundador das ciências do homem" in *Antropologia estrutural dois*, trad. Beatriz Perrone-Moisés. São Paulo: Cosac Naify, 2013, pp. 45-55.

——. "As organizações dualistas existem?", in *Antropologia estrutural*, trad. Beatriz Perrone-Moisés. São Paulo: Cosac Naufy, 2008, pp. 147-178. ["Les organisations dualistes existent- elles?" (1956), in *Anthropologie structurale*. Paris: Plon, 1958, pp. 147-180].

Lévi-Strauss, Claude e Didier Eribon. *De perto e de longe*, trad. Léa Mello, Julieta Leite. São Paulo: Cosac Naify, 2005.

Lienhardt, Godfrey. *Divinity and Experience: The Religion of the Dinka*. Oxford: Claredon Press, 1961.

Lima, Tânia Stolze. "O dois e seu múltiplo: reflexões sobre o perspectivismo em uma cosmologia tupi", *Mana*, v. 2, n. 1, 1996, pp. 21-47.

——. *Um peixe olhou para mim. O povo Yudjá e a perspectiva*. São Paulo: Editora Unesp, 2005.

Lipuma, Edward. "Modernity and Forms of Personhood in Melanesia" In Andrew Strathern e Michael Lambek (orgs.), *Bodies and Persons: Comparative Perspectives from Africa and Melanesia*. Cambridge: Cambridge University Press, 1998, pp. 53-79.

Lispector, Clarice. *A paixão segundo G.H.* Rio de Janeiro: Rocco, 2023.

Lloyd, Geoffrey. *Demystifying Mentalities*. Cambridge: Cambridge University Press, 1990.

Locatelli, Pierro. "Após expulsarem de madeireiros a médicos, índios defendem autonomia total no Maranhão", *UOL/Cotidiano*, 09/01/2018. Disponível em: https://noticias.uol.com.br/cotidiano/ultimas-noticias/2018/01/09/apos-
-expulsarem-de-madeireiros-a-professores-indios-defendem-autonomia-
-total-no-maranhao.htm.

Ludueña Romandini, Fabián. *A comunidade dos espectros. I. Antropotecnia*, trad. Alexandre Nodari e Leonardo D'Ávila de Oliveira. Desterro (Florianópolis): Cultura e Barbárie, 2012.

——. *Principios de espectrología. La comunidad de los espectros II*. Buenos Aires:

Miño y Dávila, 2016.

Malabou, Catherine. *Plasticité*. Paris: Léo Scheer, 2000.

——. *Au voleur! Anarchisme et philosophie*. Paris: PUF, 2022.

Malinowski, Bronislaw. *Argonautas do Pacífico Ocidental*, apres. e coord. da trad. Eunice R. Durham, trad. Anton Carr e Ligia Cardieri. São Paulo: Ubu, 2018.

Maniglier, Patrice. "A Metaphysical Turn? Bruno Latour's *An Inquiry into Modes of Existence*", *Radical Philosophy*, n. 187, 2014, pp. 37-44.

——. "Anthropological Meditations: Discourse on Comparative Method", in Pierre Charbonnier, Gildas Salmon e Peter Skafish (orgs.), *Comparative Metaphysics: Ontology after Anthropology*. Lanham: Rowman & Littlefield International, 2017, pp. 109-131.

——. "How Many Earths? The Geological Turn in Anthropology", *The Otherwise*, v. 1, 2020, pp. 61-75.

——. *A vida enigmática dos signos. Saussure e o nascimento do estruturalismo*, trad. Fábio R. Lucas e Fernando Scheibe. Florianópolis: Cultura e Barbárie, 2023.

Manxineru, Lucas. "Yine Manxinerune Hosha Hajene e a territorialidade criada na Terra Indígena Mamoadate: o poder das memórias", *Seminário internacional Povos indígenas em isolamento voluntário: repensando as abordagens antropológicas*. Rio de Janeiro, UFRJ, 2018.

Maranda, Pierre (org.), *The Double Twist: From Ethnography to Morphodynamics*. Toronto: University of Toronto Press, 2001.

Mauss, Marcel. "Ensaio sobre a dádiva", in *Sociologia e antropologia*, trad. Paulo Neves. São Paulo: Ubu, 2017, pp. 183-314.

McCallum, Cecilia. "Morte e pessoa entre os Kaxinawá". *Mana*, v. 2, n. 2, 1996, pp. 49-84.

McKinnon, Susan. "The Economies in Kinship and the Paternity of Culture: Origin Stories and Kinship Theory", in Susan McKinnon e Janet Carsten (orgs.), *Relative Values: Reconfiguring Kinship Studies*. Durhan (NC): Duke University Press, 2001, pp. 277-301.

Means, Russell. "The Same Old Song", in Ward Churchill (org.), *Marxism and Native Americans*. Boston: South End Press, 1983, pp. 19-33.

Medeiros, Sérgio (org.). *Makunaíma e Jurupari: cosmogonias ameríndias*. São Paulo: Perspectiva, 2022.

Meillassoux, Quentin. "Iteration, Reiteration, Repetition: A Speculative Analysis of the Meaningless Sign", in Armen Avanessian e Suhail Malik (orgs.), *Genealogies of Speculation: Materialism and Subjectivity since Structuralism*. London: Bloomsbury, 2016, pp. 117-197.

——. *Após a finitude: ensaio sobre a necessidade da contingência*, trad. Lucas Lazzaretti. Rio de Janeiro: 7Letras, 2022.

Mentore, George. "Tempering the Social Self: Body Adornment, Vital Substance, and Knowledge among the Waiwai", *Journal of Archaeology and Anthropology*, v. 9, 1993, pp. 22-34.

Michaux, Henri. *Face aux verrous*. Paris: Gallimard, 1992.

Miller, Joana. *As coisas: os enfeites corporais e noção de pessoa entre os Mamainde*

Nambiquara. Rio de Janeiro: PPGAS-MN/UFRJ, 2007. Tese de doutorado.

Mimica, Jadran. "The Incest Passions: An Outline of the Logic of the Iqwaye Social Organization (part 1)". *Oceania*, v. 62, n. 1, 1991, pp. 34-58.

——. "Un/knowing and the Practice of Ethnography: A Reflection on Some Western Cosmo-ontological Notions and their Anthropological Application", *Anthropological Theory*, v. 10, n. 3, 2010, pp. 203-228.

Monod, Jean. *Wora, la déesse cachée*. Paris: Les Editeurs Evidant, 1987.

Montebello, Pierre. *L'autre métaphysique: essai sur Ravaisson, Tarde, Nietzsche et Bergson*. Paris: Desclée de Brouwer, 2003.

——. *Métaphysiques cosmomorphes. La fin du monde humain*. Dijon: Les Presses du réel, 2015.

Moore, Henrietta. "Anthropological Theory at the Turn of the Century", in Henrietta Moore (org.), *Anthropological Theory Today*. Londres: Polity Press, 1999, pp. 1-23.

Muniz, Naílton. Memorial em vista da concessão de doutorado honoris causa, Universidade Federal de Minas Gerais, 2020.

Nación Wampis. *Estatuto del Gobierno territorial autónomo de la nación Wampis*, 29/11/2015. Disponível em: http://www.forestpeoples.org/sites/fpp/files/news/2015/11/ESTATUTO%20NACION%20WAMPIS_29Nov2015.pdf.

Nietzsche, Friedrich. "Considerações intempestivas: Schopenhauer educador", in *Escritos sobre educação*, trad. Noéli Correia de Melo Sobrinho. São Paulo: Loyola, 2003, pp. 138-221.

Nodari, Alexandre. *A literatura como antropologia especulativa*. Desterro (Florianópolis): Cultura e Barbárie, 2024.

Obeyesekere, Gananath. *The Apotheosis of Captain Cook: European Mythmaking in the Pacific*. Princeton: Princeton University Press, 1992.

Organização dos Estados Americanos. Comissão Interamericana de Direitos Humanos – OEA-CIDH. *Pueblos indígenas en aislamiento voluntario y contacto inicial en las Américas: Recomendaciones para el pleno respeto a sus derechos humanos*. Washington D.C.: Inter- American Commission on Human Rights; Rapporteurship on the Rights of Indigenous Peoples; OEA, 2013.

Organización del Tratado de Cooperación Amazónica (OTCA). *Marco estratégico para la protección de los pueblos indígenas en aislamiento voluntario y contacto inicial: compendio de las actividades realizadas en la fase I (2011-214) y la fase II (2016-2018)*. Brasília: OTCA, 2018.

Overing, Joanna. *The Piaroa: A People of the Orinoco Basin*. Oxford: Clarendon, 1975.

——. "Today I shall call him 'Mummy': Multiple Worlds and Classificatory Confusion", in Joanna Overing (org.), *Reason and Morality*. London: Tavistock, 1985, pp. 152-179. (ASA Monographs, 24).

Oviedo, Antonio. "Os povos indígenas isolados e as obras de infraestrutura que ameaçam seus territórios", *Instituto Socioambiental*, 2018. Disponível em: http://bit.ly/2XcEBdi.

Pastoureau, Michel. *A vida cotidiana no tempo dos cavaleiros da Távola Redonda*, trad. Paulo Neves. São Paulo: Companhia das Letras; Círculo do Livro, 1989.

Peacock, James. "Action Comparison: Efforts Towards a Global and Comparative and yet Local and Active Anthropology", in André Gingrich e Richard G. Fox (orgs.), *Anthropology, by Comparison*. Londres: Routledge, 2017, pp. 44-69.

Pechincha, Mônica T. S., *Histórias de admirar: mito, rito e história kadiwéu*. Brasília: UnB, 1994, p. 140. Dissertação de mestrado.

Pedersen, Morten Axel. "Common Nonsense: A Review of Certain Recent Reviews of the 'Ontological Turn' ", *Anthropology of this Century*, v. 5, 2012. Disponível em: http://aotc- press.com/articles/common_nonsense/.

Plotino. "On the Intellectual Beauty", in *Ennead V, Eighth Tractate*. Disponível em: http://www.sophia-project.org/uploads/1/3/9/5/13955288/plotinus_intellectualbeauty.pdf.

Pollock, Donald K. *Personhood and Illness among the Culina of Western Brazil*. Rochester: University of Rochester, 1985. Tese de doutorado.

Prado Jr., Bento "A idéia de plano de imanência", in Éric Alliez (org.), *Gilles Deleuze: uma vida filosófica*, coord da trad. Ana Lúcia de Oliveira. São Paulo: Ed. 34, 2000.

——. *A retórica de Rousseau e outros ensaios*. São Paulo: Cosac Naify, 2008.

Ramos, Alcida. "The Politics of Perspectivism", *Annual Review of Anthropology*, v. 41, 2012, pp. 481-494.

Reichel-Dolmatoff, Gerardo. *Desana: Le symbolisme universel des Indiens Tukano du Vaupés*. Paris: Gallimard, 1973.

——. *The Shaman and the Jaguar: A Study of Narcotic Drugs Among the Indians of Colombia*. Philadelphia: Temple University Press, 1975.

——. "Drug Induced Optical Sensations and their Relationship to Applied Art among Some Colombian Indians", in Michael Greenhalgh e Vincent Megaw (orgs.), *Art in Society: Studies in Style, Culture and Aesthetics*. Nova York: St. Martin's Press, 1978, pp. 289-304.

Renard-Casevitz, France-Marie. *Le banquet masqué: une mythologie de l'étranger*. Paris: Lierre & Coudrier Éditeur, 1991.

Rival, Laura. "Androgynous Parents and Guest Children: The Huaraoni Couvade", *Journal of the Royal Anthropological Institute*, v. 4, n. 4, dez. 1998, pp. 619-642.

Rivière, Peter. "WYSIWYG in Amazônia", *Journal of the Anthropological Society of Oxford*, v. 25, 1994, pp. 255-262.

Rodgers, David. "A soma anômala: a questão do suplemento no xamanismo e menstruação ikpeng", *Mana*, v. 8, n. 2, 2002, pp. 91-125.

——. *Foil: Indifference, Incompossibility and the Complexion of Ikpeng Shamanism*. Manuscrito inédito, 2004.

Roe, Peter G. *The Cosmic Zygote: Cosmology in the Amazon Basin*. New Brunswick: Rutgers University Press, 1982.

——. "The Josho Nahuanbo Are All Wet and Undercooked: Shipibo Views of the Whiteman and the Incas in Myth, Legend, and History", in Jonathan D. Hill (org.), *Rethinking History and Myth: Indigenous South American Perspectives on the Past*. Illinois: UI Press, 1988, pp. 106-35.

——. "Impossible Marriages: Animal Seduction Tales among the Shipibo Indians of the Peruvian Jungle". *Journal of Latin American Lore*, v. 16, 1990, pp. 131-173.

Rorty, Richard. "On Ethnocentrism: A Reply to Clifford Geertz", in *Objectivity, Relativism, and Truth: Philosophical Papers*, v. 1. Cambridge: Cambridge University Press, 1991, pp. 203-210.

——. "Solidarity or Objectivity?", in *Objectivity, Relativism, and Truth: Philosophical Papers*, v. 1. Cambridge: Cambridge University Press, 1991, pp. 21-34.

Roth, Walter. "An Inquiry into the Animism and Folk-Lore of the Guiana Indians", in *30th Annual Report of the Bureau of American Ethnology*, 1908-1909. Washington DC, 1915.

Russell, Bertrand. "The Problem of Infinity Considered Historically" (1929), in Wesley C. Salmon (org.), *Zeno's Paradoxes*. Indianápolis: Hackett Publising Company, 2001, pp. 45-66.

Safatle, Vladimir. "A teoria das pulsões como ontologia negativa", *Revista Discurso*, n. 36, 2007, pp. 151-192.

Saer, Juan José. "O conceito de ficção", trad. Joca Wolff, *Sopro*, n. 15, 2009, pp. 1-4.

Sahlins, Marshall. "Raw Women, Cooked Men, and Other 'Great Things' of the Fiji Islands", in Paula Brown e Donald Tuzin (orgs.), *The Ethnography of Cannibalism*. Washington, DC: Society for Psychological Anthropology, 1983, pp. 72-93.

——. *Ilhas de história* , trad. Barbara Sette. Rio de Janeiro: Zahar, 1990.

——. "On the ontological scheme of *Beyond nature and culture*", *Hau: Journal of Ethnographic Theory*, v. 4, n. 1, 2014, pp. 281-290.

—— *The New Science of the Enchanted Universe: An Anthropology of Most of Humanity*. Princeton, NJ: Princeton University Press, 2022.

Salmon, Gildas. "On Ontological Delegation: The Birth of Neoclassical Anthropology", trad. Nicolas Carter, in Pierre Charbonnier, Gildas Salmon e Peter Skafish (orgs.), *Comparative Metaphysics: Ontology after Anthropology*. Lanham: Rowman & Littlefield International, 2017, pp. 41-60.

Sapir, Edward. *Selected Writing in Language, Culture, and Personality*, org. David G. Mandelbaum. Berkeley: University of California Press, 1985.

Schieffelin, Edward L. *The Sorrow of the Lonely and the Burning of the Dancers*. New York: St. Martin's Press, 1979.

Schneider, David. "Some Muddles in the Models: Or, How the System Really Works", in Michael Banton (org.), *The Relevance of Models for Social Anthropology*. Londres: Tavistock, 1965, pp. 25-85 (ASA Monographs 1).

——. "Foreword", in Roy Wagner, *The Curse of Souw: Principles of Daribi Clan Definition and Alliance*. Chicago: University of Chicago Press, 1967, pp. vii--viii.

——. *American Kinship: A Cultural Account*. Englewood Cliffs, New Jersey: Prentice Hall, 1968.

——. *A Critique of the Study of Kinship*. Ann Arbor: University of Michigan Press,

1984.

Scholte, Bob. "Reason and Culture: The Universal and the Particular Revisited: Martin Hollis, Steven Lukes (eds.), *Rationality and Relativism*," *American Anthropologist*, v. 86, n. 4, 1984, pp. 960-965.

Schrempp, Gregory. *Magical Arrows: The Maori, the Greeks, and the Folklore of the Universe*. Madison: University of Wisconsin Press, 1992.

Schwartzman, Stephan. *The Panara of the Xingu National Park: The Transformation of a Society*. Chicago: University of Chicago, 1988. Tese de doutorado.

Searle, John. *The Construction of Social Reality*. New York: Free Press, 1995.

Seeger, Anthony. *Nature and Society in Central Brazil: The Suya Indians of Mato Grosso*. Cambridge, Mass: Harvard University Press, 1981.

Seeger, Anthony e Eduardo Viveiros de Castro, "Terras e territórios indígenas no Brasil", *Encontros com a Civilização Brasileira*, v. 12, 1979, pp. 101-114.

Serres, Michel. *O contrato natural*, trad. Beatriz Sidoux. Rio de Janeiro: Nova Fronteira, 1991.

Shapin, Steve e Schaffer, Simon. *Leviathan and the Air-Pump*. Princeton: Princeton University Press, 1985.

Shiratori, Karen. *O olhar envenenado: da metafísica vegetal jamamadi (Médio Purus, AM)*. Rio de Janeiro: Museu Nacional-UFRJ, 2018. Tese de doutorado.

Simondon, Gilbert. *L'individu et sa genèse physico-biologique*. Paris: Jérôme Millon, 1995.

——. "A gênese do indivíduo", trad. Ivana Medeiros. *Cadernos de Subjetividade*, v. 11, 2003, pp. 97-117.

Simpson, John e Weiner, Edmund (orgs.), *Oxford English Dictionary*, 2ª ed. Oxford: Claredon Press, 1989.

Skafish, Peter. *Rough Metaphysics: Speculative Thought and Mediumship of Jane Roberts*. Minneapolis: University of Minnesota Press, 2023.

Smith, Barbara Herrnstein. *Scandalous Knowledge: Science, Truth, and the Humam*. Durham, NC: Duke University Press, 2006.

Smith, David M. "An Athapaskan Way of Knowing: Chipewyan Ontology". *American Ethnologist*, v. 25, 1998, pp. 412-432.

Skorupski, John. *Symbol and Theory: A Philosophical Study of Theories of Religion in Social Anthropology*. New York: Cambridge University Press, 1976.

Sperber, Dan. *Le symbolisme en général*. Paris: Hermann, 1974.

——. *Le savoir des anthropologues*. Paris: Hermann, 1982.

Starn, Orin. "Here Come the Anthros (Again): The Strange Marriage of Anthropology and Native America", *Cultural Anthropology*, v. 26, n. 2, 2011, pp. 179-204.

Stafford, Charles. "Chinese Patriliny and the Cycles of Yang and Laiwang", in Janet Carsten (org.), *Cultures of Relatedness: New Approaches to the Study of Kinship*. Cambridge: Cambridge University Press, 2000, pp. 35-54.

Stengers, Isabelle. "SF antiviral ou comment spéculer sur ce qui n'est pas là", in *Vivre, expérimenter, raconter* (Coll. Cahiers d'enquêtes politiques de Le collectif d'enquêtes politiques). Bélgica: Les Éditions des mondes à faire, 2016, pp. 107-124.

Storrie, Robert. "Equivalence, Personhood and Relationality: Processes of Relatedness Among the Hoti of Venezuelan Guiana", *Journal of the Royal Anthropological Institute*, v. 9, 2003, pp. 407-428.

Strathern, Marilyn. "No Nature, No Culture: The Hagen Case", in Carol MacCormack e Marilyn Strathern (orgs.), *Nature, Culture, and Gender*. Cambridge: Cambridge University Press, 1980, pp. 174-222.

——. "The Limits of Auto-Anthropology", in A. Jackson (org.), *Anthropology at Home*. Londres: Tavistock, 1987, pp. 16-37.

——. "Out of Context: The Persuasive Fictions of Anthropology", *Current Anthropology*, v. 28, n. 3, 1987, pp. 251-281.

——. *Partial Connections*. Savage, MD: Rowman & Littlefield Publishers, 1991.

——. *Reproducing the Future: Anthropology, Kinship, and the New Reproductive Technologies*. New York: Routledge, 1992.

——. *After Nature: English Kinship in the Late Twentieth Century*. Manchester: Manchester University Press, 1992.

——. *The Relation: Issues on Complexity and Scale*. Cambridge: Prickly Pear Press, 1995.

——. *Property, Substance and Effect: Anthropological Essays on Persons and Things*. Londres: Athlone, 1999.

——. "No limite de uma certa linguagem: entrevista com Marilyn Strathern", *Mana*, v. 5, n. 2, 1999, pp. 157-175.

——. "Emergent Properties: New Technologies, New Persons". Robert and Maurine Rotschild Distinguished Lecture. Cambridge, Mass.: Harvard University, 18 abr. 2001 [panfleto].

——. *Partial connections*. Walnut Creek Ca: Altamira Press, 2004. [updated edition]

——. "Transactions: an Analytical Foray", in Eric Hirsch e Marilyn Strathern (orgs.), *Transactions and Creations: Property Debates and the Stimulus of Melanesia*. Oxford: Berghahn, 2004, pp. 85-109.

——. "Divided Origins and the Arithmetic of Ownership", in Bill Maurer e Gabriele Schwab (orgs.), *Accelerating Possession: Global Futures of Property and Personhood*. New York: Columbia University Press, 2006, pp. 135-173.

——. "O efeito etnográfico. Parte I", in *O efeito etnográfico e outros ensaios*, trad. Iracema Dulley, Jamille Pinheiro e Luísa Valentini. São Paulo: Cosac Naify, 2014, pp. 345-369.

——. *O gênero da dádiva: problemas com mulheres e problemas com a sociedade na Melanésia*, trad. André Villalobos. Campinas: Ed. Unicamp, 2019.

Strathern, Marilyn; Eduardo Viveiros de Castro e Carlos Fausto. "No limite de uma certa linguagem: entrevista com Marilyn Strathern", *Mana* v. 5, n. 2, out. 1999, pp. 157-175.

Surrallès, Alexandre. *Au coeur du sens: perception, affectivité et action chez les Candoshi*. Paris: CNRS/Maison des Sciences de L'homme, 2003.

Taylor, Anne-Christine. "L'art de la réduction". *Journal de la Société des Américan-*

istes, v. 71, 1985, pp. 159-173.
——. "Des fantômes stupéfiants: langage et croyance dans la pensée achuar", *L'Homme*, n. 126-128, 1993, pp. 429-447.
——. "Remembering to Forget: Identity, Mourning and Memory Among the Jivaro", *Man*, v. 28, n. 4, 1993, pp. 655-678.
——. "The Soul's Body and its States: An Amazonian Perspective of Being Human", *Journal of the Royal Anthropological Institute*, v. 2, n. 2, 1996, pp. 201-215.
——. "Corps immortel, devoir d'oubli: formes humaines et trajectoires de vie chez les Achuar", in Maurice Godelier e Michel Panoff (orgs.), *La production du corps*. Paris: Archives contemporaines, 1998, pp. 317-338.
——. "Le sexe de la proie: représentations jivaro du lien de parenté", *L'Homme*, n. 154/155, abr./set. 2000, pp. 309-333.
Tooker, Deborah. "Identity Systems of Highland Burma: 'Belief', Akha Zan, and a Critique of Interiorized Notions of Ethno-Religious Identity", *Man*, v. 27, n. 4, 1992, pp. 799-819.
Tournier, Michel. *Sexta-feira ou os limbos do Pacífico*, trad. Fernanda Botelho. São Paulo: Difel, 1985.
Townsend, Patricia. "The Washed and the Unwashed: Women's Life-Cycle Rituals among the Saniyo-Hlyowe of East Sepik Province. Papua New Guinea", in Nancy Lutkehaus e Paul Roscoe (orgs.), *Gender Rituals: Female Initiation in New Guinea*. New York: Routledge, 1995, pp. 165-182.
Townsley, Graham. "Song Paths: The Ways and Means of Yaminahua Shamanic Knowledge", *L'Homme*, V. XXXIII, n. 126-128, abr./dez. 1993, pp. 449-468.
Turner, Terence. "The Social Skin", in John Cherfas e Richard Lewin (orgs.), *Not Work Alone*. Londres: Temple Smith, 1980, pp. 110-140.
——. "'We Are Parrots, Twins Are Birds': Play of Tropes as Operational Structure", in James Fernandez (org.), *Beyond Metaphor: The Theory of Tropes in Anthropology*. Stanford: Stanford University Press, 1991, pp. 121-158.
——. "Social Body and Embodied Subject: Bodiliness, Subjectivity, and Sociality among the Kayapo", *Cultural Anthropology*, n. 10, 1995, pp. 143-170.
Tylor, Edward Burnett. *Primitive Culture: Researches into the Development of Mythology, Philosophy, Religion, Language, Art, and Custom*, 3ª ed. rev. Londres: John Murray, 1891. Vol. 2.
Tyler, Stephen. "A etnografia pós-moderna: do documento do oculto ao documento oculto", in James Clifford e George Marcus (orgs.). *A escrita da cultura: poética e política da etnografia*, trad. Maria Claudia Coelho. Rio de Janeiro: Ed. UERJ; Papéis selvagens, 2016, pp. 183-205.
Urban, Greg. *Metaphysical Community: The Interplay of the Senses and the Intellect*. Austin: University of Texas Press, 1996.
Valentim, Marco Antonio. "Antropologia e xenologia", *Revista Eco-pós*, v. 21, n. 2, 2018, pp. 343-363. Disponível em: https://revistaecopos.eco.ufrj.br/eco_pos/

article/view/20499.

———. "Talvez eu não seja um homem", in *Extramundanidade e sobrenatureza: ensaios de ontologia infundamental*. Desterro (Florianópolis): Cultura e Barbárie, 2018, pp. 191-214.

———. *Antropoceno e termodinâmica do pensamento: introdução à entropologia*. Desterro (Florianópolis): Cultura e Barbárie, 2024.

Valeri, Valerio. *The Forest of Taboos Morality, Hunting, and Identity among the Huaulu of the Moluccas*. Madison: UW Press, 2000.

Van Welthem, Lúcia. *O Belo e a Fera: a estética da produção e da predação entre os Wayana*. Lisboa: Museu Nacional de Etnologia; Assírio & Alvim, 2003.

Vernant, Jean-Pierre. "Raisons d'hier et d'aujourdh'ui", in *Entre mythe et politique*. Paris: Seuil,1996, pp. 229-236.

———. "Razões do mito", in *Mito e sociedade na Grécia Antiga*, trad. Myriam Campello. 2ª ed. Rio de Janeiro: José Olympio, 1999, pp. 171-221.

Verswijver, Gustaaf (org.), *Kaiapo Amazonia: The Art of Body Decoration*. Tervuren; Gent: Royal Museum for Central Africa; Snoeck-Ducaju & Zoon, 1992.

Veyne, Paul. *Les Grecs ont-ils cru à leurs mythes?* Paris: Seuil, 1983.

Vilaça, Aparecida. *Comendo como gente: formas do canibalismo Wari*. Rio de Janeiro: Ed. UFRJ, 1992.

———. "Making Kin out of Others in Amazonia", *Journal of the Royal Anthropological Institute*, v. 8, n. 3, 2002, pp. 347-365.

Vilela, Ana Carolina A. "Índio isolado da TI Tanaru: o sobrevivente que a Funai acompanha há 22 anos", *Ministério dos Povos Indígenas/Funai*, 18/07/2018. Disponível: https://www.gov.br/funai/pt-br/assuntos/noticias/2018/indio--isolado-da-ti-tanaru-o-sobrevivente-que-a-funai-acompanha-ha-22-anos.

Vitebsky, Piers. *Reindeer People: Living with Animals and Spirits in Siberia*. New York: Houghton Mifflin, 2005.

Viveiros de Castro, Eduardo. *Indivíduo e sociedade no Alto Xingu: os Yawalapití*. Rio de Janeiro: PPGAS-MN/UFRJ, 1977. Dissertação de mestrado.

———. *From the Enemy's Point of View: Humanity and Divinity in an Amazonian Society*. Chicago: The University of Chicago Press, 1992.

———. "Os pronomes cosmológicos e o perspectivismo ameríndio", *Mana*, v. 2, n. 2, 1996, pp. 115-144.

———. "Le meurtrier et son double chez les Araweté (Brésil): un exemple de fusion rituelle", *Systèmes de Pensée en Afrique Noire*, n. 14, 1996, pp. 77-104.

———. "Dravidian and Related Kinship Systems", in Thomas R. Trautmann, Maurice Godelier e Franklin Edmund Tjon Sie Fat (orgs.), *Transformations of Kinship*. Washington D.C: Smithsonian Institution Press, 1998, pp. 332-385.

———. "Etnologia brasileira", in Sergio Miceli (org.), *O que ler na ciência social brasileira (1970-1995), Volume I: Antropologia*. São Paulo: Ed. Sumaré/Anpocs; Brasília: Capes, 1999, pp. 109-223.

———. "GUT Feelings about Amazonia: Potential Affinity and the Construction of Sociality", in Laura Rival e Neil Whitehead (orgs.), *Beyond the Visible and the*

Material: the Amerindianization of Society in the Work of Peter Rivière. Oxford: Oxford University Press, 2001, pp. 19-43.

———. *A inconstância da alma selvagem e outros ensaios de antropologia*. São Paulo: Cosac Naify, 2002.

———. "Esboço de cosmologia yawalapíti", in *A inconstância da alma selvagem e outros ensaios de antropologia*. São Paulo: Cosac Naify, 2002, pp. 25-85.

———. "Perspectivismo e multinaturalismo na América indígena", in *A inconstância da alma selvagem e outros ensaios de antropologia*. São Paulo: Cosac Naify, 2002, pp. 345-400.

———. "Xamanismo e sacrifício", in *A inconstância da alma selvagem e outros ensaios de antropologia*. São Paulo: Cosac Naify, 2002, pp. 457-472.

———. "No Brasil, todo mundo é índio, exceto quem não é". Entrevista concedida à equipe de edição. *Povos Indígenas no Brasil*, 26 de abril de 2006. Disponível em: https://www.pib.socioambiental.org/files/file/PIB_institucional/No_Brasil_todo_mundo_é_índio.pdf.

———. "Eduardo Viveiros de Castro: Some Reflections on the Notion of Species in History and Anthropology". *E-misférica*, New York, v. 13, 2013, pp. 1-7.

———. "Cosmological Perspectivism in Amazonia and Elsewhere", in *The Relative Native: Essays on Indigenous Conceptual* Worlds. Chicago: Hau Books, 2015, pp. 191-294.

———. *Metafísicas canibais: elementos para uma antropologia pós-estrutural*. São Paulo: Cosac Naify; n-1 edições, 2015.

———. *The Relative Native: Essays on Indigenous Conceptual Worlds*. Chicago: Hau Books, Chicago, 2015.

———. "Who is Afraid of the Ontological Wolf?", *Cambridge Anthropology*, v. 33, n. 1, 2015, pp. 2-17.

———. "O mármore e a murta: sobre a inconstância da alma selvagem", in *A inconstância da alma selvagem e outros ensaios de antropologia*. São Paulo: Ubu, 2017, pp. 157-228.

———. "Atualização e contraefetuação do virtual: o processo do parentesco", in *A inconstância da alma selvagem e outros ensaios de antropologia*. São Paulo: Ubu, 2017, pp. 347-393.

———. "O problema da afinidade na Amazônia", in *A inconstância da alma selvagem e outros ensaios de antropologia e outros ensaios de antropologia*. São Paulo: Ubu, 2017, pp. 87-180.

———. "Esboço de cosmologia pensamento yawalapíti", in *A inconstância da alma selvagem e outros ensaios de antropologia*. São Paulo: Ubu, 2017, pp. 23-74.

———. "Indigenous Multinaturalism from a Cosmopolitical Point of View", in Dipesh Chakrabarty (org.), *The Oxford Handbook of Cosmopolitanism*. Oxford: Oxford University Press, 2025, no prelo.

Viveiros de Castro, Eduardo; Camilla Caux e Guilherme Orlandini Heurich. *Araweté: um povo tupi da Amazônia*, 3ª ed. São Paulo: Edições Sesc-SP, 2017.

Viveiros de Castro, Eduardo e Déborah Danowski. "The Past Is Yet to Come", *e-flux journal* #114, 2020.

Viveiros de Castro, Eduardo; Marcio Goldman e Mauro Almeida. *"Etnologia indígena"' e "Antropologia das sociedades complexas": um experimento de ontografia comparativa*. Rio de Janeiro: Projeto Pronex/CNPq, 2006.

Wagner, Roy. *The Curse of Souw: Principles of Daribi Clan Definition and Alliance*. Chicago: University of Chicago Press, 1967.

———. "Incest and the Identity: A Critique and Theory on the Subject of Exogamy and Incest Prohibition", *Man*, v. 7, n. 4, dez. 1972, pp. 601-613.

———. "Analogic Kinship: a Daribi Example", *American Ethnologist*, v. 4, n. 4, nov. 1977, pp. 623-642.

———. "Scientific and Indigenous Papuan Conceptualizations of the Innate: a Semiotic Critique of the Ecological Perspective", in Timothy P. Bayliss-Smith e Richard Feachem (orgs.), *Subsistence and Survival: Rural Ecology in the Pacific*. Londres: Academic Press, 1977, pp. 385-410.

———. *Symbols that Stand for Themselves*. Chicago: The University of Chicago Press, 1986.

———. *A invenção da cultura*, trad. Marcela Coelho de Souza e Alexandre Morales. São Paulo: Cosac Naify, 2010 [*The Invention of Culture*. 2ª ed. Chicago: University of Chicago Press, 1986].

———. *Símbolos que representam a si mesmos*, trad. Priscila Santos da Costa. São Paulo: Ed. Unesp, 2018.

Weiner, Annette. " 'A World of Made is Not a World of Born': Doing *kula* in Kiriwina", in Jerry W. Leach e Edmund Leach (orgs.), *The Kula: New Perspectives on Massim Exchange*. Cambridge: Cambridge University Press, 1983, pp. 147-70.

Weiss, Gerald. "Campa Cosmology". *Ethnology*, v. 11, 1972, pp. 157-172.

Whitehead, Alfred North. *Process and Reality: An Essay in Cosmology*. New York: The Free Press, 1929.

———. *Modes of Thought*. New York: The Free Press, 1968.

———. "Teorias da bifurcação da natureza", in *O conceito de natureza*, trad. Julio B. Fischer. São Paulo: Martins Fontes, 1993, pp. 33-59 (cap. II).

Whitehouse, Harvey. *Arguments and Icons: Divergent Modes of Religiosity*. Oxford: Oxford University Press, 2000.

Willerslev, Rane. "Taking Animism Seriously, But Perhaps Not Too Seriously?", *Religion and Society*, v. 4, n. 1, 2013, pp. 41-57.

———. "Hunting Animism: Human-Animal Transformations among the Siberian Yukaghirs", in Graham Harvey (org.), *The Handbook of Contemporary Animism*. Londres: Routledge, 2013, pp. 148-158.

Winnicott, Donald. "Transitional Objects and Transitional Phenomena: A Study of the First Not-Me Possession", *International Journal of Psychoanalysis*, v. 34, 1953, pp. 89-97.

———. *The Child, the Family, and the Outside World*. Middlesex: Pelican, 1964.

Wittgenstein, Ludwig. *Remarques sur le "Rameau d'Or" de Frazer* (Suivi de Jacques Bouve- resse *L'Animal cérémoniel. Wittgenstein et l'Anthropologie*), trad. Jean Lacoste. Lausanne: L'Age d'Homme, 1982.

Wolff, Francis. *L'être, l'homme et le disciple: Figures philosophiques empruntées aux Anciens,* Paris: PUF, 2000.

APÊNDICE

JOGANDO CONVERSA FORA

CADERNO DE ENTREVISTAS

NOTA DO EDITOR

Peter Pál Pelbart

Quando em suas aulas Deleuze comentava algum clássico, acontecia de ele trazer uma página solta, provavelmente arrancada do original. O gesto sacrílego deixava estupefata a audiência. De fato, a relação do filósofo com os livros sempre foi provocativa. Um livro deveria prestar-se a tal despudor: levar consigo apenas a ideia (ou a página!) que interessa.

Este apêndice intitulado *Jogando conversa fora: caderno de entrevistas* tem tudo para favorecer tal prática.

Cabe aqui uma curta explicação a respeito do sentido deste bloco final. *A floresta de cristal* é composta por treze artigos, palestras e entrevistas ocorridas nos últimos anos. Eduardo considerou que sua republicação demandava complementos, ajustes, atualizações, retificações. Mas não faria sentido algum reescrevê-los substancialmente e privar o leitor de sua formulação original. A solução encontrada foi gravar um comentário oral do autor em torno de cada um dos capítulos incluídos no livro, transcrevê-los e publicá-los em bloco, ao final do volume.

O resultado foi muito além do esperado. Pois no fluxo do comentário oral surgiram a circunstância em que cada texto foi pensado, anedotas sobre o contexto de sua apresentação, menção às polêmicas dele decorrentes, acréscimo de bibliografia publicada posteriormente, além de digressões e associações saborosas. Vieram à tona igualmente segredos de polichinelo: contra quem ou contra o quê tal ou qual texto fora pensado, quem era o adversário oculto etc.

Mas outros traços também surpreendem. Por vezes, um problema de grande complexidade no texto escrito, ao receber uma formulação coloquial, aparece de modo simples e luminoso. Ou uma ideia apenas esboçada por escrito encontra oralmente seu prolongamento virtual. O humor, a causticidade, a provocação, a autoderrisão são uma constante. Nada da solenidade majestática, mas a irreverência do iconoclasta. E a imaginação teórica a todo vapor.

Como "entrevistador", eu tinha consciência de ser apenas uma peça do dispositivo destinado à transcrição. Mas não cessava de ficar admirado com as pérolas que jorravam da boca do autor, seu encadeamento elegante, as piruetas vertiginosas, os saltos e mergulhos. Saía de cada sessão como que virado do avesso.

Como editor, ouso sugerir que a leitura em ziguezague, que vai de um capítulo do livro ao comentário correspondente ou vice-versa, pode iluminar a ambos (e nada impede que se arranque uma página de *Jogando conversa fora* para usá-la num contexto específico, e depois se a guarde no livro, junto do respectivo artigo).

No fundo, penso que cada texto d'*A floresta* ganhou aqui uma espécie de duplo — ou será um único livro apresentado em duas versões aparalelas?

Nas longas sessões de trabalho ocorridas nas montanhas de Friburgo, em 2023, e de Itaipava, em 2024, contamos com a presença inestimável de Mariana Lacerda e Déborah Danowski, bem como com a cumplicidade de espécies companheiras, como Mel, sempre atenta às conversas jogadas fora e ao salaminho disponível à mesa. A fidedigna transcrição ficou a cargo de Rafael Matede.

Entrevista 1
O nativo relativo

Esse texto foi rascunhado em 2000, praticamente em sua forma final; é um dos poucos que escrevi sem que ninguém me obrigasse... Ele surgiu na sequência de quatro palestras que fiz em Cambridge, em 1998, e foi publicado na *Mana*, a revista de antropologia do Museu Nacional, em 2002.[1] É provavelmente o texto mais importante que escrevi sobre o perspectivismo, ou melhor, a partir dele, pois é uma tentativa de dizer de onde vinha e para onde iria meu trabalho em torno desse tema. Tudo o que publiquei nos dez anos seguintes, com exceção de "A floresta de cristal", saiu de "O nativo relativo", inclusive uma parte substancial de *Metafísicas canibais*. Os textos "Mitofísicas ontológicas" e "Metamorfoses da transformação" são derivações suas, e assim também um texto que não está nessa coletânea, "And", um quase-resumo literal de "O nativo relativo" feito para inglês ver, ou melhor, ouvir, pois foi lido em uma reunião de antropologia no Reino Unido.

Quando digo que pretendo tratar as ideias indígenas como conceitos, esse "como" é um modalizador: é um "como se", *als ob*. Porque se pode tratar essas ideias de várias maneiras: como representações mentais, ideologias, esquemas cognitivos, opiniões erradas, fórmulas esotéricas — ou denunciá-las como criações arbitrárias da mente do etnógrafo, algo que foi moda durante alguns anos (e talvez ainda seja). Todas estas maneiras estão no mesmo plano, são um *como* alguma coisa: como *outra* coisa, pois toda coisa só é *alguma* coisa se puder ser pensada como *alguma outra* coisa. Por exemplo, tratar as ideias indígenas deste ou daquele povo como uma transformação dialética das relações de poder características

---

[1] Se não me falha a memória, fui eu quem propôs o nome *Mana* para a revista (de cujo conselho editorial me afastei, alguns anos atrás), em uma tripla alusão trocadilhesca: com o conceito melanésio homônimo, com a revista de antropologia britânica *Man*, e, em uma contragenderização dessa mesma *Man*, com nosso termo carinhoso para "irmã". A revista *Hau*, criada quinze anos mais tarde em Cambridge, meio que copiou a ideia de nomear-se por referência a conceitos indígenas célebres nos anais da disciplina. Ambos, *mana* e *hau*, estão no centro de dois dos mais conhecidos textos de Marcel Mauss, respectivamente o "Esboço de uma teoria da magia" e o "Ensaio sobre a Dádiva".

de uma determinada formação social é mais um desses "como (se)".

Escolhi tratá-las como conceitos — entenda-se, convidar outros a tomá-las como conceitos — para que essas ideias sejam, *de saída*, consideradas como problematizando, perturbando, desafiando as ideias da antropologia, devedoras dos filosofemas da tradição intelectual branca. Vejam as questões com as quais a disciplina está sempre às voltas: Natureza ou Cultura? O que vem primeiro, o humano como "espécie" ou o humano como "condição"? A nossa óbvia ordinariedade ôntica justifica nossa tão prezada singularidade ontológica? O que, afinal, é "o próprio do Homem"? Ou, para mudarmos de assunto: o Ocidente é um acidente, ou um destino? E o Estado: ele é inevitável? Precisamos mesmo de um senhor? E assim por diante... Essas questões mostram que nossa Antropologia, tanto a "ciência social" desse nome como sua antecessora espectral, a "antropologia filosófica", é herdeira legítima de toda a tranqueira político-teológica difundida pelos povos originários da zona do planeta situada entre o Mediterrâneo e o Mar do Norte, aqueles povos que se orgulham de terem deixado, há muito tempo, de ser indígenas, por terem sido (assim imaginam) colonizados por eles mesmos.

"O nativo relativo" pega uma carona importante em ideias de Deleuze, especialmente naquela formulada em *Diferença e repetição*, repetida em um apêndice da *Lógica do sentido*, e, finalmente, retomada em *O que é a filosofia?*: o conceito de Outrem como expressão de um mundo possível. Em *Diferença e repetição*, além disso, aparece uma máxima que me calou fundo, a de que não se trata nem de interpretar, nem de explicar outrem, mas de multiplicar as possibilidades de mundo. A antropologia não veio para explicar por que o nativo pensa o que pensa (e por que ele não conhece as causas de seu pensar), nem para interpretar seu pensamento (em função do que estimamos serem suas razões inaparentes), mas sim para multiplicar o pensamento em geral, a forma e o conteúdo do que significa pensar, situar o pensamento indígena em um *commons* conceitual, um espaço liso onde ele se cruza, converge e colide com o "nosso" pensamento.

"O nativo relativo" discute alguns dilemas clássicos da antropologia. Há um diálogo, meio ficcionado, meio literal, que tive com uma colega, Isabella Lepri, em 1998. Ela me perguntou: "você acredita, quando os indígenas dizem que os porcos selvagens são gente, que eles são gente mesmo?". Respondi que não, pois acredito apenas em átomos, Darwin, Einstein, Marx, Freud (o que é mentira), mas que levo muito a sério o que eles dizem sobre os porcos serem gente. Não é um problema de crença. Quando seus interlocutores dizem que os porcos são gente, o(a) antropólogo(a) ouve isso já "sabendo", sem precisar refletir um segundo, *o que* é gente e *o que* é porco. Logo, ele *sabe* que porco não é gente. Posto isso, a questão que se coloca é a de saber o que é preciso *modificar*, no conceito de porco e no conceito de gente, para que a afirmação "os porcos são gente" não apenas faça sentido, mas um sentido interessante, relevante, importante. Um sentido, por exemplo, que ensine algo não só sobre a suinologia, mas sobre a antropologia — a gentologia, a personologia, a etnologia — que subjaz a uma afirmação como essa. O que é ser "gente" quando os porcos também o são?

Uma das ideias frequentes, por exemplo, entretidas por diferentes povos amazônicos, é de que as pessoas humanas, ao morrerem, viram porcos do mato: queixadas, em particular. Quando os porcos são caçados e comidos, as pessoas estão comendo "elas mesmas" sob essa forma porcina. Qual o significado disso? Outra questão: por que se afirma que os porcos são gente, mas as tartarugas ou os jacarés não, ou nem tanto? Pense bem, os porcos queixadas são animais gregários, agressivos, sujos e barulhentos, ou seja, são muito parecidos com os humanos. Isso fica implícito na associação frequente que você vê na mitologia indígena, em que os porcos aparecem como sujeitos dotados de intencionalidade, socialidade e agressividade. O que falta para eles serem gente?

A etnoantropologia dos brancos (isto é, o que "nós" entendemos como "nós") levou muito tempo para aceitar que a espécie humana é apenas um entre os muitos milhões de cidadãos do reino animal: uma espécie *especial*, como todas as espécies o são (especialmente para si mesmas), mas de forma alguma uma espécie *excepcional*. Há uma alegada, e curiosa, pretensão ao excepcionalismo típica da antropologia branca, ou melhor dizendo, uma pretensão à *soberania*, no sentido schmittiano-agambeniano do termo: somos a única espécie animal que, por saber que é animal, deixa de sê-lo. Deixamos (transcendentalmente) de ser animais no momento em que sabemos que somos (empiricamente) animais. Estamos dentro e fora. A Razão humana é só um outro nome da Graça divina.

O artigo, enfim, é uma reflexão sobre o que significa colocar as ideias indígenas em diálogo com a antropologia. Porque o que nossa antropologia tem diante de si é a antropologia dos outros, sua contra-antropologia. Li as *Mitológicas* talvez dezenas de vezes, de 1971 (com Luiz Costa Lima, na PUC-Rio) a 2024 (no curso que estou dando este semestre no IFCS-UFRJ). Lévi-Strauss escreveu que esses seus livros eram um estudo sobre "as representações indígenas da passagem da natureza à cultura". Ou seja, ele estava interessado no modo como os povos indígenas pensavam o problema *dele*, o problema da antropologia branca, a saber, o processo de hominização: "quando o homem deixou de ser animal?"

Na passagem da natureza à cultura (ou sociedade), a cultura era classicamente considerada como a propriedade privada da espécie. Isso começou a mudar. A distinção entre natureza e cultura está mais porosa, mais incerta; os pesquisadores começam a encontrar culturas animais, comportamentos transmitidos de maneira extrassomática, por observação e aprendizado. Mas a distinção entre natureza e cultura, por mais que esteja sendo relativizada, continua sendo o arcabouço intelectual da antropologia, e não somente do ponto de vista da história da disciplina. A antropologia continua querendo determinar o que distingue a espécie humana das outras espécies: é a linguagem, o *Dasein*, o desejo, a lei, a falta, o trabalho, a técnica?

Lévi-Strauss não parece ter elaborado essa questão, mas insisto que ele estava mesmo procurando a antropologia dos outros, isto é, a antropologia indígena. Ele não escreveu, cedo em sua carreira, que a antropologia é "a ciência social do observado"? Meu trabalho sobre o perspectivismo é uma aplicação dessa ideia. Estou interessado em saber como o pensamento indígena pode ser pensado como formulando algo equivalente à nossa distinção entre natureza e cultura. Mas meu modo de abordar essa questão foi diferente do de Lévi-Strauss nas *Mitológicas*. Na verdade, assumi, para problematizá-la, a distinção tal como Lévi-Strauss a formula em seu primeiro grande livro, *As estruturas elementares do parentesco*, e que ele abandona progressivamente nos livros posteriores. Parti da ideia, nesse livro, de que a Natureza é a dimensão do universal e do constante, e a Cultura a dimensão do variável e do particular. Perguntei-me a que essa distribuição remetia: ela remetia, ela remontava a nossa antropoteologia do "corpo" e da "alma", onde o corpo é o assemelhador substancial universal e a alma é o diferenciador e particularizador. A alma é o que distingue uma cultura da outra, é a consciência coletiva que distingue o *espírito* de cada povo. Cultura é o nome moderno da alma. Só os humanos têm cultura, porque só a espécie humana foi presenteada com uma alma imortal. "Ciências humanas", em alemão, se diz *Geisteswissenschaften*: "ciências do espírito".

Em suma, a Cultura, no singular, é a *propriedade privada* da espécie; as culturas, no plural, diferenciam a humanidade em diferentes sociedades e povos; e, dentro de cada coletivo, cada povo, a alma, a sagrada interioridade, é o que distingue os indivíduos entre si. A alma, o espírito, é o diferenciador, em todos os níveis: da nossa espécie em relação a todas as demais, de cada povo em relação aos outros povos, dos indivíduos entre si. O corpo, ao contrário, é a exterioridade material que nos liga a tudo: somos todos feitos de "poeira de estrelas", como se diz: hidrogênio e oxigênio, carbono, fósforo, ferro etc.

Esse modo de pensar a distinção (de inventar a distinção) entre natureza e cultura vai desembocar em um debate interminável, aquele entre as posições "universalistas", ou "naturalistas", e as posições "relativistas", ou "culturalistas". Ora, a antropologia, diante de um debate desse tipo, tem a possibilidade — nem sempre explorada — de perguntar ao nativo, ao "observado" o que ele pensa (ou pensaria) a respeito. Ela pode passar a pergunta adiante, ao contrário dos filósofos, que se trancam no escritório para exercer sua introspecção, fazer a tal da análise conceitual, só saindo de lá depois que encontram, *sozinhos*, a resposta. Esse meu texto é uma passada de bola como essa. É como se eu perguntasse aos povos indígenas o que eles pensam sobre um assunto, e eles respondessem com uma contra-antropologia, e eu concluísse que as duas antropologias, a nossa e a deles, são *incompatíveis*, pois uma nega a outra. A antropologia branca, obediente à cosmologia da modernidade pós-galilaica, pós-cartesiana etc., é "obrigada" automaticamente a tomar as contra-antropologias indígenas como crença, ilusão, ideologia. Mas se tomarmos as contra-antropologias com que eles nos respondem como o quadro de referência, é a nossa antropologia que se revela bizarra e mais, inverossímil.

Na época em que "O nativo relativo" foi publicado, eu estava brigando com as tendências cognitivistas em antropologia. Não me lembro dos detalhes de minha argumentação — e nem vale a pena lembrar —, que no artigo é reduzida a umas poucas frases, mas ele tinha essa intenção polêmica, de sugerir uma maneira de abordar o discurso indígena que não fosse por esse viés, que, a rigor, é o viés da filosofia analítica. Pois era isso que os cognitivistas da época estavam fazendo: reduzindo o discurso indígena a um esqueleto proposicional e avaliando o estatuto dessas proposições do ponto de vista de seu "valor de verdade". Para em seguida perguntar por que eles sustentam coisas falsas. As respostas não são muitas... nem todas, aliás, são racistas ou etnocêntricas. A "caridade interpretativa" é um princípio respeitado pela maioria. De qualquer modo, a primeira e última coisa que é preciso salvar é a antropologia do analista, ou seja, as "crenças" daquele que estuda as "crenças" do outro.

Usei uma passagem de um artigo de Latour onde ele diz que a descrição do *kula* — o complexo sistema de trocas que liga diversas ilhas da Melanésia — feita por Malinowski se compara à descrição dos buracos negros pela física. Achei interessante a comparação entre instituições e concepções indígenas e os objetos das ciências naturais. É uma perspectiva possível, mas que traía uma certa obsessão com a ciência, como se ela fosse o padrão-ouro do pensamento. Fiquei pensando: já que a ciência é como o ouro ou o dólar, vamos deixar o câmbio epistêmico flutuar. Vamos criar uma moeda do "Sul global", paralela ao dólar. Ela pode não ser universal, mas funciona muito bem em circuitos limitados, locais. Talvez não seja necessária uma moeda universal. Só precisamos de moedas capazes de operar entre duas fronteiras, que usem uma taxa de câmbio local e possam ser trocadas entre si, sem ter que passar pelo dólar.

Eu dizia que talvez tivéssemos que fazer uma analogia diferente dessa de Latour. Poderíamos fazer analogias, por exemplo, entre as concepções indígenas e conceitos filosóficos. Em vez de pensar as primeiras como algo da mesma ordem que os buracos negros, pensá-las por analogia (ou mais que isso) com o *cogito*, ou a mônada, ou a mais-valia... Aliás, Mauss propunha o já citado *mana* polinésio como o ancestral do juízo sintético *a priori*.

Escrevi esse artigo, entre outras razões, devido ao meu incômodo com uma assimetria, em parte natural, mas que sempre achei curiosa. É o seguinte: quando o antropólogo (especialmente se for um cognitivista) vai falar dos Bororo, ele procede segundo o princípio de que a distância entre o que os Bororo dizem e a "mente humana" é muito curta. Ou seja, é possível ir rapidamente dos Bororo aos mecanismos fundamentais do pensamento. Mas, quando o mesmo antropólogo (ou o mesmo filósofo analítico) lê Kant ou Leibniz, ele não acha que pode voar sem escalas da *Crítica da Razão Pura* ou da *Teodiceia* até a psicologia cognitiva ou à neurologia humanas. Por que motivo? Porque ele tem de passar por dois mil anos de história da filosofia, pela lógica aristotélica, pela noção de categoria, pela teologia medieval, a Escolástica, Descartes... Mas, no caso dos Bororo, não; é como se não precisasse, como se fosse possível você ir dos Bororo ao cérebro do *Homo sapiens* sem mediações! É natural, porque você não sabe, na verdade, quais são as escalas a percorrer entre o pensamento bororo e o cérebro: o registro arqueológico nos dá pistas e sugestões valiosas, mas ele não é uma biblioteca de história da filosofia. Mas essa é uma distinção contingente, acidental. Quando lemos Kant, estamos com uma disposição espiritual — entenda-se, intelectual — diferente daquela de quando lemos um mito bororo. O mito bororo manifesta a natureza humana, a *Crítica da Razão Pura* é um episódio da história das teorias filosóficas sobre a natureza humana. Essa diferença precisa ser problematizada — o que não é a mesma coisa que dizer que ela precisa ser negada taxativamente..

Entendo perfeitamente que você não conheça a história do pensamento bororo, porque ela simplesmente não existe. Entretanto, isso não implica que os conceitos que você é capaz de criar a partir do pensamento bororo, em diálogo com ele, não estejam no mesmo plano, em termos de suas implicações e consequências filosóficas, que as ideias que surgem na obra de qualquer filósofo ocidental. A noção de uma "ontologia plana", que esteve em voga por alguns anos (os atuais neo-humanistas, que preferem ser chamados de "neorracionalistas", não gostam dela), deve ser tomada como radicalmente reflexiva: a ontologia dos outros é coplanar a ela.

Defendo no artigo que a recusa da vantagem epistemológica do discurso do antropólogo em relação ao discurso nativo significa levar o discurso do outro à sério. "*Levar a sério*" foi a expressão que deixou muita gente nervosa. Ouvi de tudo: "o que você quer dizer com isso, que eu tenho que acreditar que porcos são gente?" (*vide* a conversa com Isabella Lepri, acima). Ou: "você está dizendo que eu não levo a sério o meu trabalho"? Eu tinha esquecido que Pierre Clastres falara algo muito parecido. Ele dizia ironicamente que a sensibilidade ocidental evoluiu, que os contemporâneos nos tornamos relativistas culturais, que agora "já não se projeta sobre as sociedades primitivas o olhar curioso ou divertido do amador mais ou menos esclarecido, mais ou menos humanista; elas são levadas de certo modo *a sério*". E completava, fulminante: "A questão é saber até onde vai essa seriedade". Clastres observa que a condição de possibilidade do discurso antropológico sobre os povos que ele chama de primitivos foi o silenciamento desses povos, desde o século XVI. É preciso deixá-los de fora da Razão, juntamente com as crianças e os loucos. Por que? Porque a *segurança* da Razão depende da desrazão do outro.

O que significa levar o pensamento à sério? A primeira coisa que se tem de fazer para levar um pensamento a sério é não neutralizá--lo. Era o que Clastres criticava em boa parte da antropologia, senão mesmo em toda ela: neutralizar o pensamento dos povos que estuda para não ter o próprio pensamento ameaçado pela alteridade. Sabemos que a alteridade ameaçou a razão branca moderna desde o começo, desde a invasão das Américas pelos europeus. Um choque teológico, porque descobriram um povo que não estava na Bíblia; uma humanidade nova, não prevista pelas escrituras sagradas. Mas sobretudo um choque político, porque havia, no Novo Mundo, uma forma de vida coletiva que não tinha sido inventariada entre as formas conhecidas pelo Ocidente até aquele momento. Sabe-se há bastante tempo a importância que tiveram os testemunhos de primeira mão sobre os povos americanos, em particular os povos não imperiais, para o pensamento político europeu, de Montaigne até a Revolução Francesa.

Esse texto termina com aquela anedota da água dos Piro, povo peruano da Amazônia, contada por Peter Gow — história que repito no capítulo "O dom e o dado" e em "Um corpo feito de olhares" (perdão, leitores!). Uma enfermeira branca, originária de Lima, que estava cuidando da diarreia de uma criança piro, diz para a mãe da criança que ela deve ferver a água antes de oferecê-la à filha. A mãe responde que é a água fervida que dá diarreia. A enfermeira ri, claro, porque pressupõe que a mulher "ignora o básico", e a admoesta. A mãe se impacienta e diz para a enfermeira: lá em Lima pode ser que água fervida cure diarreia, mas aqui não, aqui é o contrário, porque nossos corpos são diferentes dos seus (dos brancos).

Essa anedota foi importante para mim. Será que os Piro têm outra constituição biológica? Talvez uma outra ecologia intestinal? Ou tratava-se apenas de uma "diferença cultural", a mãe piro estava errada, era a água fervida que iria curar seu bebê? Ou podemos imaginar que quando a mãe piro diz que "nossos corpos são diferentes", é o conceito de corpo que ela está usando que é diferente do nosso. Não é necessário supor que os corpos dos Piro tenham uma fisiologia diferente da nossa — ainda que possam ter, visto sua dieta ser bem diferente da dos brancos. O que estava em jogo, sugeri, eram dois conceitos diferentes de corpo. A mãe piro não pensa, como nós pensamos, que a corporalidade material é a dimensão que atravessa e iguala todas as coisas, mas, justo ao contrário, que é ela a dimensão diferenciante.

E era assim que eu definia a contra-antropologia perspectivista: o corpo é aquilo que distingue, enquanto o espírito, a alma, é o elemento universal, porque bicho tem alma, o sol e a lua são pessoas ("metapessoas", como dirá Sahlins) etc. O conceito piro de corpo não está, como o nosso, na mente, na "alma"; ele está inscrito no próprio corpo, pois o corpo é onde se produzem as diferenças. Concluo dizendo que esse conceito indígena de corpo não pode ser pensado como a representação mental de um corpo extraconceitual, uma "coisa lá fora", mas sim um corpo como perspectiva interna do conceito, como implicado no conceito de perspectiva. E observava: se Espinosa disse famosamente que "não sabemos o que pode um corpo", imaginem então a alma... O que sabemos sobre a alma? A tradição majoritária do pensamento ocidental entende que a "matéria" é o substrato do real, e que o espírito, a alma, existe em outro lugar que a realidade material, que ela pode sequer existir, pode ser apenas uma questão de crença (uma representação mental, um signo sem referente), e por aí vai.

Já no pensamento indígena, uma noção difícil de identificar é a de matéria, e quando se acham noções aproximadas, elas tendem mais a uma imagística líquida (sangue, seiva) ou energética (fluxos, raios) que a uma imagística sólida (pedra, madeira). Pode-se dizer que a "alma" moderna é a matéria. Nossa forma de idealismo é o materialismo — nosso modo de sermos piedosos. Nossa forma de piedade é crer na matéria. Enquanto isso, os povos indígenas não têm o menor problema em ver almas em toda parte...

Se você fosse um pragmatista clássico, como William James, e eu te perguntasse: quais são as consequências de supor que tudo tem alma? E se eu perguntasse, ao contrário: quais são as consequências de supor que tudo é só matéria? Basta olhar o que está acontecendo com o planeta para concluir que supor que tudo tem alma é menos destrutivo do que dizer que tudo é *essencialmente* matéria. Algumas correntes filosóficas contemporâneas vêm tentando dar à matéria uma transcendência que nos permita rezar para a matéria, já que não podemos mais rezar para a alma. São as "novas materialidades" — a matéria dotada de "agentividade", por exemplo — uma tentativa, em suma, de fazer uma transfusão de alma para a matéria. Não sou contra, sublinho. Acho inclusive interessante. Quem não tem alma caça com matéria ativa.

Enfim, se você adotar o lema pragmatista segundo o qual a verdade de uma proposição se mede pelas suas consequências, eu diria que o chamado animismo "primitivo" é muito menos danoso para a... matéria do que o nosso materialismo. Este é e sempre foi apenas um semimaterialismo: ele pressupõe que os humanos estão, ao mesmo tempo, dentro e fora da matéria, pois somos capazes de agir materialmente sobre a matéria a partir de ideias, isto é, porque temos um excedente espiritual, um "suplemento de alma". No caso indígena, ao contrário, está-se inteiramente na imanência — lamento ter que usar o conceito (risos). O que não quer dizer que o mundo indígena seja necessariamente mais alegre e feliz; como disse Clarice Lispector, "um mundo todo vivo tem a força de um inferno". Especialmente de *nosso* ponto de vista.

Quando escrevi "O nativo relativo", estava lendo um livro de François Jullien sobre a China. Faço uma citação, no artigo, com a qual eu concordava na época, mas que hoje vejo a necessidade de matizar um pouco. Nela, Jullien favorece a ideia de descrever "outras orientações do pensamento" e não imaginar que os chineses ou quem mais seja funcionam com "outras lógicas". É como se ele dissesse: cuidado com o lévy-bruhlismo, essa história de "outras lógicas" é meio parecida com o "pré-lógico" e tal. Achei, na época, interessante dizer o mesmo sobre os povos indígenas, a saber, que o que distingue a conceitualidade indígena não é uma outra lógica e sim uma outra orientação do pensamento. Hoje, acho que isso foi um pouco arrogante. Afinal, a disciplina da Lógica reconhece diferentes lógicas "não clássicas": paraconsistentes, paracompletas, polivalentes etc. Há trabalhos importantes que discutem se determinadas ideias e situações etnográficas descritas na antropologia são, efetivamente, exemplos da aplicação — espontânea, digamos assim — de lógicas não clássicas. Jean-Pierre Vernant, por exemplo, num artigo chamado "Razões do mito", faz uma crítica velada às

Mitológicas de Lévi-Strauss, afirmando que o mito opera com uma lógica do ambíguo, da polaridade, e que seria preciso "pedir aos matemáticos e aos lógicos" para que definissem uma lógica "que não seja a do *logos*".

Concordo que a noção de "orientação do pensamento" é rica, talvez mais rica, ou no mínimo mais honesta, do que ficarmos falando em outras lógicas sem dizer quais são essas outras lógicas, e como formalizá-las.

Li muito Jullien, mas acho que não briguei com ele tanto quanto deveria. Jullien trabalha com uma dicotomia exaustiva entre a China e o Ocidente. Diz que a única coisa comparável ao Ocidente, em termos de escala e forma civilizacional, é a China. Só a China tem aquilo que o Ocidente tem sem dever nada a ele, a saber: escrita, história, tradições documentadas, escolas etc. Em suma, ele entende que a tradição intelectual chinesa é de dimensão comparável à ocidental, enquanto os demais povos — os Navajo, os Bororo, por exemplo — são povos sem documentos, em todo os sentidos da palavra. China *versus* Ocidente, então, e o restante do mundo meio que não existe. Jullien considera a Índia como parte do Ocidente, em razão dos vários contatos históricos e do compartilhamento de um mesmo semantismo (e conceitualidade) indo-europeu. A China, e apenas ela, é outro mundo; o restante não existe. Não concordo, evidentemente. Mas não discordo completamente.

A maneira como o autor "usou" a China contra o Ocidente foi muito criticada. Disseram que ele se referia à filosofia ocidental como se fosse uma coisa só, como se Nietzsche e Platão fossem a mesma coisa. Jullien respondeu que sabia muito bem que Platão e Nietzsche eram bem diferentes, mas que os dois, *vistos da China*, eram muito parecidos. Platão e Nietzsche, como toda a filosofia ocidental, giram em torno de uma mesma questão, a da verdade. Já a China nunca se pôs a questão da verdade, mas sim da eficácia. Toda uma outra questão. Este é um argumento ponderável, porque a resposta à questão da verdade dada por Nietzsche é contrária à resposta de Platão, mas a questão é a mesma: o *valor* da verdade. Mas então eu poderia dizer: a China e o Ocidente são muito diferentes, mas *vistos da Amazônia* são muito parecidos, porque são sociedades imperiais, sociedades *contra* as sociedades-contra-o-Estado. Sociedades do Um.

Entrevista 2 |
O método da equivocação controlada

O texto sobre a "equivocação controlada" foi a conferência de abertura da segunda reunião da Society for the Anthropology of Lowland South America (SALSA), realizada em Miami, em janeiro de 2004. Ele foi publicado na revista dessa associação, a *Tipití*.

A noção de equivocação surgiu como resposta ao problema da tradução dos discursos dos povos extramodernos na linguagem conceitual que a antropologia herdou da tradição filosófica europeia. A noção é um dos corolários, ou aspectos, da teoria do perspectivismo. (Vamos deixar de ter vergonha de chamar essa teoria de teoria, ou melhor — ou pior —, de metateoria, porque ela pretende descrever uma teoria indígena sobre a constituição dos seres que habitam a realidade.)

O argumento se apoia em um contraste analógico entre dois modos de pensar a tradução antropológica — na verdade, de pensar qualquer tradução: a sinonímia e a homonímia. Digo que o contraste é analógico porque não estou pensando em tradução interlinguística, mas interconceitual. Normalmente, imaginamos que a tradução antropológica consiste em buscar os pontos de sinonímia entre duas conceitualidades diferentes, assim como na tradução linguística fazemos *"dog"* = "cachorro", "cão". Traduzir o vocábulo inglês para seu sinônimo em português é determinar — supor — um referente extralinguístico, uma terceira coisa (objeto, ação, relação, instituição etc.), à qual as duas palavras remetem, preferencialmente de maneira idêntica. Sabemos que a relação com o mundo nunca é idêntica, mas o tipo ideal da "boa" tradução consiste em encontrar os sinônimos, isto é, signos que apontam para o mesmo referente.

Inversamente, no modo da homonímia, há uma mesma palavra, mas que aponta para referentes distintos. Passando da tradução linguística para a conceitual: é como se eu traduzisse uma palavra de uma outra língua segundo a pressuposição da sinonímia, para descobrir que, no entanto, há um equívoco de referente. Uso como exemplo o artigo de Frege, o grande lógico e matemático, "Sobre o sentido e a referência". O autor explica: os signos "estrela da manhã" e "estrela da tarde" têm sentidos diferentes, mas têm a mesma referência, a saber, o planeta Vênus. Quando menciono a "estrela da manhã" e a "estrela da tarde", estou me referindo à mesma *coisa*. Mas os significados, conotações e ressonâncias das duas expressões são muito diferentes. Nós sabemos que se trata do mesmo planeta, mas quando vamos ler (ou fazer) poesia, por exemplo, a estrela matutina "não é a mesma coisa" — a mesma coisa poética — que a estrela vespertina. Agora, imagine o contrário: aquilo que você chama de Vênus, e eu chamo de Vênus, não é o mesmo planeta. Você chama de Vênus o planeta Mercúrio e eu chamo de Vênus o planeta Marte, e não nos damos conta de que são coisas diferentes, porque estamos usando a mesma palavra. O equívoco é isso, usar a mesma palavra para duas coisas diferentes, ao contrário do sinônimo, duas palavras diferentes para designar a mesma coisa.

O perspectivismo amazônico é uma teoria do equívoco: o que eu chamo de cerveja não é o que a onça chama de cerveja. O que eu "chamo" de cerveja é um fermentado de mandioca; o que a onça "chama" de cerveja — vê como cerveja — é o que eu vejo como sangue. "Cerveja" é a mesma palavra, ou melhor, o mesmo "sentido" ou conceito, já que as palavras em tupi ou em português são diferentes ("cauim" = "cerveja"), mas ele se refere a coisas diferentes no mundo das onças e no mundo humano. Se eu for parar, perdido no mato ou doente do espírito, na aldeia das onças, e uma delas, assumindo forma humana, como costumam fazer quando estão em suas próprias casas, me convidar para beber uma cerveja, imagino que vou tomar uma Heineken (ou uma cuia de cauim). Mas eis que ela chega com uma cuia transbordando de sangue. Levo um susto: "não bebo sangue! Isso não é cerveja!" A onça-gente vai insistir: "Claro que é cerveja". Concluo, enquanto dou no pé: "esse pessoal aí não era humano, era onça..." Parecia gente, mas gente não bebe sangue, e sim cerveja. Logo, estou no lugar errado, na aldeia das onças. Nos mitos, é muito comum se darem equívocos desse tipo, muitas vezes com efeito cômico.

E há a famosa anedota das Antilhas comentada por Lévi-Strauss. Vou citá-la mais uma vez porque ela é, para mim, o mito de referência ou a cena primal da equivocação. A história dos espanhóis que enviavam teólogos para investigar se os indígenas tinham uma alma. Ao mesmo tempo, os indígenas faziam uma experiência com os espanhóis que conseguiam matar: imergiam-nos na água e observavam, para verificar se apodreciam. Ambos os lados queriam saber se o outro era humano, mas a noção de humano não era a mesma: os critérios de definição (a intensão, como se diz em lógica) do conceito de humano eram diferentes; a dúvida não incidia sobre a mesma *coisa*. Os espanhóis não duvidavam de que os indígenas tivessem corpo, porque todo animal tem corpo. O que eles não sabiam era se os outros tinham uma alma racional. Concluíram que sim, que os outros eram humanos, o que, como sabemos, não foi de grande valia para estes. Já os indígenas não tinham dúvidas de que os brancos tinham alma, porque tudo tem alma, isto é, todo existente, em princípio, *tem razão* (em seu próprio departamento); o que eles não sabiam era se o corpo dos brancos era corpo de gente de verdade ou corpo de espírito. Queriam saber, em suma, se os brancos eram gente ou demônios. Constataram, infelizmente, que eram as duas coisas.

A noção de perspectivismo surgiu em um diálogo de várias semanas entre Tânia [Stolze Lima] e eu, em torno da tese de doutorado que ela estava redigindo. Quando topei, pouco tempo depois, com a anedota das Antilhas, ao reabrir, por acaso, *Raça e história* de Lévi-Strauss, dei-me conta de que ali estava o perspectivismo na sua versão politicamente mais forte: a do equívoco *organizador* do "encontro" colonial. Em sua capacidade intrínseca de equivocação, o perspectivismo não é uma característica exclusivamente "interna" das cosmologias indígenas, mas algo que estrutura a relação colonial, porque ele implica um conflito entre antropologias contraditórias.

Esse artigo sobre a equivocação teve um sucesso que eu não esperava. O tema da tradução é muito complicado; eu não sabia o suficiente para discorrer sobre ele com segurança. Estava me aventurando no limite, na ponta da minha ignorância. Sei que Derrida falou sobre a questão do equívoco; sei também que Lacan diz coisas parecidas, que o eu e o outro nunca estão falando da mesma coisa, que nunca ninguém está falando da mesma coisa. E sei — mas não sabia quando escrevi o artigo — que Lyotard e seu "diferendo", Rancière e seu "desentendimento", cada um a seu modo, antecipam aspectos importantes da minha "equivocação". Mas tudo isso estava um pouco fora da minha competência, e muito fora do tempo que tinha para escrever. Então, fiquei com os clássicos, digamos assim, e parti do texto famoso de Benjamin sobre a tarefa do tradutor, onde ele cita Rudolf Pannwitz e diz que a boa tradução é aquela que transforma a língua do tradutor. Uma boa tradução do russo para o português é aquela que russifica (atualmente) o português, não que aportuguesa (virtualmente) o russo. Isso é o equívoco controlado: uma boa tradução de conceitos indígenas indigeniza os conceitos ocidentais. Sempre insisto em repetir que não se trata de ler as ideias indígenas com os olhos dos filósofos, mas de ler os filósofos por meio das ideias indígenas. Ler Deleuze ou Nietzsche com os olhos dos Araweté ou dos Yudjá, não o contrário.

A leitura que faço da filosofia é muito mais arbitrária e parcial do que a leitura que faço — pelo menos, que pretendo fazer — da literatura etnográfica e de meus próprios "dados" de campo. A liberdade que tomo com a filosofia é incomparavelmente maior do que a que tomo com os povos sobre as quais escrevo, na medida em que o meu problema é, precisamente, indigenizar os filósofos, e não "filosofar" os indígenas. É o contrário do que me acusam alguns críticos, de ser etnocêntrico, por usar filósofos europeus. Respondo: quem pensa que não está usando, está sendo usado sem saber. Não há um texto de antropologia escrito em inglês, francês ou português que não seja cavalo de santo de alguma tradição eurofilosófica. Os antropólogos que não explicitam a infraestrutura filosófica de seu trabalho não sabem o que estão fazendo; ou sabem, mas por acharem que estão fazendo ciência, pensam estar emancipados da filosofia. Há inúmeras análises marxistas de sociedades extramodernas feitas por autores convencidos de sua inocência filosófica, esquecendo-se de que Marx era um filósofo e que atrás dele havia Hegel, e mais atrás... Digo isso porque o meu uso da filosofia é muito limitado, em todos os sentidos: pego o que quero, o que me serve, o que tenho a veleidade de pensar que entendo. Fui atraído pela filosofia de Deleuze por causa de sua "modularidade": você pega as partes que quiser, sem precisar comprar o sistema inteiro — sistema que nem sei se existe. É importante dizer isso, porque esse texto sobre a equivocidade tem implicações que estão fora do meu alcance, dos pontos de vista da linguística, da filosofia da linguagem e da metafísica. Fiz o que pude; aparentemente, essa noção de equivocidade serviu para alguma coisa, pois foi retomada por colegas antropólogos, como Marisol de la Cadena, e filósofos, como Patrice Maniglier.

Então, nesse texto, dei alguns exemplos típicos de equivocação: o da anedota contada por Lévi-Strauss, ou do título do disco de Milton Nascimento, o *Txai*... Este último, por exemplo: *txai*, termo de parentesco cujo referente focal é o parente por afinidade que chamamos de "cunhado", foi entendido por Milton e pelas pessoas que produziram o disco como significando "irmão", ou seja, o antônimo conceitual de "cunhado" (visto que se há um parente que não pode ser seu cunhado é seu irmão, e vice-versa).

Fui ao dicionário Oxford: o verbete *brother*, irmão, tem várias páginas de definições, citações etc. O verbete *brother-in-law* tem apenas quatro linhas. Se fosse um dicionário do tupi (escrito pelos Tupi, não pelos brancos), provavelmente seria o contrário, haveria páginas inteiras sobre o "cunhado", *tovajar (t-oba-yara* etc.), palavra que nas línguas tupi-guarani designa o "cunhado" e o "inimigo". Ela significa "aquele que está diante do meu rosto", aquele que é fronteiro, que faz face a mim. Aliás, a palavra "afim", no sentido de "parente por afinidade", vem do latim *ad finis*, para designar propriedades lindeiras, que têm um limite comum. Essa fronteira é justamente o que *relaciona* duas propriedades: ao mesmo tempo as separa e as conecta. A ideia de uma diferença que conecta, presente na expressão *ad finis*, se exprime, no mundo do parentesco, na figura do cunhado, em oposição à do irmão. No caso de dois homens, os cunhados são pessoas que têm a mesma mulher como fronteira: de um lado da cerca está a mulher como irmã, do outro, a mulher como esposa. E, inversamente, o mesmo se passa com as mulheres em relação aos homens: duas mulheres terão um mesmo homem como limite, visto de pontos de vista opostos.[1] Na verdade, o vocativo para um homem desconhecido, um estrangeiro anônimo que você quer tratar cordialmente, no caso indígena, é "cunhado". Os brancos tenderíamos a chamar o desconhecido de "irmão", filhos de um mesmo pai (ou mãe). E de quem nós somos igualmente filhos? De Deus, do Socialismo, da Pátria etc. Os irmãos são identificados por sua relação idêntica com um Terceiro transcendente; os cunhados são diferenciados por sua relação não idêntica com um elemento imanente de ligação.

---

1 Em muitos sistemas de parentesco do mundo (na Amazônia inclusive), um(a) "cunhado(a)" de sexo *oposto* ao meu não é classificado como os de mesmo sexo que eu, mas como "cônjuge (potencial)".

Essa diferença na forma de conceber a relação de parentesco — o cunhado *versus* o irmão — serve de metáfora para pensarmos a tradução antropológica, e, em certo sentido, também uma tradução linguística. Na tradução, não se trata de evitar o equívoco, mas de trabalhar *com* o equívoco; com o fato de que duas culturas, como duas línguas, se ligam por suas diferenças. Por que fingir que há sinônimos perfeitos entre as línguas, ou semelhanças fundamentais entre as culturas? As culturas estão ligadas por afinidades, e não por fraternidades. Aliás, isso sugere também uma outra forma de pensar as relações internacionais, porque, em geral, quem trata todos como irmãos logo quer se tornar o Pai deles.

Entrevista 3 |
Zenão e a arte da antropologia

O título desse texto é uma brincadeira com um livro já antigo, meio hippie, chamado *Zen e a arte da manutenção de motocicletas*, que por sua vez parodiava o título de um outro livro, *Zen and the Art of Archery (A arte cavalheiresca do arqueiro zen)*. "Zenão" foi apresentado no simpósio *Relativismo comparado*, patrocinado e depois publicado pela revista *Common Knowledge*, da Universidade de Duke (EUA). Ele teve lugar em Copenhague, em setembro de 2009. O simpósio foi concebido e organizado por Casper Jensen, Brit Winthereik e Morten Pedersen. Jensen escreveu a "exposição de motivos" (a introdução, ou *position paper*) do evento.

Inspirei-me em um artigo de Deleuze, "Sobre quatro fórmulas poéticas que poderiam resumir a filosofia kantiana". Uma é de Shakespeare, "o tempo está fora do eixo"; outra de Rimbaud, "EU é um outro"... Não me lembro das outras duas (uma de Kafka e mais uma de Rimbaud, creio). É um artigo algo circunstancial. Meu texto é, assim, metacircunstancial, porque usa o de Deleuze como pretexto, como modelo meramente aleatório. As fórmulas que utilizo não são poéticas. Ou melhor, apenas uma delas se pode chamar de poética. Elas são fórmulas que "poderiam resumir a filosofia da antropologia", mas que o fazem — essa diferença para com o artigo de Deleuze é importante — ora por constituírem uma antidefinição, ora por envolverem outros tipos de negatividade. A primeira é de Richard Rorty, que considero lapidarmente antiantropológica. Começo por ela, por uma frase profundamente etnocêntrica, que define tudo o que a antropologia *não é*. É interessante porque foi dita por um filósofo considerado relativista. A frase seguinte é do antropólogo David Schneider; a negatividade aqui toma a forma da utopia, da fantasia (a palavra é dele) de que, em *algum* lugar, há "uma vida que vale a pena ser vivida". A terceira frase — aqui já vamos nos aproximando da poesia — está no ensaio de Mauss e Hubert sobre a magia. Eles dizem lá que as flechas mágicas dos feiticeiros são flechas que uns não veem partir, mas outros veem chegar. O feiticeiro dispara uma flecha que ele não pode ver, porque não existe (segundo os autores), mas a vítima que recebe a flechada letal do feitiço vê, sente a flecha chegando, e adoece. Isso me fez pensar no paradoxo de Zenão sobre a flecha que não pode nunca chegar ao alvo; que, na verdade, não pode se mover no espaço. A quarta fórmula é, de fato, poética. É de Henri Michaux, psiconauta, viajante, poeta, artista visual: "mesmo se for verdade, é mentira" ou "mesmo se for verdadeiro, é falso".

Sugiro que essas "minhas" quatro fórmulas falam do problema da crença. Em Rorty, há coisas que ele diz não poder "levar a sério", ou seja, acreditar. Schneider desacredita que em algum lugar exista *realmente* algo que valha a pena — a vida, no caso... Mauss e Hubert descreem da feitiçaria, mas creem que o feiticeiro *sabe* que não há flecha nenhuma (a dele, pelo menos, porque ele, como os demais membros de seu povo, tende a acredita nas flechas dos outros). O feiticeiro que envia a flecha e a vítima que recebe a flechada podem ser comparados com o duo formado pelo "antropólogo" e o "nativo". Com a complicação crucial de que, aqui, há uma indeterminação intrínseca, que às vezes se manifesta como uma alternância, quanto a quem ocupa as posições de arqueiro e de flechado.

A quarta fórmula é, como disse, "mesmo se for verdade, é mentira" ou "mesmo se for verdadeiro, é falso". Prefiro "falso" ao invés de "mentira". "Mesmo se for verdadeiro, é falso" me parece uma definição perfeita da antropologia. A ciência se guia pelo princípio "se for verdadeiro, então não é falso" (princípio do terceiro excluído). Já a religião opera de acordo com a máxima: "mesmo se for falso, é verdadeiro", que equivale à fórmula atribuída (falsamente, isto é, erradamente) a Tertuliano: *credo quia absurdum est*: creio porque é absurdo. O discurso científico se baseia na pressuposição de que, se é verdadeiro, não pode ser falso. O religioso, na pressuposição de que mesmo sendo falso empiricamente, é verdadeiro espiritualmente. Há ainda a fórmula do paradoxo, a saber, o conhecido paradoxo do mentiroso: se é verdadeiro, então é falso e vice-versa. E, por fim, há essa "fórmula mágica" de Michaux: a verdade pensada como um caso particular da mentira. Ou melhor, não um caso particular, mas um caso qualquer da mentira. Essa fórmula abre o caminho para uma relação com o real que prescinde da distinção entre o verdadeiro e o falso. Como se aproximar do real sem utilizar as categorias do verdadeiro e do falso?

Em nossa epistemologia cotidiana, há uma diferença enorme, de natureza moral, entre o enunciado falso e o enunciado mentiroso. Um envolve intenção, o outro não. A falsidade é uma relação entre o enunciado e a realidade (o estado de coisas, "o que é o caso"); a mentira é uma relação entre a realidade, o enunciado e o enunciador. O interessante é que na maioria das "ideologias linguísticas" de outros povos (como as chamam os especialistas) não há uma distinção muito clara entre o enunciado falso e o mentiroso. Uma afirmação que, independentemente da intenção do enunciador, é falsa, é considerada mentira. Não há distinção nítida entre mentira, engano, erro etc. Se alguém fizer uma afirmação e for verificado que a pessoa se enganou, ela "mentiu". Por exemplo, ouço o canto de um passarinho e digo "é um sabiá". Alguém vai checar e constata que não é um sabiá, mas um outro pássaro: não vão dizer "isso é falso", e sim "é mentira, é um bem-te-vi". (Difícil confundir as vocalizações desses dois pássaros, meu exemplo é de ignorante...). Enfim, este é o tema do "Zenão": qual é o estatuto do discurso do outro? Engano, mentira, crendice, superstição, verdade esotérica, símbolo, alegoria? Como "irreduzir" o discurso do outro? Como irreduzi-lo à falsa (mentirosa?) alternativa entre crença e saber, mito e ciência?

Entrevista 4 |
A noção de espécie em antropologia

Escrevi esse texto em resposta a uma entrevista, daquelas com apenas uma pergunta. Não é bem uma entrevista, e sim uma proposta, um "escreva sobre tal tema". O tema: "como se desenvolve a noção de espécie na história do pensamento antropológico e na filosofia ocidental?". Respondi que não tinha competência para falar sobre a noção de espécie na história da filosofia, mas que na antropologia, talvez. A proposta me interessou porque, de início, não sabia o que poderia dizer sobre o assunto. Mas percebi que havia dois contextos importantes onde a noção aparece. Primeiro, a noção de espécie foi estratégica na luta da antropologia sociocultural contra o racismo, pois ela fundamenta o postulado da unidade psíquica da humanidade. Foi uma bandeira vitoriosa contra a antropologia racialista, que dominava a disciplina no começo do século XIX. A espécie humana passou a se definir por sua "unidade psíquica", e não por qualquer outro tipo de unidade (somática, por exemplo). Ao se concentrar no "psíquico", tal unidade pressupõe uma descontinuidade radical entre a espécie humana e as demais espécies. Porque essa unidade é uma singularidade. A unidade psíquica contraunifica todas as outras espécies numa província que poderíamos chamar de subpsíquica ou apsíquica. Em outras palavras: somente os seres humanos têm um espírito, uma alma, esses nomes antigos para a "mente". Do ponto de vista somático, a espécie humana não se distingue nitidamente das demais espécies.

Lembremos que Lineu não nomeou a *differentia specifica* do *Homo sapiens* em relação aos demais primatas, senão por uma máxima ético-epistemológica: *nosce te ipsum*, "conhece-te a ti mesmo". Que talvez deva ser tomada em sentido ontológico: só os humanos (*sapiens*) são capazes de conhecerem quem são. Estávamos já, com Lineu, na "unidade *psíquica* da espécie" que a antropologia de Morgan, Tylor, Boas e seus sucessores transformaram em artigo de fé da antropologia.

Assim, enquanto as outras espécies são exaustivamente determinadas por uma corporalidade extrapsíquica, a espécie humana é determinada por duas ordens de realidade: uma certa constituição corporal, que a inclui na ordem dos primatas, e por um suplemento de alma, isto é, a unidade psíquica, que a distingue *dentro* da natureza, ou melhor, que a exclui parcialmente *da* natureza.

Para a antropologia, é como se houvesse apenas uma espécie, a humana. Ela não é exatamente uma espécie entre outras — um primata, um mamífero — e se torna uma entidade suprazoológica, o "gênero humano". Os humanos passam a ser como um anjo coletivo, como os anjos da teologia escolástica, segundo a qual cada anjo era uma espécie individual: um anjo era tão diferente de outro anjo quanto uma espécie é diferente de outra espécie. A noção biopolítica (não estou falando de biologia, mas de antropologia) de espécie humana funciona de maneira parecida. Os humanos são uma espécie especial, diferente das outras porque ela tem algo a mais, um suplemento exclusivo: foi feita à imagem e semelhança de Deus; possui uma alma imortal, a cultura, o trabalho, o simbólico, a falta, a lei etc. Todos esses nomes designam a diferença absoluta entre a humanidade e as outras espécies.

A noção de espécie se torna, assim, uma categoria essencialmente política, cujo "objetivo" é distinguir absolutamente — isto é, politicamente — o humano do não humano. Nos últimos tempos, essa distinção começou a entrar em causa, porque estão começando a aparecer estudos em que muitos atributos supostamente exclusivos dos humanos — atributos vinculados precisamente ao psíquico (o domínio do "mental", do "cognitivo") — são encontrados em outras espécies. De repente, os polvos e os corvos começam a se revelar "inteligentes"; macacos usam ferramentas; pássaros de uma dada região erguem estruturas complexas e transmitem essa tecnologia para as gerações seguintes, ao passo que outros indivíduos da mesma espécie, por habitar uma região diferente, não constroem as mesmas estruturas. Começam a ser descobertas capacidades cognitivas e tradições culturais em outros animais. É muito significativo que isso esteja acontecendo. Independentemente de sua "verdade científica", isso é mais um sintoma da crise de autoestima da espécie humana (entenda-se, dos autointitulados florões e tutores da espécie, os Brancos), em vista do estrago que "a espécie" (= os Brancos) está produzindo nas suas próprias "condições materiais de existência", condições materiais também conhecidas pelo nome de "ecologia".

Então, a noção de espécie, nesse primeiro sentido, opera em modo cosmopolítico. A "unidade psíquica" funciona como uma garantia (muito pouco segura, como se sabe) contra uma racialização que fatalmente privilegiaria a "diversidade psíquica" da espécie, e, mais fatalmente ainda, transformaria essa "diversidade" em desigualdade e hierarquia. Como se o preço a pagar para exorcizar (ou simplesmente manter em fogo baixo) o supremacismo branco fosse essa excepcionalização da humanidade dentro do mundo vivo. Volto sempre a uma passagem de Lévi-Strauss, onde ele diz que separar os humanos da natureza foi o primeiro passo para que o "homem ocidental" começasse a separar humanos de outros humanos. "Não somos bichos"; depois, "não somos negros"; "não somos selvagens"; "não somos mulheres"; e por aí afora (ou melhor, adentro) em um "ciclo maldito", como o chama o autor.

O segundo uso do conceito de espécie em antropologia se encontra na noção de totemismo, de venerável história dentro da antropologia. Lévi-Strauss, em *O pensamento selvagem*, mostrou como a instituição chamada de "totemismo" é um caso particular do modo como o pensamento humano recorre à noção de espécie na ordenação do cosmos e da sociedade. No totemismo "primitivo", diferentes espécies naturais são postas em correlação com diferentes grupos de parentesco. O clã do Urso está para o clã do Lince como a espécie dos ursos está para a espécie dos linces. Lévi-Strauss criticou as teorias clássicas do totemismo por suporem que os "primitivos" acreditavam de fato serem descendentes dos ursos e dos linces, mas sobretudo por suporem que essa crença era a *explicação* da instituição.

Para este autor, independentemente do que creem ou não creem os povos totêmicos, não é a relação (imaginária) de filiação dos clãs humanos à espécie dos ursos e a espécie dos linces que está em jogo; a diferença (simbólica) entre ursos e linces está posta para pensar a diferença entre os dois clãs humanos.

Tudo isso se complica. A oposição de Lévi-Strauss entre as duas leituras antropológicas do totemismo é algo problemática. Para muitos dos povos que usam o dispositivo totêmico em sua organização social, há de fato a ideia de que o clã dos ursos tem, sim, como seu ancestral "mítico" o urso. Lévi-Strauss, nesse ponto, é positivista: para ele, é falso que os humanos descendem dos ursos e linces, isto é, se assemelham a estes; a *verdade* está na diferença entre ursos e linces, castores e águias etc. É ela que faz a sociedade "girar", pois as diferenças totêmicas são um padrão lógico, um modelo para as relações concretas entre os clãs: exogamia, reciprocidade ritual etc. Em outras palavras, o totemismo é um sistema verdadeiro de correlação de diferenças, não um sistema falso de identidades. É um sistema de significação, não uma fantasia. Para Lévi-Strauss, o totemismo é uma primeira forma de ciência, uma ciência selvagem que vê e conecta diferenças — é a essência do "pensamento selvagem". A ideia de que nós descendemos dos ursos pertence, ao contrário, à esfera da religião, o polo oposto do pensamento selvagem, que o autor desvaloriza. É como se houvesse, dentro do pensamento selvagem, um polo positivo e outro negativo, um verdadeiro e outro falso, um simbólico e outro imaginário. O simbólico é o verdadeiro, porque é o polo da significação; e o imaginário é o polo da ilusão.

Em Lévi-Strauss, assim, a diferença entre as espécies vivas é explorada do ponto de vista da classificação, de uma lógica taxonômica. Vim a pensar isso de outra "perspectiva", justamente: a partir do perspectivismo, isto é, pensar como as espécies se entrepercebem, e não apenas como os humanos que se percebem a partir das outras espécies. É claro que o que me interessa, como etnógrafo, é o modo como as espécies se entrepercebem segundo o modo como as *concebem* alguns membros da nossa espécie, isto é, os povos indígenas. Não sou especialista em felinos, ursinos, suínos, mas antropólogo. O que me interessa imediatamente é o que pensam os Bororo, os Kwakiutl, os Yukaghir, a respeito das demais espécies.

Muitos desses povos pensam, por exemplo, que várias espécies são "humanas" por baixo de sua aparência animal. Isso tem a ver com a complicada relação entre as noções de antropomorfismo e antropocentrismo. É muito difícil negar — o que alguns leitores de meu trabalho fazem — que o chamado animismo dos povos extramodernos seja um antropomorfismo. Em parte, porque se tende a identificar antropomorfismo e antropocentrismo; para mim, são coisas diametralmente opostas. A "revolução copernicana", no sentido kantiano da expressão, faz o mundo girar em torno do sujeito humano. É o antropocentrismo purificado, epistemologizado, virado filosofia crítica. Uma filosofia antropomórfica, ao contrário, uma que encontre atributos humanos em muitos outros seres, implica que, se tudo "é humano", então não somos especiais, não estamos no centro de nada, não há nada que distinga *absolutamente* o humano dos demais seres, seja a imortalidade da alma, o trabalho, a linguagem...

Mas a palavra "antropomorfismo" é como "ontologia": você usa sabendo que vai provocar barulho. Digo que o perspectivismo é antropomórfico porque a literatura etnográfica está cheia de referências ao fato de que os animais, quando estão fora das nossas vistas, tiram suas roupas de espécie e assumem sua aparência humana. Os animais têm um lado invisível que é *antropomorfo*, no sentido minimamente anatômico da palavra. Aí me contestam: não pode ser assim, porque quando se diz que o lado invisível dos animais é antropomorfo, você está projetando o ponto de vista humano, a figura infame do Homem, vendo a humanidade em todos os lugares. Os povos indígenas não fazem isso... Mas essa crítica imagina que "humano" quer dizer a mesma coisa em todo lugar, que estou me referindo, ao dizer que os animais são humanos "por dentro", ao *ánthropos* da onto/teo/antropologia do Ocidente cristão, metafísico, crítico, colonialista — em uma palavra, Branco. Essa crítica pressupõe, no fundo, que "humano" é uma substância extraconceitual, e que estou transportando ou projetando indevidamente essa substância para outros seres, e pior, atribuindo tal projeção ao pensamento indígena. Mas o que estou dizendo? Primeiro, que é impossível que o ponto de vista humano sobre os pontos de vista não humanos não envolva, não inclua, o ponto de vista humano. Aliás, por que deveria? Segundo, o que propus, em meu primeiro artigo sobre o tema, foi que aquilo a que chamo "humano" — e que os mitos etc. chamam de "gente" "pessoa", "seres com um corpo como o nosso" — obedece a uma economia conceitual típica dos pronomes, não dos substantivos; o "humano" é a posição ocupada por toda entidade concebida como considerando, percebendo ativamente as demais entidades do mundo. "Humano" é, aqui, um dêitico, um pronome, pessoal ou demonstrativo. Humano é, justamente, o *aqui* do *eu*, o lugar definido como ponto de referência para o qual, desde o qual, a partir do qual o resto do mundo aparece. Tudo aquilo, todo aquele definido como sendo um ponto de vista (não *tendo*, mas *sendo* um ponto de vista) é algo que se imagina: é uma imagem. E como nos damos conta de que esse humano que estou imaginando não é uma essência fixa? É que quando a onça vira gente, eu, humano, deixo de ser gente. Quando a onça é o humano, eu não sou humano, mas um porco do mato. No mundo das onças, somos queixadas. Somos humanos para nós, não para elas. *O fato de não sermos humanos para eles os torna humanos para eles.* "Humano" é uma relação autorreflexiva, não uma substância. É como a noção linguística de sujeito: todo mundo pode dizer "eu". Quando você diz "eu", eu já não sou eu; você é o eu; eu sou você, ou ele. Com o humano, para esses outros humanos que são outramente humanos, os povos indígenas, é a mesma coisa. Ou quase.

O perspectivismo em suma, é simplesmente a afirmação de que a posição de humano é móvel. Não é uma essência, mas um lugar: um *standpoint*, como se diz em inglês; um ponto de vista; o ponto *de onde* se vê — e se sente, se come, se pensa, se vive e se morre. O perspectivismo é uma tentativa de fazer variar a noção de espécie humana.

Entrevista 5 |
Dualismo Radical

"Dualismo radical" é um texto pequeno, um *divertissement* que enviei à Documenta de Kassel de 2013. Não sei como os curadores da Documenta chegaram até mim, não frequento o circuito artístico. Mas enfim, eles pediram a artistas, escritores, a "trabalhadores do signo" em geral que produzissem algo curto, para ser publicado no catálogo da exposição. Sem saber o que escrever, cometi essa irresponsabilidade pseudomatemática em cima de um texto de Lévi-Strauss, "As organizações dualistas existem?", que é um de seus artigos mais importantes. O nome do autor é frequentemente associado a um binarismo obsessivo, uma concepção do pensamento na qual este funciona ao ritmo monótono de dualidades e dicotomias; mas esse texto, da primeira fase da obra de Lévi-Strauss, complica bastante o estereótipo.

O binarismo não tem tido boa imprensa nas últimas décadas. Então, nada melhor que falar nele sem ser só para falar mal dele. Como eu mesmo tenho meus problemas com alguns binarismos e dualismos, fui buscar elementos para mostrar como "jamais fomos dualistas" — sendo. Agora que todos somos pós-binários, é importante lembrar que Lévi-Strauss foi um dos primeiros a chamar atenção para o fato de que todo binarismo é desequilibrado, manco. (A figura do manquejamento aparece várias vezes nas *Mitológicas*.)

Esse artigo de 1956 argumenta, com base na literatura etnográfica e com a ajuda de uma especulação geométrica sobre diversas morfologias espaciais aldeãs, que a divisão em dois é problemática, ilusória, complicada, porque nunca são só dois, é sempre mais que dois, há vários dois dentro do dois, ou são três, ou muitos... Em suma, o dualismo é instável. Esse é um tema que ele vai retomar em *História de Lince*, seu último livro sobre a mitologia americana, onde o conceito de um dualismo "dinâmico" ou "em desequilíbrio perpétuo" é proposto como estando no fundamento do que Lévi-Strauss chama, em óbvia alusão a Dumézil, de "a ideologia bipartite dos povos ameríndios".

"As organizações dualistas existem?" foi publicado, ao lado de outro artigo intitulado "A estrutura dos mitos" (cujo original é de 1955), em *Antropologia estrutural*, a coletânea de 1958. Meu texto relaciona estes dois artigos. No primeiro, Lévi-Strauss mostra que as famosas dualidades sociomorfológicas de muitas sociedades indígenas (nas Américas e alhures) coexistem com estruturas triádicas. As dualidades são o que a antropologia chama em inglês de *moieties,* "metades": divisões do espaço aldeão, em geral uma situada a leste, a outra a oeste, ou uma ao norte e a outra ao sul, separadas por um eixo diametral. Elas são formações muito comuns nas sociedades humanas. Tais metades podem ser exógamas, e podem em muitos casos repartir todo o universo: alguns astros, animais, plantas, qualidades etc. "são" da metade A, outros da metade B, e assim por diante. Mas essa divisão diametral da aldeia (e eventualmente do mundo) coexiste frequentemente com uma divisão triádica, concêntrica, entre um centro sagrado, uma periferia doméstica e o exterior selvagem, um ternarismo especialmente perceptível no caso das aldeias circulares, comuns, por exemplo, no Brasil Central.

No segundo artigo, Lévi-Strauss nos apresenta um objeto misterioso, o "modelo genético do mito" ou "fórmula canônica":

$$fx(a) : fy(b) :: fx(b) : fa^{-1}(y)$$

Durante um bom tempo os antropólogos consideraram essa fórmula como carente de qualquer sentido definido. Ela seria uma expressão pseudoformal, estando mais para a poesia que para a matemática. Trinta anos depois, em *A oleira ciumenta*, o autor demonstrou como a fórmula canônica permitia compreender e gerar várias transformações míticas, e como, na verdade, ela sempre esteve implícita nas análises feitas nas *Mitológicas*. Não demorou para que matemáticos propusessem interpretações sofisticadas, e bastante robustas, do significado da fórmula.

Os dois artigos têm uma relação curiosa, porque a fórmula do artigo de 1955 é assimétrica, desequilibrada, exprimindo uma torção topológico-semiótica. (Uma das principais intuições de Lévi-Strauss é de que topologia e semiologia são domínios conexos.) Minha leitura da obra de Lévi-Strauss insiste nesse ponto: seu estruturalismo tem uma dimensão autodesconstrutiva, por assim dizer, que problematiza a simetria e o equilíbrio lógico aparente das estruturas míticas (entre outras). Ao mesmo tempo, o artigo de 1956 sobre as organizações dualistas convida a imaginar que há uma dimensão *irracional*, no sentido matemático do termo, na divisão diametral em metades. Faço então uma sugestão provocativa: a chave do dualismo de Lévi-Strauss é a raiz quadrada de 2, isto é, um número irracional. O dualismo é "fractal", contém uma dimensão fracionária, móvel, dinâmica, instável. Ele está longe de ser uma simples divisão por dois sem resto. A "demonstração" que proponho — ao contrário do caso da fórmula canônica em Lévi-Strauss — é da ordem da poesia (uma poesia bem singela) mais que da geometria. O que não quer dizer que não se possa tirar das metáforas aritméticas ali usadas alguma conclusão interessante, para quem souber fazê-lo.

Não tive coragem de mexer nesse texto para sua publicação em *A Floresta de Cristal*. Por incompetência, e preguiça. Mas sobretudo porque teria de incorporar contribuições ao tema do dualismo em Lévi-Strauss que implicariam em uma reescritura completa do texto. Refiro-me, em especial, a um artigo muito importante de Tânia [Stolze Lima], "Uma história do dois, do uno e do terceiro",[1] e a um pequeno comentário não publicado de Mauro Almeida sobre esse meu "Dualismo radical".

---

1   Tânia Stolze Lima, "Uma história do dois, do uno e do terceiro", in: Ruben Caixeta de Queiroz e Renarde Freire Nobre (orgs.), *Lévi-Strauss: leituras brasileiras*. Belo Horizonte: Ed. UFMG, 2013, pp. 209-263.

Entrevista 6 |
Metamorfoses da transformação

Esse texto foi extraído de uma aula de meu concurso para professor titular da UFRJ, em 2011. Decidi falar, ali, sobre minha carreira pregressa, fazendo da aula uma continuação do "memorial" exigido por esse tipo de concurso, e sobre minha concepção de antropologia. Há outras maneiras de compor uma aula de concurso; esta foi a que me veio à cabeça na véspera da apresentação, quando me sentei para escrevê-la. Reduzi ao máximo, na versão publicada em *A floresta de cristal*, a parte em estilo memorial.

Escolhi a transformação como tema por me permitir falar, ao mesmo tempo, do modo como a antropologia opera com esta noção e do modo como a antropologia foi se transformando a partir de seu foco sobre ela. Então: a transformação como conceito antropológico, e as transformações da antropologia. Equivoco deliberadamente entre os dois sentidos ou registros da noção.

Transformação é tanto o objeto como o instrumento emblemático do estruturalismo, a linhagem teórica na qual me inseri por contingências geracionais, culturais e outras. É o conceito central da antropologia de Lévi-Strauss, que foi se tornando cada vez mais central, na obra desse autor, precisando a ideia de estrutura.

Tendo a ler o estruturalismo antropológico a partir de um deslocamento progressivo da ênfase na noção de estrutura para a noção de transformação, ou melhor, para uma concepção da estrutura como uma operação de transformação realizada sobre um grupo de objetos heterogêneos, que podem ser (que são) outras transformações. "Transformação", para mim, era também o nome de uma transformação conceitual, que levava da estrutura lévi-straussiana ao conceito deleuziano de devir. Meu problema era: é possível passar da estrutura ao devir por via de uma transformação? Transformar o conceito de estrutura?

O devir deleuzo-guattariano é uma transformação, mas de um tipo que não é a transformação estrutural de Lévi-Strauss. É uma metamorfose — uma interpretação não representacional, não figurativa, da noção de metamorfose.

Foi o *Kafka* de Deleuze e Guattari,¹ juntamente com o capítulo "Devir-intenso, devir-animal, devir-imperceptível" de *Mil platôs*, que me permitiu construir (ou pelo menos projetar) uma ponte sobre um rio bem largo, aquele que separa o estruturalismo de Lévi-Strauss do "pós-estruturalismo" de Deleuze-Guattari. Certa vez, David Lapoujade me disse que essa ponte não ia aguentar o peso de quem tentasse atravessá-la... Disse que eu parecia aqueles filhos que querem reconciliar pais divorciados; nunca dá certo. Respondi: "pode ser que não dê certo, mas os filhos sempre tentam". E se eles estão divorciados, é porque estiveram casados por algum tempo! Deleuze foi estruturalista: "a estrutura é a realidade do virtual" — a frase está lá, em *Diferença e repetição*. Na verdade, não sei se Deleuze foi ou não estruturalista, mas sei que é o autor do melhor texto já escrito sobre o estruturalismo.²

Minha questão sempre foi como manter as conquistas do estruturalismo, mas a partir da posição pós-estruturalista de Deleuze-Guattari. Um estruturalismo menos preocupado em mimetizar as ciências naturais ou a vertente "digital", mais que a "analógica", das matemáticas... Enfim, essa sempre foi a minha questão: como não jogar fora Lévi-Strauss junto com a água do banho formalista e racionalista. Encontrar, como alguns comentadores abalizados (e em boa medida o próprio autor) autorizam, Leibniz, Goethe, Darcy Thompson em vez de só Bourbaki.

O capítulo sobre o devir, em *Mil Platôs*, traz uma crítica à oposição entre totemismo e sacrifício, desenvolvida por Lévi-Strauss em *O pensamento selvagem*. Não se costuma lembrar que o capítulo começa com essa referência a Lévi-Strauss, sobre o totemismo como correlação simbólica de duas séries, o sacrifício como identificação imaginária de uma série com a outra etc. Deleuze-Guattari vão dizer que não é uma coisa nem outra, mas uma terceira, o devir.

No díptico *Capitalismo e esquizofrenia*, os autores trabalham *com* e *contra* Lévi-Strauss o tempo todo. *O anti-Édipo* é sobretudo contra, em particular contra a teoria da troca matrimonial. Em *Mil*

---

1 Refiro-me a *Kafka: por uma literatura menor*, trad. bras. Cíntia Vieira da Silva. Belo Horizonte: Autêntica, 2014.
2 "Em que se pode reconhecer o estruturalismo?", in: François Châtelet (org.), *História da Filosofia - Ideias e Doutrinas, volume 8: O século XX*, trad. bras. Maria José de Almeida. São Paulo: Zahar, 1973.

platôs é mais "com" Lévi-Strauss, sem deixar de ser crítico. Isso posto, estou quase convencido de que a noção de código d'*O anti-Édipo* é lévi-straussiana. Os autores pegaram a noção nas *Mitológicas*; não em Barthes, nem em Jakobson. Mas como nunca vi ninguém falar isso, não sei se estou certo ou não.

A versão original desse artigo é, como eu disse, a recapitulação da minha trajetória como antropólogo. Ele fala das duas teorias em torno das quais trabalhei. Primeiro, uma teoria sociológica, que propõe a afinidade como o protótipo da relação social nos mundos amazônicos. Segundo, uma teoria cosmológica, que é o perspectivismo. Uma teoria sociológica da relação e uma teoria cosmológica da relação: a primeira fundada principal, mas não exclusivamente, nas relações intra-humanas; a segunda, nas relações entre humanos e não humanos, também principal, mas não exclusivamente. Esta última vai desembocar no multinaturalismo, uma ontologia que vejo como o correlato do perspectivismo, e que "dialoga" com Deleuze. Então, trabalhei em uma teoria da afinidade, de inspiração lévi-straussiana, e em uma teoria cosmológica que incorpora o conceito deleuziano de devir. Uma teoria da diferença intraespecífica e uma teoria da diferença interespecífica.

Em seguida, nesse artigo — e esta é a parte do original que mantive na coletânea sem grandes mudanças —, procuro pensar a noção de transformação a partir da antropologia do colonialismo e do colonialismo da antropologia. Como a antropologia pensa(va) a relação entre a sociedade colonizadora e a sociedade colonizada? A ideia tradicional é de que a sociedade colonizadora transforma a sociedade colonizada: oprimindo, destruindo, capturando, digerindo a segunda; o colonizador reduz(iria) o colonizado a uma versão empobrecida sua. Essa é a primeira versão da transformação. O oposto dessa transformação negativa é o conceito de emancipação: o colonizado tem de se emancipar, ou melhor, de "ser emancipado" do colonizador, visto ele precisar se libertar deste outro — mas segundo o que *este outro* entende por "liberdade": segundo o conceito de liberdade corrente no mundo do colonizador. Vamos ensinar para os indígenas como é que eles devem se livrar dos brancos, nos termos dos brancos. Esse modo de pensar vai dominar a antropologia por muito tempo; é a teoria da aculturação, do contato interétnico...

A segunda versão da transformação começa a aparecer nos anos 1960. Ela deve muito a Marshall Sahlins: o colonizado processa as transformações vindas do colonizador segundo seus próprios termos; ele reinventa, "canibaliza", isto é, digere, deforma, subverte o que lhe querem enfiar pela goela adentro. Segundo essa versão, os coletivos colonizados não são objetos passivos da transformação; eles *não podem não ser* sujeitos da própria transformação. Ainda que sejam objeto desta, são objetos autopacientes, pois *transformam a transformação* que lhes é imposta. Sahlins tem uma formulação muito feliz: a mudança histórica produzida pela colonização é "externamente induzida, mas é indigenamente orquestrada". A melodia veio pronta, mas você improvisa, arranja, escolhe como é que vai tocar. Nesse momento, ao pensar a transformação da transformação, a antropologia começa a se transformar ela própria: deixa de ser uma antropologia do colonizador sobre o colonizado e passa a ser uma antropologia *da* antropologia *do* colonizado (o "da" é genitivo objetivo, o "do" é genitivo subjetivo). A ideia de Sahlins é a seguinte: a ordem simbólica nativa, indígena, colonizada, necessariamente refrata o evento histórico que é a colonização. Mas aqui é importante — e este talvez seja um passo a mais, ou talvez já esteja contido no deslocamento sahliniano — que essa ordem simbólica que refrata o evento seja ela própria pensada nos seus próprios termos: o que é uma "ordem simbólica" do ponto de vista indígena? E qual é o conceito de liberdade outro que o agostiniano, o kantiano, que esses povos têm? A ideia de que "nós" vamos lá libertar os nativos — o vanguardismo do qual todos somos os recalcitrantes herdeiros — não é apenas colonialista; ela é errada também. O que sabemos do que é ser livre do ponto de vista dos povos livres? Dos povos que eram livres antes de deixarem de sê-lo, e que não esqueceram como é ser livre? E nós, os "brancos", lembramos? Jamais o fomos?

Este era, enfim, o segundo e principal tema dessa aula: uma discussão sobre como a noção de transformação transforma a antropologia que pensa a transformação como seu conceito central.

Entrevista 7
Mitofísicas ontológicas

Esse texto é o resultado de uma manobra do tipo corta-cola-remenda de dois artigos, ambos publicados originalmente em inglês. O primeiro é "Metaphysics as mythophysics", versão de algo que apresentei, em 2013, no colóquio Comparative Metaphysics, em Cérisy. O outro é "Who is afraid of the ontological wolf?", que foi a conferência da Annual Marilyn Strathern Lecture de 2014, em Cambridge.

Em ambos os artigos, discorro sobre as razões pelas quais a palavra ontologia retornou ao vocabulário contemporâneo, e isso para além dos discursos filosófico e antropológico. Mesmo sem me entusiasmar muito (na verdade, nem um pouco) com a associação automática entre meu trabalho e essa palavra, algo que acabou acontecendo, procurei defender a problemática que ela sinaliza, no caso da antropologia, contra as críticas — especialmente as críticas motivadas por um entendimento deficiente ou por um ressentimento latente.

Na verdade, o tema se tornou polêmico por causa de uma reação forte dentro da antropologia anglófona. Isso vinha acontecendo desde 1998, quando fiz uma de minhas primeiras palestras sobre o perspectivismo, em Cambridge. Na conclusão da última palestra, mencionava a noção de ontologia. Dizia que a antropologia talvez fosse a ciência social mais kantiana de todas, tomada por dúvidas angustiantes, tais como: é possível conhecer o outro? É decente conhecer o outro? Ou só vemos a nós mesmos quando olhamos o outro? A disciplina, assim, parecia obcecada por problemas de representação, em vista da missão autoatribuída de *representar o outro*, no duplo sentido epistêmico e político.

Eu dizia, então, que "tudo se passava como se" a partir do século XVII, com a modernidade galilaico-cartesiana-hobbesiana, houvesse se instituído uma divisão do trabalho entre as ciências ditas naturais e as ciências humanas, as "humanidades" de forma geral. Nessa divisão, as questões ontológicas foram entregues à física, aos saberes que investigam o que é a matéria, o que é a natureza, qual é a composição do universo etc. As ciências humanas ficaram com a outra parte do dualismo cartesiano: com o espírito — a política, a linguagem, o signo, o conhecimento etc. Isso não era uma afirmação exatamente original, ou muito escandalosa: ela é a tese de *Jamais fomos modernos*, de Latour, que li pouco antes das palestras de Cambridge e que me impressionou muito. Minha conclusão, porém, era ligeiramente diferente da que Latour articulava nesse livro. Para mim, estava na hora de começarmos a dialogar com os pressupostos ontológicos da cosmopráxis dos povos estudados pela antropologia. Era preciso deixar de lado a ansiedade epistemológica — e a arrogância compensatória, tão típica — que caracterizava a disciplina, e *acolher* ontologias mais ricas do que aquelas que herdamos da modernidade. Digo ontologias "mais ricas" porque a que herdamos da modernidade não reconhece outra realidade realmente real senão a matéria. (Não vou evocar Lucrécio, aqui, ou sei lá mais quem, para vir atrapalhar minhas simplificações brutais... A intenção não era fazer história das ideias, mas provocar, no bom sentido, a galera da antropologia.) Enfim, o que não fosse ainda teorizável como processo material ficava entregue, por ora, a esses saberes de segunda classe como a psicologia, a antropologia etc., que o progresso científico vai tornar obsoletos quando conseguirmos reduzir a consciência ao comportamento quântico dos microtúbulos neuronais ou algo do gênero. O ideal epistêmico da modernidade consiste em reduzir tudo a interações materiais. Isso lembra o ideal econômico do capitalismo neoliberal, a privatização de tudo o que há, e a criação do que não há para que, criado, seja automaticamente privatizado.

A partir dessa exortação (eu estava ciente de sua grandiloquência) para que acolhêssemos como interlocutores da nossa "ontologia espontânea" de antropólogos — para lembrar a "ideologia espontânea dos cientistas" de que falava Althusser —, que acolhêssemos as ontologias subjacentes às formas-de-vida extramodernas, Martin Holbraad cunhou a famigerada expressão *"ontological turn"*, virada ontológica. Ela se inspirava nas muitas outras viradas, sobretudo na "virada linguística" que abre o século XX. A virada ontológica era uma virada antilinguística (em termos, em termos), visto que conclamava a que saíssemos do império do sentido para que entrássemos na república da referência. Coincidentemente, em outras áreas, particularmente na filosofia, começava uma reação antikantiana, marcada por um retorno generalizado ao "Grande Fora", às "coisas em si". Era a tal "ontologia orientada a objetos", o "realismo especulativo", o "novo materialismo" e outros. Nesses movimentos, voltava-se a palmilhar o campo semântico coberto pela palavra "ontologia". Campo heterogêneo, acidentado e equívoco, naturalmente. Não consigo ver nenhuma afinidade entre o que eu tinha em mente e esses movimentos filosóficos; tratou-se apenas de uma coincidência temporal algo equívoca. E minha desconfiança perante o kantismo antropológico, após a leitura do *Pleromatica* de Gabriel Catren, se concentrou muito mais na interpretação "claustrofóbica" do transcendental normalmente associada à filosofia de Kant que na ideia de um campo transcendental aberto a infinitas variações intra- e inter-espécies.[1]

Mas em suma, "ontologia", a palavra e a coisa — e o sentido da palavra era justamente o problema de como ir às coisas... — era algo que estava no espírito do tempo, um cansaço em relação à divisão do trabalho entre questões epistemológicas e questões ontológicas. No capítulo, menciono como essa problemática se desenvolveu também em áreas outras que a antropologia social, como a história e a sociologia das ciências.[2]

No meu caso, porém, o uso da palavra ontologia é, ou deveria ser lido como se fosse, teoricamente aspeado, e mitigado pela importância que dou a uma sugestão de Gabriel Tarde em seu *Monadologia e sociologia*. Tarde dizia que deveríamos largar o verbo ser e adotar o verbo ter ou haver (*avoir*). Provavelmente, diz ele, se tivéssemos começado pelo verbo ter, e não pelo ser, os problemas da metafísica desapareceriam, porque do verbo ser — do 'é' — não se conclui nada, pois "ser" é *ontologicamente* intransitivo. O verbo ter, não, porque supõe algo que é tido. É a teoria tardeana da possessão recíproca universal: da relação como "ser" e do "ser" como *relação*, isto é, como um "ter" recíproco, em que "ser" é ter o outro e ser tido por ele.

Além dessa ressalva tardeana à ontologia, digo em outro lugar que se tratava de pensar não uma ontologia, mas uma *contra*ontologia: uma "ontologia" sem o Ser como fundamento último, longe do

---

1 Gabriel Catren, *Pleromatica, or Elsinore's Trance,* trad. ing. Thomas Murphy. Falmouth e New York, 2023.
2 John Law publicou um artigo importante, em 2015, "What's wrong with a one-world world?" (*Distinktion: Scandinavian Journal of Social Theory*, v. 16, n. 1, pp. 126-139), que coloca o problema da redução da multiplicidade ontológica a um problema de variedade epistemológica (gnoseológica) em termos muito semelhantes ao que avancei em 1998, mas do ponto de vista da área conhecida como STS (Science and Technology Studies), os "Estudos de Ciência e Tecnologia".

autêntico, do original, do arcaico, essas aberrações filosóficas que Heidegger levou ao paroxismo.

Para mim, como antropólogo que passou sua vida profissional voltado para os povos extramodernos do mundo, o sentido da noção de "virada ontológica", seu problema, é a determinação do *modo de existência* do que os modernos chamamos genérica, confusa e pejorativamente de "espíritos". É isso que me interessa. Porque a modernidade se instaura a partir da expulsão, do cancelamento dessas entidades. Como lembrou Fabián Ludueña: no *Leviatã* de Hobbes, um dos livros fundadores da cosmopolítica moderna, há um capítulo dedicado à inexistência dos espectros e dos espíritos dos mortos. Como se o Soberano necessitasse da morte dos mortos e demais espíritos para que o governo da terra se firmasse. A paz dos cemitérios, das necrópoles, como condição da paz na *polis*. Eis aí uma necropolítica *avant la lettre*...[3]

Então, virada ontológica, como a entendo, é um projeto de determinação do modo de existência dos espíritos nas diferentes sociedades que são objeto da reflexão antropológica. Interessa-me o papel, a função, a *materialidade*, a realidade dessas entidades, essas forças que povoam o cosmos e cuja desaparição instituiu o regime cosmológico hoje hegemônico. Como as metamorfoses dos espíritos se deram no Ocidente? Como os fantasmas vieram dar no Espírito absoluto? Como o espírito deixou sua imanência originária, "geôntica", e passou a se realizar no tempo, na história? Como os espíritos, que antes ocupavam o espaço, passaram a ocupar o tempo, tornando-se, com o "espírito" do capitalismo, o próprio tempo, isto é, a *lei* do *valor*? Falo um pouco desse destino dos espíritos na contemporaneidade em um artigo do segundo volume da coletânea, "Máquinas sobrenaturais e outros habitantes da tríplice fronteira".

Mas o segundo artigo refundido neste "Mitofísicas ontológicas" foi o que realmente provocou a polêmica que o tornou conhecido, o derivado da conferência de Cambridge, o "lobo". A partir da proposta ali feita de acolhermos a noção de ontologia sob a condição de que ela se decline como *anarquia ontológica*, terminei citando o comen-

---

3   O belo livro de Vinciane Despret, *Um brinde aos mortos*, fala do "espírito" dos mortos — não necessariamente dos *espíritos* dos mortos — de uma maneira muito inspiradora.

tário crítico de Marcio Goldman, que eu endossava e endosso, sobre uma interpretação etnográfico-teórica de David Graeber a propósito do fetichismo e da feitiçaria entre os Merina de Madagascar. Graeber diz, em síntese, que por trás da discussão sobre feitiçaria e espíritos o que está em jogo, realmente, é o poder político, o poder humano sobre outros humanos. Eu considerava essa redução analítica como uma espécie de traição do anarquismo professado e abundantemente teorizado pelo autor; entendia que não se pode ser anarquista no sentido político sem assumir um anarquismo ontológico. Tinha certa admiração pelo trabalho de Graeber, mas esse tipo de análise me incomodava muito. E incomodava ao Marcio, cujo comentário, então, citei e desenvolvi. Escrevi, em suma, que a interpretação de Graeber *agia* pelas costas dos interessados, em um exemplo da atitude que critico longamente no artigo "O nativo relativo". Segundo o autor, você não podia dizer que os feiticeiros, *de fato*, comiam o fígado das vítimas. *Realmente*, tudo era, *na verdade*, uma questão de poder. Não gostei, disse que aquilo era um golpe abaixo da cintura nos feiticeiros merina. Claro, Graeber não gostou. Escreveu uma resposta agressiva e um tanto arrogante, socorrendo-se de alguns filósofos, principalmente de um inglês, Roy Bhaskar, cujo trabalho, como direi, desinteressa-me. Não trepliquei por diferentes motivos. Primeiro, estava cansado de entrar em debates por escrito. Segundo, porque havia um certo diferencial de poder acadêmico (e onde há poder, há feitiçaria, não é mesmo?): Graeber era uma celebridade estrangeira muito popular; escrevia em inglês, língua que não é nem a minha primeira opção; eu, além de ser "meio francês", como alguns anglos me veem, ainda por cima era estruturalista... Alguns anos depois, ele morre, e aí não era mais possível mudar de ideia e decidir replicar. Mas o que eu tinha para dizer, está dito no artigo; nada a acrescentar. Exceto uma maldade que tuitei, pouco tempo depois da resposta de Graeber: "anarquismo político com monarquia ontológica? Não obrigado."

Entrevista 8 |
O dom e o dado

"O dom e o dado" foi apresentado em Nova Orleans, em 2002, numa reunião anual da Associação Americana de Antropologia. O tema da mesa-redonda, organizada por Sandra Bamford (Toronto) e James Leach (Cambridge), era "O método genealógico reconsiderado". Fui convidado a participar da mesa e aceitei, por várias razões — acho que a principal foi conhecer Nova Orleans e encontrar alguns colegas.

Há textos que não se pode não escrever, porque são eles que pedem para ser escritos, e não as relações profissionais e pessoais em que o autor se acha implicado. Em geral, são os melhores. Foram poucos que escrevi assim: "Os pronomes cosmológicos e o perspectivismo ameríndio", "O nativo relativo", "A floresta de cristal"... Foram uns quatro ou cinco apenas. O restante foi resultado de convites para uma palestra, um congresso sobre um tema específico, uma obra coletiva... Alguns dos textos escritos por esse motivo são bons, outros são ruins. Mas eles sempre funcionam de outro jeito. Em geral, não começam pelo tema do evento no qual se inserem: é preciso fazer um rodeio para conectar o artigo com a solicitação. Um exemplo é "O medo dos outros". Como eu iria falar sobre o medo, tema que nunca estivera na minha mira? Acabei tendo de ir inventando ao longo da escrita: inventando e, naturalmente, cortando, colando, e confiando na teoria da evolução textual, segundo a qual, se você seguir repetindo o que já disse antes, acabará se saindo com algo diferente, e até interessante, na enésima iteração...

Em "O dom e o dado", reaproximo dois temas tradicionais da antropologia social. De um lado, o parentesco: a promiscuidade e o matriarcado primitivos, a proibição do incesto, a exogamia, os primos cruzados, o modo de produção linhageiro, a função do parentesco nas sociedades sem Estado etc. De outro, a magia, a concepção mágica da causalidade, o *mana*, a magia *versus* a religião, o animismo, a feitiçaria... Depois que as antropologias vitoriana e edwardiana, de Robertson Smith, Frazer, Tylor e outros (sem esquecermos de Freud), trataram dos dois temas conjuntamente, a antropologia do século XX tendeu a dividi-los entre as teorias da religião e as análises das relações e estruturas sociais. Tentei reconectá-los, nos três "microensaios" que compõem o artigo.

O que apresentei lá em Nova Orleans tinha uma relação um pouco oblíqua com o tema específico da mesa, que focava em um instrumento padrão da antropologia, o chamado "método genealógico". Basicamente, ele consiste em, ao chegar em uma sociedade desconhecida, traçar as relações de parentesco entre as pessoas. Coisa bem mais difícil do que parece, em vista das dificuldades linguísticas, das diferenças na economia referencial dos termos de parentesco, e do que é dizível sobre o assunto naquela sociedade: o que se pode falar, e quando, e como, sobre esse tema sempre delicado, atravessado por histórias mais ou menos inconfessáveis... Bem, uma vez de posse dessa genealogia, o antropólogo teria um mapa das relações sociais, e seria capaz de entender os alinhamentos e conflitos da sociedade em questão: a razão pela qual brigam ou fazem alianças por meio de casamentos, como se transmite a propriedade, como se alocam os direitos sobre as coisas e as pessoas etc. O método genealógico, porém, é muito problemático: ele parte do princípio, por exemplo, de que o modo como uma sociedade classifica os parentes corresponde essencialmente às relações oriundas da reprodução humana, ou que seja simples distinguir estas relações "reais" das relações de parentesco adotivo, parentesco ritual, amizade e outras formas de relação interpessoal. O propósito da mesa-redonda era justamente discutir a obsolescência desse método.

Meu texto tinha uma relação totalmente indireta com esse tema, que não me interessava muito; escrevi, então, o que tinha em mente naquele momento, ou melhor, com os temas de meu trabalho até então: a inscrição corporal do perspectivismo — mais uma vez usando a anedota de Gow sobre os corpos diferentes dos Piro e dos brancos —; a teoria maussiana do dom e sua relação com a dimensão técnica do "pensamento selvagem", a magia; a importância das relações de afinidade nas sociedades amazônicas. Cada um desses temas foi tratado por um "microensaio".

O primeiro busca separar as concepções amazônicas do parentesco da nossa ideologia biológica, sublinhando que as relações indígenas fundadas na coparticipação somática entre parentes pressupõem um conceito não biológico de corpo. A discussão aqui é justamente em torno do sentido da ideia de "corpo diferente" dos Piro, ou seja, qual o fundamento do *equívoco* em torno da noção de "corpo" que estrutura a anedota. Lembrei-me, há poucos dias, de uma citação de Ludwig Fleck — biólogo e historiador da ciência, autor do clássico *Genesis and Development of a Scientific Fact,* em que ele propõe os conceitos de "estilo de pensamento" e de "coletivo de pensamento". Ela nos ajuda aqui:

> A "verdade" não é "relativa" e certamente não é "subjetiva" no sentido popular da palavra. Ela é sempre, ou quase sempre, completamente determinada em um estilo de pensamento. Nunca se pode dizer que o mesmo pensamento é verdadeiro para A e falso para B. Se A e B pertencerem ao mesmo coletivo de pensamento, o pensamento será verdadeiro ou falso para ambos. Mas se eles pertencerem a diferentes coletivos de pensamento, simplesmente não será o mesmo pensamento! Ele deve não estar claro para um deles, ou estar sendo entendido de forma diferente por este.[1]

Se eu tivesse lido Fleck antes de escrever aqueles parágrafos sobre queixadas e humanos em "O nativo relativo", não precisaria ter me estendido tanto...

O segundo microensaio faz a conexão entre o parentesco e a magia. (A magia é um tema que reaparece no artigo "Zenão e a arte da antropologia"). Parto de um comentário a dois autores: Chris Gregory, economista, antropólogo e marxista, que escreveu sobre as relações de parentesco nas sociedades pré-capitalistas; e Marilyn Strathern, que entra em diálogo com Gregory em sua obra prima, *O gênero da dádiva.*

Gregory tem essa frase importante: "coisas e pessoas assumem a forma social do Objeto numa economia de mercado capitalista, ao passo que coisas e pessoas assumem a forma social da Pessoa numa economia do dom." Tirei a conclusão óbvia: as sociedades cuja estrutura econômica, cujo "modo de troca", é o dom — onde coisas e pessoas assumem a forma social da pessoa —, são aquelas que chamamos animistas. Ali, "tudo é gente". Diante de todo ente, de qualquer existente, parte-se do princípio de que "há ali" uma dimensão pessoal,

---

1 Ludwig Fleck, *Genesis and Development of a Scientific Fact,* editado por Thaddeus J. Trenn e Robert K. Merton, trad. ingl. Fred Bradley e T.J. Trenn. Chicago: The University of Chicago Press, 1979, p. 100 (citado em Barbara Herrnstein-Smith, *Scandalous Knowledge: Science, Truth, and the Human.* Edinburgo: Edinburgh University Press, 2005, p. 49).

isto é, uma agência intencional, atenta, que avalia quem a avalia — uma perspectiva. (Princípio que, como acontece em sociedades desprovidas de guardiões da Totalidade, está sempre sujeito àquela cláusula da exceção, o "nem todos", "mas alguns não".) Em nossa economia ontológico-política, diante de qualquer entidade, seja uma que chamamos de "pessoa", seja uma que chamamos de "coisa", parte-se do princípio de que ela é *antes de mais nada* um "isso", uma coisa (uma pessoa é um subtipo de coisa, e a recíproca não é verdadeira), pois essa dimensão de coisa é, *em última análise,* a que conta — a que trabalha. O modo básico do ente é a forma-mercadoria, e o modo básico da relação é o direito de propriedade.

Nos mundos do dom, o modo básico do ente é o espírito, e o modo básico da relação é a influência mágica. Concluí, então, que há uma conexão intrínseca entre o "animismo" e a forma-dom. O que se chama de animismo? É tratar as "coisas" como "pessoas", isto é, como incluídas no universo das relações sociais. E o que é a magia? É agir a partir de uma continuidade entre a pessoa e a coisa, ou melhor, é *suscitar* a dimensão "coisal" dos entes, a partir de sua natureza *fundamental* (oculta ou evidente) de pessoa — a começar pela dimensão coisal do próprio mágico, o qual passa do signo à matéria e da matéria ao signo sem qualquer sobressalto metafísico. Existe assim uma relação íntima entre a magia, a economia do dom e o parentesco. Tratar as coisas como pessoas é tratar as coisas como parentes, pois nas sociedades do dom a noção de pessoa é indissociável da noção de parente.

Argumentei também que há uma relação entre a forma-mercadoria e o direito, em oposição à forma-dom e a força da magia. O mundo do dom é regido pela magia; o mundo da mercadoria, pela lei, o Direito, cuja *summa divisio*, como se diz, é a distinção entre pessoas e coisas. Aí surge a questão: como a noção de direito funciona nos mundos extraocidentais, onde a distinção entre pessoas e coisas não tem a mesma função que tem entre nós?

Poderia ter me voltado para a distinção entre magia e ciência — outro tema clássico da antropologia —, mas penso que a relação entre magia e direito é mais interessante, porque ela mesma tem uma origem mágica. Lembro das referências, em *Mil Platôs*, a Dumézil, à soberania jurídica e soberania mágica.... O Direito, a rigor, é a forma moderna da magia, por meio do qual você consegue prender uma pessoa "na forma da lei", ao invés de prendê-la por encantamentos... Ele é um torno ontológico, uma máquina produtora de entidades espectrais, de seres semióticos que irrompem no mundo material. O Direito é o modo moderno de produzir ficções eficazes.

O terceiro microensaio é uma tentativa muito esquemática de classificar quatro figuras do parentesco, duas delas empíricas (por hipótese), e duas principalmente teóricas, que foram propostas como tentativas de precisar os princípios subjacentes às figuras empíricas. O princípio de distinção entre as quatro figuras é a distribuição diferencial do "dado" e do "construído" no que diz respeito às noções de consanguinidade e da afinidade.

Na ideologia do parentesco moderna, há uma distinção canônica entre as relações consanguíneas de filiação e germanidade, de um lado,[2] e as relações de afinidade estabelecidas a partir do casamento, de outro lado. Estas últimas são concebidas como "livres", isto é, não determinadas *a priori* pela terminologia de parentesco. As relações de afinidade não são biologicamente preestabelecidas, mas vêm a se constituir a partir de escolhas matrimoniais (condicionadas pela estrutura de classes, ou resultantes de cálculo econômico, da atração interpessoal etc.). Em suma, as relações consanguíneas são dadas, e as relações de afinidade, construídas. Esta é a distinção entre o "dado" e o "construído", entre aquilo que depende de nós e aquilo que não depende; e que deriva, em última análise, da distinção entre natureza e cultura. No que concerne ao parentesco, é natureza aquilo que não pode ser modificado, e é cultura o que pertence à esfera da decisão humana.

E o que acontece nas outras "economias" da socialidade, como no caso da Amazônia? As relações de aliança pertencem à ordem do dado, do que já existe, enquanto as relações de consanguinidade podem ser modificadas. O parentesco consanguíneo é algo que precisa ser construído, fabricado. Se a pessoa deixa de conviver, de se alimentar, de viver junto e cuidar do outro, ela deixa de ser parente daquele grupo. Nós nascemos com pai e mãe, não com sogro e sogra. Em muitas sociedades do mundo, entre as quais muitas da Amazônia indígena, uma pessoa nasce com pai, mãe, sogro e sogra — do ponto

---

2 "Germanidade" é um termo convencional da antropologia para evitar o viés masculinista de "fraternidade"; ela engloba irmãs e irmãos.

de vista terminológico. Um indivíduo já nasce com aliados potenciais, classificando (e chamando) certos outros de seu campo social como sogro e sogra, cunhado e cunhada, esposa e esposo. (Mesmo que a pessoa não vá se casar com aquela outra em particular, o campo social já está definido dessa maneira; e ela continuará a chamar os pais da mulher ou do homem com quem ela não se casou de "sogro" e "sogra" etc.) Em contrapartida, o processo de produção de parentes consanguíneos é objeto de um laborioso investimento prático e simbólico, pelo cuidado, a memória, a comensalidade, a convivência, o reconhecimento público de uma coparticipação corporal (pela abstinência alimentar em favor de um pai ou irmão doente, por exemplo)...

As outras duas figuras, as "teóricas", fazem a mediação entre esses dois extremos: uma é a concepção estruturalista do parentesco, segundo a qual a afinidade é "dada" tanto quanto a consanguinidade; a outra é a concepção construtivista hipermoderna, na qual nada é dado, tudo é construído: parentescos eletivos, reprodução planejada etc.

Esse texto teve uma generosa acolhida, que muito me envaidece, da parte de Marshall Sahlins. Ela aumentou minha dívida para com esse grande antropólogo, que foi tão importante em minha formação e que veio a se tornar um amigo querido.

Entrevista 9 |
Um corpo feito de olhares

A exposição que inaugurou o Museu do Quai Branly, em 2006, intitulava-se "O que é um corpo?" ["Qu'est-ce qu'un corps?"]. Ela punha em cena quatro áreas etnográficas do planeta: Amazônia, Melanésia, África do Oeste e Europa. A África estava a cargo de Michael Houseman e Michèle Coquet, antropólogos; a Melanésia, de Stéphane Breton, idem; a Europa, de Jean-Marie Schaeffer, filósofo; e a Amazônia, a cargo de Anne-Christine Taylor e meu. A exposição se propunha a discutir como a corporalidade era imaginada e produzida nas tradições sociometafísicas de cada uma dessas regiões.

No caso da Europa, o protótipo, o modelo do "corpo" era o corpo de Cristo, a figura que encarnava, literalmente, a questão da corporalidade no Ocidente. Na África, era o corpo do ancestral, o corpo como transmissor contingente da continuidade genealógica, uma manifestação da relação de filiação. Na Melanésia, era o corpo sexuado, o corpo enquanto exprimindo a diferença entre a corporalidade feminina, base original dos dois sexos, e o corpo masculino, que necessita ser ritualmente diferenciado do feminino. Na Amazônia, enfim, o corpo humano era pensado em uma relação essencial com os corpos das outras espécies. Como se vê, a exposição era uma coisa bem arrumadinha, talvez demais: cada região tinha um avatar do corpo. Mas essa arrumação não era absurda; na verdade, fazia um bocado de sentido. A conclusão do catálogo da exposição, que talvez tenha sido escrita por mim — ou talvez apenas os parágrafos finais da conclusão, já não me lembro, mas certamente com a colaboração de todos —, comentava como cada uma das regiões "via" as demais do ponto de vista das suas respectivas concepções de corporalidade,

O texto "Um corpo feito de olhares" articula a questão do corpo com a questão da perspectiva. Anne-Christine, coautora e mais, redatora do texto, conseguiu colocar nele uma massa de informações que os etnógrafos da Amazônia — entre outros Tânia, eu, Gow, Vilaça, Descola e ela própria — vínhamos recolhendo sobre a importância do corpo para essa metateoria do perspectivismo. Chamo de "metateoria" porque ela é uma teoria antropológica sobre uma teoria indígena, um construto especulativo veiculado pela mitologia e o xamanismo dos povos indígenas do continente. Nosso texto é uma das exposições mais claras sobre as conexões entre o tema do perspectivismo e da corporalidade na Amazônia. Ele talvez seja o mais bem sucedido como apresentação geral desse tema tão importante nas sociocosmologias ameríndias. Isso deve ser creditado à clareza e lucidez da prosa tayloriana, bem como de seus aportes conceituais tão precisos como preciosos.

Anne-Christine é etnógrafa dos Achuar, povo de língua Jívaro da alta Amazônia (Equador e Peru). Ela trouxe informações e literaturas vindas desse lado; eu trabalhei mais a literatura sobre os povos da Amazônia oriental. Quanto às imagens, tentamos variar um pouco a cobertura etnográfica para diferentes regiões da Amazônia. Lembro-me de que foi difícil encontrar algumas imagens, em particular de animais: onças, porcos do mato. Problema de direitos, essas coisas. A tradução do artigo publicada na *Revista de Antropologia* (e que serviu de base para a versão presente na coletânea) também teve problemas com a reprodução das imagens. Devido a esses enroscos com autorização, decidimos publicar o artigo sem as imagens que ilustravam o original. Como elas não eram objeto de comentários diretos no texto, sua ausência não prejudica a compreensão do mesmo. Mas quem estiver interessado, deve consultar a versão publicada na *Revista de Antropologia*, 60 (3), ou o catálogo *Qu'est-ce qu'un corps?* (Paris: Musée du quai Branly/Flammarion, pp. 148-199).

Entrevista 10
A floresta de cristal

"A floresta" foi publicado em 2007, na revista *Inner Asia* (especializada, como diz seu nome, na chamada Ásia Interior: Sibéria, Mongólia...), em um número especial sobre o tema do perspectivismo.

Uma vez lançado a partir da Amazônia, o "perspectivismo indígena" foi usado — traduzido, modificado, criticado — para pensar as sociocosmologias dos povos daquela enorme região da Eurásia. Dois dos antropólogos que perceberam imediatamente a ressonância do tema na etnografia regional foram Morten Pedersen e Rane Willerslev. Pedersen estudou os Darhad da Mongólia; Willerslev, os Yukaghir siberianos. Os organizadores do número foram o mesmo Pedersen, Rebecca Empson e Caroline Humphrey, os três ligados a Cambridge (Humphrey é professora lá, Morten e Rebecca foram orientandos dela). Eles me convidaram a contribuir para o número, que incluiu artigos de mais sete antropólogos, entre eles Martin Holbraad, o "inventor", com Morten, da "virada ontológica", e o único não asianista além de mim.

Meu texto não tem relação direta com o perspectivismo. Disse aos organizadores que não tinha nada de novo para contribuir sobre o perspectivismo, mas tinha outra coisa. Essa outra coisa era um manuscrito que Bruce Albert havia me enviado, e que se tornou uma das partes do livro *A queda do céu*. Ele continha algumas transcrições das conversas de Bruce com Davi Kopenawa. Um aspecto da conversa me despertou atenção: não se tratava apenas de palavras de um xamã, mas de um discurso propriamente xamanístico, uma *ação* xamânica. O discurso de Davi era uma performance xamânica.

O artigo se intitulava, originalmente, "A floresta de espelhos", em alusão a um dos atributos dos *xapiri*, os espíritos, e que Bruce, no manuscrito enviado, traduzira por "*miroir*", "espelho". Davi explicava que os *xapiri* se deslocam em espelhos reluzentes, que os seus espelhos são maravilhosos, são espelhos que brilham, que, quando os *xapiri* descem, a floresta fica coberta de espelhos etc. Em outra passagem do manuscrito, ao falar sobre como os espíritos são inúmeros, ele faz uma comparação interessante: os *xapiri* são "como quando eu fui em um hotel e abri o armário do banheiro, e aqueles dois espelhos laterais multiplicavam a minha imagem, e havia infinitos Davi" (estas certamente não são suas palavras exatas). Ele falava, em suma, de espelhos que se refletem reciprocamente e reproduzem indefinidamente a imagem do que está entre eles. Kopenawa, entre dois espelhos, vendo a sua imagem refletida ao infinito, era como um *xapiri*: uma numerosidade inumerável.

Davi usava essa noção de "espelhos" não só para falar da multiplicidade dos *xapiri*, mas também para descrever a maneira como eles se movem no espaço, montados em espelhos brilhantes. Por isso "A floresta de espelhos". Então resolvi fazer um jogo intertextual com uma frase de Borges, em "Tlön, Uqbar, Orbis Tertius", talvez o conto mais famoso dele. Nesse relato, "Bioy Casares" diz para "Borges" que havia lido numa misteriosa enciclopédia que "os espelhos e a cópula são abomináveis, porque multiplicam o número de homens". Kopenawa, com sua imagem dos espelhos duplos do hotel, estaria dizendo que os espelhos são, não abomináveis, mas (ad)miráveis, porque semelham o número infinito de espíritos.

Mandei o texto para Bruce, para saber se eu não estava falando besteira sobre as interpretações dessa fala de Davi. Bruce respondeu: "Há um problema aqui. Na verdade, o que eu traduzi por 'espelho' não é exatamente espelho; a raiz da palavra yanomami é a mesma, mas o espelho em que os *xapiri* se deslocam não é o tipo de espelho que reflete imagens". Esse "espelho", no caso dos *xapiri*, não tinha conotação iconofórica. O que caracteriza os espelhos do *xapiri* é, antes, o brilho, o fato de emitir ou transmitir luz: são luminosos, brilhantes, resplandecentes, faiscantes...

Portanto, não dava para fazer a conexão com os espelhos do hotel. Foi apenas uma coincidência. A palavra yanomami é parecida, mas não é a mesma: os espelhos iconofóricos são chamados "*mirena*" e os dos *xapiri*, "*mire kopë*" ou "*mire xipë*". Acrescentei uma nota no texto com essa elucidação fornecida por Bruce.

Então, eu não podia usar "floresta de espelhos". Foi aí que comecei a perceber no discurso de Davi, tal como traduzido por Bruce, todo um conjunto semântico: resplandecente, faiscante, rutilante, relampejante, noções que descrevem o brilho de uma coisa que rebate luz, que reflete a luz e não a imagem de um objeto. A coisa mais parecida com isso seria o cristal, não o espelho. Um pedaço de cristal brilha, relampeja, faísca etc. Por isso, tive infelizmente de suprimir aquela alusão ao conto de Borges sobre os espelhos e a cópula... e o título passou a ser "A floresta de cristal", com o subtítulo "notas sobre ontologia dos espíritos amazônicos".

Qual é o modo de existência desses espíritos? Como é que eles aparecem, que tipo de coisa ou de evento são os espíritos? Havia duas características que Davi enfatizava na descrição dos *xapiri*: a luminosidade e a multiplicidade, esta última tanto extensiva como intensiva. Os *xapiri* são entidades minúsculas ou gigantescas, intensivamente múltiplas, então. Em alguns momentos são descritos como poeiras, em outros, como enormes. Quanto à luminosidade, esta aparecia não só como uma caraterística dos *xapiri*, mas também como uma sensação intrínseca ao transe xamânico. Então: a "ontologia dos espíritos" envolvia principalmente essas duas propriedades, na descrição feita por Davi nesse fragmento enviado por Bruce: seres transdimensionais, ou multidimensionais, e hiperluminosos. Mas havia uma terceira propriedade essencial, a saber, que os espíritos eram "representantes dos animais". Davi usa a palavra "representante", em português, tomada, indica Bruce, do vocabulário político, não do semiótico. Os *xapiri* são os representantes políticos dos animais. Mas claro que isso levanta também uma questão semiótica: qual é a relação entre a representação e o representado? Que animais são esses? São os animais originários, os animais do começo dos tempos?

Os *xapiri* são parentes de outros espíritos amazônicos; de resto, suas características são bastante difundidas entre os espíritos de outros povos do mundo. Em geral, os espíritos têm algum tipo de associação com a luz ou, inversamente, com a sombra, a ausência de luz. O espírito pode ser um ser luminoso, mas também um personagem noturno, seja porque é à noite que figuras luminosas se destacam do fundo, seja porque ele traz a escuridão consigo.

Os espíritos amazônicos, também em geral, têm uma relação paradoxal com a corporalidade. Muitos deles são minúsculos, outros, como disse, gigantes; alguns são deformados, aleijados, outros são versões esplêndidas, perfeitas, dos seus "referentes" visíveis. Na língua yanomami e em outras há sufixos intensificadores que significam "grande", "excessivo", "outro", "anormal". Por exemplo, o equivalente espiritual de um determinado bicho tem o nome daquele bicho mais o intensificador. Em tupi, em geral, é "*-guaçu*". Em yanomami é "*-ri*".

Enquanto escrevia, topei com uma passagem de Plotino, do mesmo jeito que topo com muitas das citações que uso: abro um livro, ao acaso, e me deparo com algo que vinha a calhar. Abri as *Enéadas* e caí naquela passagem onde o autor fala da luz dentro da luz, do sol, de um universo atravessado pela luz... parecia um xamã em transe. Só que a metafísica neoplatônica de Plotino é solar, é uma visão do Uno, por aí afora. Então lembrei de uma das *Mitológicas* de Lévi-Strauss, em que ele cita um etnógrafo dizendo que os Yanomami entendem que a Lua é mais importante que o Sol, porque o Sol está sozinho no céu, e a Lua não, ela está sempre com um monte de acompanhantes, as estrelas. A Lua é mais importante que o Sol porque tem todo um povo junto com ela. (Outros povos das Américas têm ideias semelhantes a essa sobre a primazia da Lua. E outros, ideias diferentes, por suposto...) Diferentemente de Plotino, então, aqui se entrevê uma metafísica lunar, não solar; da multiplicidade, não do Uno. Para transformar a ideia de Plotino numa ideia yanomami, é "só" trocar o Sol pela Lua e o Um pelo Múltiplo. Ou seja, seria preciso virar a metafísica plotiniana de cabeça para baixo. Só fica igual se mudar tudo...

Alguns anos depois, lendo outro texto de Borges, vi que ele citava essa mesma passagem de Plotino; exatamente a mesma frase.

Esse é um texto de que gosto muito. Agradeço a Bruce Albert não só por ter-me passado esse texto, como por ter aceitado que eu ficasse especulando em cima de um trabalho que foi ele quem fez, pois foi ele quem conversou com Davi por anos e anos, até finalmente publicarem o livro magistral que é *A queda do céu*.

Entrevista 11 |
O medo dos outros

Esse foi mais um daqueles textos que fui "coagido" a escrever. A Universidade de Toronto me convidou para fazer a fala inaugural de um colóquio sobre o tema do medo. Isso foi em 2007, quando estávamos já bem avançados em termos de pânico envolvendo fronteiras, aeroportos, terroristas — aquele clima do "11 de setembro" (o dos gringos, não o de Allende).

Uma das questões mais difíceis quando se vai escrever um artigo é: como se começa? Antropólogos têm um método, usado e abusado, que é o de abrir com uma anedota do "campo", sobre alguma coisa que aconteceu quando o/a pesquisador/a estava em campo, em geral algo que surgiu em uma conversa. Escolhi um outro gancho, um começo recursivo. "O medo dos outros" foi escrito para ser lido em um colóquio sobre o medo; então, comecei a fala evocando o medo de começar. E começo por uma comparação com um começo célebre, o do livro que, de certa forma, inaugura (isto é, começa) a antropologia moderna, *Os Argonautas do Pacífico ocidental*. Bronislaw Malinowski, o autor, começa dizendo algo mais ou menos assim: "imagine que você está sozinho numa praia tropical, recém-desembarcado, obrigado a permanecer ali por um longo tempo...". Eu: "imagine você de pé, diante de um atril, prestes a ler uma conferência..." Em seguida, tomei como tema para variação um artigo de Pierre Clastres sobre o humor indígena, "De que riem os índios?", visto que decidi perguntar "de que têm medo os índios?". Acabo concluindo que, como todos nós, eles riem das mesmas coisas que temem. Na verdade, entre o riso e o medo há um limite fluido, impreciso. Assim como choramos de alegria, o que é relativamente raro, rimos de medo, o que é bem mais comum.

Entro no assunto por via de um célebre provérbio brasileiro: "quem tem cu, tem medo." Ele sublinha que o medo é uma condição compartilhada por (quase) todos os seres vivos. Independe de gênero — e de espécie, pelo menos entre os vertebrados — porque este é um órgão que todo mundo tem, e quem tem, tem medo. O medo é uma coisa universal.

Isso me levou a um mito célebre dos Taurepang da região da Guiana, registrado em 1905 pelo grande Koch-Grünberg, e citado por Mário de Andrade em *Macunaíma*, sobre a origem do ânus dos animais. Koch-Grünberg, depois de registrar o mito de Pui'ito (o Ânus), diz mais ou menos o seguinte: "essa é a história mais bizarra que já ouvi." Impossível discordar desse comentário de K-G.

Pui'ito me fez lembrar aquela passagem d'*O anti-Édipo* onde Deleuze e Guattari escrevem: "as mitologias cantam órgãos — objetos parciais e suas relações com o corpo que os repele ou atrai: vaginas rebitadas no corpo feminino, um imenso pênis compartilhado pelos homens, um ânus independente que atribui a si mesmo um corpo sem ânus...". Esse tema dos órgãos se conectando num corpo, e existindo separadamente do corpo, me chamou atenção. Os autores observam, em seguida, que a sociedade moderna ou capitalista realizou uma gigantesca privatização dos órgãos, e que o primeiro deles foi o ânus, o órgão-modelo para a privatização. Certamente não é por acaso que a privada se chama assim...

Então, a partir do provérbio e da ideia de que o ânus é um dos órgãos privatizado pela modernidade, conduzi o texto em uma marcha sinuosa, do provérbio para o mito, depois subi do ânus ao olho. O olho é um órgão fundamental no complexo do perspectivismo. Como pode ser lido em diversas etnografias, são os olhos diferentes de cada espécie que fazem com que elas vejam (e portanto experimentem) as coisas de um jeito, justamente, "específico", isto é, como coisas outras que as que nossos olhos veem. Há mitos em que o protagonista não está vendo o mundo do mesmo jeito que seu interlocutor animal, mas depois de pingar no olho um colírio mágico, ou algo assim, ele passa a ver como o animal.

O terceiro órgão é a boca, por se tratar, evidentemente, da outra extremidade do tubo digestivo. Esses três órgãos, o olho, a boca e o ânus, são como um modelo reduzido ou diagrama elementar do corpo, ligado ao tema do perspectivismo e do canibalismo. Em "O medo dos outros" dou alguns exemplos etnográficos, passeio pelos diferentes temas ligados aos olhos, à boca e aos dentes. O ânus só entra no começo do texto, e não no fim — ao contrário do que se passa fora dos textos... Logo passo, então, ao tema da predação alimentar como constituindo o esquema cosmológico axial para muitas culturas indígenas do continente.

É nesse texto que retomo, também, o motivo do encontro sobrenatural na mata. Já havia falado sobre isso em 1996, no meu artigo inicial sobre o perspectivismo, mas aqui esse tema aparece de maneira mais clara, com seu significado político tornado mais explícito.

O encontro sobrenatural na floresta é um dos paradigmas do medo pânico nos mundos indígenas. Nesses encontros, em geral, a pessoa está sozinha — raramente se vê espírito em grupo. Na maior parte das vezes, e isso não só entre os indígenas, o encontro com os espíritos se dá quando a pessoa está separada de seus concidadãos, seus parentes, enfim, de seus outros humanos, aqueles que o veem como humano.

Assim, uma história comum nas tradições amazônicas é a do caçador, sozinho na floresta, que encontra um espírito ou um animal que se comporta de uma maneira que não devia: que fala com o caçador, pedindo-lhe ou oferecendo-lhe algo, ou que não morre mesmo tendo levado uma flechada certeira etc. Estas e outras situações semelhantes produzem na pessoa uma sensação de pânico, porque ela subitamente se dá conta de que, na verdade, aquele ser não era realmente um animal, um bicho comum. Parecia ser um animal, mas era, realmente, um espírito — era uma *outra coisa*: era o espectro de um parente morto, ou era o "dono" do animal, isto é, a espécie animal em sua forma-sujeito, ou era um monstro canibal, e assim por diante.

Sugiro então que essa sensação de ser interpelado pelo animal é parecida com a que nós temos quando somos parados pela polícia, ou seja, pelo Estado. Quando ouvia ou lia essas histórias, dizia cá comigo: isso aí é o equivalente do Estado. Quando a onça fala com o sujeito. Não é por acaso que o fisco é um leão. É uma fera que não tem nenhum tipo de empatia com você, para quem você é uma mera presa, um puro corpo, um simples número, um *indivíduo* qualquer, no sentido mais absoluto do termo.

O Estado é um desses predadores que provocam esse pânico, seja ele fundado ou infundado. Por exemplo, quando seu carro é parado na estrada pela polícia; você está com tudo em dia, tudo certo, sem nenhum problema, mas quando o guarda pede o seu documento, vem aquela sensação pânica de que algo pode dar errado, mesmo sabendo que está "tudo certo". Quando sou parado pela polícia, sinto medo de não ter aquilo que eu deveria ter, para mostrar e provar que eu não preciso ser preso. E quantas vezes não sai caro, não é mesmo?, se livrar da polícia...

Então, esse temor intrínseco que se sente diante do Estado me parece próximo desse medo do sobrenatural, ou, se preferirem, desse medo que transforma fenômenos reais em aparições sobrenaturais. Isso me sugeriu duas coisas: primeiro, que o Estado existe, nos mundos indígenas, como virtualidade e latência, sob a forma do sobrenatural. E reciprocamente, que aquilo que mais se aproxima da experiência do sobrenatural, para a humanidade "moderna", pós-iluminista, burguesa e liberal, é o Estado. Para nós, o Estado pertence, propriamente, à esfera do sobrenatural.

A política é o mundo do sobrenatural... por que digo isso? Porque nos mundos extramodernos, quando ocorre um evento inexplicável, algo esquisito, sinistro, uma epidemia, uma catástrofe, uma morte suspeita, uma praga, uma seca, evoca-se quase invariavelmente a ação de forças "espirituais". Algum tipo de força estranha, de agência malévola invisível: feitiçaria, em suma. Pois bem: o que nós evocamos quando alguma coisa estranha acontece? Política; poder. O lado oculto, o fundo "inconfessável" das coisas ruins que acontecem na vida da *polis*, é a dimensão do poder, da política. No limite, "política" vira um sinônimo de "conspiração" — e às vezes... bem, vai saber... É como se a política fosse o substrato oculto das relações aparentes. "Não, por trás disso tem política". A política é a linguagem moderna da feitiçaria. Se, como gostam de dizer muitos antropólogos, feitiçaria é "sobre" poder, não há razão para não se contra-argumentar que "poder" é só um outro nome para "feitiçaria". Mas dizer isso choca certas almas epistemologicamente sensíveis.

O encontro do humano com o extra-humano produz pânico porque o que está em jogo nesse encontro é quem é o verdadeiro humano. Se a onça fala e você responde, é porque você foi capturado, foi laçado por ela, porque ela é o "eu" e você é o "tu" dela. Ou seja, responder à onça é reconhecer que é ela quem está ocupando a posição de sujeito; o verdadeiro humano é ela e você se torna uma presa, você vira porco do mato, vira o bicho que a onça vai comer.

O encontro com o sobrenatural era, assim, o contexto no qual o tema do medo melhor se determinava. Do que os indígenas têm medo? Das coisas que são a um só tempo perigosas, grotescas e belas, como é o caso da onça, frequentemente representada nos mitos como um personagem meio boçal, brutal, um bicho "grosseirão", mas ao mesmo tempo dotado de grande beleza física. A onça, a sucuri e outros animais perigosos são considerados paradigmas da beleza, pela pelagem mosqueada, a pele desenhada, os dentes e garras impressionantes. A onça é também um dos maiores inimigos deles, não só porque come gente, mas sobretudo porque compete com os humanos na caça dos mesmos animais. É predador, é competidor, é impressionante e amedrontador — e ao mesmo tempo é meio burro, traiçoeiro... Um pouco como, para nós, aparece o Estado.

E, claro, outro personagem que está nesse mesmo lugar é o povo branco em geral. Os brancos são senhores de uma potência tecnológica miraculosa, mas são grotescos, porque são completamente estúpidos do ponto de vista das relações humanas. Temos uma enorme inteligência técnica, mas somos idiotas do ponto de vista social, político, relacional. Somos sovinas, violentos, grosseiros de trato, fisicamente fracos, ignorantes no que respeita às coisas mais simples etc. Somos uma espécie de seres sobrenaturais, causamos medo, somos ridículos e perigosos. Somos, por isso, alvo de medo e de riso.

Entrevista 12 |
Nenhum povo é uma ilha

Este é um de meus textos mais recentes. Ele se originou em um colóquio ocorrido no Rio de Janeiro, no final de 2018, sobre os povos indígenas em isolamento voluntário na Amazônia, um tema que começava a receber certa atenção da imprensa. Chamaram-me para falar sobre esse tema, mas, como sempre, eu não tinha nada para falar; não trabalho sobre povos em isolamento voluntário, nem convivi com parentes desses povos, com a rápida exceção da família que foi reencontrada pelos Araweté em 1988, com quem tive quase nenhum contato.

Na semana do colóquio, Peter Gow, que veio a falecer três anos depois, estava no Brasil. Peter havia convivido e trabalhado com os Piro do Urubamba (Peru), povo muito próximo linguística e historicamente dos chamados Mashco-Piro, e que ficou muito em evidência nos últimos anos. Os Mashco-Piro apareciam então, e continuam a aparecer, nas margens dos rios mais navegáveis dessa região da Amazônia peruana. Eles foram um dos assuntos principais do colóquio, pelas palestras de Peter e de Lucas Manxineru, membro de um outro povo que é parente próximo dos Mashco, os Manchineri do Acre.

Posteriormente, esse texto foi adaptado (e traduzido para o francês por Oiara Bonilla) para inclusão em um *Festschrift* em homenagem a Philippe Descola, uma daquelas publicações coletivas oferecidas a um colega que se aposenta. Philippe estava se aposentando do Collège de France, aos 70 anos. Quando se faz um volume desses, os artigos devem falar sobre o trabalho do homenageado, ou pelo menos a partir dele. Eu não tinha nada escrito sobre Philippe, e já tinha publicado o suficiente a partir do trabalho dele, tanto a favor como contra... Temos uma longa história de convergências e divergências, mas sempre fomos amigos. Esse meu texto não tem nada sobre seu trabalho, mas o apresentei como algo que poderia interessá-lo.

O texto remete também a uma aula inaugural que dei na PUC-Rio, em março de 2019, justamente quando o inominável iniciava sua catastrófica presidência. Estávamos sob o peso dos quatro anos por vir daquele governo genocida.

Então, discorro ali sobre a noção de "povo isolado": sobre como funciona a ideia de um povo indígena isolado para os povos indígenas que *não* estão em "situação de isolamento voluntário" (uma categoria administrativa), mas, ao contrário, que já contam com uma história mais ou menos longa de relações com o Estado e seus pseudópodos. Parti de minha curiosidade sobre um fenômeno recorrente na documentação sobre os povos indígenas, a saber, o fato de que todo povo indígena, uma vez "atraído" e "contatado",[1] parecia secretar, emitir um outro povo, uma fração de si mesmo, que permanecia, ou melhor, que se *tornava* "isolado".

Durante o processo de captura de povos indígenas antes isolados ou, como também se diz, "arredios", e que são então aldeados, sedentarizados e contabilizados dentro da administração nacional, é comum que esses povos advirtam: "Nem todos nós estamos aqui. Há mais de nós, há um pessoal que fugiu, que recusou a atração, que está por aí". Ou seja, há um resíduo, uma reserva de gente que escapou ao contato e que ronda a região, deixando vestígios, marcas mais ou menos sutis de sua passagem pelos arredores. Às vezes se divisam sombras na floresta, ou um xamã sonha com esse pessoal que não ficou, que *se perdeu* no mato. Esses povos passam a ter, então, o que chamo de uma pretensão à existência, pretensão que pode, aliás, corresponder a um fato, uma existência desse tipo que chamamos de "real", mas não necessariamente. É como se a captura de um povo — imobilizam-no em um posto indígena, constroem-lhe uma enfermaria para tratar das doenças introduzidas pela própria captura, dão-lhe um nome "tribal", inventam-lhe um "cacique" etc.; enfim, localizam-no na ordem jurídico-política nacional —, é como se essa captura suscitasse um espectro, um duplo ausente-presente da entidade capturada. Um fantasma. Não poucas vezes, o fantasma se materializa, anos depois, quando essa fração sumida é encontrada. Pode ser apenas uma família, que foi para o lado errado quando os brancos chegaram para fazer a atração, e acabou ficando anos separada. Isso aconteceu com os Araweté. Em outros casos, são seções inteiras, aldeias que se separaram. E não é nada incomum que o povo contatado mantenha relações "clandestinas" de diversos tipos com a fração isolada, sem que os brancos saibam. Há várias situações.

---

1   Esta é a palavra oficial: "contatado" significa "capturado pelo Estado".

O que me pareceu importante é que o povo isolado é uma figura central no imaginário político de vários povos indígenas, ou mais que isso: ele é uma figura constitutiva da condição de povo indígena. É necessário, digamos assim, que os povos indígenas tenham — que eles *contenham fora de si* — uma parte deles que permanece insubordinada aos brancos, para que continuem se percebendo como indígenas. Dou um exemplo, no texto, que é bem no limite: o dos Yawalapíti, a primeira comunidade indígena que visitei, em 1975. Nessa época, o Alto Xingu já era uma região totalmente conhecida. Todos os povos estavam, há muito, "em contato". Os Yawalapíti diziam que no extremo sul do Parque do Xingu ainda existiam os *Yawalapíti-kumã*, literalmente os "outros Yawalapíti" (mas também "Yawalapíti míticos, sobrenaturais"). Esse *-kumã* é um daqueles sufixos intensificadores, sobre o qual já falei, no comentário a "A floresta de cristal". Em minhas conversas com Paru, um líder yawalapíti e um dos maiores personagens políticos do Xingu pós-contato, ele sempre dizia: "sim, dia desses vamos tentar fazer contato com o Yawalapíti-kumã..."

Os Yawalapíti-kumã apareciam nos registros da Funai como povo isolado, falante da mesma língua que os Yawalapíti. Eu não acreditava possível existirem os Yawalapíti-kumã; fazia muito tempo que toda a região era conhecida, não havia notícias concretas sobre eles nem nos tempos da expedição Von den Steinen, em 1884.

Em 2018, quando dei a palestra, mencionei os Yawalapíti-kumã, dizendo que eles deviam ser um desses esses povos imaginários, que certamente existiram antes dos primeiros contatos com os brancos, mas que há muito haviam desaparecido. Ninguém sabia onde estavam, existiam apenas sob a forma de relatos feitos por outros povos indígenas. Em 2018, a existência dos Yawalapíti-kumã seria ainda mais improvável, porque o Parque do Xingu, além de estar microscopicamente fotografado por satélite e mapeado, já estava cercado por fazendas de gaúchos, plantações de soja, silos gigantescos, cidades, enfim, o horror centro-brasileiro.

Pois bem. Estava no colóquio Bruna Franchetto. Ela trabalhou no Xingu durante muitos anos, com os Kuikuro, vizinhos do Yawalapíti. É a grande especialista na língua kuikuro. Quando perguntei a ela sobre os Yawalapíti-kumã, ela pegou o celular e ligou para um jovem Yawalapíti, na aldeia. O rapaz respondeu para Bruna que os Yawalapíti "continuam pensando" (ele usou a palavra "imaginando") nos Yawalapíti-kumã. Para ele, os Yawalapíti-kumã existem, ainda que eu não possa me pronunciar com qualquer autoridade sobre a declinação modal desse existir. De qualquer forma, a existência dos Yawalapíti-kumã é algo que continua na memória dos jovens yawalapíti, três gerações depois de eu ter passado por lá; continuava *existindo* um povo que acho improvável que exista, mas que tem uma "presunção de existência".

Enfim, a existência de um povo duplo de si mesmo me parece essencial para pensar a indianidade, a indigeneidade desses povos. Tudo se passa como se os povos indígenas continuassem indígenas — isto é, que não interrompessem seu devir-indígena — enquanto mantiverem uma parte deles escondida, como uma reserva virtual de si mesmos.

Mas há vários tipos de isolamento. Há isolamentos de povos que se recusaram a qualquer contato, e há povos já contatados que estão se "reisolando", povos que têm séculos de contato e que decidem que vão se isolar novamente, vão se separar da "sociedade envolvente". É o exemplo que dou no final do texto, com os Wampis, do Peru, um dos povos do conjunto Jívaro. Os Wampis (ou Huambisa) proclamaram um governo autônomo e divulgaram uma carta constitucional, um estatuto do "governo territorial autônomo da nação Wampis" dentro do Peru.

A carta wampis convoca personagens de diferentes mitologias, tanto da deles como da nossa. Neste último caso estão a Convenção 169 da OIT, a Declaração da ONU sobre os direitos dos povos indígenas, a Constituição peruana, três objetos cuja existência é tão espectral quanto a dos seres míticos que os Wampis citam em sua carta constitucional. O interessante do gesto wampis é que eles afirmam que querem *autonomia*, não *independência* em relação ao Estado peruano. Não se trata de fundar um outro Estado, mas de dizer: "Continuamos peruanos. Mas aqui em nosso território, os peruanos somos nós; aqui, *nós somos vocês*". Isso é genial, porque é diferente dos movimentos de independência que almejam criar um Estado para chamar de seu, como acontece na Europa o tempo todo; lá há uma espécie de tropismo, de atração pelo Estado. Eles saem do Estado, mas o Estado não sai deles. Não por acaso, os etnonacionalismos costumam descambar no fascismo e no *apartheid*. No caso indígena, parece funcionar uma ideia de povo que não leva ao nacionalismo e ao fascismo. Essa é uma diferença fundamental.

Na época em que escrevi esse texto, a questão dos povos isolados estava se tornando um tema importante, na América do Sul especialmente. A questão se tornou relevante em função do fechamento da fronteira, do avanço do capitalismo predatório sobre a Amazônia, a proliferação dos garimpos, do extrativismo madeireiro e mineral, a construção de infraestruturas gigantescas, a bandidagem generalizada etc. Com tudo isso, o destino dos povos isolados está se tornando cada vez mais incerto, ou, pior, certo.

Um pouco depois, ou paralelamente a esse meu texto, surgiram artigos importantes sobre o tema. Eu destacaria um artigo de três autores, dois deles meus ex-orientandos: Fábio Ribeiro, Miguel Aparício e Beatriz Matos. Eles escreveram "Isolamento como declaração de recusa — Políticas indígenas contra a violência do Estado brasileiro", publicado na revista *Tipití*. Bia Matos é uma das coordenadoras do Observatório dos Direitos Humanos dos Povos Indígenas Isolados e de Recente Contato, uma rede que tem conseguido forte interlocução com a Funai dentro da nova ordem do governo, depois da recomposição daquilo que foi destruído pelo governo miliciano. Outro texto importante, "Resistência para além da fronteira — conceitos e políticas para a proteção dos povos indígenas isolados da Amazônia", publicado no mesmo número da mesma revista, se deve a quatro autores: Minna Opas, antropóloga finlandesa, Luís Felipe Torres, do Museu Nacional, Filipe Milanez, da UFBA, e Glenn Shepard, do Museu Gœldi. Enfim, todo esse pessoal, Fábio, Miguel Aparício, Bia, Minna Opas, Luis Felipe, Filipe Milanez, Glenn, tem muito mais autoridade que eu para falar sobre o assunto. Meu texto foi apenas o modestíssimo "dois centavos" que eu tinha para colocar na conversa.

Entrevista 13 |
Os dois "índios"

O título desse capítulo escreve "índio" entre aspas porque a palavra tem sido recentemente rejeitada pelo movimento indígena como designação dos povos originários da "América", outra palavra que mereceria aspas pelas mesmas razões. O termo mais aceito é "indígena". A Funai, como se sabe, passou a se chamar Fundação Nacional dos Povos Indígenas. (Note-se como "indígena" hesita entre o adjetivo e o substantivo, com vantagem para o primeiro.) Mas o vocábulo continua em ampla circulação, e está presente em inúmeros textos referenciais para a história desses povos — pense-se em *Os índios e a civilização*, de Darcy Ribeiro, ou, mais recentemente, na *História dos índios no Brasil* organizada por Manuela Carneiro da Cunha. E, problema, "índio" está na Constituição Federal de 1988. O capítulo que estatui sobre os direitos indígenas intitula-se "Dos índios". Vai levar algum tempo até a palavra desaparecer do vocabulário corrente da língua brasileira. Falo sobre isso no Prólogo d'*A floresta de cristal*. No volume dois da coletânea, o capítulo "Os involuntários da pátria", cuja versão original é de 2006, propõe uma diferença não opositiva entre os conceitos de "índio" e "indígena", diferença que talvez não possa mais ser feita, literalmente, nesses termos.

"Os dois 'índios'" é um texto de 2021; ele foi preparado para um seminário a respeito da noção de identidade, ou melhor, dos múltiplos significados evocados por esse significante, em diversas disciplinas, das matemáticas à antropologia. A identidade de "identidade" é complicada... Ali me pergunto como a noção de "índio/indígena" é pensada em relação à ideia, ou ideias, de identidade. Para começar, há dois "índios": os índios tais como concebidos pelos brancos — aqueles da Constituição, e os anteriores a ela — e os índios dos indígenas, isto é, os conceitos indígenas disso que os brancos chamam, ou chamavam, de "índio".

Dividi esse seminário com Jean-Christophe Goddard, que apresentou um texto sobre a imagem dos brancos do ponto de vista dos indígenas. Confrontaram-se, assim, três pontos de vista: o indígena do ponto de vista dos brancos, o indígena do ponto de vista dos indígenas, os brancos do ponto de vista dos indígenas. Evidentemente, ficou faltando o branco do ponto de vista dos brancos. Esse personagem, que a antropologia filosófica, de Kant a Feuerbach e além, chama de humano ou humanidade, o *ánthropos*, a figura contrária, antônima, antagônica à do "índio". O Branco é aquele cuja essência é o *não ser índio*.

O texto chama atenção para uma atitude muito difundida no Brasil, a desconfiança malévola, nem um pouco desinteressada, quanto à "identidade" indígena. O índio do ponto de vista dos brancos é sempre um índio provisório, problemático, duvidoso. Se um sujeito "é" índio, deve deixar de sê-lo para se "integrar à sociedade" dos Brancos; se "não é", está fingindo sê-lo para obter "vantagens indevidas", em prejuízo dos Brancos. Há uma campanha caluniosa da direita para desqualificar a condição jurídica *índio* ("objeto do cap. VIII da CF"), para, se possível, apagá-la da Constituição. O que dizem os promotores ou seguidores dessa campanha? — "Esse povo aí não é mais indígena, portanto não tem mais direito aos direitos previstos pela Constituição". Nem é preciso lembrar que o que está em jogo, aquilo em que se está de olho, são as terras reconhecidas ou reivindicadas como indígenas.

Segundo essa "dúvida estrutural" sobre a identidade dos outros, os indígenas precisam provar que são indígenas através de signos extensivos — e ostensivos — de sua indigeneidade. Evoco, então, a célebre dúvida cartesiana: há o índio *duvidoso* dos brancos, e há o índio *dubitante* indígena, que não põe em dúvida se alguém *outro* é ou não alguma coisa, mas sim se *ele próprio* é gente; que põe em questão a posição de sujeito, que se pergunta o que sou eu, quem é o eu, onde o eu, quando o eu. Essa é a questão do perspectivismo, em particular na forma dramática do encontro sobrenatural na mata, que comentei no capítulo "O medo dos outros". Nesses encontros, o sujeito humano (indígena) se acha diante de outro ser — um morto, um espectro, um animal — que, ao *dirigir a palavra* ao humano, põe automaticamente em risco a posição de sujeito desse humano. O humano registra: "Se ele diz eu, então eu não sou mais um eu". Eu sou um morto, um espectro, um animal, estou em via de me tornar outro. Esta é a ideia fundamental de muitas metafísicas indígenas, a ideia de que a condição humana está em perpétua disputa entre as espécies de seres que povoam o cosmos. O modo de estar no mundo do sujeito humano indígena é um modo de inquietação em relação à sua própria humanidade. Precisamente, essa é uma questão que jamais ocorreu aos brancos. Os brancos podem se perguntar se existem ou não, como no caso da dúvida cartesiana, mas jamais duvidaram de sua condição humana: mesmo se fossem feitos de sonho, seriam um sonho de gente...e o pesadelo dos outros.

A dubitação estrutural, intrínseca, imanente da condição humana que considero fazer parte das metafísicas indígenas pode ser ilustrada através de um mito dos Yekuana, povo caribe vizinho dos Yanomami. O mito conta sobre um xamã que vai ao céu e, ao cabo de uma série de eventos estranhos, conclui, angustiado: *"talvez eu não seja um homem"*. Se esses diferentes povos celestes estão me vendo como veado, jacaré ou jaboti, talvez eu não seja gente. Essa dúvida sobre a própria condição se opõe àquela do branco em relação ao indígena, que caracteriza o índio dos brancos. Dúvidas radicalmente opostas.

O capítulo "Dos índios", art. 231 e 232 da Constituição de 1988, definiu os direitos dos indígenas, mas, talvez deliberadamente, não definiu *quem* eram os indígenas, que coletividade deve ser reconhecida como indígena. Não se diz quem tem direito a esses direitos. Essa indefinição abre espaço para o tipo de dubitação dos Brancos sobre quem é indígena. Minha questão, minha "dúvida", naturalmente, não é essa, mas outra: como *definir* uma forma de vida, a dos povos indígenas, cuja potência especulativa e interesse prático estão constantemente voltados para as relações com o mais-que-humano? Como pensar essa forma de vida em que a condição de humano está sempre em jogo, em disputa entre todos os seres do universo? De um lado, o Branco, que acredita haver uma essência indígena passível de identificação ou dúvida; do outro lado, o Indígena, cuja condição de humano é perpetuamente posta à prova no confronto com a alteridade cósmica. Dois mundos incompatíveis, que se cruzam sem se verem, como dois navios de noite no oceano.

O contexto desse artigo, o seminário, foi organizado pelo matemático, filósofo e poeta argentino Gabriel Catren, autor de um livro magnífico, *Pleromatica, or Elsinore's Trance*. Em uma síntese arrojada de Espinosa e Kant, que passa, entre diversas outras mirações, pelos xamanismos enteogênicos amazônicos, Catren propõe uma explosão do transcendental kantiano, avançando a ideia de um nomadismo transcendental que descreve trajetórias atuais ou virtuais dentro de um pleroma insubstancial, um *continuum* pré-ontológico infinito. Plano de imanência. Acho mais que bem-vinda a decisão de Catren de tomar o xamã como um "sujeito especulativo", e de colocá-lo em continuidade — nomádica — com o personagem do filósofo.

Dados Internacionais de Catalogação na Publicação (CIP) de acordo com ISBD

D355f
    Castro, Eduardo Viveiros de
        A floresta de cristal: ensaios de antropologia / Eduardo Viveiros de Castro. – São Paulo : n-1 edições, 2024.
        444 p. : il. ; 15cm x 23cm. – (Reviravolta)

    ISBN: 978-65-6119-033-6

        1. Filosofia. 2. Antropologia. I. Título. II. Série.

2024-3757   CDD 100
                                                     CDU 1

Elaborado por Odilio Hilario Moreira Junior – CRB-8/9949

Índice para catálogo sistemático:
1. Filosofia 10
2. Filosofia 1

n-1

O livro como imagem do mundo é de toda maneira uma ideia insípida. Na verdade não basta dizer Viva o múltiplo, grito de resto difícil de emitir. Nenhuma habilidade tipográfica, lexical ou mesmo sintática será suficiente para fazê-lo ouvir. É preciso fazer o múltiplo, não acrescentando sempre uma dimensão superior, mas, ao contrário, da maneira mais simples, com força de sobriedade, no nível das dimensões de que se dispõe, sempre n-1 (é somente assim que o uno faz parte do múltiplo, estando sempre subtraído dele). Subtrair o único da multiplicidade a ser constituída; escrever a n-1.

Gilles Deleuze e Félix Guattari